最新现代高等物流教育系列

李严锋

管理学博士，云南财经大学博士生导师、二级教授。受聘担任云南经济管理学院特聘教授、现代供应链研究院院长，滇西应用技术大学银龄计划教师。兼任中国物流学会副会长，教育部全国物流管理与工程类专业教学指导委员会委员（2006—2018），中国物流学会高等教育专家委员会委员。云南省教学名师，云南省中青年学术技术带头人，国家重点研发计划和国家社科基金评审专家。主持完成国家科技支撑计划、国家社科基金、教育部人文社科规划项目等40余项纵横向项目，发表论文200余篇。

"十二五"普通高等教育本科国家级规划教材
普通高等教育"十一五"国家级规划教材
普通高等教育国家级精品教材
国家级精品课程教材
国家级精品视频公开课教材

最新现代高等物流教育系列

Logistics

现代物流管理

MODERN LOGISTICS MANAGEMENT

（第六版）

李严锋 主编

东北财经大学出版社 大连
Dongbei University of Finance & Economics Press

图书在版编目（CIP）数据

现代物流管理 / 李严锋主编．—6版．—大连：东北财经大学出版社，2023.5（2025.12重印）
（最新现代高等物流教育系列）
ISBN 978-7-5654-4829-4

Ⅰ．现…　Ⅱ．李…　Ⅲ．物流管理-高等学校-教材　Ⅳ．F252.1

中国国家版本馆CIP数据核字（2023）第072706号

东北财经大学出版社出版
（大连市黑石礁尖山街217号　邮政编码　116025）
网　址：http://www.dufep.cn
读者信箱：dufep@dufe.edu.cn
大连永盛印业有限公司印刷　　东北财经大学出版社发行
幅面尺寸：185mm×260mm　字数：427千字　印张：21.5　插页：1
2023年5月第6版　　2025年12月第5次印刷
责任编辑：郭　洁　石建华　周　晗　　责任校对：喜多多
封面设计：张智波　　版式设计：原　皓

定价：49.00元

教学支持　售后服务　联系电话：（0411）84710309

如有印装质量问题，请联系营销部：（0411）84710711

第6版前言

自2004年《现代物流管理》一书出版至今，已经走过了19年。这19年，见证了现代物流业翻天覆地的变革与发展。

党的十九大报告中提出了现代供应链等六大新时代中国特色社会主义经济体系新动能，明确提出“在现代供应链领域培育新的增长点、形成新动能”，并指出要大力发展智慧物流和进行物流网络的优化。2022年，党的二十大确定了全面建成社会主义现代化强国、以中国式现代化推进中华民族伟大复兴的战略目标，强调要着力提升产业链供应链韧性和安全水平。在第二届联合国可持续交通大会开幕式主旨演讲中，习近平主席强调要大力发展智慧交通和智慧物流。国务院《“十四五”现代物流发展规划》描绘出中国式现代物流体系建设的宏伟蓝图。我国现代物流业立足新发展阶段、贯彻新发展理念、构建新发展格局，全力推进高质量发展，保持了平稳复苏势头，为统筹疫情防控和经济社会发展做出了重要贡献。2022年，我国全年社会物流总额超过340万亿元，物流业总收入超过12万亿元，铁路、冷链、快递等专业物流领域保持了较高增速。2023年1月，中国制造业采购经理指数（PMI）重回荣枯线以上，为50.1%，表明经济呈回暖势头。我国现代物流韧性强、潜力大、活力足，中国式现代物流体系建设必将抓住新机遇、迈开新步伐、展现新作为。

物流业的快速发展对物流人才提出了更高要求，使得我国物流教育呈现飞速发展的态势，开设物流专业的本科院校从2001年的1所（北京物资学院），发展到2023年的742所（其中设置物流管理专业523所，物流工程139所，供应链管理74所，采购管理6所），111个物流类专业入选国家级一流专业建设点，开设本专业的高职高专院校则超过1 000所，大多数都讲授“物流管理”或“现代物流管理”课程。2022年末，我国物流从业人员数超过5 500万，他们也迫切需要学习物流管理的理论知识，提升物流管理能力。

本书是伴随我国物流业的蓬勃发展而不断修编完善的，到目前为止已修订至6版、累计印刷25次，获评“十二五”普通高等教育本科国家级规划教材、普通高等教育“十一五”国家级规划教材、普通高等教育国家级精品教材等。依据本书开发的课程先后入选国家级精品课程、国家级精品视频公开课和国家级精品资源共享课。几经修订，本书已经逐渐形成了基于供应链思想的现代物流管理战略与规划，基于资源整合的采购、运输、生产、仓储、配送流程管理与再造，基于智慧物流的物流信息、物流质量、物流成本和物流组织管理，基于协同创新的第N方物流、国际物流、物流金融、精益物流新模式等的专业课程知识体系。

随着现代物流和科学技术的飞速发展，现代物流管理的理论和实践不断发生着新的变化，为此我们对本书进行了新的修订。

本版修订我们的出发点是：

1. 新的国家标准《物流术语》（GB/T18354-2021）已经发布，基于此，本版对相关物流术语进行了全面更新。

2. 根据国家教材委员会《习近平新时代中国特色社会主义思想进课程教材指南》精神，推进党的二十大精神进教材，增加了习近平现代物流思想、马克思物流理论和中国学者的物流理论，将课程思政更好地融入本书，增加相应的课程思政理论与案例，讲好中国故事、体现中国创造。

3. 进行数据和资料替换，更新上一版中的陈旧数据，对存在的错漏进行订正，对部分案例进行更换，体现现代物流业发展的时代特征。

4. 对上一版中过于累赘和冗余的内容进行压缩，使内容更加凝练，突出知识点、技能点和态度点。

5. 运用智慧物流的最新研究及实践成果，将科学技术与管理理论进行有机结合。

本版仍保持了13章的篇幅，由云南财经大学教授、云南经济管理学院现代供应链研究院院长、中国物流学会兼职副会长李严锋修订。

在本书整个的编写修订过程中参考和引用了大量最新出版和发表的书籍和论文，在此向这些文献的作者表示衷心感谢！对参与之前5版编写和修订的老师们特别是张丽娟、冉文学、解琨、夏露等同仁表示诚挚的感谢！同时还要特别感谢东北财经大学出版社的大力支持和帮助。

根据本书开发的慕课——“物流管理”，已于2019年先后在国家精品课程在线学习平台“中国大学MOOC”，以及教育部在线教育研究中心的研究交流和成果应用平台“学堂在线”上线，读者可登录这两个平台开展线上线下混合式教学或自主学习。

由于编者水平和经验有限，时间仓促，书中仍难免有不足和疏漏之处，敬请读者批评指正。

编　者

2023年11月修改于昆明

其他版次前言

第1版前言

物流管理是20世纪中期发展起来的一门新兴学科。它最早产生于第二次世界大战时期的美国，时至今日，物流管理已成为西方企业管理中不可或缺的一部分。现代物流以满足消费者的需求为目标，把制造、运输、销售等市场环节统一起来，涉及生产商、中间商、消费者三方面，通过采购、仓储、包装、运输、销售、配送等活动，解决物资供需之间存在的时间、空间、数量、品种、价格等方面的矛盾，以此衔接社会生产的各环节。

物流管理学的诞生使得原来在经济活动中处于潜隐状态的物流系统显现出来，它揭示了物流活动的各个环节的内在联系，它的发展和日臻完善，是现代企业在市场竞争中制胜的法宝。20世纪60年代，美国经济学家多拉格曾说过："物流是经济的黑暗大陆。"在发达国家，物流管理被经济学家们和企业界形象地称为：继降低人工和材料成本以及提高劳动生产率之后的"第三利润源泉"，是"降低成本的最后处女地"。实施物流管理的目的，就是要尽可能地在最低的总成本条件下达到既定的客户服务水平，即寻求服务优势和成本优势的一种平衡，并由此创造企业在竞争中的战略优势。

近几年来中国的物流业得到了迅速发展。发展物流产业，建立稳定高效的物流系统已成为中国经济的一大热点，但物流人才的奇缺不能满足中国物流业发展的需要。根据中国物流与采购联合会2003年的调研，物流人才是全国12种紧缺人才之一，物流系统规划人员、物流管理人员、物流研究人员、物流师资全面紧缺。到2010年，大专以上物流人才的需求量约为30万～40万人，在职人员的培训量约为100万～200万人，目前全国已有37所高等院校开设了物流管理专业，10余所院校开设了物流工程专业（均为目录外），而开设物流管理相关课程的院校则多达70余所。

本书是在广泛参考了国内外相关物流著作和论文，在吸收它们的理论、思路、方法与实践经验的基础上，结合作者多年的教学实践、物流企业服务和培训总结编写而成，注意围绕现代物流管理理论与实践的主线，突出重点，强调深入浅出、通俗易懂，选择具有代表性的标杆案例供读者借鉴。本书可作为普通高等院校物流管理课程的教学用书，也可供成人教育学生、企业物流管理人员和相关专业人员自学、提高之用。

本书编写的指导思想是立足现代物流管理发展的最新理论与实践成果，全面、系统地分析研究现代物流管理的理论、思想、方法和技术，试图从新的视野重新审视物流管理的本质，通过及时追踪国际、国内物流管理的发展动向，揭示当代物流管理的发展规律、特点和管理模式。书中重点介绍了现代物流的基本概念和内涵，国内外物流发展的现状，供应链管理环境下的物流理论与应用，物流系统规划和物流系统设计的方法，物流信息技术和物流配送模式的最新成果，第三方物流、第四方物流和国际物流的运作方式，以及物流成本管理、物流组织管理的要点等，各章均给出典型案例，力求理论与实践相结合，立足于基本理论、基本知识和基本技能的教育，着眼于运用。

在本书的编写过程中参考了大量的相关书籍和论文，并引用了其中的有关概念和论点，由于篇幅较多，这里不能逐一介绍，在此对所引用书籍和论文的作者表示衷心的感谢。本书的编写还要感谢华中科技大学管理学院马士华教授的指导，感谢东北财经大学出版社尤其是郭洁、李彬老师的大力支持和帮助。

全书的编写由云南财贸学院商学院副院长李严锋教授和张丽娟副教授共同合作完成。由于编者学识水平所限，书中不当之处在所难免，敬请读者批评指正。

李严锋

2004年7月于昆明

目 录

第1章 物流及物流管理概述

学习目标

了解物流及物流管理的概念及内涵、物流创造价值的方式；了解现代物流的构成要素与分类，掌握现代物流的定义和特征以及现代物流的作用；认识中外物流管理的经典学说理论。

1.1 物流的概念

1.1.1 物流的概念

1. 物流概念的来源和发展

物流，我国自古有之。对当时的中原地区乃至世界都产生了深远影响的“丝绸之路”，贯穿南北的黄金通道“京杭大运河”，郑和七下西洋的海路与茶马古道，漕运、驿站、驰道、镖局，从汉代开始的义仓、惠民仓、广惠仓、预备仓等“天下之大命”……都是物流存在的明证。

但“物流”一词最早却出现于美国。1915年，阿奇·萧在其《市场流通中的若干问题》一书中提出了“物流”（physical distribution of goods）一词，并指出“物流是与创造需求不同的一个问题”。文中的“平衡性”“相互依赖性”“协调性”成为物流理论与实践的基础。

中华人民共和国成立之初，国家“一穷二白”、百废待兴。当时的物流运作方式多处于人抬肩扛、驴驮马拉的原始阶段。随着国民经济的恢复和国家工业体系的建立，老一辈们凭着自力更生、艰苦奋斗的精神，在极其困难的条件下，建设铁路、公路和运输场站等基础设施，成立运输公司、储运公司以及附属于生产和流通企业的物流服务组织。物流活动的恢复发展，支撑了大规模经济建设的需要，为初步建立我国国民经济体系做出了重要贡献。

1978年，改革开放大潮兴起，物流概念引入我国。从理论研究、知识启蒙、理念传播到实践探索，现代物流业开始萌芽。自20世纪80年代起，外资物流企业进入中国，传统国有流通和交通运输企业涉足现代物流，民营物流企业应运而生，物流市场形成了国有、民营和中外合资“三足鼎立”的发展态势。进入21世纪以来，国家在政策层面也大力推动物流业的发展。2001年，当时的国家经贸委等六部委联合发出通知，要求加快我国现代物流业发展，国家标准委发布了第一个物流国家标准——《中华人民共和国国家标准：物流术语》(GB/T 18354-2001)，全国性物流行业社团组织——中国物流与采购联合会也在这一年成立。2005年，全国现代物流工作部际联席会议开始运作。2006年，“十一五”规划纲要提出要“大力发展现代物流业”，明确了物流业的产业地位。2009年，国务院印发《物流业调整和振兴规划》，这是当年国家“十大产业规划”中唯一的服务业规划。

党的十八大以来，以习近平同志为核心的党中央统揽全局，高度重视物流业的发展。2014年，国务院发布的《物流业发展中长期规划（2014—2020年）》，把物流业提升到了基础性、战略性的高度。2016年以来，国务院办公厅及政府有关部门密集出台支持物流业发展的政策措施，推进“放管服”改革。2017年，党的十九大报告中提出，要加强物流等基础设施网络建设；在现代供应链等领域培育新增长点、形成新动能，为新时代物流业和现代供应链发展指明了方向。我国物流业进入了从“物流大国”到“物流强国”的创新发展的新时代。2022年，党的二十大确定了全面建成社会主义现代化强国、以中国式现代化推进中华民族伟大复兴的战略目标；国务院《“十四五”现代物流发展规划》描绘出中国式现代物流体系建设的宏伟蓝图。我国现代物流业立足新发展阶段、贯彻新发展理念、构建新发展格局，必将迎来高质量的发展。

2.物流的基本概念

物流的定义出处和表述方式很多，比较有影响的有：

现代物流作为一种先进的组织方式和管理技术，被广泛认为是企业除降低物资消耗、提高劳动生产率以外重要的第三利润源泉。

物流是为满足消费者需求而进行的对原材料、中间库存、最终产品及相关信息从起始点到消费地的有效流动，以及为实现这一流动而进行的计划、管理和控制过程。

物流作为客户生产过程中供应环节的一部分，它的实施及控制提供了有效的、经济的货物流动及存储服务，并提供从货物原产地到消费地的相关信息，以满足客户的需求。

物流是有计划地将原材料、半成品及产成品由生产地送到消费地的所有流通活动，其内容包括为用户服务、需求预测、情报信息联系、材料搬运、订单处理、选址、采购、包装、运输、装卸、废料处理及仓库管理等。(美国物流管理协会——American Council of Logistics Management的定义)

物流是产品从卖方到买方的全部转移过程。为了全面实现某一战略、目标或任务，把运输、供应仓储、维护、采购、承包和自动化综合成一个单一的功能，以确保每个环节的最优化。(日本通商产业省运输综合研究所的定义)

物流是一种物的实体流通活动，在流通过程中，通过管理程序有效结合运输、仓储、装卸、包装、流通加工、资讯等相关物流机能性活动，以创造价值、满足顾客及社会需求。简单地说：物流是货品从生产地至消费者或使用地的整个流通过程。（中国台湾物流协会的定义）

2021年颁布的《中华人民共和国国家标准：物流术语》（GB/T 18354-2021，以下简称《物流术语》）对物流的定义是：根据实际需要，将运输、储存、装卸、搬运、包装、流通加工、配送、信息处理等基本功能实施有机结合，使物品从供应地向接收地进行实体流动的过程。

理解物流的概念，应当注意以下基本要点：

（1）物的概念

物：物流中的“物”，是指一切可以进行物理性位置移动的物质资料。物流中所指“物”的一个重要特点是，其必须可以发生物理性位移，而这一位移的参照系是地球。因此，固定了的设施等不是物流要研究的对象。

物资：在我国专指生产资料，有时也泛指全部物质资料，较多指工业品生产资料。其与物流中的“物”的区别在于：“物资”中包含相当一部分不能发生物理性位移的生产资料，这一部分不属于物流研究的范畴，如建筑设施、土地等；同时，属于物流对象的各种生活资料又不能包含在作为生产资料理解的“物资”概念之中。

物料：是我国生产领域中的一个专门概念。生产企业习惯于将最终产品之外的，在生产领域流转的一切材料（不论其来自生产资料还是生活资料）、燃料、零部件、半成品、外协件以及生产过程中必然产生的边角余料、废料及各种废物统称为“物料”。

货物：是我国交通运输领域中的一个专门概念。交通运输领域将其经营的对象分为两大类，一类是人，另一类是物，除人之外，“物”的这一类统称为货物。

商品：商品和物流中的“物”的概念是互相包含的。商品中的一切可发生物理性位移的物质实体，即商品中凡具有可运动要素及物质实体要素的，都是物流所研究的“物”，有一部分商品则不属此列。因此，物流中的“物”有可能是商品，也有可能是非商品。商品实体仅是物流中“物”的一部分。

物品：是生产、办公、生活领域常用的一个概念。在生产领域中，一般指不参加生产过程、不进入产品实体，而仅在管理、行政、后勤、教育等领域使用的与生产相关的或有时完全无关的物质实体；在办公、生活领域则泛指与办公、生活消费有关的所有物件。在这些领域中，物流中所指之“物”就是通常所称的物品。

（2）流的概念

流：物流中之“流”，指的是物理性运动。

流通：物流的“流”，经常被人误解为“流通”。其实，“流”的要领和“流通”的概念是既有联系又有区别的。其联系在于，流通过程中，物的物理性位移常伴随交换而发生，这种物的物理性位移是最终实现流通不可缺少的物的转移过程。物流中“流”的一个重点领域是流通领域，不少人因此甚至只研究流通领域，或者干脆将“流”与“流通”混淆起来。“流”和“流通”的区别主要在以下两点：一是涵盖的领域不同，“流”不但涵盖流通领域，也涵盖生产、生活等领域，凡是有“物”发生物理位移的领域，都是“流”的领域。流通中的“流”从范畴来看只是全部“流”的一个局部。二是“流通”并不以其整体作为“流”的一部分，而是以其实物的物理性运动的局部构成“流”的一部分。流通领域商业活动中的交易、谈判、契约、分配、结算等所谓“商流”活动和贯穿于之间的信息流等等都不能纳入到物理性运动之中。

流程：物流中的“流”可以理解为生产的“流程”。生产领域中物料是按工艺流程要求进行运动的，这个流程水平的高低、合理与否对生产的成本和效益以及生产规模影响颇大，因而生产领域“流”的问题是非常重要的。

物流：是指物质资料从供给者到需求者的物理性运动，是主要创造时间价值和场所价值有时也创造一定加工价值的活动。

图1-1反映了管理系统中的“四流”——商流、物流、信息流、资金流的关系。

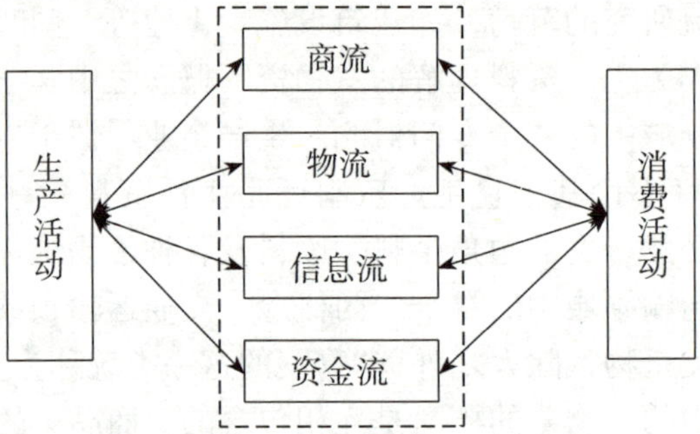

图1-1　管理系统中的“四流”关系

3.物流的价值

物流不直接创造价值，却可以实现价值增值，所创造的主要价值增值包括时间价值、场所价值和加工附加价值。表1-1列示的是物流的价值体系。

（1）时间价值

“物”从供给者到需要者之间有一段时间差，因为改变这一时间差所创造的价值增值称为“时间价值”。时间价值通过物流获得的形式有以下几种：

①缩短物流时间，创造价值增值。缩短物流时间，可获得多方面的好处，采取技术的、管理的、系统的方法减少物流损失，降低物流消耗，加速物的周转，节约资金、提升客户满意度等。例如，物流中的高速自动分拣技术缩短了物流中心入库出库的时间，快递实现了物品配送的快速响应，智能化物流系统缩短了生产物流时间从而提高了劳动生产率等。

表1-1 物流的价值体系

物流价值	主要体现	主要特点
时间价值	缩短时间	加速物的周转，节约资金，提高客户满意度
	时间差	以物流科学系统方法来改变供给和需求时间差
	延长时间	通过物料储备的时间延迟来产生价值增值
场所价值	由集中生产场所流入分散需求场所	通过物流将产品从集中生产的低价位区转移到分散于各处的高价位区，可以获得很高的利润
	由分散生产场所流入集中需求场所	物流园区、物流中心、物流节点等物流产业聚集区产生的价值增值
	由生产的甲地流入需求的乙地	供给与需求空间差都是靠物流来调节的，物流也从中获得了利益
附加价值	流通加工	如钢材物流中对钢材进行剪切、加工、配送，提高经济效益
	第三方物流	发挥专业化作用，降低运作成本，增强竞争力，促进社会化分工
	第四方物流	提供全程物流服务，发挥资源效率，提升客户体验
	第五方物流	提供专业的物流信息服务、虚拟物流服务、人才培训等
	物流金融	指运用金融工具使物流价值增值的融资和结算服务
	供应链管理	通过供应链最优化使产品低成本高效率地送达用户
	物流教育	本科、专科、研究生培养，职业教育、职业资格认证等
	物流规划及咨询	物流项目规划、设计，管理咨询等
	投融资服务	物流项目及运营投资、融资服务
	物流保险	与物流活动相关联的保险

②弥补时间差，创造价值增值。经济社会中，需求和供给普遍地存在着时间性差异。例如，粮食生产有严格的季节性和周期性，这就决定了粮食的集中产出，但是人们的粮食消费是一年365天每天都在发生的，因而供给和需求之间就出现了时间差。物流便是以科学的系统方法来弥补（或改变）这种时间差，实现“时间价值”。

③延长时间差，创造价值增值。在某些具体实践中也存在人为地、能动地延长物流时间来创造价值增值的情况。例如，未来市场价格预期上涨的生产资料的存储便是一种有意

识地延长物流时间来创造价值增值的活动。仓库的重要价值之一就是通过物料储备的时间延迟来产生价值增值，如当国际大宗商品由于某种突发因素出现价格暴跌时，进行低位收储，就可能获得非常高的价值增值。

（2）场所价值

“物”从供给者到需求者之间有一段空间差异。供给者和需求者之间往往处于不同的场所，因为改变这一场所的差别创造的价值增值被称作“场所价值”。物流创造场所价值是由现代社会产业结构、社会分工和价值规律所决定的，主要原因就是供给和需求之间的空间差，商品在不同的地理位置有不同的价值，通过物流将商品由低价值区转到高价值区，便可获得价值差，即“场所价值”。场所价值有以下几种具体形式：

①从集中生产场所流入分散需求场所创造价值增值。现代化大生产的特点之一就是通过集中的、大规模的生产来提高生产效率、降低成本。通过物流将产品从集中生产的低价位区转移到分散于各处的高价位区有时可以获得很高的利润。例如，现代生产中钢铁、水泥、煤炭等原材料生产往往大规模聚集在某个地区，需通过物流方式流入分散的需求地区，物流的“场所价值”也依此决定。

②从分散生产场所流入集中需求场所创造价值增值。这是一种与上面正好相反的情况，在现代社会中也不少见。例如，粮食是分散生产出来的，而一个大城市的需求却相对大规模集中；一个大汽车厂的零配件生产也分布得非常广，但却集中在一个大厂中装配，这也形成了分散生产和集中需求，物流便因此取得了场所价值。

③从生产的甲地流入需求的乙地创造价值增值。现代社会中供应与需求的空间差比比皆是，十分普遍，除了大生产所决定的之外，有不少是由自然地理和社会发展因素决定的。例如，农村生产粮食、蔬菜而与城市消费不在同一地点；南方生产荔枝、北方生产高粱与各地消费不在同一地点等。复杂交错的供给与需求空间差都是靠物流来调节的，物流也从中获得了利益。

（3）加工附加价值

物流可以根据客户需要提供各种延伸业务活动，即为客户提供其他服务性的物流增值项目，如流通加工、第三方物流、第四方物流、第五方物流、物流金融、供应链管理、物流教育、物流规划与咨询、投融资服务、物流保险等。

以流通加工为例，物流可以创造加工附加价值。加工是生产领域常用的手段，并不是物流的本来职能。但是，现代物流的一个重要特点，是根据自己的优势从事一定补充性的加工活动，这种加工活动不是创造商品的主要实体、形成商品主要功能和使用价值，而是带有完善、补充、增加产品需求便利性的特点，这种活动必然会形成劳动对象的附加价值。例如，某些企业在钢材物流中对钢材进行剪切加工、配送，因而获得了六倍以上的经济效益；某地将茉莉花加入到云南的普洱茶，成为中国最大的茉莉花茶生产基地等。

1.1.2 物流概念的内涵

（1）物流是指有关“物”的流通的经济活动，包括物资流通和物流信息处理。物流是将货物由供应者向需求者进行的物理性移动，包括运输、包装、搬运、存储、流通加工、配送等活动，是从供应者开始经各种中间环节的转让及拥有而最终到达消费者手中的实物运动，其实现了社会商品的流通。现代社会生活中没有物流过程是不可想象的。

（2）物流是经济活动，是创造时间价值、场所价值和加工附加价值的经济活动。物流过程缩短了时间和空间上的距离，联结供给主体和需求主体，从原材料供应、生产、搬运、仓储到销售，在各个不同环节上创造价值，使这一过程中一切有形无形的资本获得增值，所以，它是物资在物理性移动中创造经济价值的活动。例如，将产品运输到消费者需要的场所，或在产品流通过程中再加以分类包装，就可以使消费者方便地购买，促使产品转变成商品。

（3）物流是关于物的信息活动过程，具体地说就是与上述生产、运输、存储、包装、搬运等物资流通活动相关的信息活动。物流要将适当数量的产品在适当的地方以适当的价格供给消费者，就需要把仓库场所、运输方法、保管方法以及通信方式等适当地组合起来，也要靠对这些方面的信息控制进行各种过程的协调和综合，才能整体性地完成物流运作。所以，物流是一个控制原材料、制成品、产成品和信息的系统。

（4）物流是集成性活动，是多种活动的统一。物流过程也是实现组织目标的过程，要对这一过程进行计划、控制和组织，既要满足顾客需要，又要实现物流企业自身的盈利。实现物的流动的过程包括原材料供应、生产、运输、存储、配送、包装、装卸、流通加工等实物的处理，这些处理过程形成了环环相扣的链接，因而称作“流”，如果不能形成流，则不能实现物的价值。另外，物的运动要靠信息活动来统一和协调，借助于信息活动这种现代化技术手段来实现物的流动的科学化和数字化，降低物流活动的成本。因此可以说，物流是产品流、商流、信息流的相互融合和统一。

1.2 现代物流的构成要素与分类

1.2.1 现代物流的构成要素

物流活动的构成要素除了实现物品空间移动的输送以及时间移动的存储这两个中心要素外，还有为使物流顺利进行而开展的流通加工、包装、装卸、信息等要素。物流机能的分类与内容见表1-2。

表1-2 物流机能的分类与内容

物流机能	分类	内容
输送	运输 配送	长距离、线性机能，物流的交通机能 短距离、面的机能，物流的准入机能
存储	储藏 保管	长时间保管、储藏型保管 短时间保管、流通型保管
流通加工	加工作业 生产加工 促销加工	商品检验、分拣、放置、备货、分配 切割、细分化、组装 单位化、价格贴付、商品检验
包装	工业包装 商业包装	输送、保管包装、外部包装、内部包装、品质保证为主体 销售包装、单个包装、市场营销为主体
装卸	入货 卸货	从物流设施到交通机关的活动 从交通机关到物流设施的活动
信息	物流信息 商流信息	数量管理：运行、货物追踪，入库、在库、出库管理 品质管理：温度、湿度管理，技术性能和品质管理 作业管理：自动分拣、数码备货、流程传输 订、发货：POS、EOS、VAN、EDI、MIS、DSS 金融：银行联网、Internet/Intranet

（1）输送。输送是使物品发生场所、空间移动的物流活动。输送系统是由车站、码头的运输节点、运输途径、交通机关等硬件要素，以及交通控制和营运等软件要素组成的有机整体，通过这个有机整体发挥综合效应。具体来看，输送体系中的运输主要指远距离两地点间的商品和服务移动，而近距离少量的输送常常被称为配送。

（2）存储。存储具有商品储藏管理的意思，它有时间调整和价格调整的机能。存储通过调整供给与需求之间的阻隔，促使经济活动平稳地开展。相对于以前强调商品价值维持或储藏目的的长期保管，现今的存储更注重为了配合销售政策上的流通目的而从事短期的保管，存储的主要设施是仓库，在基于商品出入库的信息基础上进行在库管理。

（3）流通加工。流通加工是在流通阶段所进行的为保存而进行的加工或者为同一功能形态转换而进行的加工。其具体包括切割、细分化、钻孔、弯曲、组装等细微的生产活动。除此之外，其还包括单位化、价格贴付、标签贴付、备货、商品检验等为使流通顺利进行而从事的辅助作业。如今，流通加工作为提高商品附加价值、促进商品差别化的重要手段之一，其重要性越来越突出。

（4）包装。包装是在商品输送或保管过程中，为保证商品的价值和形态而从事的物流活动。从功能上来看，包装可以分为为保持商品的品质而进行的工业包装和为使商品能顺利送达消费者手中，提高商品价值、传递信息等，以促进销售为目的进行的商业包装两类。

（5）装卸。装卸是跨越交通部门和物流设施进行的，发生在输送、存储、包装前后的商品取放活动。它包括商品放入、卸出、分拣、备货等作业行为。装卸合理化的主要手段是使用集装箱货盘。

（6）信息。通过收集与物流活动相关的信息，使物流活动能有效、顺利地进行。随着计算机和信息通信技术的发展，物流信息系统出现了高精度、系统化的发展，目前，订货、在库管理、所需品的出货、商品进入、输送、备货等六个要素的业务流已实现了一体化。信息包括与商品数量、质量、作业管理相关的物流信息，以及与订货、发货和货款支付相关的商流信息。如今，大型零售店、24小时便利店为了削减流通成本、扩大销售，大多已安装了POS（point of sale，销售点）机和EDI（electronic data interchange，电子数据交换）系统，从而使物流信息的传播更加迅速。

1.2.2 现代物流的分类

由于物流对象不同，物流目的不同，物流范围、范畴不同，形成了不同类型的物流。尽管目前还没有统一的物流分类标准，但为便于研究，按照物流系统的作用、属性及作用的空间范围，可以从不同角度对物流进行分类。

1.按照物流的作用分类

（1）供应物流

供应物流指为生产企业提供原材料、零部件或其他物料时所发生的物流活动。对于工厂而言，供应物流是指由生产活动所需要的原材料、备品备件等物资的采购、供应活动所产生的物流；就流通领域而言，供应物流是指交易活动中，由从买方角度出发的交易行为所引发的物流活动。

企业的流动资金大部分是被购入的物资材料及半成品等所占用的。供应物流的严格管理及合理化对于企业的成本高低有重要影响。

（2）销售物流

企业在销售商品过程中所发生的物流活动称为销售物流。对于工厂而言，销售物流是指售出产品；就流通领域而言，销售物流是指交易活动中从卖方角度出发的交易行为所引发的物流活动。

通过销售物流，企业得以回收资金，并进行再生产活动。销售物流的效果关系到企业的存在价值能否得到社会认可。销售物流的成本在产品及商品的最终价格中占有一定的比例，因此，在市场经济中，销售物流的合理化可以收到立竿见影的效果，能够为企业增加利润，增强企业的竞争力。

（3）生产物流

生产企业内部进行的涉及原材料、在制品、半成品、产成品等的物流活动，称为生产物流。生产物流是制造产品的企业所特有的，它和生产流程同步。原材料、半成品等按照工艺流程在各个加工点之间不停地移动、流转，形成了生产物流，如果生产物流中断，生产过程也将随之停滞。

生产物流合理化对企业的生产秩序、生产成本有很大影响。生产物流均衡稳定，可以保证在制品的顺畅流转，缩短生产周期。在制品库存的压缩、设备布局的均衡化，也都和生产物流的管理和控制有关。

（4）回收物流

不合格货品的返修、退货以及周转使用的包装容器从需方返回到供方所形成的物品实体流动，叫回收物流。在生产及流通活动中有一些物资是要回收并加以利用的，如作为包装容器的纸箱、塑料筐、酒瓶等，建筑行业的脚手架也属于这一类物资。另外，可用杂物也可以回收分类和再加工，如旧报纸、书籍通过回收、分类可以再制成纸浆，特别是金属废弃物，由于具有良好的再生性，可以回收并重新熔炼成有用的原材料。资料显示，目前我国冶金生产中每年有3 000万吨废钢铁作为炼钢原料使用。

回收物资品种繁多，流通渠道也不规则且多有变化，因此，回收物流的管理和控制难度较大。

（5）废弃物物流

将经济活动或人民生活中失去原有使用价值的物品，根据实际需要进行收集、分类、加工、包装、搬运、储存等，并分送到专门处理场所的物流活动，叫废弃物物流。生产和流通系统中所产生的无用的废弃物，如开采矿山时产生的土石，炼钢生产中的钢渣、工业废水，以及其他一些无机垃圾等，已经没有再利用价值，就地堆（排）放势必占用生产用地、妨碍生产，不妥善处理还会污染环境。对这类物资处理的过程就产生了废弃物物流。废弃物物流看似没有经济效益，但能够产生不可忽视的社会效益。为了减少资金消耗、提高效率，更好地保障社会生活和生产的正常秩序，研究对废弃物资的综合利用很有必要。

2.按照物流活动的空间范围分类

（1）地区物流

所谓地区物流，有不同的划分原则。首先，按行政区域划分，有西南地区、东北地区等；其次，按经济圈划分，有苏（州）（无）锡常（州）经济区、黑龙江边境贸易区等；还有按地理位置划分的地区，如长江三角洲地区、河套地区等。

地区物流系统对于提高该地区企业物流活动的效率，保障当地居民的生活福利环境，具有不可或缺的作用。在具体工作中应根据地区的特点，从本地区的利益出发组织好物流活动。如某城市建设一个大型物流中心，显然对于提高当地的物流效率、降低物流成本、稳定物价很有作用，但也会由于供应点集中、货车来往频繁等而带来废气、噪声、交通事故等消极问题。因此，物流中心的建设不单是物流问题，还要从城市建设规划、地区开发计划等出发，统一考虑、妥善安排。

（2）国内物流

国家或相当于国家的实体，是拥有自己的领土和领空的政治经济实体，它所制订的各项计划、法令、政策都应该是为其自身的整体利益服务的。物流作为国民经济的一个重要方面，也应该纳入国家的总体规划。我国物流业是社会主义现代化事业的重要组成部分，全国物流系统的发展必须从全局着眼，对因部门分割、地区分割所造成的物流障碍应予清除。在物流系统的建设投资方面也要从全局考虑，使一些惠及经济与民生的大型物流项目能尽早建成，为社会经济服务。

国家整体物流系统化的推进，必须发挥政府的行政作用，具体包括以下几方面：

①建设物流基础设施，如修建公路、高速公路、港口、机场、铁道，以及进行大型物流基地的配置等。

②制定各种交通政策法规，如铁道运输、卡车运输、海运、空运的价格确定，以及税收标准等。

③对与物流活动有关的各种设施、装置、机械进行标准化，这是提高全国物流系统运行效率的必经之路。

④开发、引进物流新技术，培养物流技术专门人才。

（3）国际物流

不同国家之间的物流，就是国际物流。当前全球一体化发展的主流是国家与国家之间的经济交流越来越频繁，任何国家不投身于国际经济大协作的交流之中，本国的经济技术就难以得到良好的发展。工业生产也在走向国际化，出现了许多跨国公司，一个企业的经济活动范围可以扩展至全世界。国家之间、各洲之间的原材料与产品的流通越来越发达，因此，国际物流的研究已成为物流研究的一个重要分支。

3.按照物流系统的性质分类

（1）社会物流

企业外部的物流活动总称为社会物流。

社会物流一般指流通领域所发生的物流，是全社会物流的整体，所以有人称之为大物流或宏观物流。社会物流的一个标志是，它是伴随商业活动（贸易）发生的，也就是说物流过程与所有权的更迭是相关的。

就物流的科学整体而言，可以认为其主要研究对象是社会物流。社会物资流通网络是国民经济的命脉，流通网络分布是否合理、渠道是否畅通至关重要。对此，必须进行科学管理和有效控制，采用先进的技术手段，保证高效率、低成本运行，这样才可以带来巨大的经济效益和社会效益。物流科学对国家宏观经济的重大影响是其受到高度重视的主要原因。

（2）行业物流

同一行业中的企业是市场上的竞争对手，但是在物流领域中要常常互相协作，共同促进行业物流系统的合理化。

例如，日本的建设机械行业提出的行业物流系统化的具体内容有：有效利用各种运输手段；建设共同的零部件仓库，实行共同配送；建立新旧设备及零部件的共同流通中心；建立技术中心，共同培训操作人员和维修人员；统一建设机械的规格等。又如，在消费品物流方面统一商品规格、统一法规政策、统一托盘规格、陈列柜和包装模数化等。

行业物流系统化的结果使参与其中的各个企业都能得到相应的利益。

（3）企业物流

生产和流通企业围绕其经营活动所发生的物流活动就称为企业物流。

企业是为社会提供产品或服务的经济实体。一个工厂要购进原材料，经过若干工序的加工制作，形成产品销售出去。一个运输公司要按客户要求将货物输送到指定地点。在企业经营范围内由生产或服务活动所形成的物流系统称为企业物流。

4.其他物流分类

除了上述分类以及本书后续专门介绍的物流种类之外，还有绿色物流、逆向物流、军事物流、军地物流一体化、应急物流、定制物流、虚拟物流等。

绿色物流——通过充分利用物流资源、采用先进的物流技术，合理规划和实施运输、储存、装卸、搬运、包装、流通加工、配送、信息处理等物流活动，降低物流活动对环境影响的过程。

逆向物流——又称反向物流，是为恢复物品价值、循环利用或合理处置，对原材料、零部件、在制品及产成品从供应链下游节点向上游节点反向流动，或按特定的渠道或方式归集到指定地点所进行的物流活动。

军事物流——用于满足平时、战时及应急状态下军事行动物资需求的物流活动。

军地物流一体化——对军队物流与地方物流进行有效的动员和整合，实现军地物流的统一、融合和协调发展。

应急物流——为应对突发事件提供应急生产物资、生活物资供应保障的物流活动。

定制物流——根据用户的特定要求而为其专门设计的物流服务模式。

虚拟物流——以计算机网络技术进行物流运作与管理，实现企业间物流资源共享和优化配置的物流方式。

1.3 现代物流及其特征

1.3.1 现代物流

现代物流（modern logistics）是相对于传统物流而言的。它是在传统物流的基础上，引入高科技手段，即运用计算机进行信息联网，并对物流信息进行科学管理，从而使物流速度加快，准确率提高，减少库存、降低成本，以此延伸和放大传统物流的功能。在我国，许多专家学者认为："现代物流是根据客户的需要，以最经济的费用，将物资从供给地向需求地转移的过程。它主要包括运输、储存、加工、包装、装卸、配送和信息等活动。"2001年3月，当时的国家六部委（国家经贸委、铁道部、交通运输部、信息产业部、外经贸部、民航总局）在《加快物流发展若干意见》的通知中，对现代物流的定义是这样表述的："原材料、产成品从起点至终点及相关信息有效流动的全过程。它将运输、仓储、装卸、加工、整理、配送、信息等方面有机结合，形成完整的供应链，为用户提供多功能、一体化的综合性服务。"

1.3.2 现代物流产业

著名物流专家徐寿波院士提出了"大物流产业论"：整个国民经济是由物的生产、物的流动和物的消费三大领域组成的，即整个国民经济是由生产、物流和消费三大支柱产业群组成的。物流是一个支柱产业群，涉及运输、仓储、配送、包装、流通加工、物流信息、物流设备制造、物流设施建设、物流科技开发、物流教育、物流服务、物流管理等产业。

现代经济中的物流产业，是利用现代信息技术进行货物存储、交易、卸运的运作方式和管理机制。信息化技术的突飞猛进，是现代物流产业发展的巨大推动力。在促进物流产业加速发展的几个基本条件中，电子商务是最重要的因素。网上购物的兴起、信用制度的完善，使相应货品配送的服务需求量越来越大。专家早有预言：21世纪的物流与配送是把握市场的关键所在。事实正在证明这一点。

目前国际上流行的趋势，是涉及运输、仓储、装卸搬运、包装、流通加工、配送、流通信息处理等七个方面的现代物流企业逐步向规模化、网络化、利用信息技术为客户提供低成本服务的方向发展。早前研究者认为的，电子商务运作模式基于计算机网络间的信息交换，可以使供应商、制造商及客户间通过信息网络交换货品订单等多项商务内容，从而直接由配送中心、物流企业来衔接生产、批发、零售和销售各环节已经渐成现实。现代物流业不仅能使更多的企业实现“无仓库、无车队”运作，使更多商品实现“不停留、不留地”卸运，而且能提高现有交通运输设施的使用效率，实现高效低耗的物流过程。

1.3.3 现代物流业的基本特征

现代物流业具有以下基本特征：

（1）一体化物流服务。即根据客户物流需求所提供的全过程、多功能的物流服务。现代物流体现了系统综合和总成本控制的思想，它将经济活动中所有供应、生产、销售、运输、库存及相关的信息流动等活动视为一个动态的系统总体，关心的是整个系统的运行效能与费用。一体化物流服务的一个重要表现是供应链（supply chain）概念的出现。供应链把物流系统从采购开始经过生产过程和货物配送到达用户的整个过程，看作一个环环相扣的链条，物流管理以整个供应链为基本单位，而不再是单个的功能部门。在采用供应链管理时，世界级的公司力图通过增加整个供应链提供给消费者的价值、降低整个供应链的成本的方法来增强整个供应链的竞争力，其竞争不再仅仅是单个公司之间的竞争，而上升为供应链与供应链的竞争。

（2）物流技术专业化。物流活动中所采用的自然科学与社会科学方面的理论方法以及设施、设备、装置与工艺等总称为物流技术。物流技术专业化表现为现代技术在物流活动中得到了广泛的应用，这些技术包括条形码技术、射频识别技术、EDI技术、自动化技术、网络技术、智能化和柔性化技术等等。运输、装卸、仓储等也普遍采用了专业化、标准化、智能化的物流设施设备。现代技术和设施设备的应用大大提高了物流活动的效率，扩大了物流活动的领域。

（3）物流信息化。物流信息化是整个社会信息化的必然需求。现代物流高度依赖于对大量数据、信息的采集、分析、处理和即时更新。在信息技术、网络技术高度发达的现代社会，从客户资料的取得和订单处理的数据库化、代码化，物流信息处理的电子化和计算机化，到信息传递的实时化和标准化，信息化渗透至物流的每一个环节。为数众多的无车船和无固定物流设备的第三方物流从业者正是依赖其信息优势展开全球经营的。从某种意义上来说，现代物流竞争已成为物流信息的竞争。

（4）物流服务社会化。物流服务社会化突出表现为第三方物流与物流中心的迅猛发展。随着社会分工的深化和市场需求的日益复杂，生产经营对物流技术和物流管理的要求也越来越高。众多工商企业逐渐认识到依靠企业自身的力量不可能在每一个领域都获得竞争优势。它们更倾向于采用资源外取的方式，将本企业不擅长的物流业务交由专业的物流公司，或者在企业内部设立相对独立的物流专业部门，而将有限的资源集中于自己真正的优势领域。专业的物流部门由于具有人才优势、技术优势和信息优势，可以采用更为先进的物流技术和管理方式，取得规模经济效益，从而达到物流合理化——在产品从供方到需方的全过程中做到环节最少、时间最短、路程最短、费用最省。

（5）物流活动国际化。在产业全球化的浪潮中，跨国公司普遍采取全球化战略，在全世界范围内选择原材料、零部件的来源，选择产品和服务的销售市场。因此，其物流的选择和配置也超出国界，着眼于全球大市场。大型跨国公司普遍的做法是选择一个适应全球分配的分配中心以及关键供应物的集散仓库；在获得原材料以及分配新产品时使用当地现存的物流网络，并且把这种先进的物流技术推广到新的地区市场。例如，耐克公司通过全球招标采购原材料，然后在我国或东南亚其他国家生产，再将产品分别运送到欧洲、亚洲的几个中心仓库，然后就近销售。同样，全球采购原材料和零部件，大大降低了汽车的成本，改变了汽车生产线的位置。

1.4 现代物流的作用

根据物流的定义，可以说物流是一种整合。它是将采购、生产、传统物流、销售等予以综合考虑，形成一个科学的、高效的管理链，从采购原材料开始到最后将产品送交顾客，将这一“物的流通”的全过程进行高度综合的一体化管理，除了销售物流和公司内部物流以外，还包括采购物流和退货与废弃物物流。这一过程保证了社会再生产的不断进行，提供了一系列功能平台，提高了总体经济效益。

1.4.1 保障再生产过程

1.物流是生产过程的基本保证

无论在传统的贸易方式下，还是在新的贸易（如电子商务）条件下，生产都是商品流通之本，而生产的顺利进行需要各类物流活动的支持。生产的全过程从原材料的采购开始，便要求有相应的供应物流活动，使所采购的材料到位，否则，生产就难以进行；在生产的各工艺流程之间，也需要原材料、半成品的物流过程，即所谓的生产物流，以实现生产的流动性；部分余料、可重复利用的物资的回收，就需要所谓的回收物流；废弃物的处理则需要废弃物物流。可见，整个生产过程实际上就是系列化的物流活动，同时，通过降低物流费用可以降低成本、优化库存结构、减少资金占压、缩短生产周期，保障现代化生产的高效进行。

2.物流是实现从生产到消费的重要环节

合理化、现代化的物流，解决物的空间流动问题，使“物”完成从原材料变为产品再变为消费品这一过程；通过物流，生产者得到所需的物料进行生产，经营者得到要销售的商品，顾客得到他们想要的消费品。这样，通过物流，将商品在适当的交货期内准确地向顾客配送；对顾客的订货尽量予以满足，不使商品脱销；适当地配置仓库、配送中心，维持商品适当的库存量；使运输、装卸、存储等作业自动化；维持适当的物流费用；使从订货到发货的信息流畅无阻；把销售信息迅速地反馈给采购部门、生产部门和营业部门。可见，物流保证了生产到消费的循环过程，满足了社会的需要。

1.4.2 以尽可能低的物流成本，给顾客以尽可能好的物流服务

物流在实现高效管理方面起着重要作用，它可以通过下述几方面来减少成本和增加顾客价值：

（1）准确地按期将商品送交顾客，满足市场需求，及时产生价值。

（2）尽可能避免商品供应的断档，保持生产经营中资金流的连续性。

（3）适当安排物流节点，提高配送效率，保持合理库存水平以实现动态平衡。

（4）使生产、运输、存储、搬运、包装、流通加工等不同过程一体化、系统化，节约和合理地利用资源。

（5）保持从接受订货到发货配送全过程的信息通畅，使物流成本最低。

1.4.3 提高效益，增加销售和盈利

1.运营过程的集约化

企业的运营分别存在着采购、生产、销售等运营逻辑。物流的综合作用将超越所有这些逻辑，追求包含从采购到销售在内的“物的流动”的整体最佳状态。

2.获得外部关系的最佳化

物流过程首先把满足顾客要求放在首位，然后设计企业内部“物的流动”的整体最佳状态。这是一种向顾客提供商品的活动，可以说是一种满足需要的“需要满足功能”，同时也是使企业外部供应商以及分销商等到达最终顾客的各个渠道畅通的整个“物的流动”，追求整体最佳，以提高效益。

1.4.4 提高企业的核心能力

1.通过物流提高企业的管理能力

物流不只是简单的“物”的流动，还需要高度的组织性和对于不断变化的市场与形势的适应能力。在把生产的商品送交消费者的过程中，企业的各项活动需要被高度理性化地组合起来，在这一过程中，企业本身也在不断改变，不断提升管理的水平和层次。

2.通过物流增强企业竞争力

企业要使自己的商品优于其他公司商品，不仅要加强销售活动，还要搞好物流服务，使物流服务也优于其他公司。在商品的质量和价格都基本相同的情况下，必须把物流作为

一种销售竞争的手段，争取在对顾客服务方面取得优势。所以，物流就成为商品营销中的竞争力量。解决把所需的商品在指定场所、按指定时间、以指定价格送达顾客的问题，使需要和供给互相契合，实现“供需综合平衡功能”，这正是企业核心能力的表现。提高物流水平实际上就是在提高企业自身的核心能力，使企业在竞争激烈的市场上立于不败之地。

综上所述，在现代社会生活中缺少了物流是不可想象的，特别是在人们追求提高生活质量的今天，社会对物流的依赖已不言而喻，物流的作用只会越来越重要。

1.5 物流管理的定义、内容、特点

1.5.1 物流管理的定义

我国最新的物流国家标准——GB/T 18354-2021《物流术语》对物流管理的定义是：为达到既定的目标，从物流全过程出发，对相关物流活动进行的计划、组织、协调与控制。换句话说，物流管理是根据物质实体流动的规律，应用物流管理的基本原理和科学方法，对物流活动进行计划、组织、协调与控制，使各项物流活动实现最佳协调与配合，通过降低物流成本和满足市场需求来提高社会效益和经济效益的过程。

“现代营销之父”菲利普·科特勒在其《市场营销管理》一书中对物流管理作了这样的表述：物流是物的流通过程，是指计划、执行与控制原材料和最终产品从产地到使用地的实际流程，并在盈利的基础上满足顾客的需要。

综上所述，本书认为，物流管理是为实现商品的价值，使物质实体从供应地到接受地转移的物理性经济活动。具体地说，是通过对采购、运输、存储、搬运、包装、流通加工、回收、信息活动等过程的计划、组织、指挥、协调与控制，使这一过程实现物的价值增值和组织目标。

1.5.2 物流管理的内容

从基本过程、组成要素和管理职能等方面来看，物流管理的主要内容应当包括以下三大部分：

（1）对物流活动过程各环节的管理，包括采购、运输、储存、搬运、包装、流通加工、配送、回收等实体环节的管理。

（2）对物流各活动过程中诸要素的管理，即对其中人、财、物、设备、方法和信息等六大要素的管理。

(3) 对物流活动中具体职能实施的管理，主要包括对物流计划、质量、技术、经济等职能的管理。

1.5.3 物流管理的特点

物流管理具有以下几个特点：

1. 物流管理是战略管理的重要方面

从企业的市场需求和经济效益出发，通过合理的、科学化的管理达到降低成本、提高物流效率的目的，是对再生产过程中的资源的整体配置和利用，是考虑到企业总体价值增长的长远大计，所以它也是企业可持续发展的根本问题之一。通过物流管理解决这一问题具有战略意义。

2. 物流管理是系统化管理

物流管理是从生产到销售的一体化管理，要对生产、仓储、运输、销售等不同过程中的物流、商流、信息流进行统一组织和构建，使它们之间有机衔接和匹配，形成一个有计划、有目的的大系统。

3. 物流管理要运用现代化的手段和工具

随着现代化大生产的发展和企业经营的全球化，物流的规模和空间也在迅速发生变化，物流所传递的内容日益复杂化，仅仅靠原始的联系工具，如人搬肩扛、手工记录等方式已经远远不能适应现代物流的需要，必须使用现代化的技术手段。目前信息编码和电子商务等新技术、新方法已经成为物流管理中广泛使用的工具和手段。随着科学技术的发展，新的技术与方法还将不断地被应用于物流管理领域。

1.6 物流管理的学说理论

从人们认识物流活动的发展过程看，人们尝试从不同的角度认识物流，由此形成了关于物流的学说与观点。这些学说与观点概括起来主要有商物分离说、物流"黑大陆"说、物流"冰山"说、物流"森林"说、供应链理论、"第三利润源"说、物流效益背反说、物流成本中心说、物流服务中心说、物流战略说等。

1.6.1 商物分离说

商物分离说是马克思主义流通理论的一项内容。

现代物流是现代商品流通的主要内容。马克思在论述资本主义商品流通的过程中，系统地阐述了商物分离的思想和物流要素的作用。

商品从生产领域到消费领域的转移过程称为商品流通。在这个过程中，商流和物流的活动表现为：一是商品价值的转移，即商品所有权转移；二是商品使用价值的转移，即商品实体的转移。前者称为商流，后者称为物流。商流和物流的统一，构成了商品流通。

随着商品经济的发展，商流与物流产生了分离，即商业流通和实物流通各自按照自己的规律和渠道独立运动。

商流与物流产生分离究其根本原因是商流运动的基础——资金流和实物移动具有相对独立性。实物的运动是通过资金的运动来实现的，也就是说资金的分配是实物运动的前提，两者的运动渠道、运动形态不同。商物分离实际是商品流通中的专业分工、职能分工的产物，是通过这种分工实现大生产式的社会再生产的产物，这是物流科学中重要的新概念。物流科学正是在商物分离的基础上才得以对物流进行独立的科学考察，进而形成了专门科学的。

总之，商流和物流构成了商品流通的两个支柱。商流搞活了，能加速物流的速度，给物流带来活力；而物流的畅通无阻能使商品源源不断地被送到消费者手中。商流与物流分离的积极意义是充分发挥资金运动和实物运动的各自规律性和有效性，从而推动商品流通向更现代化的方向发展。

1.6.2 物流“黑大陆”说

著名管理学权威彼得·德鲁克认为，流通是经济领域里的“黑暗大陆”。这是因为流通中物流活动的模糊性尤其突出，物流是流通领域中人们认识不清的领域。“黑大陆”说认为物流这个领域未知的东西太多了，理论和实践都不成熟，这也意味着物流可以产生的利润空间极大。

从某种意义上讲，“黑大陆”说是一种未知学的研究结论，是战略分析的结果，带有哲学的抽象性。这一学说对研究物流这一领域起到了启迪和动员的作用。

1.6.3 物流“冰山”说

物流“冰山”说是日本早稻田大学西泽修教授提出来的。他在专门研究物流成本时发现，当时的财务会计和会计核算方法（由于其分门别类设立账目）不可能掌握物流费用的实际情况，因此，人们对物流费用的了解是一片空白，甚至有很大的虚假性，很像沉在水面下的冰山一样，露出水面的那部分仅仅是冰山的一小部分，而沉在水面下的是我们所看不到的、很有挖掘潜力的部分。

西泽修教授以对物流成本的具体分析，论证了德鲁克的“黑大陆”说，用以说明物流领域的方方面面对我们来说不清楚和未知的东西太多。黑大陆的未知区域和冰山的水下部分，正是物流需要开发的领域，也是物流的潜力和吸引人之处。

1.6.4 物流“森林”说

物流“森林”说是美国学者提出来的。该学说认为，物流的整体效应如同森林，包括一系列活动，如运输、储存、包装、配送、流通加工等等，在物流过程中不应单纯地追求各项功能要素的优化，更主要的应该是追求整体效果的有机联系，即追求总体效果最优。

美国学者提出“物流是一片森林而非一棵棵树”，用物流森林的结构概念来表述物流的整体观点，指出物流是一种“结构”，对物流的认识不能只见功能要素不见结构要素，即不能只见树木不见森林，物流的总体效果是森林的效果。

物流“森林”说强调的是总体观念。在物流理论中，还有很多提法也反映了类似的观念，如物流系统论、多维结构论、物流一体化观念、综合物流观念和物流供应链理论等。

1.6.5 供应链理论

供应链是指从采购开始，经过生产、分配、销售最后到用户而形成的具有一定流量的环环相扣的链条。物流受供应链的制约，物流的供应链理论强调的是物流链节与接口的总体管理。现代管理和现代技术可以提供总体的信息给整个链条共享，这样就可以扩展物流视野，使管理者能从总体上管理整个供应链，而不是像过去那样只管理各个链节之间的接口或只管理其中的一部分。供应链管理实际上就是把物流和企业全部活动作为一个统一的过程来管理。

供应链管理在欧洲较为盛行，这和欧洲对物流的认识有关。在欧洲的物流观念中，始终强调综合，而不太强调单个功能。例如，英国采用先进的综合物流观念，强调的是物流总体战略目标而非某一环节，这在世界处于领先地位。英国许多企业通过供应链管理，使企业效益明显提高，对比来看，在某个时期，没有调整前物流成本占总成本的平均比例为7.24%，调整后物流费用比例降低为5.28%，而同时期德国的这一指标在11%以上，美国和日本则更高。

1.6.6 “第三利润源”说

“第三利润源”的说法主要来自日本，强调利润中心，即强调直接效益。

第一利润源是利用物质资源获得利润，这里的资源起初是指廉价的原材料、燃料，其后则是指依靠科技进步、节约消耗、使用代用品、综合利用、回收利用乃至大量使用人工合成资源而获得高额利润。

第二利润源是利用人力资源获得利润，这里的人力资源最初是指廉价劳动力，其后是指依靠科技进步提高生产率、降低人力消耗或采用机械化、自动化来降低劳动消耗，从而降低成本、增加利润。

第三利润源是利用劳动工具、劳动对象和劳动者潜力获得利润，即物流利润。

随着经济的发展，第一、第二利润源潜力越来越小，利润增长越来越困难，而物流领域的潜力日益为人们所重视。三者的差别在于关注的生产力要素不同。第一利润源的挖掘对象是生产力中的劳动对象；第二利润源的挖掘对象是生产力中的劳动者；第三利润源则主要挖掘生产力要素中的劳动工具的潜力，同时，也挖掘劳动对象和劳动者的潜力，因而更具有全面性。

第三利润源不仅将物流看成直接谋利手段，而且还强调它的战略意义，特别强调它是在经济领域中潜力将尽的情况下的新发现，是经济发展的新思路，将会对今后的经济发展起到推动作用。这正是目前学术界给予该理论更多关注的主要原因。

1.6.7 其他物流理论

1.物流效益背反说

效益背反指的是一种物流活动的高成本会因另一种物流活动成本的降低或效益的提高而被抵消的相互作用关系。物流的若干功能要素之间存在着损益矛盾，即在某一个功能要素的优化和利益发生的同时，可能会令另一个或另几个功能要素的利益损失；反之也如此。这是一种此消彼长、此盈彼亏的现象，虽然在许多领域中这种现象都是存在的，但物流领域中这个问题似乎尤其严重。例如，提高物流服务水平要以增加物流成本为代价；仓库里货物的高层堆码能够提高保管效率，却降低了货物拣选等作业的效率。掌握效益背反原理，对于正确理解和把握物流系统各个部分之间的关系十分重要。认识效益背反规律后，物流学的理论研究正在不断寻求解决和克服各功能要素的效益背反现象，寻求物流的整体最优。

2.物流成本中心说

物流在企业战略中，只对企业营销活动的成本发生影响，物流环节是产生企业成本的主要来源。因此，解决企业的物流问题，主要不在于物流的合理化、现代化，也不在于物流对其他活动的支持保障，而是通过物流的管理来降低物流成本，以及通过物流的一系列活动来降低企业其他环节的成本。因此，这里的“成本中心”既是指主要成本的产生点，又是指降低成本的关注点。这也是物流是“降低成本的宝库”等说法的形象表述。

3.物流服务中心说

物流服务中心说主要反映了美欧国家的学者对物流的认识。他们认为，物流活动最大的作用不在于为企业节约了消耗、降低了成本或增加了利润，而在于提高了企业对用户的服务水平，进而提高了企业的竞争能力。因此，他们在使用描述物流的词汇上选择了后勤(logistics)一词，特别强调其服务保障的职能，通过物流的服务保障，让企业以其整体能力实现成本的压缩和利润的增加。

4. 物流战略说

随着世界经济的全球化发展，越来越多的实际工作者和理论工作者逐渐认识到，物流更具有战略性。无论是行业、部门还是企业，只有从战略高度认识和把握物流，才能真正重视物流的影响，也才能全力以赴地推进或推动物流业的建设和发展。从战略上认识和理解物流，才不会将物流仅仅看作一项具体的操作性任务，而是关系一个国家、一个地区或一个企业的生存和发展的大事，从而将物流提升到战略高度加以认识和研究。

1.6.8 中国的物流理论

1. 习近平有关现代物流的论述

习近平新时代中国特色社会主义思想中也包含着一系列关于现代物流的重要论述，立足国民经济发展的全局，确立了现代物流的基础地位，着眼构建新发展格局，深刻阐述了现代物流发展的定位，面向高质量发展目标指明了现代物流发展战略方位，是指导我国现代物流发展实践的理论基础和根本遵循，在理论层面，系统回答了一系列涉及物流的重大问题，强调了产业链、供应链在关键时刻不能“掉链子”，是大国经济必须具备的重要特征。新变化、新趋势、新方位的思路，对建设现代物流企业、畅通国民经济循环、保障产业链供应链安全稳定，提出了具体明确的要求。

2. 大物流论

中国工程院院士徐寿波提出了“大物流论”，包含着多方面的内容：一是根据物流科学概念提出的“物的流动论”。二是根据物流科学分类研究提出的“综合物流论”。三是根据物流工程研究提出的“大物流工程论”。四是根据物流科学技术体系提出的“大物流科技论”。五是根据物流产业发展研究提出的“大物流产业论”。六是提出了“物流要素论”，认为无论自然界、社会界和经济界的物流都是由物质、流动、主体、地域和时间五个基本要素组成的，即MFORT理论，五要素中物质是核心要素。七是物流性质论，提出物流有固有和非固有两种性质。物流固有性质有五个：物质性、流动性、主体性、地域性和时间性；物流非固有性质也有五个：主体性、服务性、管理性、技术性和经济性。

3. 物流系统论

著名物流专家何明珂教授提出的物流系统论，是将物流看作一个整体来进行研究的相关学说。物流系统论提出了九大原理：物流目标系统化原理、物流要素集成化原理、物流系统网络化原理、物流接口无缝化原理、物流反应快速化原理、物流信息电子化原理、物流运作规范化原理、物流经营市场化原理和物流服务系统化原理。

4. 数字物流论

国内学者和企业提出了数字物流的相关理论并进行了实践。数字物流论的内涵可从理论层面、技术层面及应用层面进行总结。理论层面：数字物流是指通过对物流系统运作环节间数据流的识别、选择、过滤、存储、使用，引导物流资源的快速优化配置与再生，实现高质量物流服务的经济活动。技术层面：数字物流应用了现代数字技术、信息技术、网络技术，如大数据、云计算、物联网、区块链、人工智能、5G通信等新兴技术工具。应用层面：数字物流主要应用于“新零售”“新制造”“新物流”三个业态，主要关注一体化物流、区域物流和城市物流是否形成。

5. 物流金融理论

著名学者朱道立教授等提出了物流金融理论，认为金融物流是供应链、第三方物流企业提供的一种金融与物流集成式的创新服务，其主要服务内容包括：物流、流通加工、融资、评估、监管、资产处理、金融咨询等。其运作模式包含“资本流通模式”“资产流通模式”“综合模式”等。物流金融理论主要在传统物流金融服务产品的基础上，提出了物流业与信贷市场、资本市场、保险市场融合发展，开发能满足市场需求的更多的物流金融服务创新产品；系统性地研究物流金融业务风险控制与管理和物流金融公共信息平台的搭建与运营，全方位地实施物流金融风险的控制与管理；理论与实务相结合，创新发展了多业态的物流与供应链金融服务模式。

6. 供应链运作模型

著名学者马士华教授从供应链系统运作管理的角度出发，提出了一个包括战略层、战术层和执行层在内的供应链运作管理的解决思路。委托实现决策层的主要功能在于供应链系统中各个企业通过委托实现减少企业间的交易成本的目的。在选择供应链合作企业时，为防止信息不完全带来的风险，要建立信息共享渠道，尽可能了解合作伙伴的真实状况，借助专家系统的支持，实施选择合作伙伴的决策。运作管理层的主要功能是制订整个供应链系统的生产与运作计划，使整个供应链的所有企业能够在“一个计划”思想的指导下，安排各自的生产与销售活动。执行信息管理层的主要功能是监控供应链企业的运作状况，防止供应链系统发生波动（风险），给各个企业带来损失。这是目前供应链管理研究和实践中较为薄弱的环节。

7. 单元化物流

基于丰富的物流理论和实践，著名物流专家吴清一教授开创性地提出了单元化物流的概念。单元化物流就是在发货地将供应链物流中的物品整合为规格化、标准化的货物单元，并且保持货物单元的状态直至送达最终收货点。货物单元也是供应链物流各个环节的作业单元。这种物流形态就是单元化物流。单元化物流的特点主要有三个方面，一是规格化的货物单元，二是货物单元在供应链里实现一贯化作业，三是供应链各环节的物流作业设备与工艺彼此协调。也就是说，单元化物流强调了货物以规格单元的形式在供应链上从始至终地顺畅流通。单元化物流的类型可以根据集装器具来划分，主要有集装箱单元化物流、托盘单元化物流和周转箱单元化物流，这三个是供应链里单元化物流最主要的形态。

本章小结

物流一词最早出现于美国，1915年阿奇·萧在其《市场流通中的若干问题》一书中提出了“物流”的说法，并指出“物流是与创造需求不同的一个问题”。文中的“平衡性”“相互依赖性”“协调性”成为物流理论与实践的基础。

中华人民共和国成立之初，物流运作方式多数处于人抬肩扛、驴驮马拉的原始阶段。经过70多年的发展，我国物流业进入了从“物流大国”到“物流强国”的创新发展新时代。

物流概念的内涵包括：物流是指有关“物”的流通的经济活动，包括物资流通和信息流通；物流是经济活动，是创造时间价值和场所价值的经济活动；物流是关于物的信息活动过程，具体地说是与生产、运输、存储、包装、搬运等物资流通活动相关的信息活动。

物流所创造的价值主要由时间价值、场所价值和加工附加价值体现出来。现代物流的构成要素主要有输送、存储、流通加工、包装、装卸、信息等。

现代物流按照作用可分为供应物流、销售物流、生产物流、回收物流和废弃物物流等；按照物流活动的空间范围则可分为地区物流、国内物流、国际物流；按照物流系统性质可分为社会物流、行业物流、企业物流。物流还可分为绿色物流、军事物流、第三方物流、定制物流、虚拟物流等。

现代物流的主要作用有：保障再生产过程；以尽可能低的成本，给顾客以尽可能好的物流服务；提高效益，增加销售和盈利；提高企业的核心能力。

物流管理包括对物流活动要素的管理、物流系统要素的管理和物流活动中具体职能的管理。现代物流管理的特点主要表现为：物流管理是战略管理的重要方面；物流管理是系统化管理；物流管理要运用现代化手段和工具。

从人类认识物流活动的发展过程看，人们尝试着从不同的角度认识物流，由此形成了关于物流的学说与观点，这些学说与观点概括起来主要有物流的商物分离说、“黑大陆”说、“冰山”说、“森林”说、供应链理论、“第三利润源”说、效益背反说、成本中心说、服务中心说、战略说等。

我国学者还创立了一些新的物流理论，如大物流产业论、物流系统论、数字物流论、物流金融理论、供应链运作模型、单元化物流概念等。习近平总书记关于现代物流的重要论述，对物流理论与实践的发展具有指导意义。

关键概念

物流 现代物流 物流管理 供应物流 销售物流 生产物流 商物分离说 物流“黑大陆”说 物流“冰山”说 物流“森林”说 物流“第三利润源”说 物流成本中心说 物流服务中心说 物流效益背反说

思考题

1. 物流的定义是什么？
2. 物流创造价值的方式有哪些？
3. 什么是现代物流？现代物流的基本特征是什么？
4. 现代物流的分类有哪些？
5. 现代物流有什么作用？
6. 什么是物流管理？它有什么特点？
7. 物流的学说与观点主要有哪些流派？

第2章 供应链管理与现代物流

学习目标

了解供应链和供应链管理的概念与内涵，认识供应链管理的基本原理；学会进行供应链分析，进行基于产品的供应链设计；掌握供应链合作伙伴的选择、组织结构以及供应链运作方式等基本知识。

2.1 物流与供应链

目前，供应链和供应链管理的观念在企业管理领域中已经深入人心，只有了解供应链和供应链管理才能更好地了解物流。

2.1.1 供应链与供应链管理的概念

1. 供应链概念

供应链最早来源于彼得·德鲁克提出的“经济链”，之后经由迈克尔·波特发展成为“价值链”，最终演变为“供应链”。“在21世纪，市场竞争将是供应链和供应链的竞争，而不是企业和企业的竞争。”这是美国供应链管理协会突出贡献奖得主马丁·克里斯托夫对供应链做的精辟描述，成为经典言论。

供应链的概念在20世纪80年代末被提出，至今时间虽不长，但已引起人们的广泛关注。国际上一些著名的企业，通过大力推行供应链管理而在经营管理中取得了巨大的成绩，使人更加坚信供应链是进入21世纪后企业适应全球竞争的一种有效途径，因而吸引了许多学者和企业界人士研究和实践供应链管理。

自供应链的概念提出以来，随着经济环境的不断变化和信息技术的不断推动，供应链的内涵也不断深入。

供应链是围绕核心企业，通过对信息流、物流、资金流的控制，从采购原材料开始，制成中间产品以及最终产品，最后由销售网络把产品送到消费者手中的，将供应商、制造商、分销商、零售商直到最终用户连成一个整体的功能网链结构。[①]

供应链概念的发展主要经历了三个阶段：物流管理阶段、价值增值链阶段和网链阶段。

（1）物流管理阶段

早期的观点认为，供应链是制造企业中的一个内部过程，它是指把从企业外部采购的原材料和零部件，通过生产转换和销售等活动，传递到零售商和用户的一个过程。传统的供应链概念局限于企业的内部操作层面，注重企业自身的资源利用。有些研究把供应链的概念与采购、供应管理相联系，用来表示与供应商之间的关系，这种观点受到了研究合作关系、JIT关系、精细供应、供应商行为评估和用户满意度等问题的学者的重视。但这样一种关系也仅仅局限在企业与供应商之间，而且供应链中的各企业独立运作，忽略了与外部供应链成员企业的联系，往往造成企业间的目标冲突。

（2）价值增值链阶段

这一阶段的供应链是指由产品生产和流通过程中所涉及的原材料供应商、生产商、批发商、零售商以及最终消费者组成的供需网络。这一阶段供应链的概念注意了与其他企业的联系，注意了供应链的外部环境，认为它应是一个"通过链中不同企业的制造、组装、分销、零售等过程将原材料转换成产品，再到最终用户的转换过程"，这是更大范围、更为系统的概念。例如，美国的史迪文斯（Stevens）认为："通过增值过程和分销渠道控制从供应商的供应商到用户的用户的流就是供应链，它开始于供应的起点，结束于消费的终点。"这一定义就注意了供应链的完整性，考虑了供应链中所有成员操作的一致性（链中成员的关系）。

（3）网链阶段

现在的供应链是指围绕核心企业，通过对信息流、物流、资金流的控制，将产品生产和流通中涉及的原材料供应商、生产商、分销商、零售商以及最终消费者连成一体的功能网链结构模式。现代供应链的概念更加注重围绕核心企业的网链关系，如核心企业与供应商、供应商的供应商乃至一切前向的关系，与用户、用户的用户及一切后向的关系。此时，对供应链的认识形成了一个网链的概念，像丰田、耐克、尼桑、麦当劳和苹果等公司的供应链管理都是从网链的角度来实施的。哈里森（Harrison）进而将供应链定义为："供应链是采购原材料，将它们转换为中间产品和成品，并且将成品销售到用户的功能网链。"这一概念同时强调供应链的战略伙伴关系问题。菲利浦（Phillip）和温德尔（Wendell）认为，供应链中的战略伙伴关系是很重要的，通过建立战略伙伴关系，可以与重要的供应商和用户更有效地开展合作。随着社会环境的逐渐变化，供应链内涵的范围不断拓展，新的

① 马士华，林勇．供应链管理［M］．3版．北京：机械工业出版社，2010.

内容不断增加。

综上所述，供应链是指从采购原材料开始，制成中间产品（如零部件）以及最终产品，最后由销售网络把产品送到消费者手中的，将供应商、制造商、分销商、零售商直到最终用户连成一个整体的功能网链结构。《物流术语》对供应链的定义是：生产及流通过程中，围绕核心企业的核心产品或服务，由所涉及的原材料供应商、制造商、分销商、零售商直到最终用户等形成的网链结构。

根据以上定义，我们可以简单地给出供应链的网链结构模型如图2-1所示。

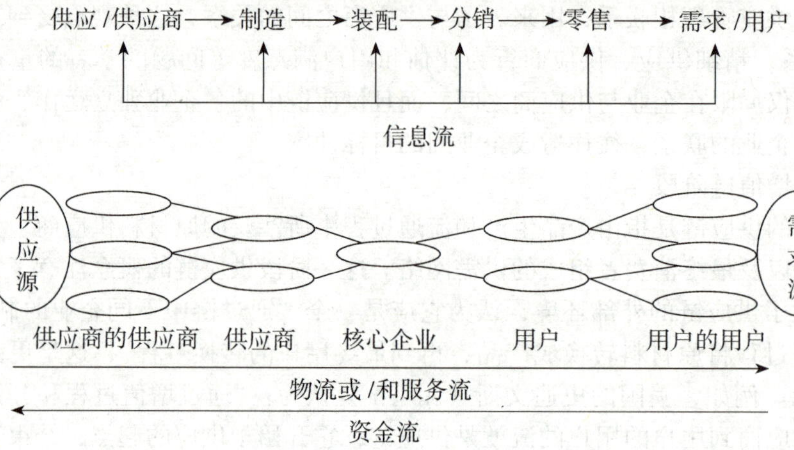

图2-1 供应链的网链结构模型

由图2-1可见，供应链由所有加盟的节点企业组成，其中一般有一个核心企业（可以是产品制造企业，也可以是大型零售企业，如沃尔玛），节点企业在需求信息的驱动下通过供应链的职能分工与合作（生产、分销、零售等），以资金流、物流或服务流为媒介实现整个供应链的不断增值。

2.供应链管理的概念和内容

（1）供应链管理的概念

供应链是一条连接供应商与用户的增值链。这一系统能否达到总体绩效最优，取决于对它的整体协调与控制，因而产生了供应链管理的概念。

供应链是围绕核心企业，通过对工作流（work flow）、信息流（information flow）、物料流（physical flow）、资金流（funds flow）的协调与控制，从采购原材料开始，制成半成品及最终产品，最后由销售网络把产品送到用户手中，将供应商、制造商、分销商、零售商，直至最终用户连成一个整体的功能网链结构。[①]

① 马士华，林勇．供应链管理［M］．6版．北京：机械工业出版社，2021.

《物流术语》对供应链管理的定义是：从供应链整体目标出发，对供应链中采购、生产、销售各环节的商流、物流、信息流及资金流进行统一计划、组织、协调、控制的活动和过程。

党的十九大报告提出，要推动互联网、大数据、人工智能和实体经济深度融合，在现代供应链等领域培育新增长点、形成新动能，这是极具智慧的战略决策，至此，发展现代供应链因被确定为新增长点和新动能而上升为国家战略，成为中国特色社会主义新时代供应链发展与建设的新起点。

党的二十大报告中明确提出了"着力提升产业链供应链韧性和安全水平"，"加快构建以国内大循环为主体、国内国际双循环相互促进的新发展格局"，"确保粮食、能源资源、重要产业链供应链安全"，将产业链供应链韧性与安全提到了极其重要的地位。

现代供应链是采用现代科学技术和组织管理模式的供应链。与传统供应链相比，现代供应链体现互联网时代科学技术飞速发展、组织管理变革日新月异、生产要素全球配置的特征。促进中国现代供应链发展是习近平新时代中国特色社会主义经济思想的重要组成部分和重要体现，是中国经济发展的新增长点和新动能。①

供应链与物流是两个不同概念，供应链包括商流、物流、信息流、资金流，物流是供应链的一部分。现代供应链以需求为导向，通过现代需求链拉动并通过供给侧结构性改革更好地满足生产生活需求。企业或产品的设计、生产、销售、配送及相关服务的每个环节和每个活动都会产生价值，沿着供应链形成价值链，供应链是价值链的基础，供应链塑造价值链。供应链是产业链的微观基础，供应链结构决定产业结构，供应链关系决定产业关系，供应链实力决定产业实力，供应链整合促进产业融合，供应链在区域内的协同和集群发展促成了产业融合、产业集群和区域协同发展。

因此，供应链管理是一种集成化的管理理念，其核心意义在于使企业充分了解客户及市场需求，与供应商及其他合作伙伴在经营上保持步调一致，实现资源共享与集成，协调支持供应链上的所有企业协同运作，从而取得整体最优的绩效水平，以达到提高供应链整体竞争力的目的。供应链管理要保证供应链的价值创造和提高，因此，简言之，供应链管理是对供应链增值的管理，采用集成化的管理思想和方法，把供应链上的各个企业作为一个不可分割的整体来实施网络化管理，将各个节点成员分别承担的职能协调起来，形成一个能快速适应市场的、有效满足顾客需要的功能系统，实现总体上的高效益和低成本。

（2）供应链管理的内容

供应链管理主要涉及四个主要领域：供应（supply）、生产作业（schedule）、物流（logistics）、需求（demand）。由图2-2可见，供应链管理是以同步化、集成化生产计划为

---

① 何明珂、王文举. 现代供应链发展的国际镜鉴与中国策略［J］. 改革，2018（1）.

指导，以各种技术为支持，尤其以Internet/Intranet为依托，围绕供应、生产作业、物流(主要指制造过程)、满足需求来实施的。供应链管理主要包括计划、合作、控制从供应商到用户的物料（零部件和成品等）和信息。供应链管理的目标在于提高用户服务水平和降低总的交易成本，并且寻求两个目标之间的平衡（通常这两个目标往往有冲突）。

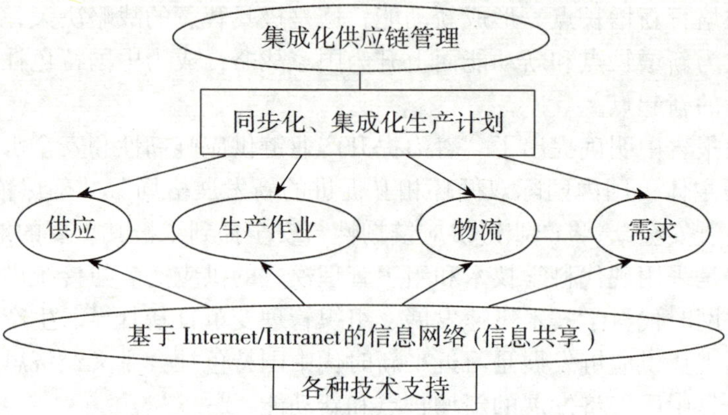

图2-2　供应链管理涉及的领域

2.1.2　供应链管理的基本原理

1. 动态重构原理

该原理指出供应链是随时变化的，可调整组合运用。供应链是因为市场需求而产生的，而市场环境又是变动的，所以供应链需要及时对市场环境以及消费者的需求变化做出响应，并据此进行迅速重组和构建。

2. 同步运作原理

该原理指出：供应链是由不同的企业所构成，而这些企业之间的合作关系是否协调则会直接影响供应链系统运行的好坏。而这里的协调运作，就是要求供应链上的各企业成员需要通过同步化的生产计划实现整个供应链的同步化运作，建立起协调机制，使信息实现共享。供应链管理的核心就是协调与处理供应链上不同节点间的企业关系。

3. 快速响应原理

市场对于供应链的时效性要求越来越高，用户不仅仅是需要企业按时交货，而且要求的交货期越来越短。这加剧了企业间的竞争，要求企业必须快速响应市场，提高自身的产品研发与组织生产的能力，以赢得竞争。供应链则很好地发挥了这个功效，它具备快速及时响应市场需求的能力，并且一定程度上强化了各个企业节点间的协作。

4. 需求驱动原理

该原理认为，供应链的形成、存在、重构，都是基于一定的市场需求，在供应链的运作过程中，用户的需求是供应链中信息流、产品/服务流、资金流运作的驱动源。在供应链管理模式下，供应链的运作是以订单驱动的方式展开的，用户需求订单驱动商品采购订单，商品采购订单驱动产品制造订单，产品制造订单又驱动原材料（零部件）采购订单，原材料（零部件）采购订单再驱动供应商备货。这种逐级驱动的订单驱动模式，使供应链系统得以准时响应用户的需求，从而降低了库存成本，提高了物流的速度和库存周转率。

5.合作共享原理

该原理可以从合作和共享两个层面来解析：

在合作方面，因为企业自身拥有的资源是有限的，所以需要将有限的资源集中于核心业务。那么，企业必须与全球范围内的在某一方面具有竞争优势的相关企业建立紧密的战略合作关系，将本企业中的非核心业务交由合作企业来完成，充分发挥其各自独特的竞争优势，从而提高供应链系统整体的竞争能力。

在共享方面，供应链中的共享包含管理思想与方法、信息资源、技术等的共享。其中，信息共享是实现供应链管理的基础，准确可靠的信息有助于企业做出正确的决策。供应链系统的协调运行是建立在各个节点企业高质量的信息传递与共享基础之上的，信息技术的应用有效地推动了供应链管理的发展，提高了供应链的运行效率。

6.多赢互惠原理

多赢互惠原理认为，供应链是相关企业为了适应新的竞争环境而组成的一个利益共同体，其密切合作是建立在共同利益的基础之上，供应链各成员企业之间是通过一种协商机制来谋求一种共赢互惠的目标。供应链管理改变了企业的竞争方式，将企业之间的竞争转变为供应链之间的竞争，强调核心企业通过与供应链中的上下游企业之间建立战略伙伴关系，使每个企业都发挥其各自的优势，在价值增值链上达到互惠共赢的目标。

7.系统原理

系统原理认为，供应链是一个系统，是由相互作用、相互依赖的若干组成部分结合而成的、具有特定功能的有机整体。供应链是围绕核心企业，通过对信息流、物流、资金流的控制，把供应商、制造商、销售商、物流服务商、直到最终用户连成一个整体的功能网链结构模式。供应链是一个复杂的大系统，其系统特征主要体现在其整体功能上，这一整体功能是供应链合作伙伴间的功能集成，而不是简单叠加。

8.资源横向集成原理

该原理认为，在经济全球化迅速发展的今天，企业仅靠原有的管理模式和自己有限的资源，已经不能满足快速变化的市场对企业所提出的要求。企业必须放弃传统的基于纵向思维的管理模式，朝着新型的基于横向思维的管理模式转变。而供应链管理正体现了横向一体化的基本思想。企业必须横向集成外部相关企业的资源，形成“强强联合，优势互补”的战略联盟，结成利益共同体去参与市场竞争，以实现在提高服务质量、降低成本、快速响应顾客需求的同时给予顾客更多选择的目的。

不同的思维方式对应着不同的管理模式以及企业发展战略。纵向思维对应的是“纵向一体化”的管理模式，企业的发展战略是纵向扩展；横向思维对应的是“横向一体化”的管理模式，企业的发展战略是横向联盟。该原理强调的是优势资源的横向集成，即供应链各节点企业均以其能够产生竞争优势的资源来参与供应链的资源集成，在供应链中以其优势业务的完成来参与供应链的整体运作。

2.2 供应链管理分析

供应链管理本身是不断发展的一种战略思路和模式。进入21世纪，供应链管理的重心从初期的提高效率和降低成本发展到满足客户日益增长的需要，进而转向以用户价值为中心，将重点放在创造客户价值上。

2.2.1 供应链管理模式的特点

1.以客户价值为导向的“需求动力”模式

传统的供应链模式可称为“推销”模式，即根据商品的库存情况，有计划地将商品推销给客户。而现今流行的供应链模式是“需求动力”模式。

新的供应链模式是以客户价值为导向的模式，其基本思想是供应链上的企业必须首先了解客户需要你生产什么样的产品、提供什么样的服务。商业的成功取决于在尽可能降低满足客户需求成本的同时，对变化的客户需求的反应能力。只有通过提供更好的客户使用价值，才能实现企业自身的价值，由此，“有效客户反应”的实施作为一项战略方针应运而生。

2.以供应链各环节上的信息集成与共享为条件

从客户价值导向出发，企业必须加强信息集成与共享。因为只有在信息集成和共享条件下，企业才能使客户订单、库存报告、零售数据报告以及其他关键信息从一个企业（部门）开放性地、迅速地流向另一个企业（部门），才能实现对客户需求的快速反应。例如，在超市的收银台前，扫描器采集到客户所购商品的确切信息后，将导引产品从分销仓库中发出，数据在分销仓库进一步集中后又传给供应商，这样，供应商就可以据此做好准备，确定下一个交货期以补充分销仓库中的货物。据此，制造商将调整和更新生产计划，以便使其上游各方也相应地调整各自的交货计划。

3.供应链的竞争新概念

在创造客户价值的过程中，靠着信息联系和控制，企业与企业之间、部门与部门之间都由市场拉动。在这种新的模式中，市场竞争不再被单纯地看作企业与企业之间的竞争，而是供应链与供应链之间的竞争，所以，培育供应链的能力就显得非常重要。综上所述，供应链新模式要求面对客户和市场，增加产品的可替换形式，缩短订货周期，改进质量，降低单位成本，提高运作优势，建立完善的评估机制和执行系统。

2.2.2 供应链管理的基本模式

供应链管理有一个基本的运作模式，那就是，任何企业的供应链必须在以下五个领域做出决策：

1. 生产

（1）市场需要的产品种类。

（2）应该生产的产品种类及数量。

（3）产品的生产时间。

2. 库存

（1）供应链中的供应商、制造商、经销商、零售商和消费者应该持有的库存种类。

（2）原材料、半成品和制成品的库存数量。

（3）库存持有成本巨大，需要确定理想的存货水平和再订货时点，以降低库存成本。

3. 选址

（1）生产设备和存货仓库应该安排在什么地方？

（2）生产和存货仓库的位置设在哪里最节省成本？

（3）应该使用现有的设备还是建造新设备？

4. 运输

（1）运输线路的选择。如何将库存从供应链的一个地点运到另一个地点？

（2）运输方式的选择。航空运输、卡车运输、海运或铁路运输，不同运输方式成本和运输时间及风险不同，如何选择？

5. 信息

（1）明确需要收集的数据以及分享的信息种类和数量。

（2）掌握及时和准确的信息才能保证更好地合作以及做出更好的决策。人们只有掌握有效的信息才能决定生产什么产品、生产多少、在哪里放置存货以及如何最好地运输。

2.2.3 供应链管理的主要业务流程

从实际运行来看，供应链管理环境下的主要业务流程包括下面的几个方面：

1. 计划

在传统管理中也包括计划职能，但供应链管理中的计划却和以往有很大的不同。供应链管理中的计划超越了狭义的职能范围，指的是使顾客所需的产品在合适的时间和合适的地点到达顾客手中的总体设计和规划过程。

计划的制订是以整个供应链上客户的购买为驱动的，计划的目标是实现客户价值。为了支持“需求动力”模式，计划过程还需要以下三项支持性工作，以完成计划方案：

（1）有效地收集客户的需求信息，以适应需求的变动。

（2）使需求信息和数据应用于包括安全库存、库存周转和补货频率在内的库存投资。

（3）为订单的生成、执行和记录制订完善的操作方案。

2. 实施

实施是促使货物和服务在供应链中实际流动。实施系统主要关注的是运作效率，因此有必要寻求一个新的解决方案，使日常的运作流水线化和自动化，以降低成本、提高生产效率。提高运作效率的第一步就是将一般的商业应用提升为能够运作于整个过程的简单的集成系统，以保证产品在供应链中高效流动。

实施系统的一个中心任务是进行跨职能集成。所谓跨职能集成是指从总体功能出发，将不同职能部门的子系统功能整合起来，使局部利益最大化地服从于整个供应链效益最大化的目标，这样的大系统需要更高水平的集成化。管理实践发现，跨职能优化的效果往往要超过某一职能的局部优化产生的效果。

3. 执行评估

执行评估过程是对供应链运行情况的跟踪，这有利于制定较为开放的决策并对变化的市场做出有效反应，特别是对于会计和财务管理系统进行定量化的评估，是比较重要的焦点问题，因为它们是系统运行状况的标志和特征表现。实践中可应用电子商务工具和技术（如数据库管理）来解决这些问题，进行有效的信息审核和分析。要使这种评估更好地服务于企业的管理决策，就要充分利用现代化信息技术和通信手段，设计和建立一个能快速、有效获取相关信息的决策支持系统。

2.3 供应链系统设计

2.3.1 基于产品的供应链设计

供应链设计首先要明确用户对企业产品的需求是什么。产品寿命周期、需求预测、产品多样性、提前期和服务的市场标准等都是影响供应链设计的重要问题，必须设计出与产品特性一致的供应链，也就是实施所谓的基于产品的供应链设计策略。

供应链设计的最终目的在于使产品与供应链相匹配。费雪（Fisher）认为，供应链的设计要以产品为中心，要充分考虑产品类型与供应链结构之间的匹配性。

1. 产品类型

不同的产品类型对供应链设计有不同的要求。按照产品的需求特征可将产品分为功能型产品和创新型产品。一般来说，功能型产品是指那些满足客户基本需要的产品，如牙膏、方便面、大米等，这些产品的边际利润比较低，需求比较稳定；创新型产品是指那些满足客户个性化需求或时尚需求的产品，如流行服装等，这些产品的边际利润很高，但需求极不稳定，如流行服装等。功能型产品与创新型产品的比较参见表2-1。

表2-1 功能型产品和创新型产品的比较

产品特征	功能型产品	创新型产品
需求特征	可预测	不可预测
产品寿命周期	2年以上	3个月至2年
产品的多样化程度	较低	很高
边际贡献	5%~20%	20%~60%
预测的误差率	10%	40%~100%
平均缺货率	1%~2%	10%~40%
季末降价率	0	10%~25%
按订单生产所需的提前期	6个月至1年	1天至2周

由表2-1可以看出，功能型产品一般是为了满足用户的基本需求，变化很少，具有稳定的、可预测的需求和较长的寿命周期，但它们的边际利润较低。为了避免过低的边际利润，许多企业在产品的外形或技术上进行革新，以刺激消费者购买，从而获得较高的边际利润，这种创新型产品的需求一般难以预测，寿命周期也较短。正因为这两种产品的特点不同，才需要有不同类型的供应链去满足不同的管理需要。

2. 供应链类型

一般来说，供应链主要可划分为两种类型：效率型供应链（efficient supply chain）和反应型供应链（responsive supply chain）。

效率型供应链主要体现供应链的物料转化功能，即以最低的成本将原材料转化成零部件、半成品、产成品，以及在供应链中的运输等。

反应型供应链主要体现供应链对市场需求的反应功能，即把产品分配到满足用户需求的市场，对未预知的需求做出快速反应等。

两种类型供应链的比较见表2-2。

表2-2 效率型供应链与反应型供应链的比较

	效率型供应链	反应型供应链
主要目标	以最低的成本供应可预测的需求	快速响应不可预测的需求，减少缺货、过期降价、杜绝库存造成的损失
产品设计策略	绩效最高、成本最低	使用模块化设计，尽量延迟产品差异化
制造策略	维持高平均利用率	消除多余的缓冲库存
库存策略	使库存最小以降低成本	维持缓冲库存，满足不确定性需求
提前期	在不增加成本的前提下缩短提前期	采取主动措施缩短提前期
选择供应商依据的指标	成本和质量	速度、柔性和质量

3.基于产品类型的供应链设计策略

在设计供应链时需要根据产品的特性和供应链的特性来进行，才能保证设计出与产品需求一致的供应链。供应链设计策略如图2-3所示。对于功能型产品，假设边际贡献率为10%，平均缺货率为1%，则边际利润损失仅为0.1%。因此，为改善市场反应能力而投入大量资金是得不偿失的。生产这类产品的企业，主要目标是尽量降低成本。企业通常通过制订合理的产出计划，协调销售、生产与采购等环节，提高生产效率、缩短提前期、降低成本，最终提高竞争力。对于创新型产品，假设边际贡献率为40%，平均缺货率为25%，则边际利润损失为10%。因此，通过投资改善供应链对市场的反应能力是经济可行的。

	功能型产品	创新型产品
效率型供应链	匹配	不匹配
反应型供应链	不匹配	匹配

图2-3 供应链设计与产品类型策略矩阵

策略矩阵的四个元素代表四种可能的产品和供应链的组合，从中可以看出产品和供应链的特性，管理者可以据以判断企业的供应链流程设计是否与产品类型一致：效率型供应链流程适用于功能型产品，反应型供应链流程适用于创新型产品，否则就会出现问题，即产品与供应链不匹配，结果将不能很好地满足市场需求，使供应链缺乏市场竞争力。对于图2-3中右上方不匹配的情况，可以采用两种改进方法：一种方法是向左平移，将创新型产品变为功能型产品；另一种方法是向下垂直移动，实现从效率型供应链向反应型供应链的转变。正确的决策取决于创新型产品所产生的边际利润是否足以弥补采用反应型供应链所增加的成本。

对于功能型产品来说，关键在于如何以低的成本满足市场的需要。通常可采取以下措施：

（1）加强企业与供应商、分销商之间的合作，有效降低整个供应链的成本。

（2）维持价格的稳定，避免频繁的价格促销活动。

对于创新型产品来说，由于产品需求的不确定性，在市场中取胜的关键在于如何快速地满足市场的需求，通常可采取以下措施：

（1）通过共享零部件提高零部件需求预测的准确性，减少需求的不确定性。

（2）通过缩短提前期和增加供应链的柔性，实现按订单生产，从而避免需求的不确定性。

（3）通过设置库存缓冲和能力缓冲，防范需求的不确定性。

4.基于产品的供应链设计步骤

（1）分析市场竞争环境。分析市场竞争环境的目的在于找到针对哪些产品开发供应链才有效。为此，必须知道现在的产品需求是什么，产品的类型和特征是什么。分析市场特征需要对供应商、用户和竞争者进行调查，提出诸如“用户想要什么”“他们在市场中的份额有多大”之类的问题，以确认用户的需求和因供应商、用户、竞争者产生的压力。这一步骤的输出是每一产品按重要性排列的市场特征描述，同时对于市场的不确定性也要进行分析和评价。

（2）总结、分析企业现状。主要应分析企业供需管理的现状，如果企业已经有供应链管理，则分析供应链的现状。这一步骤的目的不在于评价供应链设计策略的重要性和适应性，而是着重于研究供应链开发的方向，分析、总结企业存在的问题及影响供应链设计的阻力因素等。

（3）根据基于产品的供应链设计策略提出供应链设计的目标。其主要目的在于获得高用户服务水平和低库存投资、低单位成本两个目标之间的平衡（这两个目标往往有冲突），同时还应包括以下目标：①进入新市场；②开发新产品；③开发新的营销渠道；④改善售后服务水平；⑤提高用户满意程度；⑥降低物流成本；⑦通过降低库存提高工作效率等。

（4）分析供应链的组成，提出供应链组成的基本框架。分析供应链的组成可以为确定供应链模式提供基本框架。供应链的组成分析主要包括制造工厂、设备和工艺、供应商、分销商、零售商及用户的选择及定位，以及确定选择与评价的标准。

（5）分析和评价供应链设计的技术可行性。不仅要提出某种策略或改善技术的推荐清单，而且要在可行性分析的基础上，结合本企业的实际情况为开发供应链提出技术选择建议和支持。这也是一个决策的过程，如果认为方案可行，就可进行下一步的设计；如果不可行，就要重新进行分析和评价。

（6）解决供应链设计中的关键问题。在供应链设计中要解决的关键性问题包括：

①供应链的成员，如供应商、设备、工厂、分销中心的选择与定位以及计划与控制方法。

②原材料的来源问题，包括供应商、流量、价格、运输等问题。

③生产方式设计，如需求预测、生产什么产品、生产能力、供应给哪些分销中心、价格、生产计划、生产作业计划和跟踪控制、库存管理等问题。

④分销任务与能力设计，如产品服务于哪些市场，运输情况、价格等问题。

⑤相关信息管理系统设计。

⑥物流管理系统设计。

在供应链设计中，要广泛应用许多工具和技术，包括归纳法、流程图、模拟和设计软件等。

（7）检验供应链。供应链设计完成以后，应通过一定的方法、技术进行测试检验或试运行。如果不适用，则应返回第（3）步重新进行设计；如果没有什么问题，就可以实施供应链管理了。

2.3.2 供应链合作伙伴的选择

当前，企业面临的竞争环境发生了巨大变化。全球竞争中先进制造技术的发展要求企业将自身业务与合作伙伴的业务集成在一起，缩短相互之间的距离，从整个供应链的角度考虑增值。许多成功的企业都将与合作伙伴的附属关系转向联盟或战略合作关系。建立战略性合作伙伴关系是供应链战略管理的重点。供应链管理的关键就在于供应链各节点企业间的联结与合作，以及相互之间在产品开发、设计、生产、竞争策略等方面良好的协调。

1.供应链合作关系的定义

供应链合作关系是指供应商与制造商之间，在一定时期内共享信息、共担风险、共同获利的协议关系。

实施供应链合作就意味着新产品/技术的共同开发、数据和信息的交换、市场机会的共享和风险共担。在供应链合作关系环境下，制造商选择供应商不再只是考虑价格，而是更注重能在优质服务、技术革新、产品设计等方面进行良好的合作。供应商为制造企业的生产经营提供各种生产要素（原材料、能源、机器设备、零部件、工具、技术和劳务等），供应商所提供要素的数量、质量、价格，直接影响到制造企业生产效率的高低、成本的高低和产品质量的优劣。因此，制造企业与供应商的合作关系应着眼于以下几个方面：

（1）让供应商了解企业的生产程序和生产能力，使供应商能够清楚地知道企业所需要产品或原材料的期限、质量和数量。

（2）向供应商提供自己的经营计划、经营策略及相应的措施，使供应商明确了解企业的希望，以使自己能随时达到企业要求的目标。

（3）企业与供应商要明确双方的责任，并各自向对方负责，使双方明确共同的利益所在，并为此而团结一致，以达到双赢的目的。

2.供应链合作关系与传统供应商关系的区别

在新的竞争环境下，供应链合作关系强调直接的、长期的合作，强调共同努力实现共有的计划和解决共同的问题，强调相互之间的信任与合作。这与传统的关系模式有着很大的区别（参见表2-3）。

表2-3 供应链合作关系与传统供应商关系的区别

	传统供应商关系	供应链合作关系
相互交换的主体	物料	物料，服务
供应商选择标准	强调价格	多标准并行考虑（交货的质量和可靠性等）
稳定性	变化频繁	长期，稳定，紧密合作
合同性质	单一	开放合同（长期）
供应批量	小	大
供应商数量	大量	少（少而精，可以长期紧密合作）
供应商规模	小	大
供应商的定位	当地	国内和国外
信息交流	信息专有	信息共享
质量控制	输入检查控制	质量保证（供应商对产品质量负全部责任）
选择范围	投标评估	广泛评估可增值的供应商

3.供应链合作伙伴选择考虑的主要因素

在传统的供应商关系中，供应链成员之间处于竞争状态，而供应商的选择指标主要侧重于成本，这种只注重成本的短期行为，往往导致产品质量的下降和交货期限的拖延。现代供应链管理强调从战略性角度选择合适的供应商，建立起长期的合作伙伴关系。

在选择供应商时，一般需要考虑的因素包括产品价格、质量、可靠性、售后服务、地理位置、财务状况、技术能力等，其中供应商的交货提前期、产品质量、交货可靠性和产品价格这四个因素是选择供应商的最关键因素。

交货提前期：是指企业从发出订单到收到货物之间的时间。对于需求方来说，交货提前期越短越好。供应商缩短交货提前期既可以减少需求方的库存水平，又能提高企业对需求方的反应速度，从而可以提高供应链的客户满意度。

产品质量：是指供应商的产品满足企业需求的程度，在这里是指合格产品占总产品的比重，该指标值越大越好。

交货可靠性：是指供应商及时满足企业订单的程度，用及时交货的订单数占总订单数的比例或及时交货的产品数占订货总产品数的比例来表示，该指标值越大越好。交货可靠性和交货提前期是影响供应链敏捷度的两个重要因素。

产品价格：是指企业采购的每一单位产品的价格。在现代供应链管理中，产品价格不再是选择供应商时考虑的首要因素，但仍是重要因素。

企业在建立供应商选择的指标体系时，可以以上述四个基本的指标为基础，根据供应链的具体特征，增补有关因素，形成具体的指标体系。

4.综合评价、选择合作伙伴的步骤

合作伙伴的综合评价选择可以归纳为下面的几个步骤，企业必须确定各个步骤的开始时间，每一步骤对企业来说都是动态的，企业可自行决定其先后和开始时间，并且每个步骤对于企业来说都是一次改善业务的过程。

步骤1：分析市场竞争环境（需求、必要性）。

市场需求是企业一切活动的驱动源。建立基于信任、合作、开放性交流的供应链长期合作关系，必须首先分析市场竞争环境，其目的在于找到针对哪些产品市场开发供应链合作关系才有效，知道现在的产品需求是什么，产品的类型和特征是什么，以确认用户的需求，确认是否有建立供应链合作关系的必要。如果已建立供应链合作关系，则要根据需求的变化确认供应链合作关系变化的必要性，从而确认合作伙伴评价选择的必要性，同时分析现有合作伙伴的现状，分析、总结企业存在的问题。

步骤2：确立合作伙伴选择目标。

企业必须确定合作伙伴评价程序如何实施，信息流程如何运作、由谁负责，而且必须建立实质性的目标。其中降低成本是主要目标之一，合作伙伴评价、选择并非一个简单的评价、选择过程，它本身也是企业自身和企业与企业之间的一次业务流程重构过程，实施得好，它本身就可以带来一系列的利益。

步骤3：制定合作伙伴评价标准。

合作伙伴综合评价的指标体系是企业对合作伙伴进行综合评价的依据和标准，是反映企业本身和环境所构成的复杂系统不同属性的指标按隶属关系、层次结构有序组成的集合。要根据系统全面性、简明科学性、稳定可比性、灵活可操作性的原则，建立集成化供应链管理环境下合作伙伴的综合评价指标体系。不同行业、企业、产品需求，不同环境下的合作伙伴评价应是不一样的，但不外乎都要涉及合作伙伴的业绩、设备管理、人力资源开发、质量控制、成本控制、技术开发、用户满意度、交货协议等可能影响供应链合作关系的各方面。

步骤4：成立评价小组。

企业必须建立一个小组以控制和实施合作伙伴评价。组员大多来自采购、质量、生产、工程等与供应链合作关系密切的部门，组员必须具有团队合作精神和一定的专业技能。评价小组必须同时得到制造商企业和合作伙伴企业最高领导层的支持。

步骤5：合作伙伴参与。

一旦企业决定进行合作伙伴评价，评价小组必须与初步选定的合作伙伴取得联系，以确认他们是否愿意与企业建立供应链合作关系，是否有获得更高业绩水平的愿望。企业应尽可能早地让合作伙伴参与到评价的设计过程中来。然而，因为企业的力量和资源是有限的，企业只能与少数的、关键的合作伙伴保持紧密合作，所以合作伙伴不能太多。

步骤6：评价合作伙伴。

评价合作伙伴的一个主要工作是调查、收集有关合作伙伴的生产运作等全方位的信息。在收集合作伙伴信息的基础上，就可以利用一定的工具和技术方法进行合作伙伴评价了。

在评价程序后，有一个决策点。根据一定的技术方法选择合作伙伴，如果选择成功，则可开始实施供应链合作关系，如果没有合适的合作伙伴可选，则返回“步骤2”重新开始评价选择。

步骤7：实施供应链合作关系。

在实施供应链合作关系的过程中，市场需求将不断变化，可以根据实际情况的需要及时修改合作伙伴评价标准，或重新开始合作伙伴的评价选择。在重新选择合作伙伴的时候，应给原有的合作伙伴以足够的时间适应变化。

2.4 供应链运作方式

从对市场的反应方式上看，企业供应链运作系统可以分为供给推动模式、需求拉动模式和推拉结合模式，不同的运作系统模式对物流的要求也不同。企业供应链运作系统决定了物流形式和物流管理方式。

2.4.1 供给推动模式

供给推动模式如图2-4所示。推动式的供应链运作方式以制造商为核心，产品生产出来后从分销商逐级推向用户。分销商和零售商处于被动接受的地位，各个企业之间的集成度较低，通常采取提高安全库存量的方法应对需求变动，因此，整个供应链上的库存量较高，对需求变动的响应能力较差。

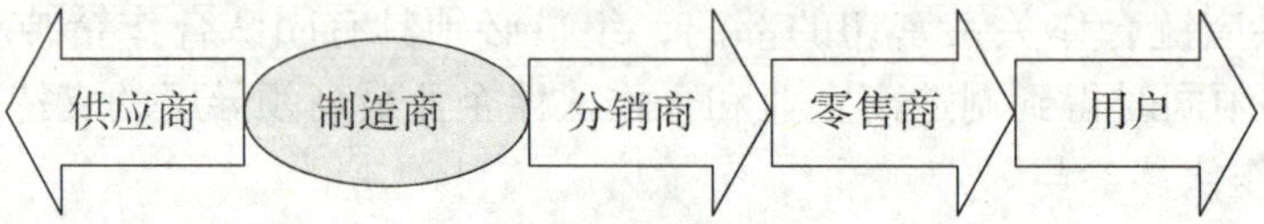

图2-4 供给推动模式

2.4.2 需求拉动模式

需求拉动模式如图2-5所示。需求拉动式供应链的驱动力产生于最终用户的需求，整个供应链的集成度较高，信息交换迅速，可以根据用户的需求实现定制化服务。采用这种运作方式的供应链系统库存量较低。

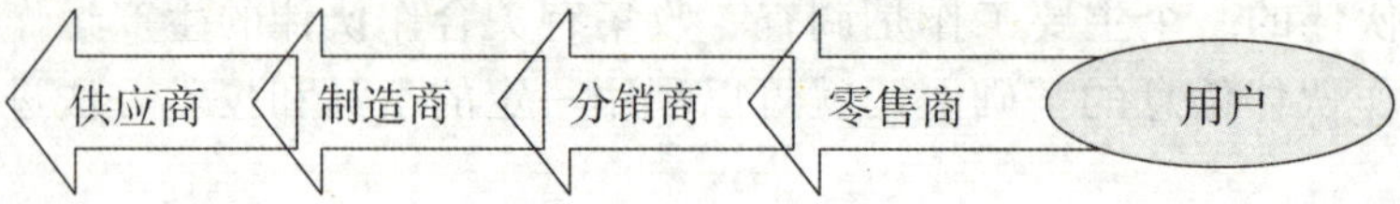

图2-5 需求拉动模式

2.4.3 推拉结合模式

推动式供应链和拉动式供应链各有其优点及局限性，并且二者的优缺点之间存在着相当的互补关系。比如，拉动式供应链难以实现制造和运输的互补关系，而推动式则可以实现。因此，将推动式和拉动式结合起来形成混合式的供应链模式（如图2-6所示）将更为有效，这种混合式供应链可以利用单一模式各自的优点而回避它们的缺点。

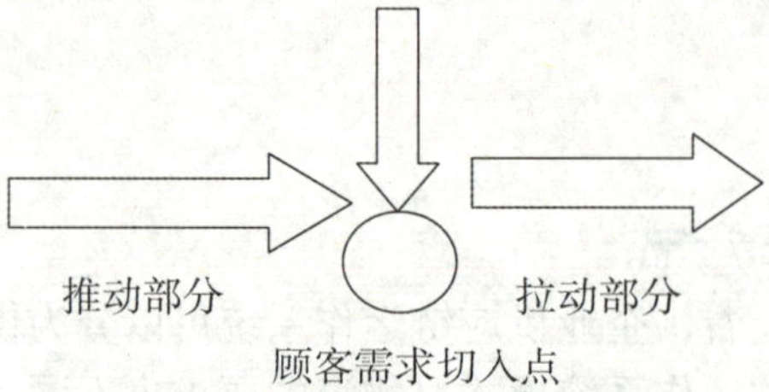

图2-6 推拉结合的混合供应链模式

在图2-6中，推动阶段和拉动阶段之间的分界点称为顾客需求切入点，在切入点之前，是推动式的大规模通用化半成品生产阶段，能形成规模经济。生产是按预测进行，这些中间产品生产出来后，就保持在这种中间状态，使后续的加工装配成型过程延迟，顾客的需求信息在切入点切入生产过程，接到用户的订单后，根据确实掌握的订单资讯，尽快地将中间产品按客户的定制要求加工成最终产品，实现快速的有效顾客反应。因此，切入点之后是拉动式的差别化定制阶段。这种混合供应链模式可以扬长避短，既能有效地响应市场、降低库存，又可以实现规模经济，降低实施难度。

案例分析 “苹果”的供应链管理①

苹果的供应链管理就如它的新产品开发，一贯低调、讳莫如深，外界知之甚少，它曾连续四年荣膺Gartner评选的全球供应链25强榜首，入选“供应链管理大师”，其中的奥秘究竟在哪里?

1997年，乔布斯重回苹果时，苹果内外交困，当年亏损10亿美元左右，用戴尔计算机总裁迈克尔·戴尔的话说，濒临“把公司关了，把剩下的钱还给股东”的破产边缘。在产品线上复杂度太高，产品型号泛滥，光台式电脑就有12种型号；在运营管理上更是乏善可陈，生产和供应链效益低下，成本居高不下。就此，乔布斯推出两大举措：其一是整合、精简产品线，这后面的故事大家都很熟悉；其二是力抓运营管理，包括从康柏挖来后来的CEO库克。库克是个运营管理专家，低调、务实、注重细节，就如一个典型的工业工程毕业生。他十几年如一日，把卓越运营的概念灌输到苹果的每一个角落，是苹果重生的幕后英雄。今天苹果的供应链，看不出其产品特有的精致、高贵，但继承了其简单、实用的特点，是一种高境界的务实和效率，就如武侠小说中的绝世高手，不尚空谈，出招接招，招招扎实，没有一招是多余的。

卓越运营和供应链管理在苹果的成功，也再一次验证了从优秀到卓越的演变历程。一个公司，尤其是技术公司，因为有聪明的工程师，就如乔布斯之于苹果，开发出一流的产品，才能生存。但光有好产品还不够，如果没有把产品质量做上去、把成本降下来，再好的产品也无法在市场上竞争。这就离不开卓越运营和供应链管理。其实，1997年前后，苹果产品还是挺不错的，尽管市场空间一再被PC打压，但产品开发这棵大树上长出了许多枝杈，它最大的问题还在于运营。苹果在运营上低效到什么程度？他们的零部件供应商在亚洲，笔记本的组装厂却在爱尔兰，短料连连，千呼万唤从亚洲催料到欧洲，组装成品又加急发往亚洲销售。苹果的仓库里放着上亿美元的产品，但真正的需求还是得不到满足。生产运营的低效，在产品利润高的时候往往被掩盖。但一旦利润下降，这个问题就如石头露出水面：1997财年苹果亏损10多亿美元，相当部分是库存注销费用，而库存向来是供应链运营效率的晴雨表。库克1998年加入苹果，两年时间就理顺了苹果的生产、运营和供应链，他关掉众多的生产设施、启用亚洲的合同制造商、建立JIT库存系统。这些对苹果的扭亏为盈都至关重要。

苹果供应链管理的成功之处还在于其与产品战略的完美结合。《哈佛商业评论》上的一篇文章指出，追求差异化战略的产品需要快速、敏捷的供应链来支持，而追求最低成本的产品则需要低成本、高效率的供应链来支持。苹果产品刚推出时，鲜有例外地不打差异化战略牌，这更需要供应链的快速响应。在别的PC商还依赖海运的时候，苹果就大规模使用空运。坊间常有传闻，说苹果在圣诞节前买断大批飞机

① 节选自刘宝红. 苹果的供应链可以复制吗？[J]. IT经理世界，2012（12）. 有改动。

舱位，在确保自己需要的同时影响到了竞争对手。再如iPhone的触摸屏，苹果在供应商建厂时就投入巨资，买断其产能6到36个月，有效阻止了竞争对手及时买到同样高技术的触摸屏。等到触摸屏成了大众商品，竞争对手可以买了，苹果又利用早已谈好的合同，拿到供应商的优惠价，其实是利用竞争对手的补贴来与竞争对手打价格战……

苹果的供应链战略都不是苹果的首创。苹果的妙处就在于使这些供应链战略能够得到完美执行。苹果在产品设计上很难被复制，因为乔布斯这样的人估计几百年才能有一个，而且其剑走偏锋的战略，其实处处都是风险，一招不慎就全盘皆输。苹果能有今天，其概率就如五个行星聚到一条线上一样低。正因为如此，它的供应链战略其实也很难被复制，因为产品战略不成功，供应链战略就成了无本之木。想想看，如果库克花了5 000万美元包下了所有的飞机舱位，苹果的产品在圣诞节不热销怎么办？你花上亿美元，买下供应商未来几年的产能，你的产品销量上不去怎么办？如果新产品一上市，你就不得不跟竞争对手打价格战，在利润薄如刀刃的情况下，你在供应链上的种种投入都将成为败笔。所以说，苹果供应链的成功，其实也是其产品成功的延续。

对库克来说，等那些开发渠道中的产品都出来了，乔布斯的余晖散尽的时候，就到了真正接受考验的时候。离开了产品端的创新和卓越，卓越运营和供应链管理就没法持久，苹果的供应商关系也可能发生剧变。到现在为止，得益于苹果的高利润，供应链上的伙伴都有得赚，虽然苹果的质量要求严苛、交期紧、账期长，利润虽低，但总有得赚，作为供应商，还有什么更好的可期望？等产品端的优势没了，进入严酷的价格战时，华尔街的期望难以满足，苹果的卓越供应链会不会成为挤压供应商的利器？行业第一的采购量、多年养成的霸气，会不会把苹果变成曾经的通用汽车？

讨论：

（1）苹果采用了什么类型的供应链模式？

（2）你认为苹果的供应链有什么优缺点？

本章小结

供应链由所有加盟的节点企业组成，其中一般有一个核心企业（可以是产品制造企业，也可以是大型零售企业），节点企业在需求信息的驱动下通过供应链的职能分工与合作（生产、分销、零售等），以资金流、物流、服务流为媒介实现整个供应链的不断增值。

供应链管理的基本原理包括动态重构原理、同步运作原理、快速响应原理、需求驱动原理、合作共享原理、多赢互惠原理、系统原理、资源横向集成原理。

供应链管理主要涉及四个领域：供应、生产作业、物流、需求。

物流是供应链管理的重要组成部分，在供应链管理中起着重要作用。在供应链环境下：物流业得到扩展；信息量大大增加，透明度提高；物流网络规划能力增强，物流作业精细化程度提高；物流作业体现出高度协调性。

供应链管理模式的特点是：以客户价值为导向的“需求动力”模式；以供应链各环节上的信息集成与共享为条件；市场竞争不再被单纯地看作企业与企业之间的竞争，而是供应链与供应链之间的竞争。

本章介绍了基于产品的供应链设计策略和设计步骤、供应链体系结构模型、供应链合作伙伴选择的意义和评价方法、供应链的运作模式，供读者学习、借鉴和应用。

关键概念

供应链　现代供应链　供应链管理　功能型产品　创新型产品　效率型供应链　反应型供应链　推动式模式　拉动式模式　供应链合作伙伴

思考题

1. 什么是供应链？什么是供应链管理？
2. 供应链管理的基本原理有哪些？
3. 供应链管理的主要业务流程是什么？
4. 基于产品的供应链设计有哪些步骤？
5. 如何选择供应链合作伙伴？
6. 供应链的运作方式有哪几种？

第3章 物流系统管理

学习目标

理解物流系统的概念、模式、特点和目标；了解和掌握物流系统的要素、组成和结构；学习物流系统规划设计的基本过程，建立起物流系统规划设计的整体概念。

3.1 物流系统概述

3.1.1 系统的含义

1. 系统的概念

“系统”一词源于古希腊语system，而从词源上说，来自拉丁语systems，由词头“共同”和词尾“位于”结合而成，表示共同组成的“群”和“集合”的意思。一般系统论的创始人贝塔朗菲认为，“系统可以定义为相互关联的元素的集合”；我国科学家钱学森对系统的定义是“系统是由相互作用和相互依赖的若干组成部分结合而成的、具有特定功能的有机整体”。哲学上将系统定义为“由相互联系、相互作用的若干要素构成的，具有位结构和特定功能的有机整体”。

可以从以下三个方面理解系统的概念。

(1) 系统是由若干要素（部分）组成的。这些要素可能是一些个体、元件、零件，也可能其本身就是一个系统（或称为子系统）。例如，运算器、控制器、存储器、输入/输出设备组成了计算机的硬件系统，而硬件系统又是计算机系统的一个子系统。

(2) 系统有一定的结构。一个系统是其构成要素的集合，这些要素相互联系、相互制约。系统内部各要素之间相对稳定的联系方式、组织秩序及失控关系的内在表现形式，就是系统的结构。例如，钟表是由齿轮、发条、指针等零部件按一定的方式装配而成的，但一堆齿轮、发条、指针随意放在一起却不能构成钟表；同样，人体由各个器官组成，单个器官简单拼凑在一起却不能称其为一个有行为能力的人。

（3）系统有一定的功能，或者说系统要有一定的目的性。系统的功能是指系统在与外部环境相互联系和相互作用中表现出来的性质、能力和功能。例如，信息系统的功能是进行信息的收集、传递、储存、加工、维护和使用，辅助决策者进行决策，帮助企业实现目标。

与此同时，人们还需要从以下几个方面对系统加以理解：

系统由部件组成，部件处于运动之中；部件间存在着联系；系统各主量和的贡献大于各主量贡献的和，即通常所说的1 + 1 > 2；系统的状态是可以转换、可以控制的。

2. 系统的模式

系统是相对外部环境而言的，并且和外部环境的界限往往是模糊的，所以，严格说来系统是一个模糊集合。

外部环境向系统提供劳动力、手段、资源、能量、信息，称为“输入”。系统以自身所具有的特定功能，将“输入”的内容进行必要的转化处理活动，使之成为有用的产成品，供外部环境使用，称为系统的“输出”。输入、转化处理、输出是系统的三要素。

外部环境因资源有限、需求波动、技术进步以及其他各种变化因素的影响，对系统产生约束或影响，称为环境对系统的限制或干扰。此外，输出的结果不一定理想，可能偏离预期目标，因此，要将输出结果的信息回馈给输入，以便调整和修正系统的活动，这称为“反馈”。

根据以上关系，系统的模式如图3-1所示。

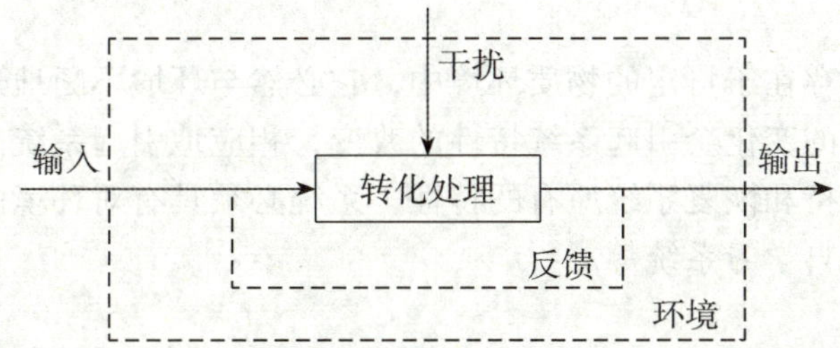

图3-1 系统的一般模式

3. 系统的特征

系统一般具有以下特性：

（1）相关性

组成系统的各要素之间具有相互联系、相互作用、相互依赖的特定关系，某一要素发生变化则会影响其他要素的状态变化。

（2）层次性

一般系统具有一定的层次结构，一个系统可分解为若干子系统，而子系统还可以分解为亚子系统，最终可分解为要素，这样就构成了特定的空间层次结构。系统的层次结构表明了不同层次子系统或要素之间的从属关系或相互作用关系。

各层次的子系统相互联系、相互作用，以特有的功能为同一目标相互协调运行，不同的层次结构存在着不同的运动形式，构成了系统整体的运动特性，为深入研究复杂系统的结构、功能和有效地进行控制及调节提供条件。

（3）整体性

系统的整体性表明系统中的要素及要素间的相互关系，这些要素是根据特定的统一性要求协调地存在于系统的整体之中的。任何一个要素都不能离开整体去研究，要素之间的联系和作用也不能脱离整体去考虑，系统不是各个要素的简单集合，否则它就不会具有作为整体的特定功能，整体性要求人们不能脱离整体去研究一个要素，以及要素之间的相互联系和相互作用。脱离了整体，要素的功能和要素间的作用便失去了系统的意义，也就无法得出有关系统整体的正确结论。在一个系统整体中，即使每个要素并不完善，但它们也可以协调、综合成为具有良好功能的系统。相反，即使每个要素都是良好的，但作为整体却不具备这种良好的功能，也就不能称为完善的系统。

（4）功能性

功能性是系统的基本特征之一，它表明系统具有的作用和效能，系统的功能以系统的结构为基础，系统的特定结构决定系统的特定功能。系统不同，其功能也不同，这正是区别一个系统和另一个系统的重要标志。

（5）环境适应性

任何一个系统都存在于特定的物质环境中，它必然与环境不断地进行物质、能量、信息的交换，外界环境的变化会引起系统特性的改变，相应地引起系统内各部分相互关系和功能的变化，为了保持和恢复系统原有的特性，系统必须具有对环境的适应能力，如反馈系统、自适应系统和自学习系统等。

3.1.2 物流系统的内涵

1.物流系统的概念

用系统观点来研究物流活动是现代物流科学的核心问题。

物流系统是由两个或两个以上的物流功能单元构成的，以完成物流服务为目的的有机集合体。具体地说：

（1）物流系统就是在一定时间、空间里，由所需要运转的物流产品、包装设备、装卸搬运机械、运输工具、仓储设施、运输道路、流通加工和废弃物回收处理设施等物质、能量、人员和通信网络（情报信息）等所构成的系统。

（2）构成物流系统的各要素处于动态之中，它们相互作用、相互依赖、相互制约而构成一个统一体。

（3）这个有机的统一体由包装、装卸、运输、存储、流通加工、配送、物流信息等子系统中的一个或几个有机地结合而成，每个子系统还可以分成更小的子系统，物流系统本身又处在更大的系统之中。

2.物流系统的模式

物流系统由输入、处理转化、输出、限制、反馈等内容组成，其模式如图3-2所示。

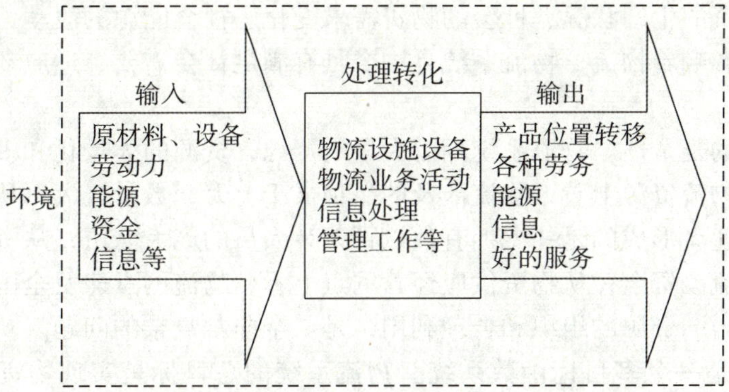

图3-2 物流系统模式

（1）输入。通过提供资源、能源、设备、劳动力等手段对某一系统发生作用，统称为外部环境对物流系统的输入。

（2）处理转化。它是指物流本身的转化过程。从输入到输出之间所进行的生产、供应、销售、服务等活动中的物流业务活动称为物流系统的处理或转化。

（3）输出。物流系统与其本身所具有的各种手段和功能，对环境的输入进行各种处理后所提供的物流服务称为系统的输出。

（4）限制或制约。它是指外部环境对物流系统施加的约束，也称外部环境对物流系统的限制和干扰。

（5）反馈。物流系统在把输入转化为输出的过程中，由于受系统各种因素的限制，不能按原计划实现，需要把输出结果回馈给输入，进行调整；即使按原计划实现，也要把信息回馈回来，以对工作做出评价，这称为信息反馈。

3.物流系统的特征

物流系统是一个复杂的、庞大的系统。在这个大系统中又有众多的子系统，系统间又具有广泛的横向和纵向联系。物流系统具有一般系统所共有的特征，即整体性、相关性、目的性、环境适应性，同时还具有规模庞大、结构复杂、目标众多等大系统所具有的特征。

（1）物流系统是一个“人-机系统”。物流系统由人和形成劳动手段的设备、工具等组成。它表现为物流劳动者用运输设备、搬运装卸机械、货物、仓库、港口、车站等设施，作用于物资的一系列生产活动。在这一系列活动中，人是系统中的主体。

（2）物流系统是一个可分系统。作为物流系统，其规模无论多么庞大，都是由若干个相互联系的子系统组成的。这些子系统的多少、层次的阶数，是随人们对物流的认识和研究的深入而不断扩充的。

（3）物流系统是一个动态系统。物流活动是受到社会生产和社会需求的广泛制约的。这就是说，社会物资的生产状况、社会的物资需求变化、社会能源的波动、企业间的合作关系，都随时随地影响着物流。物流系统是一个具有满足社会需要、适应环境能力的动态系统。

（4）物流系统的复杂性。物流系统拥有大量的资源，资源的大量化和多样化，造成了物流的复杂化。从物流资源上看，物流涉及的品种成千上万，数量极大；从从事物流活动的人来看，物流从业者形成的是一支拥有数以百万计人员的庞大队伍；从资金占用看，物流业占用着大量的流动资金；从物资供应经营网点上看，物流网点遍及全国城乡各地。这些人力、财力、物力、资源的组织和合理利用，是一个非常复杂的问题。

（5）物流系统是一个多目标函数系统。物流系统的总目标是实现物资空间位置的转移。但是，围绕这个目标也常常会出现一些矛盾，这些相互矛盾的问题在物流系统中广泛存在，而物流系统又恰恰要求在这些矛盾中运行。要使物流系统在诸方面满足人们的要求，显然要建立物流多目标函数，并在多目标中求得物流的最佳效果。

4.物流系统的目标

在建立和运行物流系统时，要求实现以下五个方面的目标任务（5S目标）：

（1）服务（service）。物流系统直接联结着生产与再生产、生产与消费，因此要求有很强的服务性。这种服务性体现为物流系统本身具有一定从属性，要以用户为中心，树立“用户第一”的观念。

（2）及时、快速（speed）。及时性是服务性的延伸，是用户的要求，也是社会发展进步的要求。及时、快速既是一个传统目标，更是一个现代目标。随着社会大生产的发展，这一要求更加强烈。

（3）优化规模（scale optimization）。以物流规模作为物流系统的目标，是要以此追求“规模效益”。规模效益问题在流通领域很突出，只是由于物流系统比生产系统的稳定性差，因而难以形成标准的规模化模式。在物流领域以分散或集中等不同方式建立物流系统，研究物流集约化程度，就是规模优化的体现。

（4）节约（saving）。节约是经济领域的重要规律。在物流领域推行集约化方式，采取各种节约、省力、降耗措施，就是节约的体现。

（5）调节库存（stock control）。库存调节性是及时性的延伸，也是物流系统本身的要求，涉及物流系统的效益。在物流领域中正确确定库存方式、库存数量、库存结构、库存分布就是追求这一目标的体现。

5.物流系统中存在的制约关系

（1）物流服务和物流成本间的制约关系。要提高物流系统的服务水平，物流成本往往也要增加。比如采用小批量即时运货制就要增加费用；要提高供货率即降低缺货率，就必须增加库存即增加保管费。

（2）构成物流服务子系统功能之间的约束关系。各子系统的功能如果不均匀，物流系统的整体能力将受到影响。如搬运装卸能力很强，但运输力量不足，会产生设备和人力的浪费；反之，如运输力量强，而搬运装卸环节薄弱，车船到达站港后不能及时卸货，也会带来巨大的经济损失。

（3）构成物流成本的各个环节费用之间的关系。如为了减少仓储费用降低库存而采取小批量订货策略，将导致运输次数增加，也就意味着运输费将上升，因此，运输费和保管费之间有相互制约关系。

（4）各子系统的功能和所耗费用的关系。任何子系统功能的增加和完善都必须投入资金。如信息系统功能的增加，必须购置硬件和开发计算机软件。

如上所述的制约关系不胜枚举，这种制约关系也称为二律背反原理。因此，在物流合理化过程中必须有系统观念，对这些相互制约的关系给予充分注意。

3.2 物流系统的要素

物流系统和其他管理系统一样，都是由人、财、物、信息和任务目标等要素组成的有机整体。现代物流系统要素具体可以从物流系统的基本要素、功能要素、支撑要素、物质基础要素四个方面来描述，如图3-3所示。

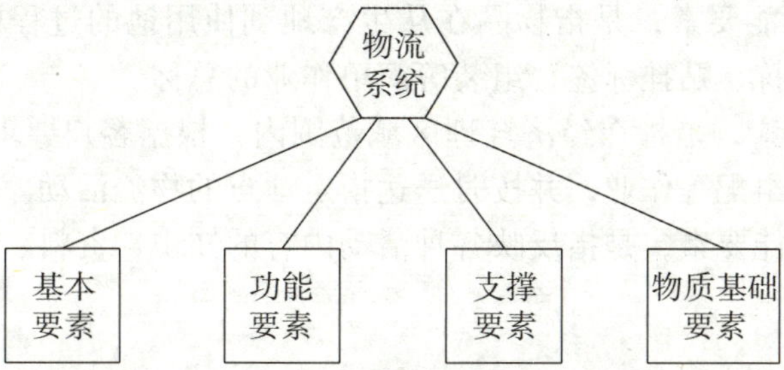

图3-3 物流系统的要素构成

3.2.1 物流系统的基本要素

(1) 人力资源要素。它是所有系统的核心要素，也是第一要素。人力资源是保证物流系统顺利运行和提高管理水平的最关键因素。提高人力资源的素质是建立一个合理化的物流系统并使它有效运转的根本。

(2) 资金要素。实现交换的物流过程，实际上也是资金运动过程，同时物流服务本身也需要以货币为媒介。物流系统建设是资本投入的一大领域，离开资金这一要素，物流就不可能实现。

(3) 物的要素。物的要素包括物流系统的劳动对象，即各种物资，没有这个物流系统便成了无本之木；物的要素还包括劳动工具、劳动手段，如各种物流设施、工具、各种消耗材料等。

3.2.2 物流系统的功能要素

物流系统的功能要素指的是物流系统所具有的基本能力，这些基本能力有效地组合、联结在一起，形成物流的总功能，便能合理、有效地实现物流系统的总目标。如果从物流活动的实际工作环节来考察，物流系统由以下七种要素构成：

(1) 包装功能要素，是指为在流通过程中保护产品、方便储运、促进销售，按一定技术方法而采用的容器、材料及辅助物等的总称；也指为了达到上述目的而采用容器、材料和辅助物的过程中施加一定技术方法等的操作活动。

(2) 运输功能要素，是指用运输设备将物品从某一地点向另一地点运送。其中包括集货、分配、搬运、中转、装入、卸下、分散等一系列操作。

(3) 装卸功能要素，是指物品在指定地点以人力或机械方式装入运输设备或从其中卸下。

(4) 存储功能要素，是指对物品进行储存，并对其进行物流性管理的活动。

(5) 流通加工功能要素，是指物品在从生产地到使用地的过程中，根据需要进行包装、分割、计量、分拣、贴挂标签、组装等简单作业的总称。

(6) 配送功能要素，是指在经济合理区域范围内，根据客户要求，对物品进行拣选、加工、包装、分割、组配等作业，并按时送达指定地点的物流活动。

(7) 物流信息功能要素，是指反映各种活动内容的知识、资料、图像、数据、文件的总称。

3.2.3 物流系统的支撑要素

物流系统的建立需要有许多支撑手段，尤其是处于复杂的社会经济系统中，要确定物流系统的地位，要协调与其他系统的关系，这些要素都必不可少。物流系统的支撑要素主要包括：

（1）体制、制度。物流系统的体制、制度决定物流系统的结构、组织、领导和管理方式，国家对其的控制、指挥和管理方式以及这个系统的地位、范畴，是物流系统的重要保障。

（2）法律、规章。物流系统的运行都不可避免地涉及企业或个人的权益问题，法律、规章一方面限制和规范了物流系统的活动，使之与其他系统相协调，另一方面也给予了物流系统保障。

（3）行政命令。物流系统和一般系统的不同之处在于物流系统关系到国家军事、经济命脉，所以，行政命令等手段也常常是支持物流系统正常运转的重要支撑要素。

（4）标准化系统。它是保证物流环节协调运行、保证物流系统与其他系统在技术上实现联结的重要支撑条件。

3.2.4 物流系统的物质基础要素

物流系统的建立和运行，需要大量技术装备手段，这些手段的有机联系对物流系统的运行有决定意义。物流系统的物质基础要素包括：

（1）物流设施。它是组织物流系统运行的基础物质条件，包括物流站、物流中心、仓库等。

（2）物流装备。它是保证物流系统运行的条件，包括仓库货架、进出库设备、加工设备等。

（3）物流工具。它是物流系统运行的物质条件，包括包装工具、维护保养工具等。

（4）信息技术及网络。它是掌握和传递物流信息的手段，根据所需信息水平不同，包括通信设备及线路、传真设备、计算机及网络设备等。

（5）组织及管理。它是物流网络的“软件”，联结、调运、运筹、协调、指挥其他各要素以保障物流系统实现其目标。

3.3 物流系统的组成

从其概念已知，物流系统是由若干物流子系统组成的。物流系统可分为物流作业系统和物流信息系统两大部分。

3.3.1 物流作业系统

物流作业系统包括运输、存储、搬运、包装、流通加工等功能，在系统中使用各种先进技能和技术，以求高效、节能。在这些子系统中，最重要的就是运输子系统和仓储子系统。

物流作业系统由以下子系统组成：

1.运输物流子系统

（1）运输物流子系统的概念

运输物流子系统是指承担商品物理位移功能的系统，通过空间变换帮助商品完成市场价值交换并实现商品增值，完成商品由生产者向消费者转移的传递过程。它是物流作业系统最重要的组成部分。运输的任务是对物资进行较长距离的空间移动，运输物流体系是物流体系中将物资进行较长距离的空间移动的子系统。物流部门通过运输解决物资在生产地点和使用地点之间的空间距离问题，从而创造商品的空间效益，实现其使用价值，以满足社会的需要。运输在经济上的作用是扩大了经济活动的范围并促进物价在一定的经济范围内的平均化。运输是物流的中心环节之一，甚至可以说是物流最重要的功能。

（2）运输物流体系的功能

运输物流体系在流通中的功能主要体现在以下几个方面：

①满足货物的空间移动需求。这是运输物流体系在流通中最主要的作用。随着社会分工的发展，生产和消费之间的空间分离日趋扩大，生产部门、生产要素和生产过程的空间组合日趋复杂，运输物流体系的地位和作用也日趋重要，成为经济发展的基础。

②提高物流速度。货物在运输线路上通过时间的长短，是物流时间和速度的决定性因素之一。运输所需要的时间和速度取决于运输物流系统的效率，或者说取决于运输的组织管理水平、线路的质量、运输工具的现代化程度。高效率的运输物流系统，由于组织管理水平高、线路质量好、运输工具现代化，使得货物所需的运输时间变短，从而提高了物流速度，缩短了物流时间。

③减少物流费用。在物流费用中，运输费用所占的比例最高，约为50%。有些产品的运输费用甚至高于生产费用。组织管理水平高的运输物流系统，能有效降低运输费用，这对于降低物流费用，提高物流企业及相关企业的经济效益，稳定商品价格，满足消费需求，提高社会经济效益都有重要意义。

④促进流通范围及规模的扩大。商品流通的范围和规模是随着运输物流系统的发展而发展的，运输物流系统延伸到哪里，商品流通就随之发展到哪里。运输物流系统的网络密度越大，线路承载能力越高、设施越发达，越能促进商品流通规模的扩展。

(3) 运输物流体系的优化

经过调查，运输成本占物流成本的40%左右，如果将产品出厂包装费计入制造成本，则运输成本占物流成本的50%以上。由此可见，运输成本在物流成本中所占的比重是最大的。因此，寻求以最低的成本获取最大效益的运输物流体系，对物流活动具有极其重要的意义。一般来说，优化运输物流体系有以下途径：

①选择最佳的运输方式。各种运输方式和运输工具都有各自的特点，不同的货物，因其形状、性质、运输批量、在途时间等特性不同，都有与之相对应的运输方式。但是，运输方式的经济性、迅速性、安全性和便利性之间存在着相互制约的关系，速度快的交通工具成本就高。因此，在选择运输方式时，必须对运输方式所具有的特性进行综合评价。通常是在保证运输安全的前提下，权衡运输时间和运输费用，在保证到货时间的前提下，考虑采用费用最低的运输方式。在计算运输费用时，不仅要考虑运费，还要考虑各种运杂费以及在运输过程中的其他有关费用。一般来说，公路运输在短途运输方面有成本优势，而铁路和水路在长途运输方面有成本优势。

②确定最短的运输路线。当采用某种运输方式存在着多条运输路线时，要进行比较计算或运用有关数学方法求解。一个复杂的运输网络，需要借助于运筹学如线性规划、非线性规划、动态规划及网络技术等解决最短路线问题。对于不同运输类型的问题，根据其具体特性，适当地选择求解方法，以确定最佳运输方案。

③提高运送效率。努力提高车辆的运行率、装载率，减少空车行驶，缩短等待时间或装载时间，提高有效的工作时间，降低燃料消耗。

④推进联运。提倡部门、集团、行业间的合作和批发、零售、物流中心之间的配合，提高运输工作效率，降低运输成本。所谓联运，是指使用同一凭证，由不同运输方式或几个运输企业衔接运送货物到达目的地的运输业务。联运能把汽车的机动灵活和铁路、水运的成本低廉等优点结合起来，完成门到门的运输，是通过优势互补实现运输的效率化、低廉化，缩短运输时间的运输方式。

当然，优化运输物流体系必须考虑包装、装卸等有关环节的配合及其制约因素，还必须依赖于有效的信息系统，才能实现目标。另外，运输系统的优化要考虑输送系统的基本特性。对城市之间、地区之间的长距离运输（干线输送），由于货物的批量大，对时间要求相对宽松，故优化运输体系的重点是降低运输费用。而对于城市内、地区内的短距离运输，以向客户配送为主要内容，批量小，应及时、快速、准确地将货物运达，这种情况下，系统优化的重点则应放到提高服务质量方面。

2. 仓储物流子系统

(1) 仓储物流体系的特点和功能

仓储物流体系是对物流中暂时处于停滞状态的物资进行保管的物流体系。在物流系统中，仓储和运输是同等重要的构成要素，“存储（仓储）是一种静止的状态，也可以说是时速为零的运输”。它对于促进商品的生产和消费有着重要的作用。通过仓储来协调产品的生产与消费在时间上的矛盾，保证了流通和生产的顺利进行。例如，我们吃的稻米是在秋天收获的，但要在全年食用，为保证均衡消费，就要把集中生产的稻米保存在仓库里。这种仓储就是为集中生产、平均消费进行着时间上的调整。不仅如此，仓储作为一个物流环节，还能为物流活动提供场所和时间，比如在仓储期间，可以对储存品进行检验、整理、分类、保管、包装、加工、集散、转换运输方式等作业。因此，仓储是物流系统的一大支柱。

仓储物流子系统是承担商品储存、保管职能，通过时间变换帮助商品实现其价值甚至实现价值增值的物流系统。作为连接社会再生产诸环节的“蓄水池”和“调节器”，仓储子系统有着不可缺少的重要作用，是物流作业系统的重要组成部分之一。

（2）仓储物流体系的构建

①仓储的种类和仓储地点的确定。按照仓储功能的不同，可以将仓储分为生产和消费仓储、流通仓储、国家仓储等。

• 生产和消费仓储，是指为了保证生产的正常进行和确保消费者需求得到满足而进行的物资准备。生产仓储是企业物流的重要内容，它是企业为了保证生产的连续性，调节原材料供应的季节性，应付各种意外，对原材料所进行的必要存储，以及生产过程中的半成品、生产工艺完成后成品的库存。消费仓储则发生在最终消费领域，一般不以库存形式存在，数量较少，主要采取暂存暂放的形式。

• 流通仓储，是指流通过程中物质商品在各个环节的停滞状态，是物流过程中的仓储。流通仓储可以以库存形式存在，也可以以非库存的形式停留于车站、码头、空港、市场或处于运输过程中。流通仓储是为了保证市场需要、销售和供给以及物流各个环节的连接和正常运行的需要而进行的仓储，包括流通企业为了保证销售的连续性而进行的经常性仓储、保险性仓储、季节性仓储及各种物流功能和物流环节的衔接性仓储。

• 国家仓储，是指国家为了保证宏观经济发展的需要、国家战略安全的需要、抢险救灾的需要而进行的仓储。国家仓储的物资主要保存在国家专门设置的储存场所和机构中，包括经济发展储备、战略储备和防灾保险储备，国家储备粮仓库就兼有预防自然灾害和进行战争战略储备的双重功能。

流通仓储地点的确定不仅要考虑物流效率，还应考虑方便消费者、市场竞争、库存能力及考虑是设在大都市还是设在地方性城市；还必须考虑交货时间、交货单位等交易条件，应该把仓库设在能够维持服务水平的地方。总之，流通仓库设置地点受物流服务水平的制约，应尽可能满足消费者的需要，设在距消费者较近的地方；而生产仓储和国家仓储的地点则取决于储存和运输的费用，只要是储存和运输成本低、运力有保障，设在什么地方都可以。

②仓储的优化。仓储优化的目的是在仓储物流过程中，使库存物资的数量达到最适度状态。因此，仓储优化实际上是从服务水平和经济效益出发，根据生产计划、销售计划等来确定库存量以及保证补充。

为了提高仓储物流体系的效率，可采用以下几种手段：

• 实行ABC分类管理。由于仓库储存的物资品种繁多，在仓储管理过程中必须根据具体情况实行重点管理才能取得确实效果，一般采用ABC分类管理可以达到预期要求。ABC分类管理就是把物品分为三类：把占总量10%左右的高价值的货物定为A类；占总量70%左右的价格低的物品定为C类；介乎A、C之间的20%物品则定为B类。在库存管理中应区别对待各类物品，A类物品应在不发生缺货条件下尽可能减少库存，实行小批量订货，每月盘点；C类则可制定安全库存水平，进行一般管理，订货批量大，年终盘点；B类则应在两者之间，每半年盘点一次。

除按价值分类外，还可以根据销售难易程度、缺货产生的后果（重要性）等因素进行ABC分类，或者综合几种因素进行分类。总之，要符合仓库管理的目标和仓库本身的具体情况。

• 应用预测技术。销售额的估计和出库量的估计等需要正确的预测，这是仓储优化的关键。由于库存量和缺货率是相互制约的两个因素，所以要在预测的基础上，制定正确的库存方针，使库存量和缺货率相互协调，取得最好效果。

因为预测总是以过去的数据为基础进行的，预测计算和实际情况会有一定出入，为此，在预测时应尽可能依据最新的数据和信息。另外，订货周期和供货延迟期要尽量缩短，这样可以提高预测的可靠性。

• 科学的库存管理控制。库存控制主要是对库存量进行控制的问题。众所周知，库存量过多将会招致许多问题，如占压过多的流动资金，并为此付出相应的利息；因存货过多，则仓库的各种费用，如仓储费、保险金、劳务费也随之增加；此外，还会导致物资变质、过时、失效等损失。但是，如果为了避免以上问题削减库存，又会面临缺货率上升的风险。因此，库存控制应综合考虑各种因素。

3.装卸搬运子系统

装卸搬运子系统是承担货物在各个储运交接环节以及各海陆空口岸搬运装卸职能的物流系统，在连接各地区和国内外市场、资源、要素交换方面发挥着重要作用，是连接国内生产与国外消费、国外生产与国内消费必不可少的中间环节，也是物流作业系统的重要组成部分。装卸搬运系统的装备水平和工作效率影响到相关企业的市场竞争力和经济效益，甚至影响到一个国家在国际市场上的总体竞争力。

4.包装加工子系统

包装加工子系统已成为现代物流作业系统的重要组成部分。随着市场竞争的加剧，在物流领域对商品进行必要的加工和包装已成为提高消费者满意度和对商品的认同感，从而提高市场占有率的一种重要手段，也成为降低生产加工总费用、提高对客户需求的反应速度的有效手段。

5.配送子系统

配送子系统是适应现代市场经济发展需要，以客户为中心发展起来的一种新型物流系统。配送系统从客户需要出发，依托现代信息技术，把选货、配货与送货结合起来，通过迅速、准确、周到的服务提高客户满意度并实现业务增值。配送系统是物流作业系统中成长最快、极有发展潜力的重要组成部分。

3.3.2 物流信息系统

物流信息系统包括订货、发货、在库、出库管理等功能，力求完成商品流动全过程的信息活动。物流信息系统是整个物流系统的神经系统和指挥系统，在现代物流业中发挥着重要作用。先进的物流信息系统是提高整个物流系统运行效率的基础条件，也是物流作业子系统之间衔接和配合的桥梁和纽带。物流信息系统主要包括：

1.订货子系统

订货子系统是在库存不合理时，根据需求信息，适时适量地调整订货，防止缺货或库存过多的系统。该系统与收货系统、库存管理系统存在互动关系。

2.收货子系统

收货子系统是指根据收货预定信息，对收到的货物进行检验，与订货要求进行核对无误之后，记入库存、指定货位等的收货管理系统。

3.库存管理子系统

库存管理子系统是对保存在物流中心的商品进行实际管理、指定货位和调整库存的系统。正确把握商品库存，对于制订恰当的采购计划、接受订货计划、收货计划和发货计划至关重要，所以库存管理系统是物流信息系统的中心。

4.配送子系统

降低成本对于高效率的配送计划来说是非常重要的。配送子系统是将商品按配送方向进行分类，制订车辆调配计划和配送线路计划的系统。

5.发货子系统

如何通过迅速、准确的发货安排，将商品送到顾客手中，是物流信息系统需要解决的主要课题。发货子系统是一种与接受订货系统、库存管理系统互动，向保管场所发出拣选指令或根据不同的配送方向进行分类的系统。

3.4 物流系统的结构

物流系统是由点、线、面三个层次构成的。其中，“点”指的是物流节点，“线”指的是物流线路，“面”则指的是由物流节点和物流线路构成的网络。

下面就这三个方面进行详细介绍：

3.4.1 物流节点

《物流术语》中定义的物流节点是指具有与所承担的物流功能相配套的基础设施和所要求的物流运营能力相适应的运营体系的物流场所和组织；是物流系统中从事物资的储存保管、运输、配送、装卸搬运、包装及流通加工的场所。具体来讲，物流节点就是仓库、车站、码头、港口、配送中心、货运站、包装公司、加工中心等，这些作业场所是物流活动的节点，也是物流线路的起点或终点。物流节点在空间的配置形式，在很大程度上决定着物流的线路、流向和流程。物流过程按其运动状态来看，有相对运动的状态和相对停顿的状态，货物在节点处于相对停顿的状态，在线路处于相对运动的状态。节点和线路结合起来便构成物流的网络结构，节点和线路的相互关系和配置形成物流系统的比例关系，这种比例关系就是物流系统的结构。

1. 物流节点的类型

物流节点都是以一定的设施形态存在的，在物流系统中发挥着不同的作用。按节点的功能分类，可分为以下几种类型：

（1）储存型节点，是指以保管存放货物为主要功能的节点，包括储备仓库、营业仓库等。由于储备需要、生产和消费的季节性等原因，一些货物需要较长时间的储存，故储存型节点主要是带有储备性质的仓库。

（2）配送型节点，是指连接干线物流与末端物流，以货物配备和组织送货为主要功能的节点。配送中心是配送型节点的典型代表。配送中心是现代物流业发展过程中出现的新型物流设施，具有集货、分货、分拣、倒装、加工、配货，为客户调节库存、送货和收集、传递信息的功能。在现代物流中，配送活动已不是单纯的物流活动，而是与销售或供应等营销活动结合在一起，成为营销活动的重要内容。

（3）集散型节点，是指以集中货物或分散货物为主要功能的节点，包括集货中心和分货中心。集货中心是将一定范围内来源分散、批量小但总量较大的货物集中起来，以便大批量处理或发货。分货中心是对集中到达的数量巨大的货物进行拆分处理，形成新的货体和新的包装形态，以适应大量、集中生产或小批量、分散生产的要求。

（4）转运型节点，是指处于运输线路之上，以连接不同线路和不同运输方式为主要功能的节点。铁道运输线路上的车站、货站、编组站，水运线路上的港口、码头，以及空运线路上的空港等，都是连接不同运输方式的转运站和中转库，属于转运型节点。货物在这类节点上停顿时间都比较短。

（5）综合型节点，是指在一个节点中将若干功能有机结合在一起，有完善的设备、有效的衔接和协调各个工艺流程的集约型设施。流通中心、物流中心等都属于这一类节点。这种多功能的节点是为适应物流大量化、复杂化、精细化的要求而出现的。在一个节点中实现多种功能的连接和转化，不仅可以简化物流系统，而且大幅度提高了物流效率，是现代物流系统中节点发展的方向。

上述物流节点的分类并不是绝对的，现实中各类节点的功能往往是交叉并存的。现代物流的发展对节点的要求不断提高，传统单一型节点有向多功能、综合型转变的趋势。

2. 物流节点的功能

在现代物流系统中，物流节点是物流网络的中枢和纽带，它不仅具有一般的物流功能，而且越来越多地发挥着指挥调度、信息处理等神经中枢的功能，对物流系统有极其重要的作用。具体来讲，物流节点在物流系统中具有以下功能：

（1）连通功能。物流活动往往需要经过若干环节，在不同的线路间进行转换，才能达到终点。在这一过程中，不同线路的输送形态、输送设备、输送数量都各不相同，若无节点，不同线路之间很难连通。节点能将不同的线路连成一个连续不断畅通无阻的网络，节点的连通作用主要体现在：通过转换运输方式连接不同的运输手段；通过加工、分拣、配货等连接干线物流和末端物流；通过储存保管连接不同时间的供应物流和需求物流；通过集装箱、托盘等集装处理使运输一体化。

（2）收集、处理、传输信息的功能。因为节点是连接线路的枢纽，各种信息都会经过它，所以在节点处进行信息的收集、处理、传输工作非常便利。当把所有节点与物流系统的信息中心连接起来时，就形成了指挥、管理、调度物流系统的信息网络。由于设备、线路等物流系统的硬件要靠信息网络等物流系统的软件来控制的，若软件出现故障，硬件就不可能正常运行。因此，节点在收集处理和传输信息方面对于维持物流系统正常运行有重要意义。

（3）管理功能。物流系统的管理设施和管理机构一般都集中于节点之中，每个节点都是一定范围的指挥、管理、调度中心。物流活动的效率，取决于物流节点能否有效发挥其管理职能。

3.4.2 物流线路

物流线路是运输工具的载体和通过的路径。物流活动中物质资料的空间转移是通过运输工具在线路上的移动来实现的。没有线路，就无法实现物流。因此，物流线路是物流运输功能实现的基本条件。

1.物流线路在物流系统中的重要意义

（1）物流线路决定了物流系统的结构。节点是伴随线路的产生而存在的，没有线路也就不会有节点。不同类型线路的比例关系在很大程度上决定着节点的配置，线路和节点结合起来，形成物流系统的网络结构。

（2）物流线路决定着物流的范围和能力。物流范围的发展是随着线路的延伸而扩大的，线路延伸到哪里，物流才能随之扩展到哪里。

（3）物流线路的长度、密度及质量还决定着运输的能力和效率，从而也决定着物流系统的能力和效率。

2.物流线路的分类

物流线路按其存在的物质形态，可分为公路、铁路、水路、航线和管道五种。

（1）公路。公路是各城镇、乡村和工矿基地之间主要供汽车行驶的道路。我国公路根据其使用任务、性质和交通量分为五个等级：高速公路具有重要政治、经济和国防意义，是专供汽车快速行驶的高级公路；一、二级公路是连接省（自治区、直辖市）与省（自治区、直辖市）和省（自治区、直辖市）内重要城市的干线公路；三、四级公路是沟通县、镇、乡，直接为农业运输服务的支线公路。公路的特点是建设周期短，投资相对较低，易于因地制宜，四通八达，能承载多种运输工具等。因此，公路是物流线路最重要的组成部分。

（2）铁路。铁路是使用机车牵引车辆（或使用装有动力装置的车辆）组成列车循轨行驶的交通线路。按线路数量分，铁路可分为单线铁路、双线铁路和多线铁路；按轨距分，铁路可分为标准轨距铁路、宽轨铁路和窄轨铁路；按速度分，铁路可分为高速铁路、快速铁路、电力铁路、一般铁路等；按隶属关系分，铁路可分为国家铁路、地方铁路、企业专用铁路等。铁路的特点是建设周期长、投资大、专用性强，但其承载能力非常大。铁路虽然不如公路密度大，但它发挥着连接各大中城市的作用，可以承担大批量、长距离的运输，故有“国民经济大动脉”之称。

（3）水路。水路是主要借助自然力量在江河湖海上形成的水上通道，也有如大运河这样靠人工开掘的人工河道。水路主要包括内河水路与海洋水路。后者又可以分为沿海水路、近海水路和远洋水路。水路的特点在于它是天然资源，基本不需投资或较少投资就可以利用。但水路运输也会受到大自然的制约，如水位、洪水、海浪、台风等都会对水路运输产生影响。同时，没有河流、海洋的地方，也无法开展水路运输。

（4）航线。航线是供飞机和其他航空器通行的航空线路。航线本身是天然存在的，无须投资便可利用，但要实现航空运输，仅有航线是不够的，修建客运货运机场、制造飞机等都是必不可少的先决条件，这导致航空运输的成本极大。

（5）管道。管道是一种较为特殊的线路，可用密闭的管道来输送流体物质。其特殊性表现为管道既是线路，又是运输载体。由于管道基本没有运动部件，维修费便宜，所以一旦建成，可以连续不断地输送大量物资，不费人力、运输成本低。管道运输是输送石油、天然气等物资的重要方式。

另外，按照线路的范围，上述各种线路又可分为干线线路、支线线路、末端线路和企业内线路。干线线路是可以承载大数量、长距离的骨干线路；支线线路是与干线连接，承载量相对较小，距离相对较短的分支线路；末端线路是连接最终客户的距离更短的分散线路；企业内线路是企业内部物流的线路。

3.4.3 物流网络

物流网络是通过交通运输线路连接分布在一定区域的不同物流节点所形成的系统。物流网络的组成要素是点和线，点、线之间的联系构成了物流系统的网络结构。根据结构复杂的程度，物流网络可以分为五类，如图3-4所示。

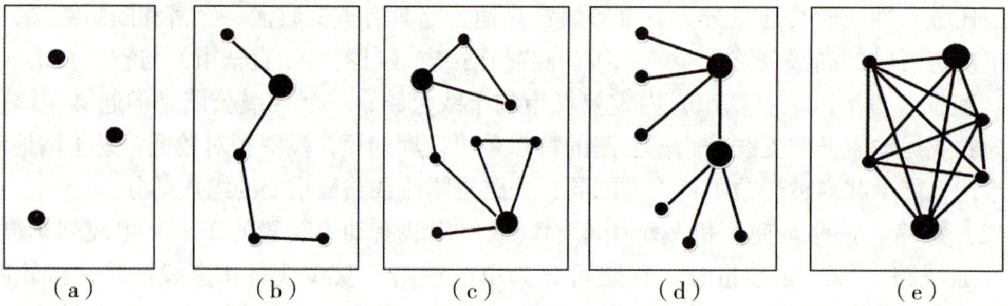

图3-4 物流网络结构

1. 点状结构

如图3-4中（a）所示，由孤立的点组成的物流网络即为点状结构。这是物流系统网络结构的一种极端情况，实际上，这种点状图只在封闭的、自给自足的系统中才存在，除了像荒废的仓库、站台等情况以外，在现实生活中基本找不到。

2. 线状结构

如图3-4中（b）所示，由点和连接这些点的线组成，且满足两个条件（两个点之间只有一条线，没有连成圈）的简单网络，即是线状结构。一个农副产品供应链就可能是这样的：在产地建立配送中心先将农副产品收集起来，然后卖给沿着公路线分布的各个销售点。

3. 圈状结构

如图3-4中（c）所示，由至少包含一个连接成圈的线组成的物流网络，但同时至少有一个点没有包含在圈中的物流网络，就是圈状结构。一个工业品制造商在两个市场区域各设置一个配送中心，每个配送中心覆盖各自的市场区域，区域内部各供货点之间的货品可以调剂，它们是连通的，同时两个配送中心通过干线连接起来，就可形成这种结构。这是一种物流效率比较高的网络结构。

4. 树状结构

如图3-4中（d）所示，无圈但能够连通的网络即是树状结构。汽车物流基本上采取这种方式。一个汽车制造商，按市场区域设置分销网络和配送网络，将市场层层细分，每个细分市场选择一个经销商，经销商之间在销售政策，如折扣和价格等方面稍有差别，为了便于市场管理，不同经销商的市场范围有严格界限，公司设立两个配送中心，配送中心之间通过干线运输连接，每个配送中心覆盖一定的市场区域，从一个配送中心发出的汽车不能流向另一配送中心负责供应的经销商，因此，经销商之间的物流是不连通的。

5. 网状结构

如图3-4中（e）所示，由点点相连的线组成的网络形成网状结构。这是非常复杂的网络，它的最大优点是便于销售，最大缺点是物流效率低下。在复杂的网状销售渠道中，物流渠道应该与销售渠道分开，因为商流和物流都达到了一定的规模，分别可以实现各自的规模效益，因此，应该按照各自的专业化经营要求来设置流通渠道，然后再建立一种将商流和物流紧密结合的机制。比如在图中，一个服装制造商在销售市场上设立了一些专卖店供货，任何一个专卖店都可向任何一家配送中心或其他专卖店进货，这样确实方便了专卖店的销售，有利于专卖店控制库存，但物流管理的难度很大，如果没有完善的信息网络和集中统一的数据库系统，物流和配送环节就容易出现混乱和无效率，因此，这种网络的组织化程度不高，可以进行优化。

3.5 物流系统规划概述

3.5.1 物流系统规划

物流系统规划是对未来一段时期内的物流活动做出战略性决策，并通过提高流程价值和客户服务而实现竞争优势的统一、综合和集成的计划过程。通过对物流服务的未来需求进行预测和对整个供应链的资源进行管理，从而提高顾客的满意度。

物流系统规划设计的核心就是用系统的思想和方法对物流的各个功能进行优化整合，从而保障物流系统良性、健康、有序地发展。

物流系统规划包含三项要素：

（1）目标的长期性，如客户满意度、竞争优势、供应链管理。

（2）实现目标的方法，包括增值方法、客户服务方法。

（3）实现目标的过程，包括预测方法、组织运行方法等。

物流系统中的每一个环节都要进行规划，且要与企业整体物流系统规划过程中的其他组成部分相互平衡（参见图3-5）。制定有效的物流客户服务战略需要科学的分析方法，一旦物流服务战略形成，接下来的任务就是实施，包括在各备选方案中做出选择。选择的过程应符合物流理念，并通过分析方法进行检验。

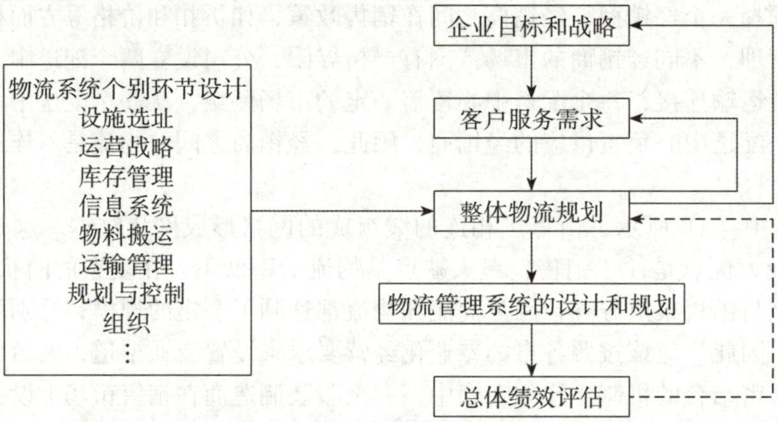

图3-5 物流规划与企业整体规划及其他组成部分的关系

3.5.2 物流系统规划的特点

物流系统规划具有非常鲜明的特点，具体表现为：

（1）战略性。物流系统规划是对未来一段时期内的物流活动做出的战略性决策，规划方案一旦确定并实施，方案的合理与否将会对物流活动产生重大影响，因此，物流系统规划必须具有战略远见。

（2）前瞻性。物流系统规划以构思和预测未来的物流活动为核心，分析目前形势并预测将来的发展趋势，是制定物流系统规划的关键。

（3）动态性。物流系统规划是一个能够及时应对市场需求变化及经济发展变化的动态规划。

（4）综合性。物流影响因素的复杂性和物流要素、物流资源的多样性，决定了物流系统规划具有综合性。

3.5.3 物流系统规划的类型

物流系统规划的类型可以从不同的角度进行划分。

（1）从物流系统规划的层面上划分，可分为：物流系统战略层规划、物流系统策略层（战术层）规划和物流系统运作层规划。

（2）从物流系统规划所涉及的行政级别和地理范围划分，可分为：国家级物流系统规划、区域物流系统规划、行业物流系统规划、企业物流系统规划。

（3）从物流系统规划的深度划分，可分为：宏观规划（总体规划）、中观规划（局部规划）和微观规划（详细规划）。

（4）从物流系统规划的环节划分，可分为：客户服务规划、采购规划、供应规划、运输规划、仓储规划、配送规划等。

（5）从物流系统规划的业务性质划分，可分为：生产物流系统、供应物流系统、销售物流系统、回收物流系统、废弃物物流系统。

3.6 物流系统规划的基本过程

物流系统规划的基本过程如图3-6所示。

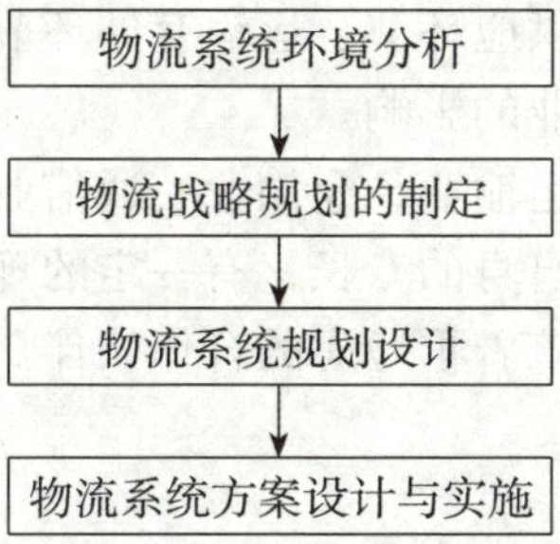

图3-6 物流系统规划的基本过程

3.6.1 物流系统环境分析

进行物流系统规划首先需要对物流企业赖以生存的环境进行分析，然后对内部条件、外部因素做出评价。

1. 宏观环境分析

宏观环境指以国家宏观社会经济要素为基础，结合各行业的特点而制定的指标，它所针对的是行业而不是单个企业，政治、经济、法律、文化、科技、环保等都可能成为影响物流发展的宏观环境因素。

2. 行业环境分析

本行业的现状和发展动向是对企业影响最大、最直接的环境因素，应该对其作全面、深入、细致的分析。主要包括：

（1）市场规模与成长性分析。

(2) 竞争者的实力与战略分析。

(3) 有利因素与不利因素分析。

(4) 行业平均利润率分析。

3.区域市场的变化特征

企业的物流网络结构直接与区域经济的状况有关，与客户的数量有关，与客户和供应商的地理分布有关。区域经济发展往往是不平衡的，不同地区又具有不同的特点，这些要素的变动会影响市场需求，进而影响物资的流向。

4.新技术动向

传统的物流管理是以手工作业为主的，而现代物流的兴起则完全得益于新技术革命。新技术对于降低物流成本、提高物流服务水平起着重要作用。目前对物流管理最有影响的技术主要有信息技术、物料处理技术、包装及包装材料技术、运输技术等。

5.物流渠道与物流服务产业状况

企业物流系统规划很大程度上是决策如何建立企业自己的物流渠道结构，实现供应链的一体化管理。物流渠道由采购供应环节、运输存储环节、销售交换环节构成，其中的运输存储环节日益受到物流服务产业的影响。

与物流直接有关的行业包括运输业、仓储业、通信业以及以互联网技术为基础的信息业。这些领域的专业化企业具有自身的专长，有一定的规模，往往能提供优质服务，是重组物流系统、建设物流渠道时应该着重考虑的合作伙伴。

3.6.2 物流战略规划的制定

战略是企业生存和发展的保证，没有战略的企业是不会持久发展的。现代物流管理处于复杂多变的环境中，为了保证物流企业在行业内的优势和竞争力，企业的管理高层应确定企业的战略方向，制定企业的战略规划与目标。

战略目标是由物流系统宗旨引导、表现为物流系统目的并可在一定时期内实现的量化成果或期望值。物流系统战略目标对物流系统战略基本要点的设计与选择有重要的指导作用，是物流系统战略规划中各种专项策略制定的基本依据。

1.物流系统战略规划的层次

(1) 战略规划。战略规划是对以下内容进行决策的过程：公司目标，公司目标的更改，取得目标的资源，有关资源的获取、利用和处理。它是用以应对可预测的需求变化的进攻性工具，是以预测将来的需求为导向的。

(2) 战术规划。战术规划的时间一般为1到2年。为实现企业的长期战略目标，选取行动的时机及其具体内容非常关键。战术规划的基本目的就是对实现战略目标的基本步骤做出预先规划并设立阶段性的目标，其主要内容是为使战略目标成为现实从而对资源做出安排。

（3）操作规划。操作规划一般分为日计划、周计划和月度计划。其目标就是在物流系统的框架内实现所选择的战术规划、规则和程序，并满足企业的战略目标。操作规划包括物流中心的工作规划、运输规划、降低成本和提高生产率规划以及操作费用预算等。实际上，操作规划是真正落到实处的规划。

表3-1举例说明了不同规划层面的若干典型问题。

表3-1 企业物流系统规划层面

决策类型	战略层面	战术层面	操作层面
运输	选择运输方式	服务的内容	确定补货数量和时间表
客户服务	设定标准	服务的内容	确定客户反馈的处理时间表
仓储	布局、地点选择	存储空间选择	订单履行
采购	制定采购政策	洽谈合同，选择供应商	发出订单

2.物流系统战略规划的内容

物流系统战略规划的基本内容包括：战略目标、战略导向、战略优势、战略态势、战略类型、战略措施和战略步骤等，其中战略目标、战略导向、战略优势、战略态势和战略类型是物流系统战略规划的基本要点。这些基本要点的含义如下：

（1）物流系统战略目标。它是指由物流系统宗旨引导、表现为物流系统目的并可在一定时期内实现的量化成果或期望值，是物流系统战略规划中各种专项策略制定的基本依据，包括客户服务目标、设施选址战略、库存决策战略和运输战略等内容。

（2）物流系统战略导向。它是指物流系统生存、成长与发展的主导方向。

（3）物流系统战略优势。它是指物流系统能够在战略上形成的有利形势和地位，包括产业优势、资源优势、地理优势、技术优势、组织优势和管理优势等。

（4）物流系统战略态势。它是指物流系统的服务能力、营销能力、市场规模在当前的有效方位及沿战略逻辑过程不断演变的过程和推进趋势。

（5）物流系统战略类型。它是指依据不同的标准对物流系统战略进行划分，以更深刻地认识物流系统战略的基本特点，进一步完善物流系统战略规划方案。

3.物流系统战略规划的框架

一个企业的物流系统战略通常表现在五个重要层次上，构成物流系统的战略框架。

（1）战略层：建设两大平台和两大系统。企业建设物流系统的目的首先是实现企业的发展战略，所以企业发展物流必须首先确立物流系统规划与管理对企业总体战略的协助作用。同时，企业现代物流的发展必须建立基础节点、信息两大平台和信息网络、物流配送两大系统。

（2）经营层：通过客户服务确定战略方向。物流活动存在的唯一目的是要向内部和外部客户提供及时准确的供货服务。所以，客户服务是制定物流系统战略的关键。

（3）结构层：进行渠道设计和节点网络规划。物流渠道设计包括确定为达到期望的服务水平而须执行的活动与职能，以及渠道中的哪些成员将执行它们。企业物流节点的网络战略要解决的问题有：节点的功能、成本、数量、地点、服务对象、存货类型及数量、运输选择、管理运作方式（自营或向第三方外筹）等。网络战略必须与渠道战略以一种客户价值最大化的方式进行整合。

（4）职能层：对物流系统战略各个环节进行规范。物流系统战略规划的职能层主要对企业物流作业管理进行分析和优化。运输分析包括承运人选择、运输合理化、货物集拼、装载计划、路线确定及安排、车辆管理、回程运输、承运绩效评定等；仓储方面则需要考虑包括节点布置、货物装卸搬运技术选择、生产效率、安全、规章制度的执行等在内的各个方面。

（5）执行层：对物流系统战略规划的实施和控制。它是物流系统战略规划与管理的最后一层，包括支持物流的信息系统、指导日常物流运作的方针与程序、节点设备的配置及维护以及组织与人员问题。其中，物流信息系统和组织结构设计是其中最为重要的内容。

3.6.3 物流系统规划设计

1.物流系统规划设计的目的

物流系统规划设计的核心就是用系统的思想和方法对物流的各个功能进行优化整合，从而保障物流系统的良性、健康、有序的发展。物流系统规划设计的目的可以概括为“三大一小”四个方面，即：最大服务、最大利润、最大竞争优势、最小资产配置。每个目标战略通常要求独特的物流系统设计。

（1）最大服务。物流系统规划设计通过具有更高运行效率的配送服务，以确保满足用户需求。该战略虽然服务较好，但对降低成本不利，很难实施。原因是提供最大服务的系统试图24小时持续发送商品，这样的系统将设计重点从成本转移到可用性和发送绩效。最大服务对于每个节点服务的区域大小取决于所要求发送的能力，并受到运输线路的影响。

（2）最大利润。以追求物流系统利润的最大化为努力目标，在物流系统规划设计中达到利润最大化。

（3）最大竞争优势。物流系统规划设计的最优战略是寻求最大的竞争优势，把主要的注意力集中在如何保证最有价值的用户得到最好的服务上。同时，考虑物流服务的合理性，协调物流节点能力与市场营销要求之间的关系，降低成本，以获得最大竞争优势。

（4）最小资产配置。物流系统规划设计是期望投入物流系统的资产最小化。系统在为客户提供满意服务的前提下，使物流系统总成本最低，以最小投入获得最大产出。

2. 物流系统规划设计原则

物流系统规划设计必须以物流系统整体的目标为中心。以人力、物力、财力和人流、物流、信息流得到最合理、最经济、最有效的配置和安排为原则，既要确保物流系统的各方面参与主体功能，又要以最小的投入获得最大的利益。

（1）系统性原则。系统性是指在物流系统规划设计时，必须综合考虑、系统分析所有对规划有影响的因素，以获得优化方案。

（2）可行性原则。可行性原则指在物流系统规划设计过程中必须使各规划要素满足既定的资源约束条件，即考虑现有资源的可支配情况。

（3）经济性原则。经济性原则是指在物流系统的功能和服务水平一定的前提下，追求成本最低，并实现系统自身利益的最大化。

（4）社会效益原则。它是指物流系统规划设计应考虑环境污染、可持续发展、社会资源节约等因素。

3. 物流系统规划设计的内容

从物流系统的层面上，物流系统规划可以分为物流系统战略层规划、物流系统策略层（战术层）规划和物流系统运作层规划；从规划所涉及的行政级别和地理范围看，物流系统规划又可以分为国家级物流系统规划、区域级物流系统规划、行业物流系统规划、企业物流系统规划。

（1）国家级物流系统规划。国家级物流系统规划着重于以物流基础节点和物流基础网络为内容的物流基础平台规划，如铁路、公路、航空等线路的规划、综合物流节点的规划、综合信息网络的规划等。

（2）区域级物流系统规划。区域级物流系统规划着重于地区物流基地、物流中心、配送中心三个层次的物流节点以及综合物流园区的规模和布局的规划。

（3）行业物流系统规划。行业物流系统规划着重于在物流基础平台上对运作的企业和经营性事业单位进行有规划的指导，使这些运作合理化和协调发展。

（4）企业物流系统规划。企业物流系统规划是最微观层面的物流体系规划，企业物流系统规划以上述物流系统规划为基础。

3.6.4 物流系统方案设计与实施

1. 物流系统方案设计要求

物流系统规划设计是根据物流系统的功能要求，以提高系统服务水平、运作效率和经济效益为目的，制订各要素的配置方案。物流系统规划设计的要求有五个方面：一是以经济的方式将数量正确的货物在正确的时间、按正确的要求送达正确的目的地；二是合理配置物流节点，维持适当的库存；三是实现装卸、保管、包装等物流作业的最佳效率和效益；四是在不影响物流各项功能发挥的前提下，尽可能地降低物流的各种成本支出；五是实现物流与信息流在物流全过程的通畅。

为了实现这些要求，物流系统规划设计应满足：

（1）开放性。物流系统资源配置需要在全社会范围内寻求。

（2）要素集成化。应通过一定的制度安排，对物流系统功能、资源、信息、网络等要素进行统一的规划、管理、评价，通过要素间的协调和配合使所有要素能够像一个整体一样进行运作，从而实现物流系统要素间的协调一致，达到物流系统整体化的目的。

（3）网络化。应将物流经营管理、业务资源和信息等要素，按照网络方式在一定市场区域内进行规划、设计、实施，从而实现系统快速反应。

（4）可调整性。为了实时应对市场需求的变化以及经济发展的变化，应能够对物流系统进行局部调整。

2. 物流系统方案设计流程

满足一定服务目标的物流系统往往由若干子系统组成。每个子系统的设计需要与其他子系统和整个物流系统相互协调、相互平衡。因此，进行物流系统方案设计时，需要形成一个总体框架，在总体框架的基础上对整个系统的各个部分进行规划设计。

物流系统规划设计流程大致可以分为四个阶段，如图3-7所示。

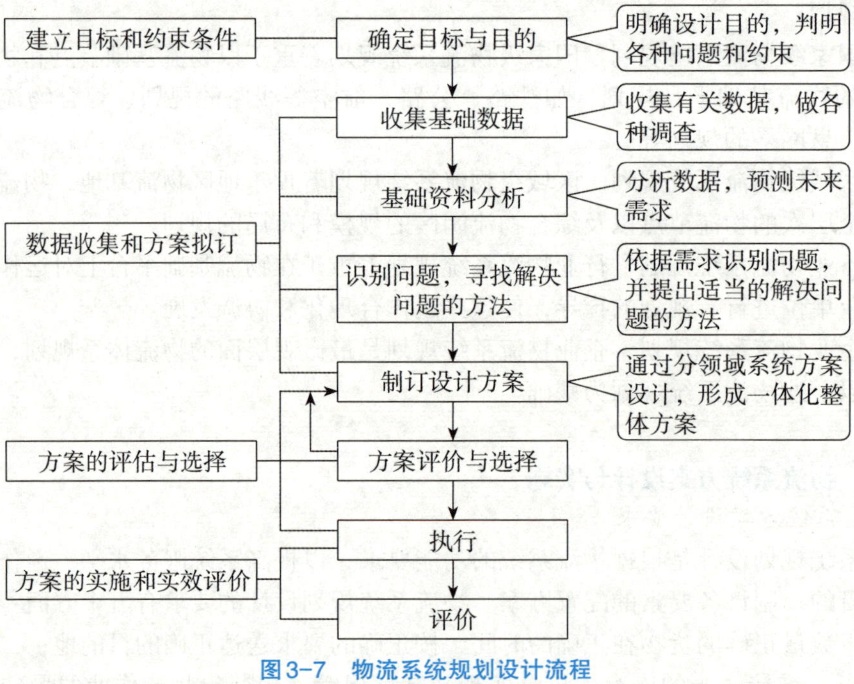

图3-7 物流系统规划设计流程

（1）建立目标和约束条件

在整个物流系统规划设计的过程中，首先，应确定物流系统规划设计的目标。因为目标的定位直接决定着物流系统的组成部分。其次，对于系统内部目标不一致问题应考虑以下几个因素：资源可得性、系统规模、系统各组成部分的相对重要性、系统费用、系统整合程度等。然而，在某些条件下，会遇到系统输入条件的改变和系统的每个部分联系不大、时间有限以及物流系统太大等问题，一个比较实际的方法就是分步考虑问题，设计独立部分，最后再把它们结合起来。

由于物流系统的庞大和繁杂，各个子系统之间相互影响和相互制约也很明显，而且系统受到外部条件的限制，因此，在物流系统规划设计时就需要判明各种问题和约束因素，特别是那些暂时无法改变的系统性制约因素。

（2）数据收集和方案拟订

在物流系统规划设计中，要进行大量的相关基础资料的调查和收集工作，作为系统设计的参考依据。一个物流系统规划设计方案的有效性依赖于调查获得的基础资料的准确程度和全面程度。调查的内容依规划设计目标、调查对象而定。一般物流系统规划设计需要调查的基础资料包括以下几个方面：

①物流服务需求。调查分析的项目包括：

a.服务水平，如货物可得率、送货频次、服务费用等。

b.客户分布，如现有的和潜在的客户分布等。

c.产品特征，如产品尺寸、重量和特殊的搬运需求。

d.需求特征，如客户的订单特征，客户订货的季节性变化等。

e.需求规模。

f.需求服务内容。

g.其他。

②物流资源状况。调查分析的项目包括：

a.物流节点设备状况，如物流节点的分布、规模、功能、交通网络、运输设备、信息系统等。

b.物流系统的基本运营状况，如组织管理体系、服务模式、营业状况、服务种类、作业方式、单据流程、作业流程等。

③社会经济发展情况。主要应调查、分析物流服务区域的社会经济发展状况，具体包括经济规模、发展前景、产业结构、人口密度等。

④竞争状况。应调查竞争对手的物流资源配置、网络布局、服务方式、营业状况等。

调查方法主要有：访谈调查法、问卷调查法、查找相关统计资料法、现场调查法、计算机检索法等。

在完成数据收集之后，应提出异常数据，确定数据样本容量，对数据加以分类归并、计算整理以及分析，结合系统目标制订物流系统初步方案。

（3）方案的评估与选择

对物流系统进行方案评估的目的就是针对备选方案的经济、技术、操作等层面的可行性做出比较与评价，从而帮助决策者选择最优或者最满意的方案。主要的评估方法有程序评估法、因素评估法和目标设计法。

①程序评估法

程序评估法着重于设计过程的评价。程序评估法通过对物流系统设计的各个环节进行评估，判断整个设计过程是否合理。

表3-2是物流中心内部节点设计的程序评估表。

②因素评估法

因素评估法是针对方案建立一个完整且具有逻辑架构的、能够衡量方案的评价指标体系，并依据指标属性，将各指标因素分成不同的群组进行综合分析，对方案给予总体效果评估，以作为决策者进行选择的依据。

表3-2　物流中心内部节点设计的程序评估表

阶段	检核项目	得分	改进方法
目标定位阶段	节点的目标定位是否明确 节点的目标定位是否和企业发展目标相协调 节点的目标定位是否和市场定位相协调 节点的目标定位是否得到各方认可 节点的功能设置和服务要求是否匹配 节点的目标客户和服务项目是否一致		
资料收集与分析阶段	对客户需求是否明确 对进入物流中心的产品品类是否了解 作业流程是否清楚地进行了划分 收集的资料是否具有完整性 需求预测方法是否切实可行 采用的分析方法与收集的资料特点是否一致		
方案产生阶段	方案产生过程是否遵循系统分析设计的原则与理论 节点的布局是否配合作业流程 设备的选用是否配合作业流程 设备的选用是否符合节点作业要求 设备的容量是否满足需求预测需要		

③目标设计法

目标设计法（即目标评价法）是美国在交通规划评价中常用的方法。该方法也可以用于物流系统规划与设计的评价。目标评价法的框架由价值（value）、目标（goal）、任务（objective）、指标（measure of effectiveness）、标准（standard）五个层次组成。其中，价值是服务对象的定位，目标是价值的定性描述，任务是目标的具体分解，指标是任务的定量描述，标准是指标的数值界定。

一般情况下，目标、任务、指标都可以是多个的，而每个指标都对应一个标准，或分别表示现状值和目标值的两个标准。在进行方案评估时，可利用评价矩阵进行评价。

（4）方案的实施与评价

物流系统方案的实施过程是相当复杂的，方案设计的实际可操作性在这里得到了验证。实施者根据决策者选出的最优方案，严格按照方案设计的要求逐步实施。在这个过程中，可能会遇到各种实际问题，有些会是设计者事先并未预料到的。因此，在方案实施过程中，实施者首先要充分领会设计者的整体思路和设计理念，在遇到问题时尽可能最大限度地满足设计要求。如果确有无法满足的部分，需要对设计方案进行必要调整，但要保证不影响物流系统整体目标的实现。

方案评估是指在没有实施方案的前提下，凭借专家、实践者的经验预先检验模拟效果并加以评价，因此，这最后阶段的实效评价就是实际方案实施结果的评价。实效评价方法和方案评估方法基本是一致的，最常用的方法是因素评估法和目标评价法。其中，对评估过程中指标打分的过程不再是专家经验的主观判断，而是实际结果的客观评判。

案例分析 **普洛斯物流园区成功之道①**

一般来说，闲置率高、入驻率低，是困扰物流园区的普遍“心病”。曾经红红火火大兴土木，结果往往落得门庭冷落车马稀少，让人不禁反思：“问题出在哪儿？”本文描述了一家国外物流企业在我国运作的成功案例，带我们走进一个在全新理念下运作的物流园区，看一看它的成功之道。

1.全球化物流网络

普洛斯西北物流园由在业界有“工业物流地产老大”之称的美国普洛斯公司投资兴建。普洛斯是在美国纽约证交所挂牌的上市公司，管理着超过120亿美元的资产。普洛斯与全球4 000多家企业建立了良好的合作关系，其中世界1 000强企业中近一半是其客户，如宝洁、通用汽车、联合利华、惠普和全球四大物流公司等。据了解，作为一家全球化的物流公司，普洛斯在北美、欧洲、亚洲70多个市场上拥有、管理和在开发的仓储设施多达1 700处。

普洛斯于2003年携带着“物流地产”这个新概念登陆中国市场，开始了紧锣密鼓的布阵。所谓“物流地产”，就是由普洛斯先选地建成相关物流设施后，再转租给客户，比如制造商、零售商、物流公

① 根据百度文库同名文章以及公开的网络资料整理。

司等，之后，将由一个资产管理队伍进行物业管理，他们的工作主要是提供与物业相关的服务。

普洛斯在中国的物流配送网络建设，集中在环渤海经济圈、长江三角洲和珠江三角洲等沿海地区。与其在海外市场的运作一样，普洛斯在每个枢纽城市开发3～4个物流园区，这些园区靠近机场、海港和高速公路，从而形成一个物流配送网络。普洛斯先在上海和苏州开发了物流园区，后又在广州、深圳、天津、北京进行园区的开发与规划。

如此全球化的网络布局，使得普洛斯得以“一呼百应”，客户借助普洛斯的网络，可以让货物在全球自由流转，而不用担心无处“落脚”。普洛斯运营系统的成功之处就在于能够提供强大的物流配送服务网络，涵盖物流设施的整个流程，包括策划、构建与管理。

2. 标准化物流设施

全球化的网络并不是每个公司都能复制的，特别是国内很多物流园区的投资建设者还远远不具备普洛斯的规模与实力。普洛斯物流园吸引客户的原因也不仅限于此，能够提供标准化物流设施是其成功因素之一。所谓标准物流，即在市场调研、设计、施工和设施管理的基础上开发出高质量、通用型的物流仓储设施。标准化设施为不同的客户提供便捷、高性价比的物流配送设施。

由于普洛斯所提供的标准化设施可以在很短的周期内满足客户的需求，因此，不少跨国公司趋之若鹜。

3. 多层次服务客户

物流企业在劝说生产制造企业将物流外包之时，物流园区也在劝说物流企业将其一部分业务外包。此时，物流园区就不单单是出租仓库了，如同物流企业要为客户提供更多增值服务，园区经营者也要为物流企业提供更多的服务。

普洛斯在行业内开创了“以客户为中心”的运作方式，为客户提供整合的物流配送服务和解决方案。不仅如此，作为物流设施的长期业主，普洛斯还为客户提供新颖、灵活的租赁服务项目，以帮助客户应对诸如周期性变化、竞争性挑战等瞬息万变的环境。

除了预建仓储设施以外，普洛斯还通过公司的物流设施发展团队提供定制的物流设施方案。这一团队的专业人士与客户合作，开发定制物流设施来满足客户的特别需求。同时，普洛斯也为跨国经营的厂商和分销商提供咨询服务，帮助它们设计或改善客户供应链程序。

普洛斯是全球领先的专注于供应链、大数据及新能源领域新型基础设施的产业服务与投资管理的大型公司，结合投资与运营专长，致力于为客户及投资者持续地创造价值。普洛斯的业务遍及巴西、中国、欧盟多国、印度、日本、美国及越南，资产管理规模超过1 200亿美元；其在中国70个地区市场投资、开发和管理着400多处物流仓储、制造研发和数据中心以及新能源基础设施。

讨论：

（1）谈谈你对“物流地产”概念的认识。

（2）分析普洛斯物流园成功的因素。本案例对我国物流园区的建设有何借鉴意义？

本章小结

物流系统是由物流要素组成的、要素之间存在着有机联系并具有使物流总体合理化功能的综合体。按照系统的概念，可以将物流系统理解为物流活动所需的机械、设备、工具、设施、线路等物质要素所构成的相互联系和相互制约的有机整体。

物流节点以一定的设施形态存在，在物流系统中发挥着不同的作用。按节点的功能分类，可分为以下几种类型：储存型节点、配送型节点、集散型节点、转运型节点和综合型节点。物流节点具有连通功能，收集、处理和传输信息功能，以及管理功能。

物流线路按其存在的物质形态，可分为公路、铁路、水路、航线和管道五种。

物流系统可以分为物流功能（作业）系统、物流信息系统。其中物流作业系统包括运输、仓储、装卸、包装、配送等子系统；物流信息系统主要包括订货、收货、库存管理、配送和发货等子系统。

制定物流系统规划首先需要对企业系统赖以生存的环境进行分析，然后对内部条件做出评价。外部因素主要包括行业竞争态势、区域市场变化、新技术动向、物流服务产业发展、政府法规动向等。这些是影响企业物流活动最基本因素。因此，环境分析是要把握变化动态的特征。

物流系统规划设计应按照以下程序来进行：第一阶段，建立目标和约束条件；第二阶段，数据收集和方案拟订；第三阶段，方案评估与选择；第四阶段，方案实施与评价。

关键概念

物流系统　物流节点　物流线路　物流功能系统　物流信息系统　物流系统规划

思考题

1. 物流系统的模式是什么？
2. 物流系统具有哪些特征？
3. 物流系统中存在哪些制约关系？
4. 物流功能系统和物流信息系统各包括哪些子系统？
5. 物流节点的类型有哪几种？物流节点有哪些功能？
6. 物流系统规划的基本流程是什么？

第4章 运输管理

学习目标

理解运输的概念、原理、运输合理化的要素及实现运输合理化的方法等基本知识；掌握不同运输方式的适用情况及运输方式的选择方法；理解物流运输系统的构成及智能运输系统的概念；理解运输网络优化的基本方法；了解智慧交通及车联网的新发展。

4.1 运输概述

4.1.1 运输的概念

1.运输的定义

运输是指人或物借助运力在空间上产生的位置移动。所谓运力，是由运输设施、路线、设备、工具和人力组成的，具有从事运输活动能力的系统。人的运输称为客运，货物运输称为货运，本书所论述的运输专指货运。

《物流术语》对运输的定义是：用设备和工具，将物品从某一地点向另一地点运送的物流活动，包括集货、搬运、中转、装入、卸下、分散等一系列操作。

运输就是通过运输手段使货物在不同地点之间流动。运输是物流系统中最为重要的构成要素。

运输的作用：克服产品的生产与需求之间存在的空间和时间上的差异。

运输的功能：将产品从原产地运送到指定地点。

运输的目的：以最短的时间和最少的费用完成产品运输。

运输的手段：公路运输、铁路运输、水路运输、航空运输、管道运输等。

2.运输的原理

规模经济、距离经济和速度原理对运输的效率有显著的影响，运输管理必须遵循这三项基本原理。

（1）运输规模经济（economy of scale）。运输规模经济，是指当运输产品的规模扩大时，每单位重量的成本就会降低。例如，与只利用运输车辆一部分容量的小型运输方式（如零担运输）相比，完全利用车辆全部容积的大型运输（如整车运输）的单位重量的运输成本要低得多。运输规模经济产生的原因在于，运输固定成本由较大货件均摊时，其单位成本比小货件的单位成本低。运输固定成本是指不随运输货件量大小变化的成本，如行政成本、单据处理成本、设备成本。

（2）运输距离经济（economy of distance）。运输距离经济，是指单位距离运输成本会随距离增加而减少的特性。由于运输费率随距离递减，运输距离经济又称为递减原则。运输距离经济产生的原因，在于运输固定成本由较长运输距离的货件均摊时，其单位距离成本比较短运输距离货件的该项成本低。

（3）运输速度原理（principle of speed ）。运输速度原理是指完成特定的运输所需的时间越短，其效用价值越高。快速运输，运输时间缩短，单位时间内的运输量增加，与时间有关的固定费用分摊到单位运量上的费用减少；同时，物品在运输工具中停滞的时间缩短，使到货等待期变短，有利于减少库存，存储费用降低。

3.运输的功能

（1）产品移动。运输就是商品的载运和输送，就是将货物运送到某一个确定的地点。运输的主要功能是使产品在供应链中移动。

（2）产品存储。运输的次要功能是提供暂时的储存。这一功能在两种情形下非常突出：在途物品仅需短暂存放（如几天时间）；目的地仓储空间不足。①在途物品仅需短暂存放时，可绕较远的路，使车行时间加长，从而以车辆作为暂存场所。②当目的地仓储空间不足或其他地方有更大需求时，可变换在途物品的目的地。

4.1.2 运输在物流管理中的地位与作用

1.运输是物流的主要功能要素

物流是物品从供给地向接收地的实体流动过程，根据实际需要，实现将运输、储存、装卸、搬运、包装、流通加工、配送、信息处理等基本功能的有机结合。

物流概念中的“流”指的是物质实体的定向移动，既包含其空间的位移，也包括其时间的延续。而运输与配送承担了空间位移的主要任务，是改变空间状态的主要手段。

2.运输是物流合理化的关键

物流合理化是指在各物流子系统合理化基础上形成的物流系统总体功能最优。运输是各功能的基础和核心，直接影响着物流子系统。只有运输合理化，才能使物流结构更加合理，才能实现物流合理化。

（1）快速运输使单位物品的运输费用减少、存储成本降低、物品使用价值提高。

（2）运输距离缩短，既节约运力，也降低物流成本。通过运输路线优化，选择最短路线，节约运力、减少库存；物品周转加快，利用率提高。

（3）运输、配送方式的合理选择，通过影响其他子系统，从而使物流系统合理化。其表现在对装卸搬运、包装、库存的影响上。

①运输方式对装卸、搬运的影响。铁路、水路和航空运输，受车站、码头和机场的限制，必须经过短途转运，增加了装卸和搬运次数；公路运输可做到门到门运输，装卸、搬运次数少，成本低；集装箱运输可使转运、转载过程中的装卸、搬运简单化，避免货损货差。

②运输方式对包装的影响。散装运输可以节约包装材料和包装成本，也便于实现自动化装卸；集装箱运输简化外包装，也使中途转运换装时的作业变得容易；托盘化运输也可降低装卸、搬运成本。

③运输配送方式对库存的影响。铁路、水路运输批量大、批次少，必然形成大量库存，存储成本高；公路运输运量小、频率高，可使库存降低；门到门输送，既节约了中转装卸的时间，也节约了费用。

4.1.3 运输合理化

合理运输，是指按照商品流通规律、交通运输条件、货物合理流向、市场供需情况，走最少的路程，经最少的环节，用最少的运力，花最少的费用，以最短的时间，把货物从生产地运到消费地。也就是用最少的劳动消耗，运输更多的货物，取得最佳的经济效益。

1.不合理的运输形式

（1）对流运输。对流运输是指同类的或可以相互代替的货物的相向运输，它是不合理运输中最突出、最普遍的一种。它有两种表现形式：

①明显对流。同类的或可以相互代替的货物沿着同一线路相向运输。

②隐蔽对流。同类的或可以相互代替的货物在不同运输方式的平行路线上或不同时间进行相反方向的运输。

因为对流运输的存在，从而派生出了“倒流运输”形式，它是指同一批货物或同批中的一部分货物由发运站至目的地后，又从目的站往发运站方向运输，显而易见造成了极端的浪费。

（2）迂回运输。由于物流网的纵横交错及车辆的机动、灵活性，在同一发站和到站之间，往往有不同的运输路径可供选择。凡不经过最短路径的绕道运输，都称为迂回运输。

（3）过远运输。这是一种舍近求远的商品运输，不是就地或就近获取某种物资，却要从外地或远处运来，从而拉长运输距离，造成运力浪费。

（4）重复运输。不合理的重复运输是指同一批货物由产地运抵目的地，没有经任何加工和必要的作业，也不是为了联运及中转需要，又重新装运到别处的现象。它是物资流通过程中多余的中转、倒装，虚耗了装卸费用，造成车船的非生产性停留，增加了作业量，延缓了流通速度，增大了货损，也增加了成本。

（5）无效运输，是指被运输的货物杂质较多（如煤炭中的矿石、原油中的水分等），使运输能力浪费于不必要或不适用的物资上的运输。

2.合理运输的影响因素

要实现运输合理化，起决定作用的主要有以下五个因素，称为合理运输“五要素”。

（1）运输距离。运输是商品在空间的移动，这个移动的距离，即运输里程的远近，是决定其合理与否诸因素中一个最基本的因素。因此，考虑运输距离，应尽可能实现近产近销、就近运输，尽可能避免舍近求远，要尽量避免过远运输与迂回运输。

（2）运输时间。为了更好地为顾客服务，及时满足顾客的需要，时间是一个决定性的因素。运输不及时，容易失去销售机会，造成货物脱销或积压。尤其在市场变化很大的情况下，时间问题更为突出。在物流过程中，必须特别强调运输时间，要想方设法加快货物运输，尽量压缩待运期，使货物不要长期徘徊、停留在运输过程中。

（3）运输费用。运输费用占物流费用的比重很大，是组织合理运输的主要目标之一。运输费用的高低，影响商品销售成本。如果组织不当，使某些商品的运输费用超过了商品价格本身（如煤炭），就是不合理的。尤其是在目前我国流通部门实行提货制——由购货方负担运费的情况下，如果运费偏高，往往导致采购者不愿订货，令销售方失去商品销售机会。因此，在组织运输工作的过程中合理调度，节约运输费，是物流企业的一项重要任务。

（4）运输方式。在交通运输日益发展、各种运输工具并存的情况下，必须注意选择有利的运输方式（工具）和运输路线，合理使用运力。要根据不同货物的特点，综合考虑库存包装等因素，选择铁路、公路或水路运输，并确定最佳的运输路径。要积极改进车船的装载技术和装载方法，提高技术装载量，使用最少的运力运输更多的货物，提高运输生产效率。

（5）运输环节。在物流过程诸环节中，运输是一个很重要的环节，也是决定物流合理化的一个根本性因素。围绕着运输业务活动，还要进行装卸搬运、包装等工作，多一道环节，需多花很多劳动，所以，物流部门在调运物资时，要对所运物资的去向、到站、类别及数量做明细分类，尽可能组织直达、直拨运输，使物资不进入中转仓库，越过一切不必要的中间环节，由产地直运销地或用户，减少二次运输。

上述这些因素既互相联系又互有影响，有时甚至相互矛盾。这就要求进行综合比较分析，制订最佳运输方案。在一般情况下，运输时间短、运输费用省，仍然是考虑合理运输的两个主要因素，它集中体现了在物流过程中的运输经济效率。

3. 组织运输合理化的主要内容

控制运输成本是实现运输合理化的重要措施，运输成本的降低可以达到以较低的成本提供优质服务的效果。运输成本的控制，要根据不同情况采取不同措施。运输系统的合理化配置可以从以下几个方面入手：

（1）减少运输环节。在运输组织时，尽可能采用直达运输，减少中间环节，消除不合理的运输。

（2）正确选择运输工具。要根据商品的特性、价格、运输批量、交货日期、运输距离、分担成本能力等因素，选择适当的运输工具。

（3）优化运输路线。运输路线是运输时间和运输成本的决定性因素之一。在供应地至消费地的运输距离、运价、运量都已确定的情况下，可用线性规划技术来解决运输路线的优化问题。非线性规划技术也是复杂运输组织的优化工具。

（4）提高车载率。提高车载率一方面是指要最大限度地利用车辆的载重吨位，另一方面是指要充分使用车辆的有效容积。轻重配装是一种有效方式，也可以通过改进商品包装方式提高车载率，如轻泡商品真空包装等。还可以通过与流通加工环节的协同作业提高车载率，如自行车等的解体运输。

（5）开展联合运输。联合运输手续简便、责任统一，改善了不同运输方式间的衔接工作，实现了各种运输方式的连续运输，可以把商品从发货人的工厂或仓库运到收货人的内地仓库或工厂，做到门到门运输，使合理运输成为现实。

由于在整个物流成本中运输成本占了1/3~2/3，因此，提高运输设备和人员的效率，降低运输成本，是精益物流首要关注的问题。如前述，从一个地方到另一个地方通常有多种运输路径可供选择，运输线路优化的任务就在于从不同的路径中选优，从而使得总运营成本达到最低。最低成本的表现可以是最短的运输路程、运输时间或者最低的运输费用等。

4.2 运输方式及其选择

不同运输方式和运输工具各具特点，不同种类货物对运输的要求也不尽相同。因此，合理选择运输方式，是合理组织运输、保证运输质量、提高运输效益，进而提高整个供应链运营效果的一项重要内容。

4.2.1 基本的运输方式

1. 铁路运输

铁路能提供长距离大宗商品的低成本、低能耗运输，其运输的经济里程一般在500千米以上，主要承担长距离、大数量的货运，在没有水运条件的地区，几乎所有大批量货物都依靠铁路来进行运送，铁路运输是在干线运输中起主力运输作用的运输形式。

铁路运输的主要优点有：①运行速度快，时速可达80~120千米 。②运输能力较强，可满足大量货物一次性高效率的运输。③运输连续性强，由于运输过程受自然条件限制较小，所以可提供全天候的运输服务。④轨道运输的安全性能高，运行较平稳。⑤通用性能好，可以运送各类不同的货物。⑥运输成本（特别是可变成本）较低。⑦能耗低、污染小。

铁路运输的缺点是：①铁路运输的资产投资大，建设周期较长。②由于设计能力是一定的，当市场运量在某一阶段激增时难以及时得到运输机会。③铁路运输的固定成本很高，使得近距离运费较高。④长距离运输情况下，由于需要进行列车解编、集结等作业，中途停留时间较长。⑤不能实现“门到门”运输，车站固定，不能随处停车，货物滞留时间长，不适于紧急运输。

综合以上有关铁路运输优缺点的分析，可以总结出铁路运输的优势业务为：①大宗低值货物的中长距离运输，散装、罐装货物运输。②大批量货物一次高效率运输。③对于运费负担能力小、货物批量大、运输距离长的货物来说，运费比较便宜。

2.公路运输

公路运输能提供更为灵活的服务，多用于价高量小货物的“门到门”服务，其经济半径一般在500千米以内。

公路运输的主要优点有：①送达速度快。②机动性高，可以选择不同的行车路线，灵活制定营运时间表，服务便利，能提供“门到门”服务，市场覆盖率高。③投资少，固定成本低，投资回收快。④操作人员容易培训。

公路运输的缺点是：①变动成本相对较高。②运输能力较小。③能耗高，带来的环境污染比其他运输方式严重。④土地占用较多。

综上所述，公路运输主要适用于以下作业：①中短距离的独立运输作业。②补充和衔接其他运输方式，当其他运输方式担负干线运输时，由汽车担负起点和终点处的短途集散运输。

3.水路运输

水路运输通常表现为四种形式：沿海运输、近海运输、远洋运输、内河运输。

水路运输的主要优点有：①运输能力强，能够运输数量巨大的货物。②越洋运输大宗货品，连接被海洋所隔开的大陆。远洋运输是发展国际贸易的强大支柱。③运输成本低，能以最低的单位运输成本提供最大的货运量，尤其在运输大宗货物或散装货物时，采用专用船舶运输，可以取得更好的技术经济效果。④平均运距长。

水路运输的缺点是：①受自然气象条件因素影响大。由于季节、气候、水位等的影响，水运受限程度大，因而一年中中断运输的时间较长。②航行风险大，安全性略差。③运送速度慢，在途货物多时，会增加货主的流动资金占用，经营风险增加。④搬运成本与装卸费用高。

水运主要适合承担以下作业任务：①大批量货物，特别是集装箱运输。②原料、半成品等散货运输。③国际运输。

4.航空运输

航空运输常被看作其他运输方式不能满足需要时，用于紧急服务的一种极为保险的方式。它快速及时、价格昂贵，但对致力于全球市场的厂商来说，当考虑库存和顾客服务问题时，空运也许是最为经济的运输模式。

航空运输的主要优点有：①高速。航空运输是各种运输方式中运输速度最快的，时速可达800千米。②安全性能高，事故率低，保险费率相应较低。③经济性良好，使用年限较长。

航空运输的缺点是：①受气候条件的限制，在一定程度上影响运输的准确性和正常性。②设施成本高，维护费用高。③运输能力低，运输能耗高。④运输技术要求高，人员（飞行员、空勤人员）培训费高。

空运一般用于以下作业：①国际运输。空运对于对外开放，促进国际技术、经济合作与文化交流有重要作用。②适用于高附加值、低质量、小体积的物品运输。③快速运输。

5.管道运输

管道运输是靠物体在管道内顺着压力方向顺序移动实现的。目前，全球的管道运输承担着很大比例的能源物质，包括原油、成品油、天然气、油田伴生气、煤浆等的运输任务。

管道运输的主要优点是：①运输效率高，适于自动化管理，运输系统不存在空载行程，所以系统的运输效率很高。②建设周期短、费用低。③耗能少、成本低、效益好。④运量大、连续性强。⑤安全可靠、运行稳定、不会受恶劣多变的气候条件的影响。⑥埋于地下，占地少。⑦有利于环境保护，它能较好地满足运输工程的绿色环保要求。⑧对所运输的商品来说损失的风险很小。

管道运输的缺点是：①运输对象受到限制，承运的货物品类比较单一。②灵活性差，不易随便扩展管道，服务的地理区域十分有限。③仅提供单向服务。④运速较慢。

因此，管道运输主要担负单向、定点、量大的流体状货物的运输。

4.2.2 运输方式的选择

供应链上大多数运输都会涉及两种或两种以上的运输服务方式，供应链管理者面临的挑战就在于多种运输方式的均衡必须在整体供应链物流系统的框架下完成。应从供应链物流系统的总体目标出发，运用系统理论和系统工程原理与方法，充分利用各种运输方式，选择合理的运输路线和运输工具，以最短的路径、最少的环节、最快的速度和最少的劳动消耗，组织好物质产品的运输活动。运输方式的选择是供应链管理的重要内容，在确定运输方式时，通常会根据实际情况考虑以下五个因素：

1.货物品种

货物品种是确定运输方式选择的重要因素，货物性质及特点有时对运输方式选择起决定作用。一般来说，包装杂货可以选择各种运输方式，而诸如水泥、石油、沥青、危险品等货物的运输方式，选择范围则较窄，如在国际物流中选择汽车或飞机运输水泥显然是不恰当的。因此，货物属性信息应在包装项目中加以说明，以便选择适合这些货物特性和形状的运输方式。对于货物价值属性对运费的负担能力也要认真考虑。

2.运达期限

运达期限必须与交货日期相联系，以保证运达时限。必须调查各种运输方式所需要的运输时间，根据运输时间来选择运输方式。各运输方式速度的快慢顺序一般依次为航空运输、公路运输、铁路运输、水路运输。各运输方式可按其速度安排日程，加上两端及中转的作业时间，就可以算出所需的运输时间。在商品流通中，有一个准确的交货日期是货主的基本要求。

3.运输成本

运输成本是运输方式选择的重要因素，尤其在国际物流中，运费负担较重，据统计，在外贸货物价格中，物流费用有时可占出口货价的30%~70%，对于煤炭、矿石等低价值货物，这一比例或许更高。

4.运输距离

一般情况下可以依照运输距离确定运输方式，原则如下：①300千米以内，宜用公路运输；②300~500千米，宜用铁路或公路运输；③500千米以上，宜用铁路或水路运输。

5.运输批量

运输批量也会对运输方式的选择产生影响，大批量运输能够使成本降低，所以，选择合适的运输方式进行运输是降低成本的有效途径之一。一般来说，单次批量为30吨以下的货物宜用汽车运输；单次批量为30吨以上的货物宜用铁路运输。

4.3 物流运输系统

物流运输系统就是在一定的时间和空间内，由运输过程所需的基础设施、运输工具和运输参与者等若干动态要素相互作用、相互依赖和相互制约所构成的，具有特定运输功能的有机整体。

4.3.1 物流运输系统的构成要素

构成运输系统的要素主要有基础设施、运输工具和运输参与者。

1.基础设施

基础设施分为运输线路与运输节点两个要素。

（1）运输线路。运输线路是供运输工具定向移动的通道，也是运输赖以进行的基础设施之一，是构成运输系统最重要的要素。在现代运输系统中，主要的运输线路有公路、铁路、水路、航线和管道。具体内容在3.4.2中已经讲过，此处不再赘述。

（2）运输节点。所谓运输节点，是指以连接不同运输方式为主要职能，处于运输线路之上，承担货物集散、运输业务办理、运输工具保养和维修的基地与场所。运输节点是物流节点中的一种类型，属于转运型节点。公路运输线路上的停车场（库）、货运站，铁道运输线路上的中间站、编组站、区段站、货运站，水运线路上的港口、码头，空运线路上的空港，管道运输线路上的管道站等都属于运输节点范畴。一般而言，由于运输节点处于运输线路之上，又以转运为主，所以货物在运输节点上停滞的时间较短。

2.运输工具

运输工具是指在运输线路上用于载重货物并使其发生位移的各种设备和装置，它们是运输能够进行的基础设备，也是运输得以完成的主要手段。运输工具根据运输活动的独立程度可以分为三类：

（1）仅提供动力，不具有装载货物容器的运输工具，如铁路机车、牵引车、拖船等。

（2）没有动力，但具有装载货物容器的从动运输工具，如车皮、挂车、驳船、集装箱等。

（3）既提供动力，又具有装载货物容器的独立运输工具，如轮船、汽车、飞机等。管道运输是一种相对独特的运输方式，它的动力设备与载货容器的组合较为特殊，载货容器为干管，动力装置设备为泵（热）站，因此，设备总是固定在特定的空间内，不像其他运输工具那样可以凭借自身的移动带动货物移动，故可将泵（热）站视为运输工具，甚至可以将干管也视为运输工具。

3.运输参与者

运输是物流活动，活动的主体就是参与者，活动作用的对象是货物客体。货物可能属于参与者，也可能不属于参与者，但不管属于谁，我们都称其为货主。运输必须由货主和参与者共同参与才能实施并完成。

（1）货主。货主是货物的所有者，包括托运人（或称委托人）和收货人，有时托运人与收货人是同一主体。托运人和收货人的共同目的是要在规定的时间内以最低的成本将货物从起始地转移到指定地点，包括对收发货时间、转移时间、收发地点、无丢失损坏和有关信息等方面的要求。

（2）承运人。承运人是运输活动的承担者，他们可能是铁路货运公司、航运公司、民航货运公司、运输公司、储运公司、物流公司以及个体运输业者。承运人受托运人或收货人的委托，按委托人的意愿，以最低的成本完成委托人委托的运输任务，同时获得运输收入。承运人根据委托人的要求或在不影响委托人要求的前提下合理地组织运输和配送，包括选择运输方式、确定运输线路、进行配货配载等，以降低运输成本，尽可能多地获得利润。

（3）货运代理人。货运代理人是根据用户的指示，并为客户的利益而揽取货物进行运输的人，其本人不是承运人。货运代理人把来自各类用户手中的小批量货物整合成大批量货物进行装载，然后利用承运人进行运输，送达目的地后，货运代理人再把该大批量装载的货物拆分成原先较小的装载形式，送往收货人处。货运代理人的主要优势在于，因大批量装载实现了较低的费率，可以从中获取利润。货运代理人属非作业中间商，因此被称为无船承运人。

（4）运输经纪人。经纪人是替托运人、收货人和承运人协调运输安排的中间商，协调的内容包括装运装载、费率谈判、结账和跟踪管理等。经纪人也属非作业中间商。

4.3.2 物流运输系统的分类

1. 按运输方式划分

按运输方式划分，物流运输系统可分为公路运输、铁路运输、水路运输、航空运输和管道运输等形式。

2. 按运输线路的性质划分

按运输线路的性质划分，物流运输系统可分为干线运输、支线运输、二次运输和厂内运输等形式。

（1）干线运输，是指利用铁路与公路的骨干线路、大型船舶的固定航线以及枢纽机场的定期航线进行的长距离、大批量的运输。干线运输是运输的主体，是使货物进行远距离空间位移的重要运输方式，其运输速度较同种工具的其他运输要快，成本也相对低一些。

（2）支线运输，是指与干线相接的分支线路上的运输。支线运输是干线运输与收、发货地点之间的补充性运输方式，一般路程较短、运输量相对较小。因为支线的建设水平往往低于干线，运输工具也往往落后于干线，所以运输速度也慢于干线。

（3）二次运输，是指干线、支线运输到达目的站后，目的站与用户仓库或指定地点之间的运输。由于这是一种补充性的、以满足个体单位需要为目的的运输方式，所以运输量相对更小。

(4) 厂内运输，是指在工厂、企业的内部，直接为生产过程服务的运输方式。厂内运输一般在车间与车间之间、车间与仓库之间进行，而小企业内部及大企业的车间内部、仓库内部的这种运输一般被称为“搬运”。厂内运输一般使用载货汽车，搬运则使用叉车、输送机等。

3. 按运输中途是否换载划分

按运输中途是否换载划分，物流运输系统可分为直达运输和中转运输等形式。

(1) 直达运输，是指利用一种运输工具从起运站（港）一直到终点站（港），中途不经过换载、不入库存储的运输方式。直达运输不仅可以避免中途换载所出现的运输速度减缓、货损增多、费用增加等一系列弊端，而且能缩短运输时间、加快车船周转、降低运输费用。

(2) 中转运输，是指在货物运往目的地的过程中，在途中的车站、港口、仓库进行转运换装的一种运输方式。中转运输可以有效地衔接干线运输与支线运输，可以化整为零或集零为整，从而方便用户，提高运输效率。

4. 按运输领域划分

按运输领域划分，物流运输系统可分为生产领域的运输和流通领域的运输两种形式。

(1) 生产领域的运输。生产领域的运输一般是在生产企业内部进行的，因而也称为厂内运输。它作为生产过程中的一个组成部分，是直接为物质产品的生产服务的，包括原材料、在制品、半成品和成品的运输，这种厂内运输又称为物料搬运。

(2) 流通领域的运输。流通领域的运输作为流通领域里的一个环节，是生产过程在流通领域的继续。其主要是对物质产品的运输，是完成产品从生产领域向消费领域在空间位置上的物理性转移的过程。它既包括产品从生产地直接向消费者（用户）所在地的移动，又包括产品从配送中心向中间商的移动。

除此之外，还可以按运输主体，将物流运输系统分为自有运输、营业运输和公共运输；按产权性质，可将物流运输系统分为国有运输和民营运输；按运输的空间范围，可将物流运输系统分为市内运输、城际运输、乡村运输，或者分为国内运输、国际运输等。

4.3.3 智能运输系统

随着经济的不断发展，对交通运输的需求日益增加。虽然世界各国大量投入资金进行交通基础设施的建设，但交通状况恶化及安全事故、空气污染等一系列问题仍然使各国备受困扰。交通运输对经济发展的制约力不同程度地存在于每个国家和地区，大城市周围地区的交通拥挤和堵塞现象几乎成了最为棘手的问题。人们希望通过增加技术含量的方法，提高现有道路的利用率，提高道路交通的安全程度和道路使用的舒适性，由此，智能运输系统应运而生。

1. 智能运输系统的基本概念和作用

智能运输系统（intelligent transportation system，ITS），是在较完善的交通基础设施上，将先进的科学技术（信息技术、计算机技术、数据通信技术、传感器技术、电子控制技术、自动控制理论、运筹学、人工智能等）有效地综合运用于交通运输、服务控制和车辆制造，加强车辆、道路、使用者三者之间的联系，从而形成的一种保障安全、提高效率、改善环境、节约能源的综合运输系统。

智能运输系统的功能主要包括以下四个主要方面：信息提供，安全服务，计收使用费，减少交通堵塞等。

系统向道路管理者和用户提供的主要是道路交通情况的实时信息及相关的其他信息，如天气等；安全服务的内容则有危险警告、人车事故预防、行车辅助等，它们通过不同的方式来帮助减少交通事故；费用的收取主要是以电子方式自动地向用户收取道路使用费或车辆停放费等。当然，系统还可以根据人们的需要提供更多的服务。

2. 智能运输系统子系统

智能运输系统由五个子系统构成：交通信息系统，交通管理系统，车辆系统，公共运输系统，商用车辆运营系统。

（1）交通信息系统。其核心是信息中心，该中心为出行者提供强大的信息支持。譬如，为出行者提供所需的有关公交线路图及发车时刻表、某一时刻某一路段的车速状况、道路施工情况、绕行路线和气候条件等实时信息；提供与目的地相关的信息，如沿途加油站、汽车修理厂、餐馆、医院等设施的地理位置分布、地址、电话、营业时间等等；提供沿途交通及道路状况信息，如道路线形、路宽、交叉口、坡度、交通堵塞情况等信息；提供最佳行驶路线及实时导航信息等等。

（2）交通管理系统。该系统由一系列监视公路状况、支持交通管理与出行建议的子系统所组成。交通管理控制中心通过交通探测车、车辆探测器、雷达探测器、气象检测器、能见度检测器、视频监测系统、不停车电子收费系统和紧急电话等工具手段采集有关信息并加工这些信息，然后通过电子地图、大屏幕显示器、可变标志、可变情报板、电话、电视、路侧通信广播、交通广播、微机信息灯系统、匝道仪控制系统、视频监测系统和不停车电子收费系统等，将有关信息传递给司机和相关人员，并不断优化交通信号灯的绿信比，随时采取相关措施保障良好的交通秩序，此外，还对一些突发事件（如交通事故、道路维修、特殊的政治活动等）迅速确定解决方案，并做出准确的反应。

（3）车辆系统。该系统是指借助车载设备及路侧、路表的电子设备来检测周围行驶环境的变化情况，进行部分或完全的自动驾驶控制，以达到行车安全和提高道路通行能力的目的。其本质就是在车辆与道路系统中将现代通信技术、控制技术和交通理论加以集成，提供一个良好的辅助驾驶环境，在特定条件下，使车辆在自动控制下安全行驶。

（4）公共运输系统。作为智能运输系统的子系统，公共运输系统可以保证对各种可选交通方式有充分的考虑。该系统采用先进的公共交通工具、车辆全球定位系统和先进的电子技术等来达到不需要新建另外的道路却能运送更多的出行者的目的。该系统利用计算机技术对公交车辆及公共设施的技术状况和服务水平进行实时分析，实现公交系统计划、运营和管理的自动化；为乘客提供实时的换乘信息；具有完备的安全监测、预警和防范设施等。

（5）商用车辆运营系统。商用车辆包括货运汽车、公共汽车、出租车和紧急车辆。该系统可为商用车辆运营业户提供电子通关便利（车辆因装有脉冲应答器，可在不减速停车的情况下，迅速通过如安全、载重、注册等关卡）；对高速行驶中的车辆、货物状态和司机的安全情况进行监测，危险时预警并在必要时进行自动控制；对运送危险品的车辆，在发生事故时，能立刻确定事故的严重程度、事故地点、危险品种类并推荐最佳应急方案；还可帮助司机确定车辆位置，避开交通阻塞路段，大大提高运输效率。

3. 物流运输中的智能运输技术

智能物流运输系统中的智能运输技术主要有GPS、RFID、EDI、MCS等技术。

（1）车辆实时监控技术

车辆实时监控技术（GPS）的主要功能是对车辆进行实时定位导航和跟踪。

GPS有助于物流控制中心在任意时刻查询车辆的地理位置并在电子地图（GIS）上直观地显现出来，动态掌握车辆所在位置，帮助物流企业优化车辆配载和调度。另外，线路规划完毕后，显示器能够在电子地图上显示设计线路，并同时显示车辆运行路径和运行方式。

GPS和GIS可以实时显示出车辆的实际位置；可以随着目标移动，使目标始终保持在物流控制中心的计算机屏幕上；还可实现多窗口、多车辆、多屏幕同时跟踪。利用该功能可对重要的车辆和货物进行跟踪运输管理。

车辆实时监控系统是一个由GPS技术、GIS技术和现代通信技术综合在一起的高科技系统。系统的基本过程是：将装有GPS接收机的移动车辆的动态位置（精度、纬度、高度）、时间、状态等信息，实时地通过无线通信网传至监控中心；尔后在具有强大的信息处理、查询功能的电子地图上进行移动车辆运动轨迹的显示；同时对目标的准确位置、速度、运动方向、车辆状态等用户感兴趣的参数进行监控和查询，以确保车辆的安全，方便调度管理，提高运营效率；还可了解并控制整个运输作业的准确性（如发车时间、到货时间、卸货时间、返回时间等）。

（2）车辆识别技术

借助电子识别系统，使运输中的货物可通过编码信息加以区别，方便运输途中对时间和地点的跟踪与监控；还可以与其他系统衔接，用于控制物流中的运输、转运、代销和存储过程。例如，利用公路运输可实现其他运输方式间的衔接，在集疏货物时，集装箱卡车、货运卡车等可快速通过货物或车辆的识别，减少中途验车、验货的环节，及时准确地将货物送达目的地。常见的车辆识别技术有条形码技术、电子标签技术、无线射频识别（RFID）技术等。

（3）网络通信技术

在现代运输网络中，采用电子数据交换技术（EDI）来传送和交换数据，可使数据具有较好的兼容性与适用性，有利于加速信息流程，降低手工输入错误率。美国早在20世纪60年代就在铁路、公路、海运和空运中应用了EDI技术，以后其应用率以每年100%的速度递增。应用EDI技术后，商业文件传递速度提高了81%，文件成本降低了44%，因错漏造成的商业损失减少了40%，从而使整体竞争力提高了40%。

近年来，越来越多的货运企业把互联网作为数据交换平台，进行及时、准确的信息传递，提高了物流运输管理的效率。

（4）移动通信技术

移动通信技术（MCS）目前主要指陆地移动（模拟或数字）通信系统。将其与卫星通信系统结合起来，就形成全球移动通信系统（GMCS）。智能物流运输可利用GMCS技术在任何时间、任何地点实现车辆与车辆、车辆与驻地（货运站）、货运站与货运站、货运站与货主间的生产调度通信联系和营销业务通信联系等。

4.智能物流运输系统组成

与物流运输相结合的智能运输系统与一般的智能交通系统在功能上有一定的区别。按功能划分，智能物流运输系统可分为三大子系统，分别是运输业务信息管理系统、可视化管理系统以及评价系统。

（1）运输业务信息管理系统。该子系统的主要任务是对货运信息和实时道路信息进行收集和处理。货运信息的来源有两方面：其一，通过网络通信技术和EDI收集运输市场的交易信息，存入数据库；其二，通过客户服务系统取得长期、固定客户的业务需求信息，集中存入数据仓库。实时道路信息主要来源于交通服务系统。

（2）可视化管理系统。可视化管理系统就是利用先进的信息技术收集车、货在运输途中的各项信息，并利用信息融合技术提取一切有效信息，最终对整个物流运输方案做出决策或者针对紧急突发状况做出决策。可视化管理系统是车辆在途状态实时监控、运输方案优化与决策以及紧急事件处理等工作的平台。利用GPS获取车辆的在途状态信息之后，在GIS的可视化环境中对物流过程进行可视化动态管理。可视化管理可以为在途车、货的各项管理提供方便，比如货物的调动、配送路径的选择，以及用何种运输方式等，还可以及时调整运输方式、运输路线，以应对突发的交通问题。

（3）评价系统。评价系统可分为客户评价和自身评价两部分。客户评价，就是提供平台供客户提出反馈意见和建议。自身评价，就是对每次运输作业的全过程——智能物流运输系统在车辆调度、路线选择、运输方式选择，以及应对突发问题的解决方法等做出客观的评价和分析。有效的评价不仅能使运输企业了解客户的需求，还可以从评价中寻找自身不足，积累经验，使未来的物流运输决策更有效。

我国智能物流运输系统的发展已经有长足发展，但与发达国家相比还有较大的差距。随着技术开发的成熟及应用的普及，智能运输系统已在我国物流行业得到广泛应用。

4.4 运输网络的优化

4.4.1 运输网络的基本类型

1. 直送型运输网络

直送型运输网络具有多个起点和终点，并且不需要经过中间节点，如图4-1所示。直送型运输网络无须经过中转场站等设施，操作和协调都比较简单易行，而且由于没有中间环节，直送型运输网络一般运输时间较短，其优化问题通常可以作为经典运筹学中的运输问题来解决。直送型网络一般适用于比较大批量的运输活动，如果用于小批量运输则会产生较高的运输费用。

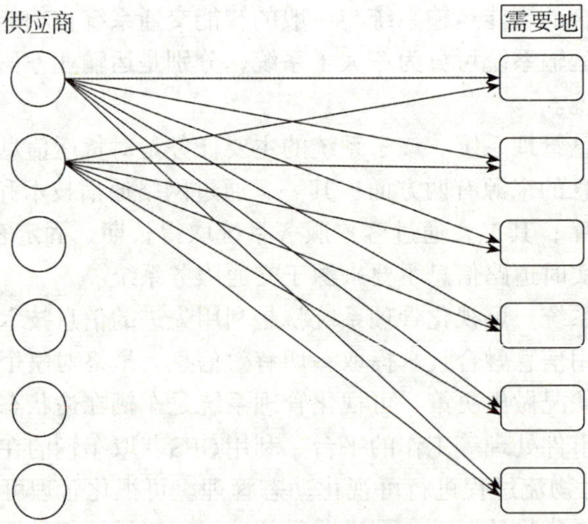

图4-1 直送型运输网络

2. 闭环式运输网络

闭环式运输网络的起点和终点相同，但途经不同的节点，如图4-2所示。闭环式运输网络在一定程度上克服了直送型网络不适于小批量运输的问题，它可以使一辆车经过不同的起点将货物运输到同一终点，或者将一辆车的货物运送到不同终点，从而实现车辆的联合运输和高效利用，降低运输成本。这类运输网络优化问题通常可以归纳为运筹学中的旅行商问题。

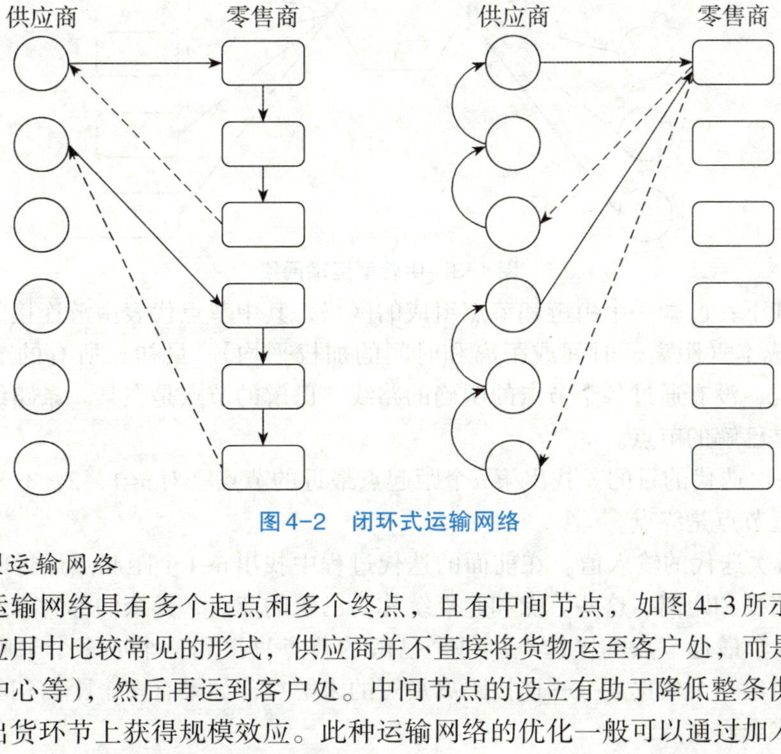

图4-2 闭环式运输网络

3. 中转型运输网络

中转型运输网络具有多个起点和多个终点，且有中间节点，如图4-3所示。这是在现代物流网络应用中比较常见的形式，供应商并不直接将货物运至客户处，而是先运到中间节点（配送中心等），然后再运到客户处。中间节点的设立有助于降低整条供应链的库存水平，在进出货环节上获得规模效应。此种运输网络的优化一般可以通过加入新的约束条件与规则而转化成运筹学中的运输问题。

以上三种基本运输网络形式进行不同的组合，就可以衍生出多种其他类型的运输网络。

4.4.2 运输线路的选择

线路选择问题可以划分为三种基本类型：起讫点不同的单一路径规划；多个起讫点的路径规划；起点和终点相同的路径规划。

1. 起讫点不同的单一路径规划问题

这类运输路径规划问题最简单、最直接的方法就是最短路径法（shortest route method）。

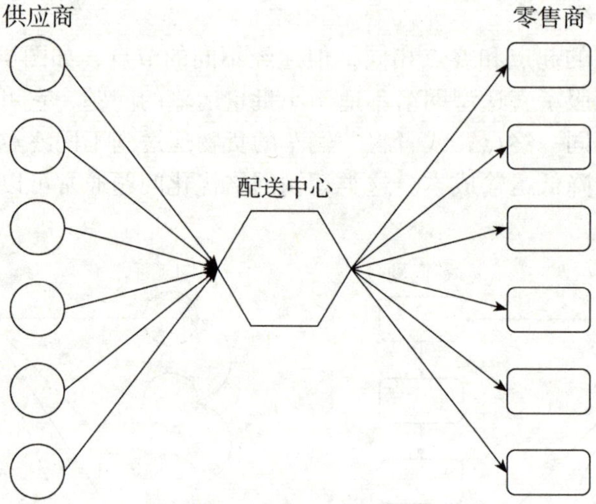

图4-3　中转型运输网络

该方法原理如下：已知一个由链和节点组成的网络，其中节点代表由链连接的点，链代表节点之间的成本（距离、时间或距离和时间的加权平均）。最初，所有的节点都是未知解，也就是说，没有通过各个节点的明确的路线，已解的节点是在某一条路线上的，开始时只有起点是已解的节点。

（1）第n次迭代的目的。找出第n个距起点最近的节点。对n=1，2，3…重复此过程，所找出的最近节点是终点。

（2）第n次迭代的输入值。在前面的迭代过程中找出n-1个距起点最近的节点，及距起点最短的路径和距离，这些节点和起点统称为已解的节点，其余的称为未解的节点。

（3）第n个最近节点的候选点。每个已解的节点直接和一个或多个未解的节点相连接，就可以得出一个候选点——连接距离最短的未解点。如果有多个距离相等的最短路径连接，则有多个候选点。

（4）计算出第n个最近的节点。将每个已解节点与其候选点之间的距离累加到该已解节点与起点之间最短路径的距离上，所得出的总距离最短的候选点就是第n个最近的节点，其距离最短路径就是所求的该距离的路径（若多个候选点都得出相等的最短距离，则都是已解的节点）。

尽管以上过程看起来有些复杂，可以用Dijdstra算法（标号法），其基本思路是从起点出发，逐步探寻最短路径，执行过程中给每个节点标号。

最短路径非常适合利用计算机程序来计算。把网络中的数据和资料输入计算机数据库，选好某个起点和终点后，计算机可以很快找出最短路径。绝对的最短路径并不说明穿越网络的最短时间，因为该方法没有考虑各条线路的运行质量。因此，在实际应用时应该给运行时间和距离都设定权重，这样，才能找出比较有实际意义的路线。

2. 多个起讫点的路径规划

如果有多个货源地可以服务多个目的地，那么我们面临的问题是：指定各目的地的供货地，同时要找到供货地、目的地之间的最佳路径。该问题经常发生在多个供应商、工厂或仓库服务于多个客户的情况下。如果各供货地能够满足的需求数量有限，则问题会更复杂。解决这类问题常常可以运用运筹学中的线性规划法，即运筹学中所谓的“运输方法”。

例如，某制造商与三个位于不同地点的供应商签订合同，由它们供货给三个工厂，条件是不超过合同所定的数量，但必须满足生产需求。图4-4是该问题的图示，其中还指明了各运输线路上每吨货物的运输费率。这些费率是每个供应商到每个工厂之间最短路径的运输费率，供求都以吨为单位进行计算。在解决这类问题时常常使用一种特殊的线性规划算法，称为运输法。

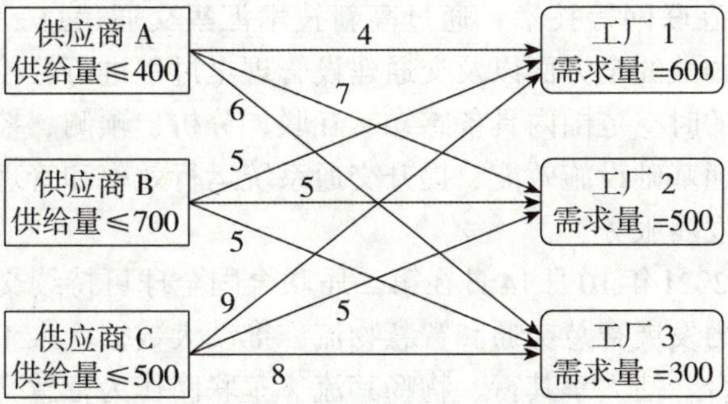

图4-4 多个起讫点路径问题举例

利用计算机软件TRANLP可以解决这个问题，结果是：

从供应商A运输400吨到工厂1。

从供应商B分别运输200吨到工厂1，200吨到工厂2，300吨到工厂3。

从供应商C运输300吨到工厂2。

该线路的运输费最低，为6 600元。

3. 起点和终点相同的路径规划

在企业自己拥有运输工具时，起讫点相同的路径规划问题是很普遍的。例如：

（1）食品、饮料的供应商配送食品、饮料到零售店、饭店。

（2）网上商店的配送。

（3）取牛奶和送牛奶。

（4）从配送中心到零售点的配送。

（5）快递公司的配送。

（6）校车路线。

（7）送报路线。

这类路径问题是起讫点不同问题的扩展，但是由于要求车辆必须返回起点行程才结束，问题的难度提高了。目标是找出途经点的顺序，使其满足必须经过所有点且总出行时间或总距离最短的要求。

起讫点重合的路径问题一般被称为“流动推销员”问题，人们已提出不少方法来解决这类问题。如果某个问题中包含很多个点，要找到最优路径是不切实际的，因为许多现实问题的规模太大，即使用最快的计算机进行计算，求最优解的时间也非常长。感知式和启发式求解法是求解这类问题的好办法。

4.4.3 车联网

智慧交通是在智能交通的基础上，在交通领域中充分运用物联网、云计算、人工智能、自动控制、移动互联网等技术，通过高新技术汇集交通信息，对交通管理、交通运输、公众出行等交通领域的全方面以及交通建设管理全过程进行管控支撑，使交通系统在区域、城市甚至更大的时空范围内具备感知、互联、分析、预测、控制等能力，以充分保障交通安全、发挥交通基础设施效能、提升交通系统运行效率和管理水平，为通畅的公众出行和可持续的经济发展服务。

国家主席习近平2021年10月14日在第二届联合国全球可持续交通大会开幕式上的主旨讲话中强调，要大力发展智慧交通和智慧物流，推动大数据、人工智能、区块链等新技术与交通行业深度融合，使人享其行、物畅其流。车联网作为智慧交通与智慧物流相结合的新模式，成为国家的创新战略。

车联网在国外起步较早。在20世纪60年代，日本就开始研究车间通信。2000年左右，欧洲和美国也相继启动多个车联网项目，旨在推动车间网联系统的发展。2007年，欧洲6家汽车制造商（包括BMW等）成立了Car2Car通信联盟，积极推动建立开放的欧洲通信系统标准，实现不同厂家汽车之间的相互沟通。2009年，日本的VICS车机装载率已达到90%。2010年，美国运输部发布了《智能交通战略研究计划》，内容包括美国车辆网络技术发展的详细规划和部署。

与国外车联网产业的发展相比，我国的车联网技术直至2009年才起步，最初只能实现基本的导航、救援等功能。随着通信技术的发展，到2013年，国内汽车网络技术已经能够实现简单的实时通信，如实时导航和实时监控。2014—2015年，3G和LTE技术开始应用于车载通信系统以进行远程控制。2016年9月，华为、奥迪、宝马和戴姆勒等公司合作推出5G汽车联盟（5GAA），并与汽车经销商和科研机构共同开展了一系列汽车网络应用场景。此后至2017年底，国家颁布了多项方案，将发展车联网提到了国家创新战略的层面。在这期间，人工智能和大数据分析等技术的发展使得车载互联网更加实用，如企业管理和智能物流。此外，ADAS等技术可以实现与环境信息交互，使得UBI业务的发展有了强劲的助推力。未来，依托于人工智能、语音识别和大数据等技术的发展，车联网将与移动互联网结合，为用户提供更具个性化的定制服务。

1.车联网的概念

车联网的内涵主要指：车辆上的车载设备通过无线通信技术，对信息网络平台中的所有车辆动态信息进行有效利用，在车辆运行中提供不同的功能服务。可以发现，车联网表现出以下几点特征：车联网能够为车与车之间的间距提供保障，降低车辆发生碰撞事故的概率；车联网可以帮助车主实时导航，并通过与其他车辆和网络系统的通信，提高交通运行的效率。

车联网的概念源于物联网，即车辆物联网，是以行驶中的车辆为信息感知对象，借助新一代信息通信技术，实现车与X（即车与车、人、路、服务平台）之间的网络连接，提升车辆整体的智能驾驶水平，为用户提供安全、舒适、智能、高效的驾驶感受与交通服务，同时提高交通运行效率，提升社会交通服务的智能化水平。

车联网通过新一代信息通信技术，实现车与云平台、车与车、车与路、车与人、车内等全方位网络连接，主要实现了"三网融合"，即将车内网、车际网和车载移动互联网进行融合。车联网是利用传感技术感知车辆的状态信息，并借助无线通信网络与现代智能信息处理技术实现交通的智能化管理，以及交通信息服务的智能决策和车辆的智能化控制。

（1）车与云平台间的通信是指车辆通过卫星无线通信或移动蜂窝等无线通信技术实现与车联网服务平台的信息传输，接受平台下达的控制指令，实时共享车辆数据。

（2）车与车间的通信是指车辆与车辆之间实现信息交流与信息共享，包括车辆位置、行驶速度等车辆状态信息，可用于判断道路车流状况。

（3）车与路间的通信是指借助地面道路固定通信设施实现车辆与道路间的信息交流，用于监测道路的路面状况，引导车辆选择最佳行驶路径。

（4）车与人间的通信是指用户可以通过WiFi、蓝牙、蜂窝等无线通信手段与车辆进行信息沟通，使用户能通过对应的移动终端设备监测并控制车辆。

（5）车内设备间的通信是指车辆内部各设备间的信息数据传输，用于对设备状态的实时检测与运行控制，建立数字化的车内控制系统。

2.车联网的构成

（1）车辆和车载系统。车辆和车载系统是参与交通的每一辆汽车和车上的各种设备，通过这些传感器设备，车辆不仅可以实时地了解自己的位置、朝向、行驶距离、速度和加速度等车辆信息，还可以通过各种环境传感器感知外界环境的信息，包括温度、湿度、光线、距离等，不仅方便驾驶员及时了解车辆信息，还可以对外界变化做出及时的反应。此外，这些传感器获取的信息还可以通过无线网络发送给周围的车辆、行人等，上传到车联网系统的云计算中心，加强了信息的共享能力。

（2）车辆标识系统。车辆上的若干标志标识和外界的标识识别设备构成了车辆标识系统，其中标志以RFID和图像识别系统为主。

（3）路边设备系统。路边设备系统会沿交通路网设置，一般会安装在交通热点地区、交叉路口或者高危险地区，通过采集通过特定地点的车流量，分析不同拥堵段的信息，给予交通参与者避免拥堵的若干建议。

（4）信息通信网络系统。有了若干信息之后，还需要信息通信系统对各种数据的传输，这是网络链路层的重要组成部分，车联网的通信系统以WiFi、移动网络、无线网络、蓝牙网络为主，车联网的大部分网络需求需要和网络运营商合作，以便和用户的手机随时连接。

3. 车联网的体系结构

车联网技术是在交通基础设备日益完善和车辆管理难度不断加大的背景下被提出的，到目前为止仍处于初步的研究探索阶段，经过多年的发展，已基本形成了一套比较稳定的车联网技术体系结构。车联网体系结构主要由三大层次组成，按照其层次由高到低分别是应用层、网络层和采集层。

（1）应用层。应用层是车联网的最高层次，可以为联网用户提供各种车辆服务业务，从当前就业最为广泛的业务内容来看，主要就是由全球定位系统取得车辆的实时位置数据，然后反馈给车联网控制中心服务器，经网络层处理后进入用户的车辆终端设备，终端设备对定位数据进行相应的分析处理后，可以为用户提供各种导航、通信、监控、定位等应用服务。

（2）网络层。网络层的主要功能是提供透明的信息传输服务，即实现对输入输出的数据进行汇总、分析、加工和传输，一般由网络服务器以及WEB服务组成。GPS定位信号及车载传感器信号上传到后台服务中心，由服务器对数据进行统计管理，为每辆车提供相应的业务，同时可以对数据进行联合分析，形成车与车之间的各种关系，构成局部车联网服务业务，为用户群提供高效、准确、及时的数据信息。

（3）采集层。采集层负责数据的采集，它是由各种车载传感器完成的，包括车辆实时运行参数、道路环境参数以及预测参数，如车速、方向、位置、里程、发动机转速、车内温度等。所有采集到的数据都会上传到后台服务器进行统一的处理与分析，得到用户所需要的业务数据，为车联网提供可靠的数据支持。

案例分析

中欧班列[1]

中欧班列（英文名称China Railway Express，CRexpress）是指按照固定车次、线路等条件开行，往来于中国与欧洲及“一带一路”沿线各国的集装箱国际铁路联运班列。中欧班列铺划了西、中、东三条通往欧洲的班列运行线：西部通道由我国中西部经阿拉山口（霍尔果斯）出境；中部通道由我国华北地区经二连浩特出境；东部通道由我国东南部沿海地区经满洲里（绥芬河）出境。

中欧班列通过充分发挥国际铁路运输通道的优势，将我国内陆地区的较高附加值产品通过国际铁路运输的形式运往欧洲各国，是深化我国与沿线国家经贸合作的重要载体。

2011年3月19日，重庆西站发出了开往德国杜伊斯堡的第一列专列——渝新欧，从此开始了中欧班列的国际铁路联运。首列中欧班列（重庆—杜伊斯堡）成功开行之后，成都、郑州、武汉、苏州、广州等城市也陆续开行了去往欧洲的集装箱班列（蓉新欧、郑新欧、汉新欧、义新欧、西新欧等）。

2016年6月8日中国铁路启用中欧班列统一品牌后，8日上午九点，载有41个集装箱货物的X8102次列车，从重庆团结村中心站出发，前往德国杜伊斯堡。统一中欧班列品牌，有助于将中欧班列打造成为具有国际竞争力的物流品牌，更好地服务于“一带一路”建设。

中欧班列运输通道依托亚欧大陆桥和新亚欧大陆桥，形成了西、中、东三条运输通道。

（1）西通道

西通道经陇海、兰新等线路经新疆阿拉山口（霍尔果斯）出境。该通道主要包含了中亚、独联体[2]和西欧等区段，需在哈萨克斯坦的多斯特克和波兰的马拉舍维奇车站进行两次转轨。目前“郑新欧”“渝新欧”“汉新欧”“蓉新欧”等都在该通道运行。西通道成为中欧班列的干线通道，主要原因是国内大部分地区从新疆出境至欧洲地区的距离短于从内蒙古出境抵欧的距离。其车流较为密集，线路基础设施相比其他两条通道好。另外，该通道沿线国家贸易较为繁荣，经济较为发达。

（2）中通道

中部通道经京广和集二等线路由二连浩特出境，经蒙古国向欧洲延伸。该通道需在蒙古国的扎门乌德车站和波兰的马拉舍维奇车站进行两次换装。目前，湘新欧和部分郑新欧班列主要在该通道运行。该通道基础设施设备相对较差，且沿线国家的经济发展水平较低，因此该通道车流量最少。

（3）东通道

东通道经哈大铁路等由满洲里出境，通过独联体区段向欧洲延伸。该通道在俄罗斯的后贝加尔车站和波兰的马拉舍维奇车站进行两次转轨，目前主要有“沈满欧”“长满欧”“哈欧”“苏满欧”等班列在运行。由于该通道的地理纬度较高，因此运行的室外平均气温较低，气候环境相对较差，对运输的货品有一定限制。

中欧班列经过十多年的发展，形成了如下特点：

一是运行规模继续增长。开行量高速增长是中欧班列自开行至今一直维持的基本特点，也是中欧班列能够得到国家和地方政府重视的重要基础。2011年，中欧班列全年开行量仅17列；2018年，班列开

---

① 根据公开的网络资料整理。

② “独立国家联合体”的简称，是苏联解体时由多个其加盟共和国组成的一个地区性组织。可参见百度百科的详解。

行总量突破10 000列；2020年开行量达到12 406列，是2011年的700多倍。在刚刚过去的2022年，中欧班列开行16 000列，货物运输160万标准箱，同比分别增长9%和10%，增速尽管很高，但与过去相比仍有大幅度下降。在开行量增长的同时，中欧班列联通的中外国家和城市同样有望增加。目前，中欧班列联通中国境内108个城市，通达欧洲等地25个国家、208个城市。随着中欧班列运营公司的进一步探索，该网络体系在2023年可能会进一步扩大，将亚欧大陆更多城市纳入其中，从而建立起覆盖范围更广的服务体系。

这里需要提及的是，2022年西部陆海新通道班列发送货物75.6万标箱，同比增长18.5%。中老铁路开通运营一周年累计发送旅客850万人次、运送货物1 120万吨，开行跨境货物列车3 000列，跨境运输货值超130亿元。雅万高铁成果在G20峰会期间成功展示，匈塞铁路塞尔维亚境内贝尔格莱德至诺维萨德段开通运营。对此，国铁集团也表示，将围绕服务推进高水平对外开放，务实推进境外重点铁路建设项目，持续提升中欧班列、西部陆海新通道班列开行质量，不断深化共商规则标准“软联通”、共建基础设施“硬联通”、共享发展成果“心联通”。不难看出，我国铁路货运国际通道的经济价值进一步凸显。

二是海铁联运继续推进。中欧班列开通后的相当长一段时间里，主要以陆地运输为基本方式。随着班列业务的开展和市场的扩大，中欧班列服务模式也呈现出多元化趋势，2023年，中欧班列有望继续维持这一趋势。其中，最主要的变化就是多式联运的发展以及由此带来的服务范围扩张。中欧班列早期海铁联运主要发生在开始端和结尾端：在开始端，借助中国沿海港口体系，将日韩等国接入中欧班列运输体系；在结尾端，借助地中海、西北欧等沿海港口体系，实现货物运输的中继和分流。中欧班列海铁联运服务早期发展的典范之一是希腊比雷埃夫斯港，凭借比邻“海上十字路口”爱琴海，辐射欧洲大陆、中东和非洲的位置优势，比雷埃夫斯港为中欧班列早期的海铁联运提供了经验和示范。

近年来，西部陆海新通道的建设和发展成为中欧班列海铁联运的新增长点。2022年，西部陆海新通道新开通线路已达78条，创造了通道运营5年来的新高，这对破解我国西部地区物流难题、激发西部开放潜能具有重要意义，同时对中欧班列服务模式多元化也是一个强劲推动。

三是境外通道线路增多。2022年中欧班列的最大变化之一，就是境外通道线路的探索和增加。受俄乌冲突影响，中欧班列传统干线遭遇两方面冲击：一是军事冲突截断线路；二是地缘风险危及运行。

在此背景下，通道线路探索也就成为2022年中欧班列最引人关注的变化。特别是中通道、南通道，以及南线的探索和扩大运营，极大改变了中欧班列的线路布局。尽管这种改变并不足以逆转以北线为主的中欧班列线路布局，但对服务中国与欧盟地区的这部分中欧班列线路而言，却是降低俄乌冲突带来的风险、维持班列运营的关键举措之一。

中欧班列还带来了我国与“一带一路”沿线国家和地区经贸往来的提质增效。据海关统计，中欧班列货源品类涵盖了IT产品、整车及零部件、通信设备、服装鞋帽、医药器械等数十个大类，使沿线国家民众享受到了质优价廉的商品。

“一带一路”倡议源于中国，但机会和成果属于世界。中欧班列作为“一带一路”倡议实施的重要内容，始终遵循“共商、共建、共享”的原则，积极探索构建陆上贸易国际新规则，在优势互补中实现互利共赢。

讨论：

（1）分析中欧班列运输的优势。与海运和空运相比较，说明中欧班列对我国贸易通道的影响。

（2）就此案例，中欧班列对于沿线国家有哪些益处？

本章小结

本章主要介绍了运输的基本概念、功能、原理及参与者；介绍了运输合理化的概念及措施。同时介绍了公路、铁路、水路、航空、管道等五种基本运输方式，并讨论了运输方式选择的原则及影响因素。

本章也介绍了物流运输系统的组成，运输系统的类型，以及智能运输系统的概念与组成。还介绍了运输网络优化的内容，如运输网络的类型、运输线路的优化等。

本章最后介绍了智慧交通与智慧物流相结合的车联网的概念、构成和体系结构。

关键概念

运输　运输的原理　运输系统　运输合理化　运输网络　智能运输系统　智慧交通　车联网

思考题

1. 什么是运输？运输有哪些功能？运输的原理是什么？
2. 什么是运输合理化？实现运输合理化的措施有哪些？
3. 运输方式有哪些？各自的特点是什么？如何选择运输方式？
4. 运输系统的构成是怎样的？
5. 什么是智能运输系统？
6. 运输网络的类型有哪些？
7. 如何进行运输网络的优化？
8. 什么是智慧交通和车联网？

第5章 仓储与库存管理

学习目标

掌握仓储的基本概念、功能、分类；掌握库存及库存管理的基本概念、分类及功能；了解仓库总体结构及其布局上的要求，了解仓库布局的技术方法；了解库存管理的补货策略，学习并掌握定量订货法和定期订货法；理解VMI、JMI等库存管理方法。

5.1 仓储管理概述

商品在流通领域中的停滞过程，就是商品储存。如果说运输创造产品的“空间价值”，那么商品储存则能创造产品的“时间价值”。储存处于生产和消费两大活动之间，在物流中发挥着“蓄水池”作用，所以有必要搞好企业的仓储管理。

5.1.1 仓储的概念及功能

1.仓储的概念

仓储主要是对流通中的商品进行储存，并加以检验、保管、加工、集散和转换运输方式，以解决供需之间和不同运输方式之间的矛盾；提供场所价值和时间效益，使商品的所有权和使用价值得到保护，加速商品流转，提高物流效率和质量，促进社会效益的提高。

仓储是仓库储存和保管的简称，主要是利用仓库储存未及时使用的物品的经济活动，即仓储是在特定的场所储存物品的经济行为。仓储活动主要包括储存和保管，而储存与保管是两个既有区别又有联系的概念。

储存，是指物品在从生产地向消费地的转移过程中，在一定地点、一定场所、一定时间的停滞。储存是物流的一种运动状态，是物品流转过程中的一种作业方式。它包括对物品的检验、保管、流通加工、集散、转换运输方式等多种作业。物品的储存不一定在仓库中进行，也有可能在流动的汽车上进行。在储存过程中，由于物品本身的自然属性及外界因素的影响，随时会发生各种各样的变化，从而降低物品的使用价值甚至使其丧失使用价值。

保管，就是研究物品性质以及物品在储存期间的质量变化规律，积极采取各种有效措施，创造适宜物品储存的条件，维护物品在储存期间的安全，保证其质量，以最大限度地降低物品的损耗。因此，保管是储存的继续，其主要目的在于防止外部环境对所储存物品的侵害，保持物品的性能完好无损。

2.仓储的功能

概括起来，仓储的功能可以分为如下几个方面：

（1）调节功能。仓储在物流中起着“蓄水池”的作用。

一方面，仓储可以调节生产与消费的关系，如销售与消费的关系，使它们在时间和空间上得到协调，保证社会再生产的顺利进行。比如，有些企业的生产极具季节性，生产集中，但需求是连续不断的，而且比较稳定，如果这些产品生产出来即时推向市场销售，必然造成市场短期内的产品供给远远大于需求，使产品价格大幅降低，甚至无法消费而被废弃。因此，必须通过产品的仓储，均衡地向市场供给，才能稳定市场，有利于生产的持续。又如，生产水果罐头的工厂必须在作物的非生长季节储存一定原料以备生产。还有些企业的产品需求极具季节性（如空调、月饼等），但生产是稳定的，因为只有稳定生产才能使生产成本最低，这就需要仓储来储备足够的产品以应对相对较短的热销季节。

另一方面，仓储可以实现对运输的调节。产品从生产地向销售地流转，主要依靠运输来完成，但不同的运输方式在运向、运程、运量及运输线路和运输时间上都存在差距，一种运输方式一般不能直达目的地，需要在中途改变运输方式、运输线路、运输规模、运输方法和运输工具，还需要协调运输时间和进行产品的倒装、转运、分装、集装等物流作业，这些都需要仓储来完成。

（2）检验功能。在物流过程中，为了保障商品的数量和质量不发生改变，分清责任事故，维护各方面的经济利益，必须对商品及有关事项进行合格检验，以满足生产、运输、销售以及用户的要求，仓储为组织检验提供了场地和条件。

（3）集散功能。仓储就是把生产单位的产品汇集起来，形成规模，然后根据需要分散发送到消费地去。通过一集一散，衔接产需，均衡运输，提高物流速度。仓库集散作业如图5-1所示。

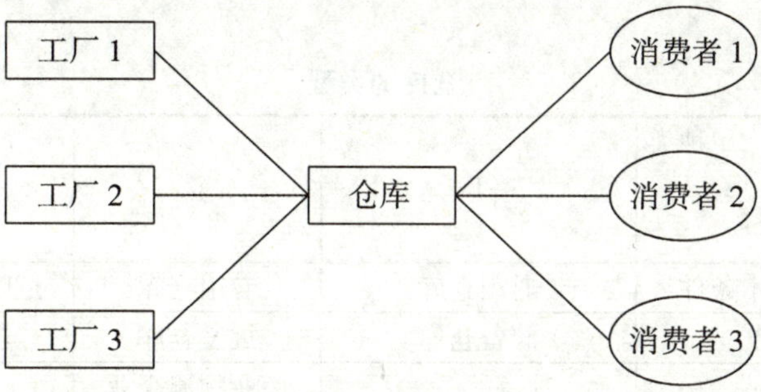

图5-1 仓库集散作业

(4) 配送功能。仓储根据用户的需要，对商品进行分拣、组配、包装和配发等作业，并将配好的商品送货上门。配送功能是储存保管功能的外延，提高了储存在社会服务方面的效能，确保储存商品的安全，最大限度地保持商品在储存中的使用价值，减少保管损失。仓库分拣作业和仓库组配作业如图5-2、图5-3所示。

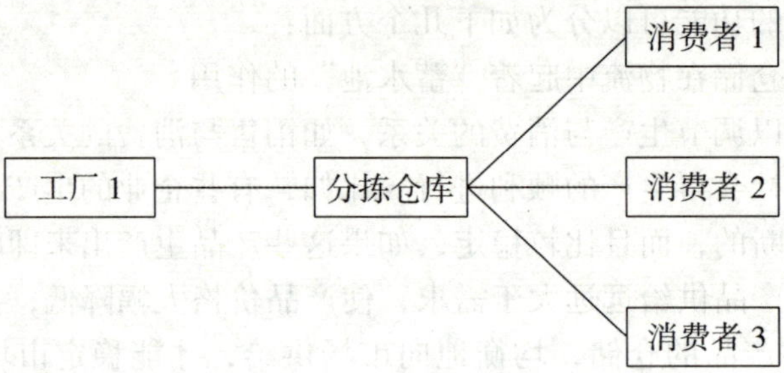

图5-2　仓库分拣作业

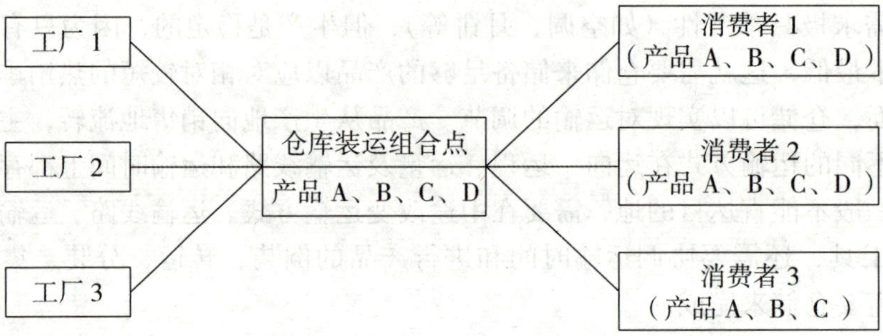

图5-3　仓库组配作业

5.1.2　仓库的分类

商业仓库的设置要根据各种商品储存条件的不同要求、与商品购销部门的联系程度，以及地理条件、投资规模的大小等因素来决定。目前，我国的仓库从不同的角度有不同的分类（见表5-1）。

表5-1　仓库的类型

种类 分类标准	Ⅰ	Ⅱ	Ⅲ	Ⅳ
储存商品的性能和技术条件	通用仓库	专用仓库	危险品仓库	
仓库的主要职能	储备仓库	批发仓库	零售仓库	中转仓库
仓库的隶属关系	商业企业附属仓库	商业物流企业所属仓库		

1.按储存商品的性能和技术条件分类

(1)通用仓库。通用仓库又称普通仓库、综合仓库，适用于不需要特殊保管条件的商品，如一般日用工业品，根据商品性能一致、护养措施一致的原则，对商品进行分区分类管理。这类仓库不需要特殊的技术装备，在我国商业仓库中所占的比重较大。

(2)专用仓库。专用仓库是一种配有特殊设施以满足某种特殊需求的仓库。它适用于有特殊储存要求的商品，如食糖、果品、粮食、药材、禽畜等，这些商品容易溶化、霉变、腐烂，且数量较大，需要单独储存，还有一些需要冷藏、冷冻、保温等的商品，也需要专用仓库进行储存。

(3)危险品仓库。危险品仓库是一种配置有特殊装备和相应消防手段的专用仓库。危险品具有易燃、易爆、有毒、腐蚀性或放射性等特性，严禁与一般商品混放。危险品仓库的主要任务就是要确保各类危险品的储存安全。

2.按仓库的主要职能分类

(1)储备仓库。储备仓库主要用于储存常年生产、季节消费，或季节生产、常年消费的商品。这类仓库可以设在商品流转过程的起点（如集货点），也可以设在商品流转过程的终点（如配送中心)。储备仓库对商品的养护要求较高。

(2)批发仓库。批发仓库主要储存商业批发部门收购进来的商品，然后向零售商店或其他商业批发部门陆续供应。根据需求单位的要求，批发仓库一般需要进行商品的续配、拆零、分装、改装等业务。这类仓库的业务特点是单批商品数量小、批次多、吞吐频率高，大多设在消费地。

(3)零售仓库。零售仓库主要用于零售商店的短期存货。零售部门从批发部门进货后，一般要进行必要的拆包、检验、分类、分级或进行分装、改装及加工。这类仓库一般附设在零售商店内，规模大的零售商店可以在其附近专设零售仓库。超级市场和大型零售商也有建立保证日常供货的配送中心的需求。

(4)中转仓库。中转仓库主要是解决商品在运输途中，由于转换运输工具或转换运输方式而产生的暂时停留的需要。这类仓库一般都设在车站、码头附近。也有一部分中转仓库与当地物流部门所属仓库结合在一起使用。

3.按仓库的隶属关系分类

(1)商业企业附属仓库。这类仓库由商业部门的批发企业和零售企业直接管理，能够密切配合购销，有利于商业企业开展业务活动。由于这类仓库由一个商业企业独家使用，因而不利于充分发挥仓库的利用效率。

(2)商业物流企业所属仓库。这类仓库为多个商业批发企业和零售企业提供储存商品服务，是商业部门集中管理仓库的一种形式。由于统一使用仓容，仓库的利用率较高。

5.1.3 仓储管理的内容

仓储管理是指对仓储及相关作业进行的计划、组织、协调与控制。这种对仓库和仓库中储存的物资的管理，是随着储存物资的品种多样化和仓库设计结构、技术设备的科学化而不断变化发展的。仓储管理的手段既有经济的也有技术的。

仓储管理的内容具体包括以下方面：

（1）仓库的选址与建筑问题。它包括仓库的选址原则，仓库的建筑格局、面积的确定，仓库内部运输道路与作业流程的布置等。合理规划并有效利用各种仓储设施，可以不断扩大仓储储存能力，提高作业效率。

（2）仓库的业务管理问题。简单地说，仓储业务作业是指以保管活动为中心，从仓库接收商品入库开始，到按要求把商品全部完好地发运出去为止的过程，如图5–4所示。仓库的业务管理包括如何组织物资入库前的验收、如何存放入库物资、如何对物资进行有效保养，以及如何出库等。做好仓储物资的验收、发运以及保管工作，可以保证企业生产获得及时齐备、准确完好的物资供应。

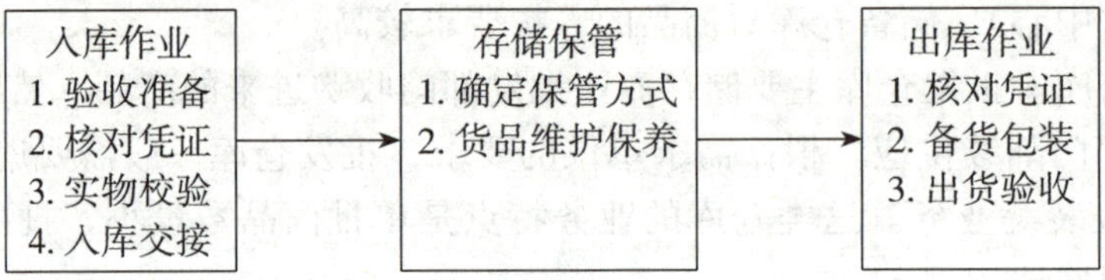

图5–4 仓库业务作业管理

（3）仓库的库存管理问题。过多的材料储备会占用大量的流动资金，而且会增加保管储存费用，所以，仓储管理必须对各项物资的储备量予以正确的规划，以保证其合理的储存数量。因此，合理储备材料是仓储管理的重要内容之一。

5.2 库存管理概述

5.2.1 库存的含义

库存是指处于储存状态的物品或商品。库存与保管概念的差别在于前者是从物流管理的角度出发强调合理化和经济性，后者是从物流作业的角度出发强调效率。

库存具有整合需求和供给、维持各项活动顺畅进行的功能。在顾客订货后要求收到货物的时间（交纳周期）比企业从采购材料、生产加工到运送货物至顾客手中的时间（供应链周期）短的情况下，为了填补这个时间差，就必须预先存储一定数量的该商品。例如，某零售商直接向生产厂家订购一定数量的商品并要求第二天到货，而生产厂家生产该商品需要花6天时间，运送需要花1天时间，如果生产厂家预先生产一定数量的这种商品并储存在物流仓库中，就可立即满足顾客的要求，避免发生缺货或延期交货的现象。

一般来说，企业在销售阶段，为了能及时满足顾客的要求，避免发生缺货或延期交货现象，需要有一定的成品库存。在采购生产阶段，为了保证生产过程的平准化和连续性，需要有一定的原材料、零部件的库存。而库存商品要占用资金，发生库存费用，并存在因库存积压而产生损失的可能。因此，既要防止缺货、避免库存不足，又要防止库存过量，避免发生大量不必要的库存费用。

5.2.2 库存的分类

1.按存放地点分类

库存按其存放地点可分为存货库存、在途库存、委托加工库存和委托代销库存四类。

（1）存货库存，是指已经运到企业，并已经验收入库的各种材料和商品，以及已验收入库的半成品和制成品库存。

（2）在途库存，包括运入在途库存和运出在途库存。运入在途库存是货款已经支付或虽未付货款但已取得所有权，正在运输途中的各种外购库存。运出在途库存是指按照合同规定已经发出或送出，但尚未转移所有权，也未确认销售收入的库存。

（3）委托加工库存，是指企业已经委托外单位加工，但尚未加工完成的各种库存。

（4）委托代销库存，是指企业已经委托外单位代销，但按合同规定尚未办理代销货款结算的库存。

2.从生产过程的角度分类

从生产过程的角度分类，库存可以分为原材料库存、零部件及半成品库存、成品库存。

3.从经营过程的角度分类

从经营过程的角度可将库存分为以下七种类型：

（1）经常库存。这是指企业在正常的经营环境下为满足日常的需要而建立的库存。这种库存随着每日的需要不断减少，当库存降低到某一水平时（如订货点），就要进行订货来补充库存，这种库存补充是按一定的规则反复进行的。

（2）安全库存。这是指为了防止不确定性因素（如大量突发性订货、交货期突然延期等）而准备的缓冲库存。

（3）生产加工和运输过程库存。生产加工库存是指处于加工状态以及为了生产的需要暂时处于储存状态的零部件、半成品或制成品库存。运输过程库存是指处于运输状态或为了运输的目的而暂时处于储存状态的库存。

（4）季节性库存。这是指为了满足特定季节中出现的特定需要（如夏天对空调的需要）而建立的库存，或指为季节性出产的原材料（如大米、棉花、水果等农产品）在产出的季节大量收购所建立的库存。

（5）促销库存。这是指为了应对企业的促销活动产生的预期销售增加而建立的库存。

（6）投机库存。这是指为了避免因货物价格上涨造成损失或为了从商品价格上涨中获利而建立的库存。

（7）沉淀库存或积压库存。这是指因物品品质变坏不再有效用的库存或因没有市场销路而卖不出去的商品库存。

5.2.3 库存的成本

库存管理的重点之一是控制库存成本，同时确定库存相关成本也是库存决策的起点。库存成本包括订购成本、库存维持成本和缺货成本。

1. 订购成本

订购成本包括：

（1）订购手续成本，如订购所花的人工费用、办公用品费用、主管及有关部门的审查费用等。

（2）采购成本，包括估价、询价、比价、议价、采购、通信联络、事务用品等费用。

（3）进货验收成本，包括检验人员的人工费用、交通费用、检验仪器仪表费用等。

（4）进库成本，主要指物料搬运所花费的成本。

（5）其他成本，如会计入账支付款项等所花费的成本等。

2. 库存维持成本

库存维持成本包括：

（1）资金成本，指因库存占用资金所引起的该部分资金的报酬率损失。

（2）搬运成本。库存数量增加，则搬运和装卸的机会增加，搬运工人和搬运设备同样也增加，其搬运成本一样增加。

（3）仓储成本，指仓库的租赁及仓库管理、盘点、维护设施（如安保、消防等）的费用。

（4）折旧及陈腐成本。物品长期库存容易引发品质变异、破损、报废、价值下跌、呆滞料的出现等，因而所需费用就会加大。

（5）其他成本，如库存的保险费用、其他管理费用等。

3. 缺货成本

缺货成本，是指库存短缺影响生产进度所导致的成本，如停工待料、有了物料后的加班、计划变动、信誉损失、延迟订货等导致的成本增加及销售损失等。

5.2.4 库存管理的含义及功能

库存管理是物流管理的核心，库存管理之所以重要，首先是因为库存领域的成本是物流成本的重要组成部分，降低库存成本存在广阔的空间；其次是因为在满足顾客要求的前提下，需要通过有效的库存管理保持适当的库存量；同时，通过有效的库存管理还能有效规避库存带来的一系列风险。

1. 库存管理的含义

库存管理是指在保障供应的前提下，以库存物品的数量最少和周转最快为目标所进行的计划、组织、协调和控制。库存管理是对在库物资种类及存量的管理和控制，它只考虑其合理性、经济性与最优性，而不考虑存货的保管与储藏以及如何运输。

库存管理的总目标是在库存成本的合理范围内达到满意的客户服务水平。为达到该目标，应尽量使库存保持平衡。实施库存管理要基于两点考虑：一是客户服务水平，也就是说在正确的地点、正确的时间，有足够数量的合适商品；二是订货成本与库存持有成本的水平。

库存管理不善会导致库存不足或过剩。库存不足将错过销售机会、失去销售额，使顾客不满，产生生产瓶颈；库存过剩则不必要地占用了可以流动的资金。目前，很多企业发现附着在过剩库存上的价值令人吃惊，已经考虑通过有效的库存管理减少库存。

2. 库存管理的功能

一般来说，库存管理的功能主要有：

（1）防止缺货，缩短从接受订单到送达货物的时间，以保证优质服务，同时又要防止脱销。

（2）保证适当的库存量，节约库存费用。

（3）用适当的时间间隔补充与需求量相适应的合理的货物量以降低物流成本，消除或避免销售波动的影响。

（4）保证生产的计划性、平稳性以消除或避免销售波动的影响。

（5）展示功能。

（6）储备功能，即在价格下降时大量储存，减少损失，以应不时之需。

5.2.5 库存管理的类型

库存管理有很多分类方法，可以按库存决策的重复性、供应的来源、对未来需求量的知晓度、对前置时间的知晓度以及库存系统的类型等来划分。

1.按库存决策的重复性划分

按库存决策的重复性划分，其可分为一次性订货和重复性订货。存货决策的重复性是就订货的频率而言的。一次性订货（又称单周期订货）是指货物一次订齐，在通常情况下不再重复订货。一次性订货的例子有建造房屋用的建筑材料、圣诞树和某些农产品的季节性订货等。重复性订货（又称周期订货）是指一次又一次地订购同一种货物。消费掉的存货或零件均要不断补充和重新订购。超级市场和百货公司的货物多半属于这种类型（不过百货公司中的高档商品常常是一次性订货的）。

2.按供应的来源划分

按供应的来源划分，其可分为内部供应和外部供应两类。内部供应是指公司本身生产这种物品。这实质上是公司内一个部门向另外一个部门提出订货。这类由公司内部提供物品的存货问题要注意和生产计划相协调。外部供应是指向另外一家公司订货。订购由外部供应的物品时，要将购货订单送给供应商。组织内部生产的物品可利用加工订单来得到。

3.按对未来需求量的知晓度划分

存货问题也根据对未来需求量的知晓度来划分。我们通常假定需求量分布的特点是在整个期间内需求量不变，但在整个期间内需求量也可能遵循非标准型的经验分布。因此，按对未来需求量的知晓度划分，存货问题可分为确定型、风险型和不确定型。

当确切知道未来的需求量时，存货问题属于确定型。但即使在确定型的情况下，考虑到浪费、损坏、报废甚至被窃等损耗，存货也常常需要留有余量。

假如知道未来需求量的概率分布，这时存货问题属于风险型，可以从需求量的历史资料中得到有关信息。

不确定型是指未来的需求没有一个确定的量。新投产的产品的存货问题就属于不确定型存货问题。

4.按对前置时间的知晓度划分

存货问题还可以按对前置时间的知晓度来划分。前置时间可以是不变的也可以是可变的。如属于后者，则前置时间的分布可根据经验或通过精确测定来确定。

5.按库存系统的类型划分

存货问题还可按照库存系统的类型来划分。有许多不同的库存系统，其中最常见的有连续库存系统、周期库存系统、物料需求计划库存系统和准时生产系统。连续库存系统是指每当存货余额降至订货点时就进行订货，全部库存业务都有记录。这种库存系统之所以被称为“连续库存系统”，就是因为不断更新库存记录，以揭示库存现状和历史实绩。周期库存系统是按一定的时间周期进行订货，补充存货的决策只能在检查库存状况时做出，通常决策者在检查期以外的其他时间并不了解系统的状况。物料需求计划（MRP）库存系统订购的存货仅满足已预先计划的生产需求。准时生产系统（JIT）订购的存货只是在需要时才订货及运达。

5.3 库存控制

库存控制是使库存物品的种类、数量、时间、地点等合理化所进行的管理活动。库存控制是仓储管理的一个重要组成部分，它是在满足顾客服务要求的前提下通过对企业的库存水平进行控制，力求尽可能降低库存水平、提高物流系统的效率，以提高企业的市场竞争力。

5.3.1 库存控制的关键问题

1. 确定订货点

所谓订货点，是指当库存量降至某一数量时，立即发出订货请求的点或界限。订货点的确定至关重要，如果订货点抓得过早，将使库存增加，会相对增加货物的库存成本；如果订货点抓得太晚，则有可能因为库存得不到及时补充而影响对客户交货。

2. 确定订货量

订货量是指库存量达到订货点时需要补充的数量，按此数量订购，方能达到在最高库存量与最低库存量之间保持适度水平的要求。订货量太多，会增加库存成本；订货量太少，则会造成缺货。

3. 确定库存基准

库存基准包括最低库存量和最高库存量。

（1）最低库存量

最低库存量是指管理者在衡量企业本身特性、需求后所制定的商品或原材料的库存数量应该维持的最低界限。最低库存量又包括理想最低库存量和实际最低库存量。

为了防止缺货、停产，企业需要维持一个临界库存，这个临界点就是商品或原材料的库存数量的最低界限，即理想最低库存量。

实际最低库存量是安全库存量与理想最低库存量的总和。安全库存量是在理想最低库存量之外再设定的，目的是防止供应不及时发生缺货。

（2）最高库存量

为了防止库存过多，占用有限的仓库空间，各种货品均应限定其可能的最高库存水平，也就是货品库存数量的最高界限，一旦达到这个界限，就应该立即停止订货或将该货品尽快出库。

5.3.2 库存控制策略

为了有效地管理库存，管理者需要对库存管理的基本问题（何时订货以及订多少货）进行决策。库存控制策略一般分为两类：持续库存控制策略和周期性库存控制策略。

1.持续库存控制策略

持续库存控制策略又称定量订货法，在这种策略中，每天都要检查库存，当库存达到特定水平或者订货点时就要下达订单。当库存可以持续检查的时候，如采用计算机库存系统时，这种库存策略效果最优。常用的持续库存控制策略有（Q，R）和（R，S）策略。

（1）（Q，R）策略

（Q，R）策略是指连续性检查的固定订货量、固定订货点策略。该策略的基本思想是：对库存进行连续检查，当库存降低到订货点水平R时，即发出一个订货，每次的订货量保持不变，都为固定值Q。该策略适用于需求量大、缺货费用较高、需求波动性较大的情况。

（2）（R，S）策略

（R，S）策略是指连续性检查的固定订货点、最大库存策略。该策略与（Q，R）策略一样，都是连续性检查类型的策略，也就是要随时检查库存状态，当发现库存降低到订货点水平R时，发出订货，订货后使最大库存保持不变，即为常量S，若发出订单时库存量为I，则其订货量即为（S-I）。该策略与（Q，R）策略的不同之处在于，其订货量是按实际库存确定的，因而订货量是可变的。

2.周期性库存控制策略

周期性库存控制策略又称定期检查策略。在这种策略下，每过一段固定的时间间隔就要检查库存水平，每次检查以后确定合适的订购数量。当频繁地检查库存和下达订单不可行或不便利的时候，这种订货策略比较有利。常用的周期性库存控制策略有（T，S）策略。

（T，S）策略是每隔一定时期T检查一次库存，并发出一次订货，把现有库存补充到最大库存水平S，如果检查时库存量为I，则订货量为S-I。如此周期性检查库存，不断补给。该策略不设订货点，只设固定检查周期T和最大库存量S。该策略适用于一些不很重要的或使用量不大的物资的库存管理。

5.3.3 定量订货法

1.定量订货法原理

定量订货法，是指当库存量下降到预定的库存数量（订货点）时，立即按一定的订货批量进行订货的一种方式。定量订货法又称连续订货法、订货点控制、固定订货量系统。这种库存控制方法必须连续不断地检查库存物品的库存数量，所以有时又称连续库存检查控制法。

在定量订货法中，当库存降到某一水平时就发出订货信息，这个发出订货时的库存水平称为订货点。

订货点不能定得太高，如果太高，库存量过大，占用资金就大，会导致库存费用上升，成本增加；同样，订货点也不能定得过低，如果过低，则可能导致缺货，一方面提高了缺货成本，另一方面导致对客户的服务水平下降。

（1）影响订货点确定的主要因素

①需求速率。需求速率就是货物需求的速率，用单位时间内的需求量d_p来描述。显然，需求速率越高，订货点也越高。

②订货提前期。订货提前期是指从发出采购订单开始到收到货物为止所需要的时间长度，以T_K表示，T_K值的大小取决于路途的远近和运输工具速度的快慢。

③安全库存。安全库存是指为了防止货物发生短缺而设置的库存，以Q_S表示。

（2）订货点的确定

订货点的确定方法要根据不同的情况来分析：

①在客户需求速率和订货提前期都稳定不变的情况下，不需要设置安全库存，即$Q_S=0$。此时：

订货点=订货提前期×需求速率

即：

$$R=T_K\times d_p$$

②在客户需求速率或订货提前期不为常量或不确定的情况下，需要设立安全库存，利用安全库存来实现希望的服务水平并避免缺货。此时：

订货点=订货提前期×需求速率+安全库存

即：

$$R=T_K\times d_p+Q_S$$

2.经济订货批量的确定

所谓订货批量，就是每一次订货的数量。订货批量的大小，不仅直接影响库存量和库存成本的高低，而且会影响货物供应的满足程度。因此，订货批量要合理。

订货批量大小的主要影响因素有两个：

一是需求速率。需求速率越高，订货批量就越大。

二是经营费用。经营费用的高低，对订货批量有影响，经营费用低，订货批量可能就大，反之，订货批量就小。

在定量订货中，对每一个具体的品种而言，每次订货批量都是相同的，所以对每个品种都要确定一个订货批量，通常是以经济订货批量作为订货批量。

经济订货批量（economic order quantity，EOQ）的原理是平衡订货成本、存储成本，寻求使包含采购成本、订货成本、存储成本在内的总库存成本最低的订货批量。

下面介绍在定量订货法中常见的几种库存模型：

（1）不允许缺货、瞬时到货的定量订货模型

该模型的假设条件有：

①库存需求速率是固定的，且在整个时间段内保持一致。

②订货提前期是固定的。

③单位产品的价格是固定的。

④存储成本以平均库存为计算依据。

⑤订购成本或生产准备成本固定。

⑥不允许发生缺货。

⑦所订产品瞬时到货。

该模型可以用图5-5来表示。

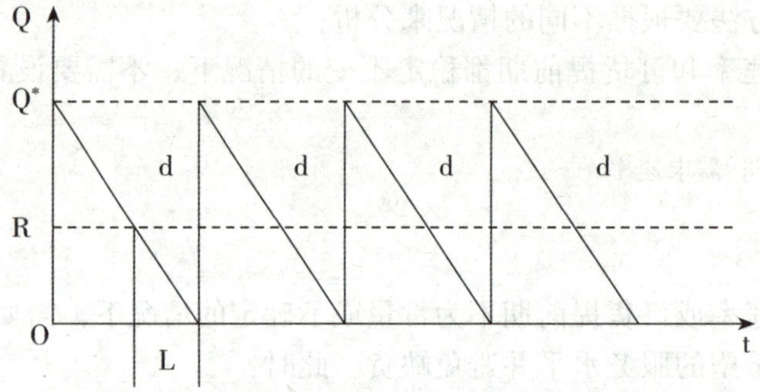

图5-5　不允许缺货、瞬时到货的定量订货模型

在图5-5中，R表示订货点，d表示产品的需求速率，Q^*表示经济订货批量。

①确定成本公式。

年总成本=年采购成本+年订购成本+年储存成本

即：

$$TC=DC+\frac{D}{Q}S+\frac{Q}{2}H$$

式中：D——年需求量；

C——单位产品的成本（即产品的价格）；

Q——每次的订购批量（最佳订货批量即经济订货批量用Q^*表示）；

S——每次的生产准备成本或订购成本；

H——单位产品的年平均储存成本；

TC——年总成本；

DC——年采购成本；

$\frac{D}{Q}S$——年订购成本；

$\frac{Q}{2}H$——年储存成本。

②确定经济订货批量Q^*。

$$TC=DC+\frac{D}{Q}S+\frac{Q}{2}H$$

等式两端对Q求导数：

$$\frac{dTC}{dQ}=0+\left(-\frac{DS}{Q^2}\right)+\frac{H}{2}=0$$

经济订货批量：

$$Q^*=\sqrt{\frac{2DS}{H}}$$

由于该模型假设产品的需求速率和订货提前期是固定的，而且所订产品瞬时到货，因此，不需要安全库存，其订货点为：R=dL。

（2）不允许缺货、持续到货的定量订货模型

在实际工作中，上面所述的不允许缺货、瞬时到货的定量订货模型往往并不存在。在许多情况下，所订购的产品并不是一次完成到货的，而是断断续续到货的。该模型的假设条件，除包含上述模型的条件之外，还需要“每次进货持续一段时间”这一假设条件。

在图5-6中，p表示产品的进货速率，d表示产品的消耗速率，R表示订货点，Q^*表示经济订货批量。据此可以得到如下公式：

$$TC=DC+\frac{D}{Q}S+\frac{QH}{2}\frac{(p-d)}{p}$$

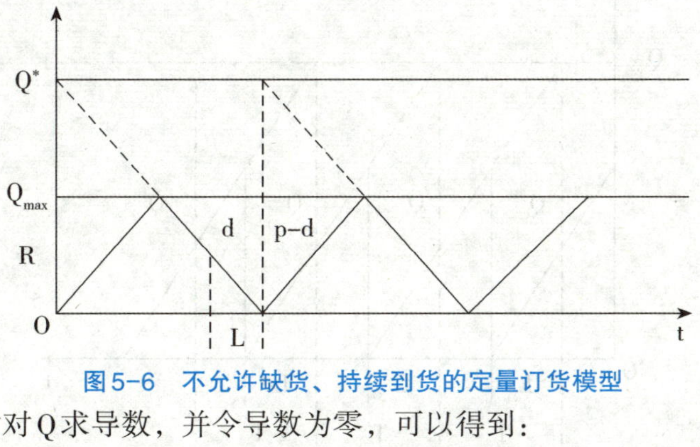

图5-6 不允许缺货、持续到货的定量订货模型

等式两端同时对Q求导数，并令导数为零，可以得到：

$$Q^*=\sqrt{\frac{2DS}{H}\times\frac{p}{(p-d)}}$$

3.定量订货法的特点

（1）订购量不变。定量订货法每次的订购量是相同的，即Q是固定的。这样操作较简单并可以降低成本。

（2）库存量较低。定量订货法的平均库存量较低，因此定量订货法适用于贵重物资的库存，可以对企业潜在的缺货做出更快的反应。

（3）连续记录。由于要随时掌握库存和控制存货，每次补充库存或物资出库都要进行记录，因此维持定量订货模型所需要的时间更长。同时，订货时间又不能预先确定，不灵活且要占用一定的人力和物力。

5.3.4 定期订货法

定期订货法，又称定期盘点法订购，是按预先确定的订货间隔期进行订货的一种方式，即每隔一段时间即进行订购，订购时间固定，每次订购量不定。该方法的关键在于确定一个订货周期T和一个最高库存量Q，这个订购周期就是控制库存的订货时机，最高库存量就是控制库存的一个给定库存水平。每隔一个周期T，就检查库存并发起订购，订购量的大小，就是最高库存量与当时的实际库存量之差。

1.订货周期和最高库存量的确定

（1）确定性定期订货模型

在确定性定期订货模型中，产品的需求速率是固定不变的，订货提前期也是固定不变的，该模型的其他假设条件也与不允许缺货、瞬时到货的定量订货模型一致。确定性定期订货模型如图5-7所示。

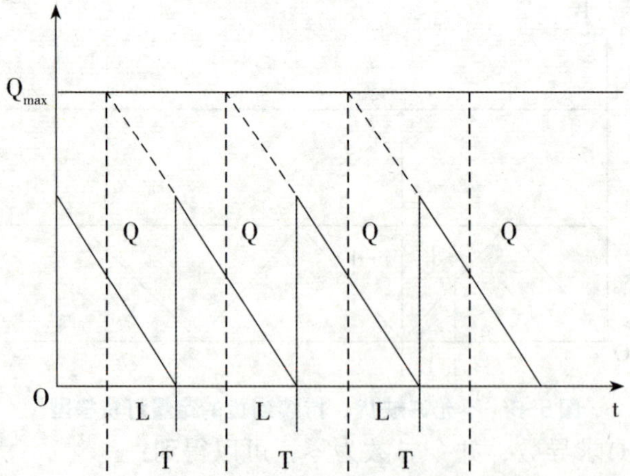

图5-7 确定性定期订货模型

在该模型中，订货周期为T（单位为年），每次订货的提前期为L（单位为年），每次订货量为Q（Q实际上也是一个订货周期的需求量），最高库存量为Q_{max}，产品需求速率为d（单位为件/年），且有Q_{max}=（L+T）d。由于产品的需求速率和订货提前期是固定不变的，因此不需要设立安全库存。

①确定成本。

年总成本=年采购成本+年订购成本+年储存成本

在该模型中：年需求量为D，因此，年采购成本为DC；订货周期为T（单位为年），年订货次数为$m=\frac{1}{T}$，

因此：

$$年订购成本=mS=\frac{1}{T}S$$

在每一个周期T中，产品平均库存量为$\frac{Q}{2}$（Q为每周期的订货量，也是每周期的需求量），且有$D=mQ=\frac{Q}{T}$，故每一个周期的储存成本为$\frac{DT}{2}H$，因此：

$$年储存成本=\frac{Q}{2}H=\frac{DT}{2}H$$

式中：D——年需求量；

C——单位产品的成本（即产品的价格）；

Q——每次的订购批量；

S——每次的生产准备成本；

H——单位产品的年平均储存成本。

因此：

$$年总成本\ TC=DC+\frac{1}{T}S+\frac{DT}{2}H$$

②确定经济订货周期。

将上面等式两端对T求导并令导数为零，可得：

$$\frac{d(TC)}{dT}=-ST^{-2}+\frac{D}{2}H$$

$$经济订货周期\ T^{*}=\sqrt{\frac{2S}{DH}}$$

③确定最高库存量。

最高库存量为Q_{max}=（L+T）d，由于产品需求速率d的单位为“件/年”，则实际上d为D，因此最高库存量为：

$$Q_{max}=(L+T)D$$

若订货周期T和订货提前期L的单位为日，一年有N个工作日，则需要将T和L的单

位先转化成年，此时最高库存量为：

$$Q_{max}=\frac{L+T}{N}D$$

④确定安全库存。

由于产品的需求速率和订货提前期固定不变，因此不需要设立安全库存。

$Q_S=0$

（2）不确定性定期订货模型

对于不确定性定期订货模型，产品的需求速率和订货提前期是不断变化的，因此，每次订货的订货批量可能不同，订货周期也只能根据具体的情况来定。一般来说，也可以近似用上述经济订货周期公式 $T^*=\sqrt{\frac{2S}{DH}}$ 来确定其订货周期。

如前所述，定期订货法的最高库存量是为了满足订货周期和订货提前期的总需求量，如果考虑用户需求的不稳定性，则还需要设置安全库存 Q_S，此时：

$$Q_{max}=Q_S+(T+L)d$$

式中：L——平均订货提前期；

d——平均需求速率。

2. 定期订货法的特点

（1）订购批量不断变化

一般来说，定期订货法的订购批量是不断变化的。不同时期的订购批量不尽相同，订购量的大小取决于各个时期产品的需求量。由于每次订购量不同，其运作成本相对较高。

（2）周期末盘点

定期订货法只在订货周期到来时进行产品的盘点，因此必须维持较高的库存量，防止在下次订货周期开始之前出现缺货现象。

（3）工作量小

定期订货法只在订货周期到来时进行产品的盘点，工作量相对较小。

（4）安全库存量高

定期订货法的安全库存量比定量订货法要高。

3. 定量订货法和定期订货法的区别

定量订货法是在库存量达到规定的订货点后进行订货，这有可能随时发生，主要取决于产品的需求情况；定期订货法只限于在预定的订货周期到来时进行订货。两种方法的区别见表5-2。

表5-2 定量订货法和定期订货法的区别

特征	定量订货法	定期订货法
订货量	Q固定	Q不断变化
订货时间	在库存量降到订货点R时	在订货周期T到来时
库存记录	每次出入库都记录，连续跟踪	在订货周期T到来时进行盘点
库存大小	小	大
持续所需时间	时间长	时间短
适用范围	占用资金多的、品种数少的物品	占用资金少的、品种数多的物品

5.4 先进的库存管理方法

5.4.1 供应商库存管理（VMI）

1. VMI的概念

《物流术语》（GB/T 18354—2021）中对供应商库存管理（vendor-managed inventory，VMI）的定义是：按照双方达成的协议，由供应链的上游企业根据下游企业的需求计划、销售信息和库存量，主动对下游企业的库存进行管理和控制的库存管理方式。具体来说，该策略体现为由生产厂家等上游企业对零售商等下游企业的流通库存进行管理和控制，生产厂家根据零售商的信息如销售情况等，判断零售商的库存是否需要补充，如果需要补充，则自动向本企业的物流中心发出发货指令，补充零售商的库存。作为一种全新的库存管理思想，VMI在分销链中的作用尤为重要，越来越受到重视。

2. VMI的基本思想

实施VMI策略，首先要改变订单的处理方式，建立基于标准的订单处理模式，供应商和用户一起确定供应商在订单业务处理过程中所需要的信息和库存控制参数，然后建立一种订单的处理标准模式，如EDI标准报文，最后把订货、交货和票据处理各个业务功能集成到供应商一边。

VMI的主要思想是供应商在用户的允许下设立库存，确定库存水平和补给策略，行使对库存的控制权。精心设计与开发的VMI系统，不仅可以降低供应链的库存水平，而且可以使用户获得额外的高水平的服务，改善资金流，与供应商共享需求变化的透明性和获得更多的用户信任。但VMI最直接的效益是整合制造和配送流程。将预测与补货纳入商品供应策略后，交易伙伴可以共同决定如何适时、适量地将商品送达客户手中。例如，可以由制造工厂直接配送至客户的配送中心，或由工厂直接配送至零售点，或经由工厂配送至行销中心等。

3. VMI系统的构成

VMI系统可分为两个模块：一个是需求计划预测模块，可以形成准确的需求预测；另一个是配送计划模块，可根据实际客户订单、运送方式，形成客户满意度高及成本低的配送。

（1）需求计划预测模块

需求计划预测模块的主要目的是协助供应商做出库存管理决策，进行准确预测，让供应商明确销售何种商品、商品销售给谁、以何种价格销售、何时销售等。

预测所需的参考要素包括：

①客户订货历史资料，也就是客户平时的订货资料，可以作为未来的预测需求。

②非客户历史资料，即市场情报，如促销活动资料等。

需求预测程序如下：

①供应商收到用户最近的产品活动资料，紧接着使用VMI做需求历史分析。

②使用统计分析方法，以客户的平均历史需求、客户的需求动向、客户需求的周期为依据，来考虑确定最初的预测模式。

③由统计工具模拟不同的条件（如促销活动、市场动向、广告、价格异动等），形成调整后的预测需求。

（2）配送计划模块

配送计划模块最主要的功能是有效地管理库存量，利用VMI可以比较库存计划和实际库存量，并得知目前库存量尚能维持多久。由此所产生的补货计划是依据需求预测模块得到的需求预测，与用户约定的补货规则（如最小订货量、配送提前期、安全库存）、配送规则等，至于补货订单方面，VMI可以自动产生最符合经济效益的建议配送策略（如运送量、运输工具的承载量）及配送进度。

4. VMI的实施

（1）VMI实施的前提

①正确选择合作伙伴。这是最关键的一步：一方面，一些企业对VMI流程不了解，怀疑它的运作能力；另一方面，企业之间理念的差异较大，这时选择合作伙伴是关键。只有双方对VMI都感兴趣，并且对管理，尤其是对生产和库存管理的认识基本一致，才能就建立VMI的控制策略和方式达成一致。同时，在实施该策略时，相互信任与信息透明也是很重要的，供应商和用户（零售商）都要具有合作精神，才能相互保持较好的

合作。

②合理的成本与风险分担。成本直接关系到各自的利润，VMI不是解决关于成本如何分配或由谁来支付的问题，而是通过该策略的实施减少整个供应链上的库存成本，使双方都能获益。

③流程的管理和质量保证。流程的管理和质量保证是关系VMI成败的重要因素。流程的管理由供应商和用户共同负责，包括确定流程的标准化管理、需求计划、补货规则、配送规则等。质量保证则应由供应商来完成，确保原材料在出厂之前已检验合格。

④信息平台的持续改进。信息共享是合作的前提，需要EDI或Internet，同时需要一个决策支持系统（DSS），具备自动发送订单、下达计划的功能，双方共同提供需要的信息和库存控制参数等。用有效信息代替无效库存，要求信息技术的持续改进和支持。

（2）VMI实施的步骤

①建立顾客情报信息系统。要有效地管理销售库存，供应商必须能够获得顾客的有关信息。通过建立顾客的信息库，供应商能够掌握需求变化的有关情况，把由批发商（分销商）进行的需求预测与分析功能集成到供应商的系统中来。

②建立销售网络管理系统。供应商要很好地管理库存，必须建立起完善的销售网络管理系统，保证自己的产品需求信息和物流畅通。为此，必须保证自己产品条码的可读性和唯一性，解决产品分类、编码的标准化问题，解决商品存储运输过程中的识别问题。

③建立供应商与分销商（批发商）的合作框架协议。供应商和分销商（批发商）一起通过协商，确定处理订单的业务流程以及控制库存的有关参数（如再订货点、最低库存水平等）、库存信息的传递方式（如EDI或Internet）等。

④组织机构的变革。这一点很重要，因为VMI技术改变了供应商的组织模式。过去一般由会计主管处理与用户有关的事情，引入VMI技术后，订货部门有了一个新的职能——负责用户库存控制、库存补给服务。

5.4.2 联合库存管理（JMI）

1. JMI的概念

《物流术语》（GB/T 18354—2021）中对联合库存管理（joint managed inventory，JMI）的定义是：指供应链成员企业共同制订库存计划，并实施库存控制的供应链库存管理方式。这是一种风险分担的库存管理模式，体现了战略供应商联盟的新型合作伙伴关系。联合库存管理旨在解决供应链系统中由于各节点企业的相互独立库存运作模式导致的需求放大问题，是提高供应链同步化程度的一种有效方法。联合库存管理和供应商库存不同，它强调双方同时参与，共同制订库存计划，使供应链过程中的每个库存管理者都从相互之间的协调性角度考虑，使需求者与其保持一致，从而消除需求变异放大问题。任何相邻节点需求的确定都是供需双方协调的结果，库存管理不再是各自为政的独立运作的过程，而是工序链的纽带和协调中心。图5-8显示了基于协调中心的联合库存管理的供应链系统模型。

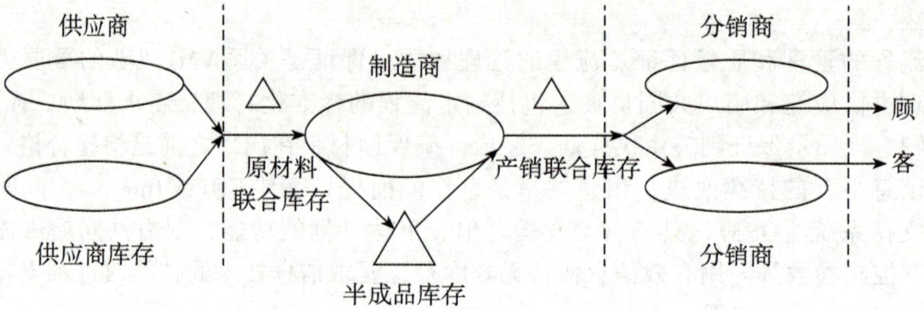

图5-8　基于协调中心的联合库存管理的供应链系统

2. JMI的实施

如前所述，联合库存管理强调各方面同时参与，共同制订库存计划，使供应链相邻节点之间保持信息与需求预测的一致性，从而消除需求变异放大现象。在这种管理方式下，任何相邻节点需求的确定都是供需双方协调的结果，库存控制成了连接供需的纽带和协调中心。基于此，实施联合库存管理要做好以下几个方面的工作：

（1）协调一致，确定共同的合作目标

要建立联合库存管理模式，首先必须保证供需双方的目标一致。为此，合作双方必须认清市场目标的一致点和冲突点，通过交流与协商，本着求同存异、互惠互利的原则形成共同的目标。

（2）建立供需协调的管理机制

联合库存管理的高效运作取决于供需双方的明确分工与相互配合，事先必须建立它们的协调管理机制，确定库存控制的基本内容，包括库存如何在多个需求商之间进行调节与分配、库存的最高与最低水平、安全库存量的确定等。

（3）建立信息共享与沟通的系统

通过供应链成员企业间信息集成与共享，可以增加供应链的透明度，降低供应链运作中的不确定性，从而降低供应链的整体库存水平，提高物流运作效率。利用EDI、POS、条码和扫描技术以及Internet的优势，在供需双方之间建立一个畅通的信息系统，使各经销商协调一致，快速响应用户需求。

有的经销商会怀疑加入这样一个系统是否值得，尤其是当其库存比别人多的时候，同时参与进来的经销商要依靠其他经销商来帮助它们提供良好的顾客服务，这时，制造商就要大力支持，要多做工作，使各经销商能发挥各自的优势，实现联合库存管理的目标。

(4) 建立合理的利益分配机制与有效的激励机制

联合库存管理需要供应链上的企业利益共享、风险共担。因此，公平公正的利益分配和激励体系对企业的战略联盟极为关键。建立一种公平的利益分配制度，将通过供应链管理实现的利益在供应链成员企业之间合理地进行分配，以促使供应链的长期有效运作。建立有效的激励机制，对参与联合库存管理的各个企业进行有效的激励，能够防止出现“逆向选择”“败德行为”等机会主义行为，增强供应链运作的一致性与协调性。

3.基于供应链管理下的联合库存动态运作模式

供应链管理环境下，供应链上的各节点企业之间的联合库存是一种复杂的动态循环过程。无论是处于供应链上的分销商与生产商的产成品联合库存，还是供应商与生产商的原材料库存，都处于动态变化之中，会随着时间的推移而发生盘点数量的变化，库存水平随着需求过程而减少，随着补充过程而增大，其系统结构如图5-9所示。

图5-9 联合库存系统结构图

生产商与分销商的联合产品库存，来自顾客的不断需求，持续销售会使产品库存量有逐渐减少的动力，不断的生产又使产品库存量逐步增加，企业的目的是在此动态过程即销售与生产过程中使产品库存保持一个平衡的最优状态。在此最优库存状态下，一方面，企业的交货水平可以使得顾客满意度达到一个设定值（95%）；另一方面，产品库存又不是很大，不会占用过多资金，有利于降低产品成本及资金的机会成本。但实际上，市场需求会呈现出突然增加或突然减少的特点。市场需求的这种不确定性增加了保持库存水平的难度。

由于原材料需求为非独立性需求，因此市场需求的不确定性会通过产成品传导给原材料，从而影响原材料联合库存水平。例如，当产成品需求增加时，若要继续保持95%的顾客满意度，势必要提高公司的生产能力，及时安排生产。处于供应链上的核心生产商根据市场需求量，指导生产计划的制订及生产能力的调整。生产计划安排好以后，就可以根据生产计划来计算原材料需求并订购原材料，从而会提高原材料联合库存的科学性。供应链管理环境下，联合库存动态运作模式如图5-10所示。

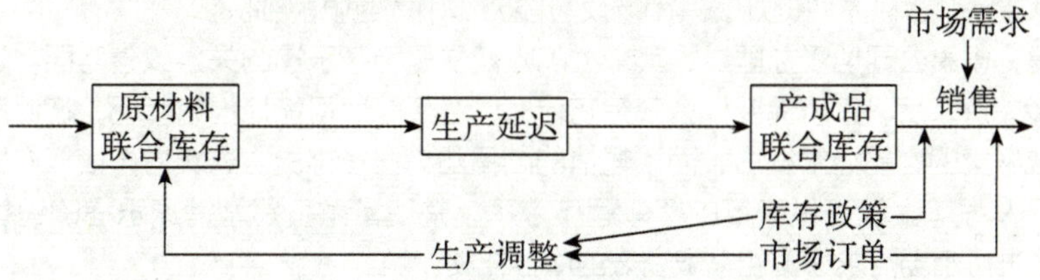

图5-10 联合库存动态运作模式

从图5-10的联合库存动态运作模式中可以看出，市场需求对产成品库存及原材料库存起着主导作用，因此，研究市场需求的变化对库存的影响就显得非常重要。

处于供应链上的生产商以来自下游分销商的市场需求信息作为产成品需求的依据，并据此安排生产计划或供应计划。这样，市场需求的变化必然引起产成品库存的变化，并且直接影响核心企业的生产调整计划，从而影响原材料库存。这是一个在动态的系统中综合实现产成品库存及原材料库存管理的问题，实现了使供应链整体库存大大优化的目标。

案例分析　家乐福：从VMI中受益无穷①

VMI是QR（quick response，快速响应）系统的一种重要物流运作模式，也是QR走向高级阶段的重要标志。VMI的核心思想在于零售商放弃商品库存控制权，而由供应商掌握供应链上的商品库存动向，即由供应商依据零售商提供的每日商品销售资料和库存情况来集中管理库存，替零售商下订单或连续补货，从而实现对顾客需求变化的快速反应。VMI不仅可以大幅改进QR系统的运作效率，即加快整个供应链面对市场的回应时间，较早地得知市场准确的销售信息，而且可以最大化地降低整个供应链的物流运作成本，即降低供应商与零售商因市场变化带来的不必要库存，达到挖潜增效、开源节流的目的。

正是看到了VMI的上述特殊功效，家乐福在引进QR系统后，一直努力寻找合适的战略伙伴以实施VMI计划。经过慎重挑选，家乐福最后选择了其供应商雀巢公司。就家乐福与雀巢公司的既有关系而言，双方只是单纯的买卖关系，唯一特殊的是，家乐福对于雀巢来说是一个重要的零售商客户。在双方的业务往来中，家乐福具有十足的决定权，决定购买种类与购买数量。

两家公司经协商，决定由雀巢建立整个VMI计划的机制，总目标是提高商品的供应效率，减少家乐福的库存天数，缩短订货前置时间，以及降低双方物流作业的成本等。

由于双方各自有独立的内部ERP系统，彼此并不相容，因此家乐福决定与雀巢以EDI连线方式来实施VMI计划。在VMI系统的经费投入上，家乐福主要负责EDI系统建设的花费，没有其他额外的投入；雀巢公司除了EDI建设外，还引进了一套VMI系统。经过近半年的VMI实际运作后，雀巢对家乐福配送中心产品的配送到货率由原来的80%左右提升至95%（超越了目标值），家乐福配送中心对零售店铺产品的配送到货率也由70%提升至90%左右，并在持续改善中；库存天数由原来的25天左右下降至15天以下，在订单修改方面也由60%~70%下降至10%以下，每日商品销售额则上升了20%左右。总体而言，VMI使家乐福受益无穷，极大地提升了其市场反应能力和市场竞争能力。

不但家乐福，雀巢公司也受益匪浅，其最大的收获便是与家乐福的关系改善方面。过去雀巢与家乐福只是单向买卖关系，所以家乐福要什么就给它什么，甚至是尽可能地推销产品，彼此都忽略了真正的市场需求，导致好卖的商品经常缺货，而不畅销的商品却有很多存货。这次合作使双方愿意共同解决问题，从而有利于从根本上改进供应链的整体运作效率，并使雀巢容易掌握家乐福的销售资料和库存动态，以便更好地进行市场需求预测和采取有效的库存补货计划。

① 根据百度文库同名文章整理。

讨论：

（1）VMI的核心思想是什么？

（2）结合案例谈谈家乐福和雀巢公司从VMI中受了何益？

本章小结

仓储主要是对流通中的商品进行储存，并加以检验、保管、加工、集散和转换运输方式，以解决供需之间和不同运输方式之间的矛盾，提供场所价值和时间效益，使商品的所有权和使用价值得到保护，加速商品流转，提高物流效率和质量，促进社会效益的提高。仓储活动主要包括储存和保管，而储存与保管是两个既有区别又有联系的概念。

仓储功能主要包括调节功能、检验功能、集散功能、配送功能。

仓库布局是指在一定区域或库区内，对仓库的数量、规模、地理位置和仓库设施、道路等各要素进行科学规划和总体设计。

仓储作业按照物料的流向主要分为入库作业、储存保管和出库作业。

库存是指处于储存状态的物品或商品。库存具有整合需求和供给、维持各项活动顺畅进行的功能。

库存管理的重点之一是控制库存成本，同时，确定库存相关成本也是库存决策的起点。库存成本包括订购成本、库存维持成本和缺货成本。

库存管理是指在保障供应的前提下，以库存物品的数量最少和周转最快为目标所进行的计划、组织、协调和控制。库存管理是对在库物资种类及其存量的管理和控制，它只考虑其合理性、经济性与最优性，而不是从技术上考虑存货的保管与储藏以及如何运输。

定量订货法是指当库存量下降到预定的库存数量（订货点）时，立即按一定的订货批量进行订货的一种方式。这种库存控制方法必须连续不断地检查库存物品的库存数量，所以有时又称为连续库存检查控制法。

定期订货法又称定期盘点法订购，是按预先确定的订货间隔期进行订货的一种方式。该方法的关键在于确定一个订货周期T和一个最高库存量Q，这个订购周期就是控制库存的订货时机，最高库存量就是控制库存的一个给定库存水准。每隔一个周期T，就检查库存发出订购，订购量就是最高库存量与当时的实际库存量之差。

供应商库存管理（VMI）是按照双方达成的协议，由供应链的上游企业根据下游企业的需求计划、销售信息和库存量，主动对下游企业的库存进行管理和控制的库存管理方式。VMI的主要思想是供应商在用户的允许下设立库存，确定库存水平和补给策略，行使对库存的控制权。

联合库存管理（JMI）是指供应链成员企业共同制订库存计划，并实施库存控制的供应链库存管理方式。联合库存管理是解决供应链系统中由于各节点企业的相互独立库存运作模式导致的需求放大问题，提高供应链同步化程度的一种有效方法。联合库存管理和供应商库存不同，它强调双方同时参与，共同制订库存计划，使供应链过程中的每个库存管理者都从相互之间的协调性角度考虑，使需求者与其保持一致，从而消除了需求变异放大现象。

关键概念

仓储　仓储管理　仓库布局　库存　库存管理　定量订货法　定期订货法　VMI　JMI

思考题

1. 简述仓储的功能及分类。
2. 简述库存管理的含义及类型。
3. 简述仓库布局的方法。
4. 试区别定量订货法和定期订货法。
5. 什么是供应商库存管理（VMI）？简述它的主要思想。
6. 什么是联合库存管理（JMI）？简述它的主要思想。

第6章 配送与配送中心

学习目标

理解配送的概念、特点、功能要素及配送的类型等基本知识；理解配送中心的概念、功能、类型及配送中心的作业流程；学习配送中心的规划，了解配送中心绩效考核指标体系；了解智慧物流在配送中的应用。

6.1 配送概述

6.1.1 配送的发展过程

配送和其他新生事物一样，是伴随着生产的不断发展而发展起来的。配送的发展经历了三个阶段，即萌芽阶段、发育阶段和成熟阶段。

1. 萌芽阶段的配送

配送的雏形出现于20世纪60年代初期。在这个时期，物流活动中的一般性送货开始向备货、送货一体化方向转化。从形态上看，初期的配送只是一种粗放型、单一性的活动，其活动范围很小，规模也不大。在这个阶段，企业开展配送活动的主要目的是促进产品销售和提高市场占有率。因此，配送主要是以促销手段的职能来发挥其作用的。

2. 发育阶段的配送

20世纪60年代中期，欧美等国家的实业界相继调整了仓库结构，组建或设立了配送组织（配送中心），普遍开展了货物配装、配载及送货上门活动。这期间，不但配送的货物种类日渐增多（除了种类繁多的服装、食品、药品、旅游用品等日用工业品以外，还包括不少生产资料产品），而且配送活动的范围也在不断扩大。例如，在美国已经开展了州际配送；在日本，配送的范围则由城市扩大到了城市周边区域。从配送形式和配送组织上看，这个时期试行了“共同配送”，并且建立起了配送体系。

3. 成熟阶段的配送

20世纪80年代以后，配送已演化成了广泛的、以高新技术为支撑手段的系列化、多功能性的供货活动。具体表现如下：

（1）配送区域进一步扩大。就发达国家而言，20世纪80年代以后，配送的范围已经扩大到了全球。例如，以商贸业立国的荷兰，其货物配送的范围已经扩大到了当时的欧共体诸国。

（2）劳动手段日益先进。发达国家在开展配送活动的过程中，普遍采用了诸如自动分拣、光电识别、条形码等先进技术，并且建立起了配套的体系和配备了先进的设备（如无人搬运车、分拣机等），由此，大大提高了配送作业效率。

（3）配送的集约化程度明显提高。随着市场竞争日趋激烈及企业兼并速度的明显加快，配送企业的数量在逐渐减少，但其总体实力和经营规模却与日俱增，配送的集约化程度不断提高。据介绍，在日本，有的配送中心的人均搬运作业率每小时可达到500个托盘，分拣能力已达到1.45万件。日本资生堂配送系统每天可完成管区内4 200个商店的货物配送任务，其配送能力已经达到了相当高的水平。

（4）配送方式日趋多样化。进入20世纪80年代以后，由于经济发展，企业外部环境发生了变化，不但配送规模和配送活动的范围明显扩大，而且配送作业方式（或形式）也逐渐多起来。在配送实践中，除了存在独立配送、直达配送等一般性的配送形式以外，又推出了许多新的配送方式，如共同配送、即时配送、交货代理配送等。

6.1.2 配送的概念及特点

1. 配送的概念

《物流术语》（GB/T 18354—2021）中对配送的定义是：根据客户要求，对物品进行分类、拣选、集货、包装、组配等作业，并按时送达指定地点的物流活动。

目前世界各国对配送的定义还有不同的表述。例如：

日本《物流手册》1991年版的定义：生产厂到配送中心之间的物品空间移动叫“运输”，从配送中心到顾客之间的物品空间移动叫“配送”。

美国《物流管理：供应链过程一体化》的定义：实物配送这一领域涉及将制成品交给顾客的运输……实物配送过程，可以使顾客服务的时间和空间的需求成为营销的一个整体组成部分……

2. 配送的特点

尽管各国对配送的定义不同，但对配送的理解是一致的，其主要特点有：

（1）配送是面向终端用户的服务，是指对客户完成最终交付的一种活动，是从最后一个物流节点到用户之间的物品的空间移动过程。物流过程中的最后一个物流节点一般是指配送中心或零售店铺。当然，最终用户是相对的，在整个流通过程中，流通渠道构成不同，供应商直接面对的最终用户也不一样。

（2）配送是末端运输。配送是相对干线运输而言的概念，从狭义上讲，货物运输分为干线部分的运输和支线部分的配送。与长距离运输相比，配送承担的是支线的、末端的运输，是面对客户的一种短距离的送达服务。从工厂仓库到配送中心的批量货物的空间位移称为运输，从配送中心到最终用户的多品种小批量货物的空间位移称为配送。配送与运输的主要区别见表6–1。

表6–1 配送与运输的主要区别

内容	运输	配送
运输性质	干线运输	支线运输、区域内运输、末端运输
货物性质	少品种、大批量	多品种、小批量
运输工具	大型货车或铁路运输、水路运输	小型货车
管理重点	效率优先	服务优先
附属功能	装卸、捆包	装卸、保管、包装、分拣、流通加工、订单处理等

（3）配送强调时效性。配送不是简单的“配货”加“送货”，它有着特定含义，更加强调在特定的时间、地点完成交付活动，充分体现时效性。

（4）配送强调满足用户需求。配送是从用户利益出发，按用户要求进行的一种活动，因此，在观念上必须明确“用户第一”“质量第一”，配送承运人的地位是服务而不是主导，因此，必须从用户的利益出发，在满足用户利益基础上取得本企业的利益。

（5）配送强调合理化。对于配送而言，应当从时间、速度、服务水平、成本、数量等多方面寻求最优。过分强调“按用户要求”是不妥的，受用户本身的局限，“要求”有时候存在不合理性，在这种情况下会损害单方或双方的利益。

（6）配送使企业实现“零库存”成为可能。企业为保证生产持续进行，依靠库存（经常库存和安全库存）向企业内部的各生产工位供应物资。如果社会供应系统既能实现对企业的外部物资供应，又能实现上述的内部物资供应，那么，企业的“零库存”就成为可能。理想的配送恰恰具有这种功能，由配送企业进行集中存储，取代原来分散在各个企业的库存，这就是配送的最高境界。这一点在物流业发达国家和我国一些地区已得到印证。

6.1.3 配送的功能要素

配送实际上是货品的集散过程，这一过程包括集中、分类和散发三个步骤。这三个步骤是由一系列配送作业环节组成的，通过这些环节的运作，配送的功能得以实现。因此，通常将这些作业环节称为配送的功能要素。配送的基本功能要素主要包括集货、分拣、配货、配装、送货等。

1. 集货

集货是配送的首要环节，是将分散的、需要配送的货品集中起来，以便进行分拣和配货。为了满足特定用户的配送要求，有时需要把用户从几家甚至数十家供应商处预订的货品集中到一处。

集货是配送的准备工作。配送的优势之一，就是通过集货形成规模效益。

2. 分拣

分拣是将货品按品名、规格、出入库先后顺序等属性加以分门别类，然后采用适当的方式和手段，从储存的货物中拣出（或拣选）客户所需要的货物。

分拣是保证配送质量的重要工作。成功的分拣会大大减少差错，提高配送的服务质量。

3. 配货

配货是把拣选出来的货品按客户要求进行必要的组合和集合，送到发货准备区。

分拣和配货是不可分割的两个连续的环节，二者共同构成一个完整的作业。通常，在自动化程度高的情况下，这个部分的作业可以通过各种拣选设备和传输装置来完成。

4. 配装

配装也称配载，指充分利用运输工具（如货车、轮船等）的载重量和容积，合理安排货物的装载。

把多个用户的货物或同一用户的多种货物合理地装载于同一辆车上，不但能降低送货成本，提高企业的经济效益，还可以减少交通流量，改善交通拥挤状况。

配装是配送不同于一般送货的主要区别之一。如何确定最佳路线，如何使配装与送货路线有效结合起来，是配送运输的特点，也是难度较大的工作。

5. 送货

送货是将配好的货物按照配送计划确定的配送路线送达用户指定的地点，并与用户进行交接。

6.1.4 物流配送的类型

1. 按配送货品的种类和数量分类

（1）少品种或单品种、大批量配送。当生产企业所需的物资品种较少，或只需某个品种的物资，而需要量较大、较稳定时，可采用此种配送形式。这种配送形式不必与其他物资配装，可使用整车运输。这种形式多由生产企业直接送至用户，但为了降低用户的库存量，也可由配送中心进行配送。由于配送数量大、品种单一或较少，涉及配送中心内部的组织工作也较简单，故而这种配送形式成本一般较低。

（2）少批量、多批次配送。在现代化生产发展过程中，消费者的需求在不断变化，市场的供求状况也随之变化，这就促使生产企业的生产向多样化发展。生产的变化，引起了企业对产品需求的变化，在配送上也应按照用户的要求，随时改变配送物资的品种、数量或增减配送次数。这样，一种多品种、少批量、多批次的配送形式也就应运而生。

（3）设备成套、配套配送。这是为满足装配企业的生产需要，按其生产进度，将各种零配件、部件、成套设备定时送达生产线进行组装的一种装配形式。

2.按配送服务的对象分类

配送供给与需求的双方是由实行配送的企业和接受配送服务的用户（企业或消费者）所构成的。有以下几种情况：

（1）企业对企业的配送。企业对企业的配送发生在完全独立的企业与企业之间，或者发生在企业集团内的企业与企业之间。基本上是属于供应链系统的企业之间的配送供给与配送需求。

作为配送需求方，基本上有两种情况：一是企业作为最终的需求方，如供应链系统中上游企业对下游企业的原材料、零部件配送。二是企业在接受配送服务之后，还要对产品进行销售，这种配送一般被称为“分销配送”。

（2）企业内部配送。企业内部配送大多发生在大型企业中，一般分为两种情况：

第一种，连锁商业企业的内部配送。如果企业是属于连锁企业，各连锁商店经营的商品、经营方式、服务水平、价格水平相同，配送的作用是支持连锁商店经营，这种配送称为“连锁配送”。连锁配送的主要优势是：在一个封闭的系统中运行，随机因素的影响比较小，计划性比较强，因此容易实现低成本、高效率的配送。

第二种，生产企业的内部配送。生产企业成本控制的一个重要方法是，由高层主管统一进行采购，实行集中库存，按车间或者分厂的生产计划组织配送，这种方式就是现在许多企业采用的“供应配送”。

（3）企业对消费者的配送。这是在社会大的开放系统中所运行的配送。虽然企业可以通过会员制、贵宾制等方式锁定一部分消费者，从而采用比较容易实施的近似于连锁配送的方式，但是，多数情况下，消费者是一个经常变换的群体，需求的随机性非常强，对服务水平的要求又很高，所以，这是配送供给与配送需求之间最难契合的一种类型。最典型的例子如与B2C电子商务相配套的配送服务。

3.按配送活动组织者和承担者的多种结合分类

（1）自营型配送模式。这是目前生产流通或综合性企业（集团）所广泛采用的一种配送模式。企业（集团）通过独立组建配送中心，实现内部各部门、厂、店的货品供应的配送，这种配送模式中虽然因为糅合了传统的“自给自足”，形成了新型的“大而全”“小而全”格局，从而造成了一定的社会资源的浪费，但是，就目前来看，其仍然在满足企业

（集团）内部生产材料供应、产品外销、零售场店供货和区域外市场拓展等企业自身需求等方面发挥着重要作用。

较典型的企业（集团）自营型配送模式就是连锁企业的配送。大大小小的连锁公司或集团基本上都是通过组建自己的配送中心来完成对内部各场、店的统一采购、统一配送和统一结算的。

（2）共同配送模式。这是一种配送经营企业间为实现整体的配送合理化，以互惠互利为原则，互相提供便利的配送业务的协作型配送模式。它是两个或两个以上的有配送需求的企业相互合作对多个用户共同开展配送活动。一般由生产、批发或零售企业共建或租用一个配送中心来承担它们的配送业务。

（3）第三方配送模式。第三方物流的兴起，已经得到社会各方面的广泛关注，它是流通领域进一步分工的结果，在物流领域发挥着积极的作用。在企业专注于自己核心业务的时候，把不擅长而缺乏规模效应的物流配送业务外包给第三方物流企业，可以大大降低成本，这已经成为很多企业的一种战略选择。第三方物流配送模式可以给企业带来很多利益，主要表现在：

①企业将其非优势所在的物流配送业务外包给第三方物流来运作，不仅可以享受到更为精细的专业化的高水平物流服务，而且可以将精力专注于自己擅长的业务，充分发挥其在生产制造领域或者销售领域的专业优势，增强其主营业务的核心竞争力。

②企业通过社会物流资源的共享，不仅可以避免企业因“小而全”“大而全”造成的资源浪费，为企业减少物流投资和运营管理费用，降低物流成本，而且可以避免企业自营物流所带来的投资和运营风险。

4.按配送的时间和数量分类

（1）定时配送。按规定时间或时间间隔进行配送，这一类配送形式就称为定时配送。

定时配送的时间，由配送的供给与需求双方通过协议确认。每次配送的品种及数量可预先在协议中确定，实行计划配送；也可以在配送之前以商定的联络方式通知配送品种和数量。定时配送的服务方式，由于时间确定，对用户而言，易于根据自己的经营情况，按照最理想的时间进货，也易于安排接货力量（如人员、设备等）；对于配送供给企业而言，易于安排工作计划，有利于对多个用户实行共同配送以减少成本的投入，也易于计划使用车辆和规划线路。但是，如果配送品种、数量有比较大的变化，配货及车辆配载的难度则较大，会使配送供给企业配送的运力安排出现困难。

（2）定量配送。按事先议定的数量进行配送就是定量配送。这种方式数量固定，备货工作有较强的计划性，比较简单也比较容易管理。可以按托盘、集装箱及车辆的装载能力有效地选择配送数量，有效地利用托盘、集装箱等集装方式，也可做到整车配送，配送的效率较高。定量配送方式由于时间没有严格规定，可以将不同用户所需的货品凑成整车后进行配送，运力利用比较好。定量配送方式适用于以下领域：

①用户对于库存的控制不十分严格，有一定的仓储能力，不实行“零库存”。

②从配送中心到用户的配送路线保证程度较低，难以实现准时的要求。

③难以对多个用户实现共同配送，只有达到一定配送数量，才能使配送成本降低到供需双方都能接受的水平。

（3）定时定量配送。这是指按照规定的配送时间和配送数量进行配送。定时定量配送兼有定时、定量两种方式的优点，是一种精密的配送服务方式。这种方式计划难度较大，由于适合采用的对象不多，很难实行共同配送，因而成本较高，在用户有特殊要求时才采用，不是一种普遍适用的方式。但这种方式在供应链物流中的运用还是取得了成功，典型的例证就是精益物流。

（4）定时定路线配送。这种配送方式按时间表和规划线路进行配送，成本较低，可以依次对多个用户实行共同配送，无须每次都制订货物配装、配送路线、配车等计划。这种方式特别适合对小商业集中区和商业企业的配送。

6.2 配送中心

6.2.1 物流配送中心的概念

在实际生活中，配送和其他经济活动一样，通常也是由专业化的组织来进行安排和操作的。配送中心就是从事配送业务的物流场所和组织。

《物流术语》（GB/T 18354—2021）中对配送中心（distribution center，DC）的定义是：具有完善的配送基础设施和信息网络，可便捷地连接对外交通运输网络，并向末端客户提供短距离、小批量、多批次配送服务的专业化配送场所。区域配送中心（regional distribution center，RDC）是指具有完善的配送基础设施和信息网络，可便捷地连接对外交通运输网络，配送及中转功能齐全，集聚辐射范围大，存储、吞吐能力强，向下游配送中心提供专业化统一配送服务的场所。

日本《市场用语词典》对配送中心的解释是：“一种物流节点，它不以储藏仓库的这种单一的形式出现，而是发挥配送职能的流通仓库，也称作基地、据点或流通中心。配送中心的目的是降低运输成本、减少销售机会的损失，为此建立设施、设备并开展经营、管理工作。”

日本《物流手册》对配送中心的定义是：“配送中心是从供应者手中接受多种大量的

货物，进行倒装、分类、保管、流通加工和情报处理等作业，然后按照众多需要者的订货要求备齐货物，以令人满意的服务水平进行配送的设施。”

6.2.2 物流配送中心的功能

物流配送中心是专门从事货物配送活动的经济组织，具有如下功能：

（1）集散功能。配送中心凭借其在物流网络中的枢纽地位和拥有的各种先进设施设备，将分散在各地的生产厂商的产品集中到一起，经过分拣、配装后向众多用户发送。与此同时，配送中心也可以把各个用户所需要的多种货物进行有效组合、配载，形成经济合理的货运批量。

（2）衔接功能。通过开展货物配送活动，配送中心把各种产品运送到广大用户手中，客观上起到了产品传输链的作用，在其间架起了相互沟通的桥梁。

（3）运输功能。配送中心拥有一定规模的运输工具。具有竞争优势的配送中心不只是一个点，而是一个覆盖范围广大的网络。因此，配送中心首先应该为客户选择满足其需要的运输方式，然后具体组织网络内部的运输作业，在规定的时间内将客户的货物运抵目的地。

（4）储存功能。为了顺利而有序地完成为用户配送货物的任务，配送中心要兴建现代化的仓库并配置一定数量的仓储设备，用于储存一定数量的货物。但客户需要的不是在配送中心储存货物，而是要通过仓储来保证市场销售活动的开展，同时尽可能降低库存占压的资金，减少储存成本。

（5）分拣功能。作为物流节点的配送中心，其服务对象有时能达到数百家。由于不同客户的经营特点和货物的流转方式不同，在订货或进货时会对货物的种类、规格、数量等提出不同的要求。为了能有效地开展配送活动，适应市场需要，配送中心必须采取适当的方式、技术和设备对配送中心的货物进行分拣作业，以便向不同的用户配送多种货物。

（6）流通加工功能。为了扩大经营范围和提高配送水平，许多配送中心都配备了各种加工设备，由此形成一定的加工能力。按照用户的要求与合理配送的原则，将组织进来的货物加工成一定规格、尺寸和形状的待送货品，这样既大大方便了用户，节省了用户不少劳动，也有利于提高资源利用率和配送效率。

6.2.3 物流配送中心的类型

根据不同的标准，可将物流配送中心划分为不同的类型。

1.按功能划分

作为物流配送中心，其主要的功能有周转、分拣、保管、在库管理和流通加工等，根据其侧重点不同，可以分为不同类型的物流中心。具体来讲，主要有周转配送中心、分销配送中心、保管配送中心、流通加工配送中心等四种类型。各种类型的特点分别是：

（1）周转配送中心。这是指不具有商品保管、在库管理等管理功能，而是单纯从事商品周转、分拣作业的物流中心。

（2）分销配送中心。这是指具有商品保管、在库管理等管理功能，同时又进行商品周转、分拣作业的物流中心。

（3）保管配送中心。这是指单一从事商品保管业务的物流中心。

（4）流通加工配送中心。这是指具有流通加工功能的物流中心。

以上各种类型配送中心的区别反映在物流上，则体现为物流配送中心内的作业内容和服务范围的差异（见表6-2）。从现代物流发展的趋势看，为了加速商品的流动，更好地使物流系统顺应客户需求的特点，物流配送中心已逐渐从周转型转向分销型。目前，在发达国家，分销型物流配送中心的比例一般要占到物流中心总量的70%以上，另外，流通加工型配送中心的发展也非常迅速。

表6-2 不同类型物流中心内的物资流动

类型	物资流动过程								
	收货	检货	商品处理	暂时保管	长期保管	流通加工	备货	分拣	发货
周转型	√	√	√					√	√
分销型	√	√	√	√			√	√	√
保管型	√	√	√		√				√
流通加工型	√	√	√			√			√

2.按配送中心的运营主体划分

（1）制造商型配送中心。这是以制造商为主体的配送中心。这种配送中心里的货品全部由企业自己生产制造，用以降低流通费用、提高售后服务质量和及时地将预先配齐的成组元器件运送到规定的加工和装配工位。这里，从产品制造到生产出来后条形码和包装的配合等都较易控制，所以按照现代化、自动化的配送中心设计比较容易，但不符合社会化的要求。

（2）批发商型配送中心。这是由批发商或代理商所建立的，以批发商为主体的配送中心。批发是产品从制造者到消费者手中的传统流通环节之一，一般是按部门或货品类别的不同，把每个制造厂的货品集中起来，然后以单一品种或搭配着向消费地的零售商进行配送。这种配送中心的货品来自各个制造商，它所进行的一项重要的活动是对货品进行汇总和再销售，而它的全部进货和出货都是社会配送的，社会化程度高。

（3）零售商型配送中心。这是由零售商向上整合所成立的配送中心，是以零售业为主体的配送中心。零售商发展到一定规模后，就可以考虑建立自己的配送中心，为专业零售店、超级市场、百货商店、建材商场、粮油食品商店、宾馆饭店等服务，其社会化程度介于前两者之间。

（4）专业物流配送中心。这是以第三方物流企业（包括传统的仓储企业和运输企业）为主体的配送中心。这种配送中心有很强的运输配送能力，地理位置优越，可迅速将到达的货物配送给用户。它为制造商或供应商提供物流服务。配送中心的货物仍属于制造商或供应商，配送中心只是提供仓储管理和运输配送服务。这种配送中心的现代化程度往往较高。

3.按配送中心的服务范围分类

（1）城市配送中心。这是以城市区域为配送范围的配送中心。由于城市范围一般处于汽车运输的经济里程，这种配送中心采用汽车进行配送，可直接配送到最终用户。所以，这种配送中心往往和零售经营相结合，由于运距短、反应能力强，因而从事多品种、少批量、多用户的配送较有优势。

（2）区域配送中心。这是以较强的辐射能力和库存准备，向区域、全国乃至国际范围的用户进行配送的配送中心。这种配送中心配送规模较大，一般而言，用户也较多，配送批量也较大；而且，往往是往下一级的城市进行配送，也配送给营业所、商店、批发商和企业用户。虽然它也从事零星的配送，但零星配送不是其业务的主体形式。

6.2.4 物流配送中心的作业流程

配送中心的作用在于“化零为整”和“化整为零”，使产品通过它快速流转。物流配送的作业流程，是配送中心为完成配送任务所必须制定的配送组织程序。物流配送中心的基本作业流程可分为以下几种：

1.配送中心的一般作业流程

不同功能的配送中心和不同商品的配送，其作业流程和作业环节会有所区别，但都是在配送中心一般作业流程基础上对某些作业环节进行扩展和做出调整。所以，一般作业流程也是配送中心典型的作业流程。其主要特点是：有较大的储存、分拣、配货场所，装备、理货、分类、配货的功能较强，但流通加工功能相对较弱。

采用这种作业流程的配送中心主要以中小件杂货配送为主，包括保质期较长的食品配送。由于货物品种繁多，为保证客户生产的连续性，配送中心需要一定的储存量，属于有储存功能的配送中心。其流程如图6-1所示。

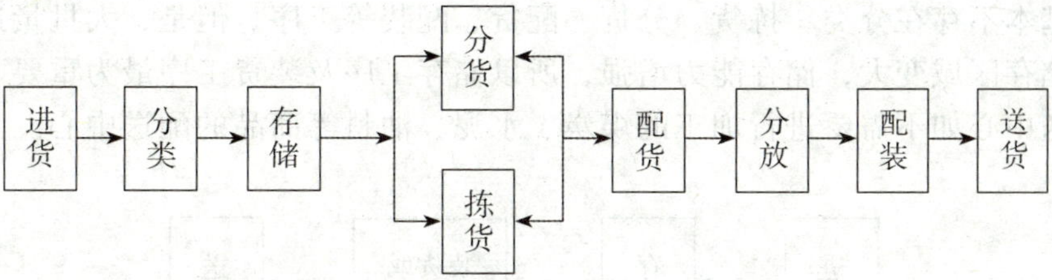

图6-1 配送中心的一般作业流程

2.转运型配送中心的作业流程

转运型配送中心不附带存储库，由其名称就可以看出，其作业流程的最大特点就是配送中心没有大量库存，专以配送为职能，只有为一时配送准备的暂时性库存。暂存地点设在配货场地中，在配送中心不单设存储区。实际上，在配送中心内部，货物暂存和配货作业是同时进行的。使用这种配送流程的配送中心的主要场所都用于理货和配货，如配送生鲜食品的配送中心通常都采取这种作业流程。其流程如图6-2所示。

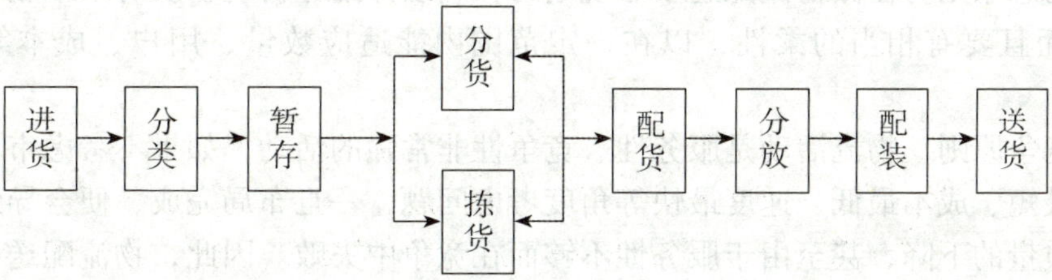

图6-2 转运型配送中心的作业流程

3.加工配送型配送中心的作业流程

加工配送型配送中心的作业流程以流通加工为主，因此存储作业和流通作业居于主要地位。在这种流程中，一般按少品种或单一品种大批量进货，产品种类很少或无须分类存放，通常也不单独设立拣货、配货等环节，而是按照客户的要求进行加工，加工后直接按客户的要求配装，分放到为某个客户划定的存储区域。

加工配送型配送中心的作业流程有多个模式，随加工方式不同而有所区别。典型的加工配送型配送中心的作业流程如图6-3所示。

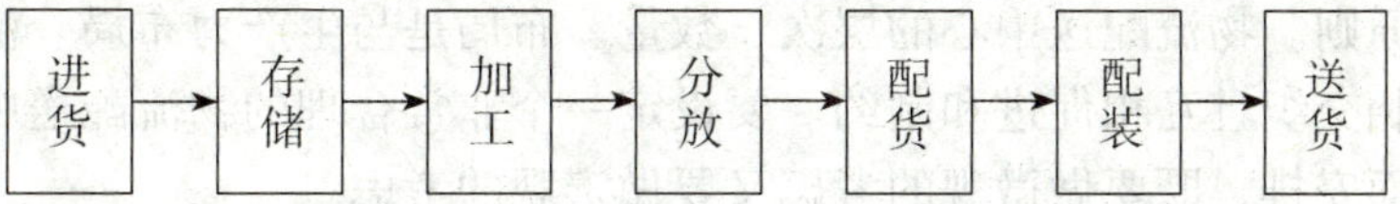

图6-3 加工配送型配送中心的作业流程

4.批量转换型配送中心的作业流程

批量转换型配送中心的作业流程以中转货物为其主要职能，产品以单一品种、大批量方式进货，在配送中心转换成小批量，然后分别配送到不同的客户。这种作业流程非常简单，基本不存在分类、拣货、分货、配货、配装等工序。但是，大批量进货使得配送中心的储存区域变大，储存能力增强，所以储存工序及装货工序最为重要。采用这种流程的配送中心如不需要进行加工的煤炭、水泥、油料等商品的配送中心。其流程如图6-4所示。

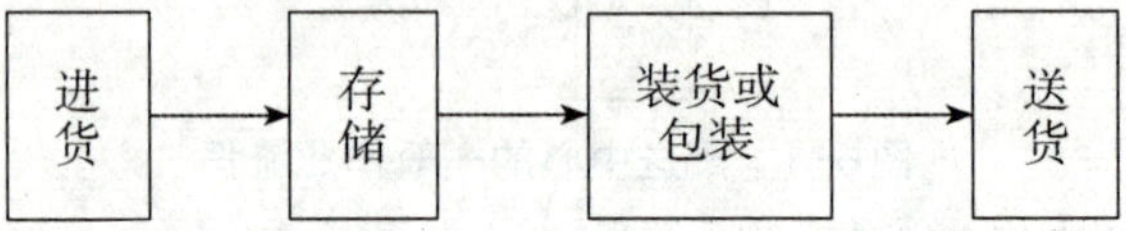

图6-4 批量转换型配送中心的作业流程

6.2.5 物流配送中心的规划

1.物流配送中心规划的原则

物流配送中心规划，应当遵循以下各项原则：

（1）动态原则。在做物流配送中心规划时，应以详细分析现状及对未来变化做出预测为基础，而且要有相当的柔性，以在一定范围内能适应数量、用户、成本等多方面的变化。

（2）竞争原则。物流活动是服务性、竞争性非常强的活动，如果不考虑市场机制，单纯从路线最短、成本最低、速度最快等角度考虑问题，一旦布局完成，便会导致垄断的形成和服务质量的下降，甚至由于服务性不够而在竞争中失败。因此，物流配送中心的布局应体现竞争性，这一原则对于政府部门进行建设规划尤其重要。

（3）低运费原则。物流配送中心必须组织运输与配送活动，因而低运费原则具有特殊性。由于运费和运距、运量有关，所以低运费原则常简化成最短运距和运量的问题，通过数学方法求解以作为物流配送中心布局的参考。

（4）交通便利原则。物流配送中心的运输配送活动领域在中心之外，这一活动须依赖交通条件。交通便利原则的贯彻包括两个方面：一是布局时要考虑现有交通条件；二是必须把交通作为同时布局的内容来处理。只布局物流配送中心而不布局交通，有可能会使物流配送中心的布局失败。

（5）统筹原则。物流配送中心的层次、数量、布局是与生产力布局、消费布局等密切相关的，要互相交织且互相促进和制约。要设定一个非常合理的物流配送中心布局，必须统筹兼顾、全面安排，既要做微观的考虑又要做宏观的考虑。

2.物流配送中心规划的内容

在物流配送中心的规划中，要注意研究配送中心的七个规划要素——E、I、Q、R、S、T、C。

E——entry：配送的规划对象；

I——item：配送货品的种类；

Q——quantity：配送货品的数量或库存；

R——route：配送的路线；

S——service：服务水平；

T——time：配送的交货周期；

C——cost：配送的成本与配送中心的造价。

目前流行的EIQ分析方法，就是利用E、I、Q这三个关键要素来研究物流配送中心的需求特性，为物流配送中心的规划提供依据。

物流配送中心的规划是一项系统工程，也是一项长远的、总体的发展计划。它主要包括作业功能规划、选址规划、结构规划、物流设施规划和信息系统规划等多方面的内容。

物流配送中心规划可以分为两类，一类是新建物流配送中心的规划，一类是原有物流组织（企业）向物流配送中心转型的改造规划。新建物流配送中心规划又可分为单个配送中心规划和多个配送中心规划两种形式。表6-3大致列出了几种物流配送中心规划的特点与形式。

表6-3 物流配送中心规划的特点与形式

类型	新建		改造
	单个	多个	多个
委托方	新型企业、跨国公司、政府部门		大多为传统企业
规划目的	高起点、高标准、低成本	成为企业、区域的新经济增长点或支柱产业	实现从传统物流组织向现代配送中心的转变
关键点	配送中心选址	系统构造、网点布局	进行作业流程重组，充分利用现有设施
规划内容	物流功能规划 场址选择 作业流程规划 物流设施规划 信息系统规划	物流功能规划 物流系统规划 物流网络信息规划 物流网点布局规划 物流设施规划	企业发展战略研究 物流功能设计 作业流程规划 物流设施规划
规划原理与方法	物流学、统计学、物流系统分析、管理信息系统	物流学、统计学、物流系统分析、生产布局学、城市规划、管理信息系统	物流学、统计学、企业发展战略、物流系统分析、管理信息系统

3. 物流配送中心规划的程序

物流配送中心规划是一项复杂的工作，大体上可以按照以下的程序进行：

（1）前期准备。前期准备工作是为配送中心规划提供必要的基础资料。其主要内容包括：

①收集配送中心建设的内部条件、外部条件及潜在客户的信息。

②分析配送中心经营商品的品种、货源、流量及流向。

③调查物流服务的供需情况、物流行业的发展状况等。

前期准备工作一般采用调研的方法，包括网上调研、图书资料调研与现场调研等。

（2）确定目标及原则。确定配送中心建设的目标是配送中心规划的第一步，主要是依据前期准备工作的资料，确定配送中心建设的近期、中期、远期目标。配送中心建设的原则一般是根据物流学原理及项目的实际情况确定的。

（3）功能规划。功能规划是将配送中心作为一个整体的物流系统来考虑，依据确定的目标，规划配送中心为完成业务而应该具备的物流功能。配送中心作为一种专业化的物流组织，不仅需要具备一般的物流功能，还应该具备适合不同需要的特色功能。配送中心的功能规划，首先需要对配送中心的运输、配送、保管、包装、装卸搬运、流通加工、物流信息等功能要素进行分析，然后综合物流需求的形式、配送中心的发展战略等因素选择配送中心应该具备的功能。

（4）选址规划。配送中心拥有众多建筑物、构筑物以及固定机械设备，一旦建成很难搬迁，如果选址不当，将付出极大代价，因而，对于配送中心的选址规划需要给予高度重视。选址规划主要包括以下内容：

①分析约束条件，如客户需求、运输条件、用地条件、公用设施及相关法规等。

②确定评价标准。

③选择选址方法。根据实际情况，一般采用定性与定量相结合的方法。

④得出选址结果。

（5）作业流程规划。作业流程规划是配送中心规划的重要步骤，决定了配送中心作业的详细要求，如设施设备、场所分区等，对后续的建设具有重要影响。对传统物流企业进行作业流程重组，提高物流作业效率、降低物流成本，是传统物流企业向现代配送中心转型的重要途径。不同类型的配送中心，其作业流程也有很大的不同，在实际规划中，应该根据配送中心的功能，结合商品特性与客户需求进行必要的调整。

（6）设施设备规划。物流配送中心的设施设备是保证物流配送中心正常运作的必要条件，设施设备规划涉及建筑模式、空间布局、设备安置等多方面的问题，需要运用系统分析的方法求得整体优化，最大限度地减少物料搬运，简化作业流程，创造良好舒适的工作环境。在传统物流企业的改造中，设施设备规划要注意企业原有设施设备的充分利用和改造等工作，以尽可能地减少投资。物流配送中心的设施规划一般包括以下工作：原有设施设备分析、物流配送中心的功能分区、设施的内部布局、设备规划、公用设施规划。

（7）信息系统规划。信息化、网络化、自动化是物流配送中心的发展趋势，信息系统规划是物流配送中心规划的重要组成部分。物流配送中心的信息系统规划，既要考虑满足物流配送中心内部作业的要求，有助于提高物流作业的效率；也要考虑同物流配送中心外部的信息系统相联系，方便物流配送中心及时获取和处理各种经营信息。一般来讲，信息系统规划包括两部分，即物流配送中心管理信息系统的功能设计以及物流管理信息系统的关键技术与应用。

6.2.6 物流配送中心的绩效评价

1.绩效评价的含义

人员、设备（车辆）、配送时间、成本、质量是物流配送活动中需要考虑的评估要素。具体来说，对配送组织和管理的绩效评价指标可以分为人员负担（人员生产力）、车辆负荷（设备生产力）、配送时间效率（时间生产力）、配送成本（成本力）和配送服务质量(品质力）等几个方面。

2.绩效评价的指标体系

（1）人员负担指标。用于衡量个人能力负荷以及对组织的贡献，如平均每人配送数量、平均每人配送距离、平均每人配送重量、平均每人配送车次等。

（2）车辆负荷指标。用于判断是否需要增减配送的车次和数量，如平均每台车配送吨千米数、平均每台车的配送距离、平均每台车的配送重量、空车率①等。

（3）配送时间效率指标。如配送平均速度、配送时间比率②、单位时间配送额等。

（4）配送成本指标。如每吨配送成本、每容积货物配送成本、每车次配送成本、每千米配送成本等。

（5）配送服务质量指标。如配送延迟率等。

6.3 智慧物流在配送中的应用

6.3.1 智慧物流

《物流术语》（GB/T 18354—2021）中对智慧物流（smart logistics）的定义是：以物联

① 空车率=空车行走的距离/配送总距离
② 配送时间比率=配送总时间/配送人员×工作天数×正常工作时数

网技术为基础，综合运用大数据、云计算、区块链及相关信息技术，通过全面感知、识别、跟踪物流作业状态，实现实时应对、智能优化决策的物流服务系统。

智慧物流是指通过智能软硬件、物联网、大数据等智慧化技术手段，实现物流各环节精细化、动态化、可视化管理，提高物流系统智能化分析决策和自动化操作执行能力，提升物流运作效率的现代化物流模式。

IBM于2009年提出了建立一个面向未来的具有先进、互联和智能三大特征，通过感应器、RFID标签、制动器、GPS和其他设备及系统生成实时信息的“智慧供应链”概念。其重视将物联网、传感网与现有的互联网整合起来，通过精细、动态、科学的管理，实现物流的自动化、可视化、可控化、智能化、网络化，从而提高资源利用率和生产力水平，创造具有更加丰富的社会价值的综合内涵。

在2009年，奥巴马提出将“智慧的地球”作为美国国家战略，认为IT产业下一阶段的任务是把新一代IT技术充分运用在各行各业之中。具体地说，就是把感应器嵌入和装备到电网、铁路、桥梁、隧道、公路、建筑、供水系统、大坝、油气管道等各种物体中，并且被普遍连接，形成所谓“物联网”，然后将“物联网”与现有的互联网整合起来，实现人类社会与物理系统的整合。在这个整合的网络当中，存在能力超级强大的中心计算机群，能够对整合网络内的人员、机器设备和基础设施实施实时的管理和控制。在此基础上，人类可以以更加精细和动态的方式管理生产和生活，达到“智慧”状态，提高资源利用率和生产力水平，改善人与自然的关系。

中国物联网校企联盟认为，智慧物流是利用集成智能化技术，使物流系统能模仿人的智能，具有思维、感知、学习、推理判断和自行解决物流中某些问题的能力。在流通过程中获取信息从而分析信息做出决策，使商品从源头即被实施跟踪与管理，实现信息流快于实物流，即可通过RFID、传感器、移动通信技术等让配送货物自动化、信息化和网络化。

6.3.2 自动分拣系统

分拣是物流作业的一个重要环节，分拣技术的发展可以概括为三个阶段：手工分拣，半手工分拣、半自动化分拣、自动化分拣。自动分拣系统的应用可以降低成本、提高效率，但因其要求必须具备一定的技术和经济条件，因此，即使在发达国家，物流中心、配送中心或流通中心也有不用自动分拣系统的情况。

自动分拣系统一般由控制装置、分类装置、输送装置及分拣道口组成。

控制装置的作用是识别、接收和处理分拣信号，根据分拣信号的要求指示分类装置按商品品种、商品送达地点或货主的类别对商品进行自动分类。这些分拣要求可以通过不同方式，如条形码扫描、色码扫描、键盘输入、重量检测、语音识别、高度检测及形状识别等输入到分拣控制系统，根据对这些分拣信号的判断，来决定某一种商品该进入哪一个分拣通道。

分类装置的作用是识别并执行控制装置发出的分拣指示，当具有相同分拣信号的商品经过该装置时，该装置便运作，使其改变在输送装置上的运行方向进入其他输送机或分拣道口。分类装置的种类很多，一般有推出式、浮出式、倾斜式和分支式几种，不同的装置对分拣货物的包装材料、包装重量、包装物底面的平滑程度等有不同的要求。

输送装置的主要组成部分是传送带或输送机，其主要作用是使待分拣商品"鱼贯"通过控制装置、分类装置，并且输送装置的两侧一般要连接若干分拣道口，使分好类的商品滑下主输送机（或主传送带）以便进行后续作业。

分拣道口是使已分拣商品脱离主输送机（或主传送带）进入集货区域的通道，一般由钢带、皮带、滚筒等组成滑道，使商品从主输送装置滑向集货站台，在那里由工作人员将该道口的所有商品集中后或是入库储存或是组配装车，并进行配送作业。

以上四部分装置通过计算机网络联结在一起，配合人工控制及相应的人工处理环节构成一个完整的自动分拣系统。

自动分拣系统的作业过程可以简单描述如下：物流中心每天接收成百上千家供应商或货主通过各种运输工具送来的成千上万种货品，要在最短的时间内将这些货品卸下并按品种、货主、储位或发送地点进行快速准确的分类，再将它们运送到指定地点（如指定的货架、加工区域、出货站台等）。同时，当供应商或货主通知物流中心按配送指示发货时，自动分拣系统在最短的时间内从庞大的高层货架存储系统中，准确找到要出库的货品所在位置，并按所需数量出库，将从不同存储货位上取出的不同数量的货品，按配送地点的不同，运送到不同的理货区域或配送站台集中，以便装车配送。

自动分拣系统的主要特点是：

（1）能连续、大批量地分拣货物。由于采用大生产中使用的流水线自动作业方式，自动分拣系统不受气候、时间、人的体力等的限制，可以连续运行。同时，由于自动分拣系统单位时间分拣件数多，因此其分拣能力可以达到连续运行100小时以上，每小时分拣7 000件包装商品，如用人工则每小时只能分拣150件左右，而且分拣人员也不可能在这种劳动强度下连续工作8小时。自动分拣系统作业方式如图6-5所示。

（2）分拣误差率极低。自动分拣系统的分拣误差率主要取决于所输入分拣信息的准确性，而后者又取决于分拣信息的输入机制。如果采用人工键盘或语音识别方式输入，则误差率在3%以上；如采用条形码扫描输入，除非条形码的印刷本身有差错，否则不会出错。因此，目前自动分拣系统主要采用条形码技术来识别货物。

（3）分拣作业基本实现无人化。建立自动分拣系统的目的之一就是减少人工的使用，减轻员工的劳动强度，提高人员的使用效率。自动分拣系统能最大限度地节约人力资源，基本做到了无人化。

图6-5　配送技术：自动分拣系统

使用自动分拣系统必须具备一定的技术和经济条件，因为其一次性投资巨大，对商品外包装要求也高。在我国，目前邮电系统已经开始使用信件自动分拣系统，收到了很好的效果。

6.3.3 自动化立体仓库

自动化立体仓库是用高层立体货架储存货物，以巷道堆垛起重机存取货物，并通过周围的装卸搬运设备自动进行出入库存取作业的仓库。自动化立体仓库具有普通仓库无可比拟的优越性。首先是节约空间、节约劳动力；其次是提高仓库管理水平，减少货损，优化、降低库存，缩短周转期，节约资金。

自动化立体仓库（如图6-6所示）主要是由货架、巷道堆垛起重机、周边出入库配套机械设施和仓储管理控制系统等组成。

图6-6　配送技术：自动化立体仓库

自动化立体仓库自动控制方式有集中控制、分离式控制和分布式控制三种。其中分布式控制是目前国际发展的主要方向，大型立体仓库通常采用三级计算机分布式控制系统。三级计算机分布式控制系统是由管理级、中间控制级和直接控制级组成的。管理级对仓库进行在线和离线管理；中间控制级对通信、流程进行控制，并进行实时图像显示；直接控制级是由PLC（可编程序控制器）组成的控制系统，对各设备进行单机自动操作，使仓库作业实现高度自动化。

6.3.4 计算机智能化技术

计算机在物流配送中的应用已远远超出了数据处理、事务管理，正在跨入智能化管理的领域（如图6-7所示）。具体体现在以下方面：

图6-7 计算机控制室场景

（1）配送中心的配车计划与车辆调度使用计算机管理软件。

（2）计算机控制和移动通信在配送中心入库、出库、拣货、盘点、储位管理等方面被广泛应用。

（3）建立配送中心自动补货系统，将产、供、销三者组成网络与ECR（集成供应链物流管理系统）。

6.3.5 AR/VR技术

AR（augmented reality，增强现实）技术是一种将虚拟信息与真实世界巧妙融合的技术。将计算机生成的文字、图像等虚拟信息模拟仿真后，应用到真实世界中，两种信息互为补充，从而实现对现实世界的增强。那么AR技术在物流行业中有哪些应用场景呢？

（1）货物装载。货物装载需要考虑尺寸、重量、目的地等信息，综合搭配出一个最经济、最安全的装载计划，是一项复杂的工作。有了AR技术和计算机后台运算的支持，就可以通过AR眼镜直接显示货物信息，并指导工人将货物配置到指定车辆的指定位置，可以大大提高装载效率和准确率。

（2）货物拣选。拣货员佩戴AR眼镜，所有的作业信息，包括导航信息全部都会投影到眼镜上，拣货员根据看到的信息即可完成拣货。同时AR眼镜还具备复合能力，在解放拣货员双手的同时，保障了拣货质量，实现了库存数据同步。

（3）货物运输。在运输过程中，可以通过AR技术实现司机运输或配送的路线规划，实时显示路面状况和交通状况，并且能够为司机进行导航。

（4）体积测量。使用AR技术进行体积测量，只需要通过摄像头对货物进行识别，系统就能自动计算出体积，目前国内已经有多家物流公司上线了这项技术。AR技术在物流行业的应用前景广阔，随着技术升级，AR技术将被越来越多地应用到物流作业过程中。

VR（virtual reality，虚拟现实）技术，又称虚拟实境或灵境技术，是20世纪发展起来的一项全新的实用技术。虚拟现实技术囊括计算机、电子信息、仿真技术，其基本实现方式是以计算机技术为主，利用并综合三维图形技术、多媒体技术、仿真技术、显示技术、伺服技术等多种高科技的最新发展成果，借助计算机等设备产生一个逼真的三维视觉、触觉、嗅觉等多种感官体验的虚拟世界，从而使人产生一种身临其境的感觉。那么VR技术在物流行业中有哪些应用场景呢？以DHL的应用案例为例。

DHL（DHL Express，敦豪快递），是国际著名的物流公司，专业从事国际运送、快递服务和运输。收集订单约占DHL所有仓储业务的60%，因此，DHL决定借助M系列智能AR眼镜来优化收集订单的流程。

M系列智能AR眼镜能够显示订单中的有关物品及其数量信息，同时能提供最佳的拣选路线，并能对将拾取的物品放入哪个箱柜进行指引显示。

条形码扫描功能，可以确保拣选人员拿到正确的物品。因此，拣选人员可以流畅、快速地挑选所需的物品。

通过对这个AR试点项目进行评估，发现拣选过程的效率提高了25%。

另外，AR应用程序的界面很直观，用户可以轻松地了解需要做什么，几乎不需要培训。因此，AR技术的使用使DHL对员工培训的时间也减少了50%。

以上应用证明了AR技术在大型仓库管理系统中应用的有效性，在这次试点之后，

DHL已在其全球的仓储流程中部署了AR技术。

6.3.6 物流无人机

物流无人机配有GPS自控导航系统、GPS接收器、各种传感器以及无线信号发收装置。物流无人机具有GPS自控导航、定点悬浮、人工控制等多种飞行模式，集成了三轴加速度计、三轴陀螺仪、磁力计、气压高度计等多种高精度传感器和先进的控制算法。同时配有黑匣子，以记录状态信息，还具有失控保护功能，当无人机进入失控状态时将自动保持精确悬停，失控超时将就近飞往快递集散分点。物流无人机通过4G/5G网络或无线电通信遥感技术向调度中心进行数据传输，实时向调度中心发送地理坐标和状态信息，接收调度中心发送的指令，在接收到目的坐标以后采用GPS自控导航模式飞行，到达目的地上空后采用精准降落技术降落。

2016年9月，杭州未来科技城的无人机物流技术研发公司杭州迅蚁网络科技有限公司（以下简称“迅蚁”）和中国邮政合作，在浙江省安吉县开通了中国第一条无人机邮路，后又将该无人机邮路拓展成安吉山区的无人机邮政配送网络，覆盖3个乡镇8个偏远村庄。2017年迅蚁又和中国邮政、苏宁物流、菜鸟、中通、韵达等公司合作，将无人机航线拓展至中国多个省份的偏远地区。经过两年时间的偏远地区运行积累，2018年迅蚁进入城市人口居住场景，和浙江大学医学院附属第二医院、浙江省血液中心、中国移动、肯德基、星巴克等伙伴合作，在杭州市余杭区和滨江区建立了配送医疗物资和外卖餐饮的城市无人机自动化配送网络，在2019年2月申请了中国民航局的无人机运行安全风险评估(SORA)，并于2019年10月15日获得了中国民航局颁发的全球首张城市人口稠密区无人机物流配送许可牌照——“无人机物流配送经营许可”。

案例分析 日本物流配送中心的特色①

在日本，随着国民经济的高速发展，国内消费结构发生了极大变化，市民不断对商品品种、样式、规格、质量等提出更高要求，市场竞争日趋激烈。一方面，为了满足消费者的需求，工厂的生产朝着小批量、多品种、新款式的方向发展；另一方面，为了适应不同层次的消费需求，零售业中便利连锁店、时装专卖店、跳蚤市场、百元廉价店等各具特色的销售业态应运而生，这些新的业态为商品流通提供了多样化的渠道。生产销售结构的变化，推动了流通环节的高效化和重新组合，厂商和批发商愈来愈重视改善面向消费者的物流设施，实现物流配送中心的现代化。

（1）多功能化。在日本，由于方便食品产业的崛起，许多物流配送中心增加了食品的加工功能。如日本神奈川生协的濑谷配送中心，就设有鱼、肉等生鲜食品的小包装生产流水线，在储存、配送过程中，配置了冷藏、冷冻仓库和保温运输卡车。当前日本的物流配送中心基本上都能满足厂商和销售商对

① 根据百度文库同名文章整理。

物流全过程提出的高速化、高效化的要求，具备了从收货、验货、储存、装卸、配货、流通加工、分拣、发货、配送、结算到信息处理等多种功能，实现了物流一体化。

（2）系统化。日本的物流配送中心十分重视内部的系统管理，它们认为，一个配送中心的设计，首先应着重于系统设计，系统设计要求各个环节互相配合，使物流的全过程处于一个均衡协调的系统之中。例如，日本的许多物流配送中心在研究物流流程和具体操作过程中对经营的商品进行排队分析，商品一般被分成三大类：第一类是使用频率高的畅销商品。这类商品在流通过程中，首先是整批进货和储存，然后再按订单配货送到零售店。由于这类商品以出厂价购入，再以零售价出售，减少了流通环节，降低了物流费用，获利丰厚，因而这类商品的储存本身就是创利的。第二类是物流配送中心按照客户的订货单汇总后统一向工厂整箱订货的商品。配送中心收到货后不需要储存，可直接进行分拣作业，再配送到零售店，这样就节省了储存费用。第三类是需要一定保鲜度的商品。这类商品如牛奶、面包、豆腐等，通常不再经过配送中心停留处理，而是由配送中心直接从生产厂家送往零售店。总之，日本物流配送中心的物流工艺流程系统设计是十分成功的，获得的经济效益也十分可观。

（3）规模化。规模就是效益，这已成为日本物流界人士的共识。日本的物流配送中心规模大的比较多，如东京流通中心（TRC）坐落在距东京市中心10千米的和平岛上，经过几十年的建设，形成了很大的规模，占地150 703平方米，由流通中心、汽车运输中心、普通仓库和冷藏仓库四个部分组成。东京流通中心设施先进、功能齐全，共拥有两栋七层高、一栋五层高的仓库，计48 247平方米，各层和屋顶都设有停车场；一栋六层立体停车场，计11 838平方米；一栋十层多功能办公室，计14 366平方米；一栋十三层的综合服务楼，计59 541平方米；三个商品展示厅，计12 215平方米。中心全部采用电脑等现代化管理手段，因此很有吸引力。

（4）自动化。为了提高商品处理速度，减轻作业强度，使不熟练的人员也能准确作业，日本物流配送中心广泛采用了电脑控制的拣选操作系统，只要将客户要货单输入电脑，货位指示灯和数量显示器立即显示出拣选单上的商品在货架上的位置及数量，作业人员即可从货架上拣取商品，放入配货箱内，由胶带输送机送至自动分拣系统。该自动拣选配货系统从结算、抄单到库存管理均由计算机完成，还可几个人同时作业，实现了无纸化。日本在物流运作中对电脑控制的拣选操作系统的采用有一个突出特点，就是在医药品和化妆品等物流费用承受能力强的行业发展较快，而在物流费用承受能力差的日用百货品等行业发展较慢。但无论如何，日本当前已较广泛地采用了拣选操作系统。

（5）立体化。由于日本城市化程度较高，地价的上涨给物流配送中心的选址带来了极大困难，大城市及周围地区的物流设施明显减少，基本上都转移到了更偏远的地方，而原先坐落在市区的仓库也因地价上涨而经营入不敷出，只能改造成办公大楼或其他设施。为了提高土地的利用率，日本大多数物流企业纷纷建立起自己的立体化配送中心，其中大型的自动化立体式货架仓库高可达二三十米，库容量大，装卸货都用巷道堆垛机，由电脑控制，商品出入库速度很快，但要求必须选择储存对路的商品。这种立体式仓库大都在十五层左右，从第二层起，所有的楼面都提供给货主作储存和流通加工之用，而底层作为大型分拣作业场，使用分拣机等自动化设备与楼层的功能配套。

（6）集成化。由于只有保管功能的营业仓库无法实现对多品种、少批量商品的物流管理，日本将其改造成集成化的配送中心，把配送中心、冷藏冷冻仓库、货物集散中心、办公室、展示厅、会议室等设施集中在一起，共同使用。生产厂家的产品、批发和零售商采购的商品，都可直接储存在该综合性的配送中心里。零售店配送商品时可采用共同配送体制，以保证物流活动的高效化。日本东京近郊就建有四个超大型的流通中心。

这些规模巨大的流通中心由政府统一规划和开发，分别由私营企业投资经营，组织海、陆、空运输配套网络，构建成大型公共流通中心。可见，政府的统筹规划、全面安排、积极扶持是物流配送中心迅速发展的一个重要因素。

（7）信息化。电脑的广泛应用促进了物流系统管理的现代化，加快了商品流通速度。据介绍，日本流通领域应用电脑的数量占全国的50%左右，这一比例居世界首位。而日本的物流配送中心电脑应用得更广泛，不仅分拣系统和立体化仓库等采用电脑控制，库存管理和业务经营等也普遍实现了电子化。

流通VAN是将制造业、批发业、零售业相关的商业信息通过服务网络来互相交换的信息系统。作为“信息网络的节点”，配送中心还通过流通VAN与制造商、批发商、零售商等联机，构成完整的信息网络，进行信息处理和交换，控制着从接受订货到发货的整个物流过程，以确保对客户实施准时配送，并合理控制商品库存，减少库存商品的资金积压和节约物流费用。目前，流通VAN在日本物流配送中心已被广泛采用。

讨论：

（1）日本采用了哪些先进的物流技术来促进物流配送中心的发展?

（2）物流配送中心未来的发展趋势是什么?

本章小结

配送是根据客户要求，对物品进行分类、拣选、集货、包装、组配等作业，并按时送达指定地点的物流活动。配送的基本功能要素主要包括集货、分拣、配货、配装、送货等。物流配送可从不同的角度进行分类，如按配送货品的种类和数量、配送服务的对象、配送活动组织者和承担者的多种结合分类，按配送的时间和数量分类等。

配送中心是指从事配送业务的物流场所或组织。它具有如下功能：集散功能、衔接功能、运输功能、储存功能、分拣功能和流通加工功能。根据不同的标准——功能、配送中心的运营主体、配送中心的服务范围等，可将配送中心划分为不同的类型。物流配送的作业流程是配送中心为完成配送任务所必须制定的配送组织程序。物流配送中心的基本作业流程可分为以下几种：配送中心的一般作业流程；转运型配送中心的作业流程；加工配送型配送中心的作业流程；批量转换型配送中心的作业流程。

物流配送中心规划是一项复杂的工作，大体上可以按照以下的程序进行：前期准备；确定目标及原则；功能规划；选址规划；作业流程规划；设施设备规划；信息系统规划。

物流配送中心绩效评价的指标体系主要有：人员负担指标、车辆负荷指标、时间指标、配送成本指标、配送服务质量指标。

智慧物流在配送中有广泛应用，表现为具有自动分拣系统、自动化立体仓库以及计算机智能化技术等。

关键概念

配送　集货　分拣　配货　配装　配送中心　自动分拣系统　自动化立体仓库　智慧物流　AR/VR技术　物流无人机

思考题

1. 配送具有哪些特点？配送的功能要素包含哪些？
2. 常见的配送类型有哪些？
3. 配送中心的主要功能是什么？
4. 常见的配送中心类型有哪些？
5. 配送中心的作业流程是怎样的？
6. 请简单介绍配送中心规划的程序。
7. 谈谈你对自动分拣系统和自动化立体仓库的认识。
8. 智慧物流在配送中有哪些应用？

第7章 物流信息管理

学习目标

正确理解物流信息及物流信息管理的内容、特征及功能；了解物联网技术和物流信息化的应用方式和方法；了解现代信息技术在物流业的应用；学习物流信息系统的系统分析和系统设计的基本理论；学习物流信息管理的内容、特征及管理模式；了解物流信息管理系统的概念、特点、种类及功能。

7.1　物流信息管理概述

7.1.1　物流信息

1. 物流信息的概念

物流信息包含的内容和对应的功能可从狭义、广义两方面来考察。

从狭义范围来看，物流信息是指与物流活动（如运输、保管、包装、装卸、流通加工等）有关的信息。在物流活动的管理与决策中，如运输工具的选择、运输路线的确定、每次运送批量的确定、在途货物的追踪、仓库的有效利用、最佳库存数量的确定、库存时间的确定、订单管理、如何提高顾客服务水平等，都需要详细和准确的物流信息，因为物流信息对运输管理、库存管理、订单管理、仓库作业管理等物流活动具有支持保证功能。

从广义范围来看，物流信息不仅指与物流活动有关的信息，而且包含与其他流通活动有关的信息，如商品交易信息和市场信息等。商品交易信息是指与买卖双方的交易过程有关的信息，如销售和购买信息、订货和接受订货信息、发出货款和收到货款信息等。市场信息是指与市场活动有关的信息，如消费者的需求信息、竞争者或竞争性商品的信息、销售促进活动信息、交通通信等基础设施信息。

《物流术语》（GB/T 18354—2021）中对物流信息（logistics information ）的定义是：反映物流各种活动内容的知识、资料、图像、数据、文件的总称。

2.物流信息的特点

（1）物流信息的数据量大，涉及面广

现代物流的多品种、小批量、多层次、个性化服务，使货物在运输、仓储、包装、装卸搬运、加工、配送等各个环节产生了大量的物流信息，且分布在不同的厂商、仓库、货场、配送中心、运输线路、运输商、中间商、客户之处。

（2）物流信息的种类繁多，来源复杂

物流信息不仅包括企业内部产生的各种物流信息，还包括企业间的物流信息以及与物流活动有关的法律、法规、市场、消费者等诸多方面的信息。

（3）物流信息的动态性和适时性强

由于各种物流作业活动频繁发生，市场竞争状况和客户需求变化使物流信息瞬息万变，呈现一种动态性。物流信息往往伴随物流产品-服务的形成过程，其价值也会随时间的变化而不断贬值，表现出非常强的适时性。

（4）物流信息必须实现共享，遵循统一的标准

随着经济全球化，物流信息不仅涉及国内国民经济的各个部门，而且涉及国际贸易活动的方方面面。

7.1.2 物流信息管理的内容

物流信息管理就是对物流全过程的相关信息进行收集、整理、传输、存储和利用的信息活动过程，也就是物流信息从分散到集中，从无序到有序，从产生、传播到利用的过程。同时，对涉及物流信息活动的各种要素，包括人员、技术、工具等进行管理，实现资源的合理配置。

物流信息管理不仅包括采购、销售、存储、运输等物流活动的信息管理和信息传送，还包括对物流过程中的各种决策活动，如采购计划、销售计划、供应商的选择、顾客分析等提供决策支持，并充分利用计算机的强大功能，汇总和分析物流数据，进而做出更好的进销存决策。物流信息管理也会充分利用企业资源，加深对企业的内部挖掘和外部利用，大大降低生产成本，提高生产效率，增强企业竞争优势。

物流信息管理是为了有效地开发和利用物流信息资源，以现代信息技术为手段，对物流信息资源进行计划、组织、领导和控制的社会活动。具体可以从以下四个方面来理解：

1.物流信息管理的主体

物流信息管理的主体一般是与物流信息管理系统相关的管理人员，也可能是一般的物流信息操作控制人员。这些人员要从事物流业务操作、管理，承担物流信息技术应用和物流信息管理系统的开发、建设、维护，物流信息资源开发利用，与物流信息管理系统相关的管理等工作。操作人员必须具备物流信息管理系统的操作、管理、规划和设计

等能力。

2.物流信息管理的对象

与信息管理的对象一样，物流信息管理的对象包括物流信息资源和物流信息活动。物流信息资源主要指直接产生于物流活动（如运输、保管、包装、装卸、流通、加工等）的信息和其他与流通活动有关的信息（如商品交易信息、市场信息等）。而物流信息管理活动是指物流信息管理主体进行物流信息收集、传递、储存、加工、维护和使用的过程。

3.物流信息管理的手段

信息管理离不开现代信息技术，同时利用管理科学、运筹学、统计学、模型和各种最优化技术来实现对信息的管理以辅助决策。物流信息管理除具有一般信息管理的要求外，还要通过物流信息管理系统的查询、统计，数据的实时跟踪和控制来管理、协调物流活动。利用物流信息管理系统是进行物流信息管理的主要手段。

4.物流信息管理的目的

物流信息管理的目的是开发和利用物流信息资源，以现代信息技术为手段，对物流信息资源进行计划、组织、领导和控制，最终为物流相关管理提供计划、控制、评估等辅助决策服务。

7.1.3 物流信息管理的特点

物流信息管理是通过对与物流活动相关的信息的收集、处理、分析来达到对物流活动的有效管理和控制的过程，并为企业提供各种物流信息分析和决策支持。物流信息管理具有以下四个特点：

1.强调信息管理的系统化

物流是一个大范围的活动，物流信息源点多、分布广、信息量大、动态性强、信息价值衰减速度快，物流信息管理要求能够迅速进行物流信息的收集、加工、处理，因此需要利用物流信息管理系统进行处理。物流信息管理系统可以利用计算机的强大功能汇总和分析物流数据，并对各种信息进行加工、处理，以提高物流活动的效率和质量。而网络化的物流信息管理系统可以实现企业各部门、各企业间的数据共享，从而提高物流活动的整体效率。因此，物流信息管理强调建立以数据获取、分析为中心的物流信息管理系统，从庞大的物流数据中挖掘潜在的信息价值，从而提高企业的物流运作效率。

2.强调信息管理各基本环节的整合和协调

物流信息管理的基本环节包括物流信息的获取、传输、储存、处理与分析，在管理过程中强调物流信息管理各基本环节的整合和协调。在仓储、运输、装卸搬运、包装、物流加工、配送等物流活动中，对信息管理各基本环节的整合和协调可以提高物流信息传递的及时性和顺畅程度，提高物流活动的效率。物流信息管理各基本环节的信息处理一旦间断，会影响物流活动的整体连贯性和高效性。

3.强调信息管理过程的专业性和灵活性

物流信息管理是专门收集、处理、储存和利用物流全过程的相关信息，为物流管理和物流业务活动提供信息服务的专业管理活动。物流信息管理过程涉及仓储、运输、配送、货代等物流环节，涉及的信息对象则包括货物信息、作业人员信息、所使用的设施设备信息、操作技术和方法信息、物流的时间和空间信息等。此外，物流信息管理的规模、内容、模式和范围等，根据物流管理的需要，可以有不同的侧重点，以提高物流信息管理的针对性和灵活性。

4.强调建立有效的信息管理机制

物流信息管理强调信息的有效管理，即强调信息的准确性、有效性、及时性、集成性、共享性。在物流信息的收集和整理中，要避免信息的缺损、失真和失效，强化物流信息活动过程的组织和控制，建立有效的管理机制。同时，通过制定企业内部、企业之间的物流信息交流和共享机制来加强物流信息的传递和交流，以便提高企业自身的信息积累，并进行相应的优势转化。

7.1.4 物流信息管理的模式

根据管理体制、所采用的管理技术和方法与手段的不同，物流信息管理也有不同的模式，基本上可以归纳为以下四种：

1.手工信息

利用纸介质，通过人工记录、计算、整理等活动进行信息管理，这是早期的传统物流信息管理模式。此时，计算机技术还不太成熟，在物流领域还未得到广泛应用，各项物流活动主要依赖手工操作来完成，物流信息管理主要包括制作出入库凭证、制作财务和会计凭证、制作结算单、人事薪金计算和制单、人工制作会计账目、人工填写库存账册等。

2.计算机辅助管理

计算机辅助管理模式是指物流企业使用计算机来辅助管理企业的各项物流活动。同手工管理模式相比，在此种管理模式下，计算机参与了不少业务的处理，但计算机的应用领域还有待扩展。计算机辅助管理模式的特点是物流企业开始利用计算机处理部分物流业务，进行相应的物流信息管理，但基本上属于单机系统管理模式，还没有引入网络化处理技术，也没有实现集成化的信息管理。计算机系统承担的辅助管理功能包括订单信息处理、出入库处理、库存管理、采购管理、会计总账管理、人事考核和薪金管理、应收款和应付款管理、票据管理等。

3.物流信息管理系统

随着现代信息技术的发展和计算机应用的普及，许多企业开始发展自己的专用物流信息管理系统，如大中型商业企业的进销存信息管理系统、铁路运营控制和调度信息管理系统等。此时，物流信息管理系统的特点是计算机软硬件集成化，建立了数据库管理系统，可以进行统计分析以及辅助决策，基于Internet系统对外联网。这种管理模式充分利用计算机网络技术和通信技术，将多种物流信息管理子系统进行集成，使物流信息共享，减少冗余和不一致，以提高物流信息管理的效率和效果。物流信息管理系统承担的主要功能包括网络化的订单信息处理、销售预测、物资管理、车辆调派、运输线路选择和规划、供应商管理、财务成本核算、银行转账和结算，以及客户信息系统的集成等。

4. 智能集成化物流信息管理系统

智能集成化是物流信息管理系统的发展趋势，智能集成化也是未来物流信息管理系统的主要特点。智能集成化物流信息管理系统模式将在物流信息管理系统中引入人工智能、专家系统、计算机辅助经营决策以及大量智能化、自动化、网络化的物流工具的应用，具有后勤支持、物流动态分析、安全库存自动控制、仓库规划布局、车辆运输自动调度、仓库软硬件设备控制、人力使用分析控制等功能。此外，智能集成化物流信息管理系统还集成供应商、批发商、物流配送中心、零售商及顾客等的信息，并在计算机网络中进行实时的信息传递和共享，逐步形成社会化全方位的物流信息系统管理模式。

总之，物流信息管理系统的任务就是要根据物流信息采集、处理、存储和流通的要求，选购和构筑由信息设备、通信网络、数据库和支持软件等组成的物流信息管理系统，充分利用物流系统内部、外部的物流数据资源，促进物流信息的数字化、网络化和市场化，提高物流管理水平，发现需求机会，做出科学决策。

7.2 物联网技术与物流信息化

7.2.1 物联网技术

物联网（internet of things，IOT）的定义有很多。普遍认可的一种是：物联网是通过射频识别技术、红外感应器、全球卫星定位系统、激光扫描器等信息传感设备，按规定协议，将任何物品通过有线与无线方式与互联网连接，进行通信和信息交换，以实现智能化识别、定位、跟踪、监控和管理的一种网络。

Internet of things，顾名思义，就是物物相连的互联网。这里有两层意思：其一，物联网的核心和基础仍然是互联网，是在互联网基础上延伸和扩展的网络；其二，其用户端延伸和扩展到了在任何物品与物品之间进行信息交换和通信，以实现许多全新的系统功能。

全面感知、可靠传输、智能处理与自动控制是物联网的四个显著特点。物联网与互联网、通信网有所不同，虽然它们都是能够按照特定的协议建立连接的应用网络，但物联网的应用范围、网络传输以及实现功能等都比现有的网络明显增强，其中最显著的特点是其感知范围的扩大及其应用的智能化。

1. 全面感知

物联网连接的是物，需要能够感知物、赋予物智能。原本我们对于物的感知是表象的，现在变成了物与物、人与物之间广泛的感知和连接，感知的范围进一步扩展。这是物联网根本性的变革。

实现对物的感知，就要利用RFID、传感器、二维码等技术，以便能够随时随地采集物的静态和动态信息。这样，就可以对物进行标识，全面感知所连接对象的状态，对物进行快速分析处理。

2. 可靠传输

物联网前端的信息，要通过网络进行实时传送，其具备如下特点：

其一，对感知到的信息进行可靠传递，全面及时而不失真。

其二，这个信息传递的过程应该是双向的，即处理平台不仅能够收到前端传来的信息，而且能够顺畅、安全地将相关返回信息传递到前端。

其三，信息传递安全，抗干扰，防病毒能力、防攻击能力强，具有高可靠性的防火墙功能。

3. 智能处理

物联网实现了利用计算机技术，结合移动通信技术，构成虚拟网络，及时对海量数据进行信息控制；并且通过通信技术，进行相关处理，真正达成了人与物、物与物的沟通。在物联网系统中，相关指令的下达使联网的多种物品处于可监控、可管理的状态，这就突破了手工管理的种种不便。应用感知技术让物品能够及时反馈自己的状态，从而实现智能化管理。

物联网对信息的智能化处理是对信息进行非接触的自动处理，通过各种传感设备实现远程获取，并不需要实地采集；对物流信息实行实时监控，对流通中的物体内置芯片，通过系统随时监控物品的运行状态；在智能处理的全过程中，都可实现各环节信息共享。

4. 自动控制

自动控制即利用模糊识别等智能控制技术对物品实施智能化控制和利用，最终形成物理、数字、虚拟世界和现实社会共生互联的智能环境。

7.2.2 条形码技术

在流通和物流活动中，为了能迅速、准确地识别商品，自动读取有关商品的信息，条形码（或称条码）技术被广泛应用。

条形码（barcode）是将宽度不等的多个黑条和空白，按照一定的编码规则排列，用以表达一组信息的图形标识符。常见的条形码是由反射率相差很大的黑条（简称条）和白条（简称空）排成的平行线图案。条形码可以标示出物品的生产国、制造厂家、商品名称、生产日期、图书分类号、邮件起止地点、类别、日期等许多信息，因而在商品流通、图书管理、邮政管理、银行系统等许多领域都得到广泛的应用。

物流条码是供应链中用以标识物流领域中具体实物的一种特殊代码，是从制造厂家到运输、仓储、配送、销售等整个物流活动中的共享数据。它贯穿整个贸易，并通过物流条码数据的采集、反馈，提高整个物流系统的经济效益。

条码可分为一维条码和二维条码。

一维条码即传统条码。一维条码按应用可分为商品条码和物流条码两种。商品条码包括EAN码和UPC码；物流条码包括UCC/EAN-128码、ITF码、39码、库德巴码等。

二维条码根据构成原理和结构形状的差异，可分为两大类：一类是行排式或层排式二维条码（stacked or tiered barcode），如PDF417等；另一类是棋盘式或矩阵式二维条码（checkerboard or dot-matrix type barcode），如QR Code、Data Matrix等。

实践中常用的条码如表7-1所示。

表7-1　常用条码介绍

条码种类	条码名称	示　例	描　述	应　用
一维条码	UPC	7 25272 73070 6	只用数字，长度为12	在美国和加拿大被广泛用于食品、百货及日用品零售业
	EAN	9 780201 379624	与UPC码兼容，具有相容的符号体系	用于世界范围的食品、百货及日用品零售业
	Code 128	ABC-abc-1234	采用ASCII码字符集：0—9，A—Z	广泛用于制造业及仓储、物流业
	UCC/EAN-128	(01)01234567890128TEC-IT	是目前可用的最完整的字母数字型一维条码	广泛用于物流标识及其他物流单元
二维条码	PDF417		可以容纳1 848个字母字符或2 729个数字字符，约1 000个汉字信息，比普通条码信息容量高几十倍	用于报表管理、产品的装配线、银行票据管理、行包及货物的运输管理等
	矩阵式二维码		QR Code符号共有40种规格，最高版本为40，可容纳多达1 850个大写字母或2 710个数字或1 108个字节或500多个汉字	由于其属于高密度编码，信息容量大，因此被广泛采用

7.2.3 射频识别技术

1.射频识别技术概述

射频识别（radio frequency identification，RFID）技术是自20世纪90年代兴起的一种自动识别技术，是一项利用射频信号通过空间耦合（交变磁场或电磁场）实现无接触信息传递并通过所传递的信息达到识别目的的技术。

RFID技术诞生于第二次世界大战期间，当时英国主要用来识别飞临机场的是否为己方飞机。现代战争中RFID的应用更加普及，美国对伊拉克战争期间，美国国防部在军用物资箱上装置RFID标签，到前线扫描一下就知道里面装了什么，大大缩短了物流的时间。美国国家航空航天局则用这种技术追踪发射到太空中的飞行器。在民用领域，许多欧美国家的高速公路有电子收费站，只要凭着粘贴在车上的RFID识别卡片，就可以直接通过收费通道自动扣款，不用停车。借助RFID技术，沃尔玛超市率先在全球范围内建立起商品供应链追溯机制，它要求供应商在所有沃尔玛超市的商品包装箱上，都要有应用RFID技术的电子商品标签。

2.RFID技术的特点

RFID技术是一种易操控、简单实用且特别适用于自动化控制的灵活性的应用技术，识别工作无须人工干预，可自由工作在各种恶劣环境下，识别距离可达几十米。其所具备的独特优越性是其他识别技术无法比拟的。它的特点可归纳为：

（1）读取方便快捷。数据的读取不需要光源，甚至可以透过外包装来进行。有效识别距离更长，采用自带电池的主动标签时，有效识别距离可以达到30米以上。

（2）识别速度快、可多目标识别。标签一进入磁场，阅读器就可以即时读取其中的信息，而且能够同时处理多个标签，实现批量识别。

（3）标签数据可以动态更改。利用编程可以向电子标签里写入数据，从而赋予RFID标签交互式便携数据文件的功能，而且写入时间比打印条形码更短。

（4）动态实时通信。标签以每秒50～100次的频率与阅读器进行通信，所以只要RFID标签所附着的物体出现在解读器的有效识别范围内，就可以对其位置进行动态的追踪和监控。

（5）抗恶劣环境能力强。传统条形码的载体是纸张，容易受到污染，但RFID对水、油和化学药品等物质具有很强的抵抗性。

（6）更好的安全性。RFID标签不仅可嵌入或附着在不同形状、类型的产品上，且可以为标签数据读写设置密码保护，具有更高的安全性。

（7）使用寿命长、应用范围广。其无线电通信方式，使其可以应用于粉尘、油污等高污染环境和放射性环境，而且封闭式包装使得其寿命大大超过印刷的条形码。

RFID技术与其他技术的比较见表7-2。

表7-2 RFID技术与其他技术的比较

技术	信息载体	信息量	读/写性	读取方式	保密性	智能性	抗干扰能力	寿命	成本
条形码	纸、塑料薄膜、金属表面	小	只读	条形码扫描器	差	无	差	较短	最低
磁卡	磁性物质	一般	读/写	电磁转换	一般	无	较差	短	低
IC卡	EEPROM	大	读/写	电擦除、写入	最好	无	好	长	较高
RFID	EEPROM	大	读/写	无线通信	最好	无	很好	最长	较高

3. RFID技术的工作原理

(1) RFID系统的组成

在具体的应用过程中，根据不同的应用目的和应用环境，RFID系统的组成会有所不同。一个典型的可应用RFID系统一般由电子标签、天线、阅读器（读写器）和应用系统几部分组成，如图7-1所示。

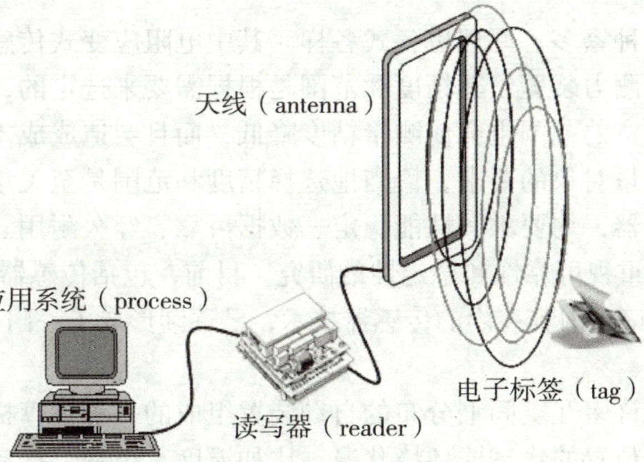

图7-1 RFID系统的基本组成

(2) RFID系统的基本工作原理

①阅读器通过发射天线发送一定频率的射频信号，当射频卡进入发射天线工作区域时产生感应电流，射频卡获得能量被激活。

②射频卡将自身编码等信息通过卡内置发射天线发送出去。

③系统接收天线接收到从射频卡发来的载波信号，经天线调节器传送到阅读器，阅读器对接收的信号进行解调和解码，然后送到后台主机系统进行相关处理。

④主机系统根据逻辑运算判断该卡的合法性。针对不同的设定做出相应的处理和控制，发出指令信号，控制执行机构动作。

7.2.4 传感器技术

《传感器通用术语》（GB/T 7665—2005）中对传感器的定义是："能感受被测量并按照一定的规律转换成可用输出信号的器件或装置。"传感器作为信息获取的重要手段，与通信技术和计算机技术共同构成信息技术的三大支柱，其作用是利用物理效应、化学效应、生物效应，把被测的物理量、化学量、生物量等非电量转换成电量。

1. 传感器

传感器技术是实现测试与自动控制的重要环节。在测试系统中，被作为一次仪表定位，其主要特征是能准确传递和检测出某一形态的信息，并将其转换成另一形态的信息。具体地说传感器是指那些对被测对象的某一确定的信息具有感受（或响应）与检出功能，并使之按照一定规律转换成与之对应的可输出信号的元器件或装置。如果没有传感器对被测的原始信息进行准确可靠的捕获和转换，一切准确的测试与控制都将无法实现，即使最现代化的电子计算机，没有准确的信息（或转换可靠的数据）和不失真的输入，也将无法充分发挥其应有的作用。

传感器种类及品种繁多，原理也各式各样。其中电阻应变式传感器是被广泛用于电子秤和各种新型机构的测力装置，其精度和范围是根据需要来选定的，过高的精度要求对使用并无太大意义，过宽的范围也会使测量精度降低，而且会造成成本过高及增加工艺上的困难。因此，根据测量对象的要求，恰当地选择精度和范围是至关重要的，但无论何种条件、场合使用的传感器，均要求其性能稳定、数据可靠、经久耐用。为此，在研究高精度传感器的同时，必须重视可靠性和稳定性的研究。目前，包括传感器的研究、设计、试制、生产、检测与应用等诸项内容在内的传感器技术，已逐渐形成了一门相对独立的专门学科。

2. 传感器网络

传感器网络是由许多在空间上分布的自动装置组成的一种计算机网络，这些装置使用传感器协作监控不同位置的物理或环境状况（比如温度、声音、振动、压力、运动或污染物）。无线传感器网络的发展最初起源于战场监测等军事应用，而今则被应用于很多民用领域，如环境与生态监测、健康监护、家庭自动化，以及交通控制等。

传感器网络主要包括三个方面：感应、通信、计算（硬件、软件、算法），其中的关键技术主要是无线数据库技术。

传感器网络系统通常包括传感器节点（sensor）、汇聚节点（sink node）和管理节点。大量传感器节点随机部署在监测区域（sensor field）内部或附近，能够通过自组织方式构成网络。传感器节点监测的数据沿着其他传感器节点逐跳地进行传输，在传输过程中监测数据可能被多个节点处理，经过多跳后路由到汇聚节点，最后通过互联网或卫星到达管理节点。用户通过管理节点对传感器网络进行配置和管理，发布监测任务以及收集监测数据。

传感器网络是由大量部署在作用区域内的、具有无线通信与计算能力的微小传感器节点，通过自组织方式构成的，能根据环境自主完成指定任务的分布式智能化网络系统。传感器网络的节点间距离很短，一般采用多跳（multi-hop）的无线通信方式进行通信。传感器网络可以在独立的环境下运行，也可以通过网关连接到Internet，使用户可以远程访问。

传感器网络综合了传感器技术、嵌入式计算技术、现代网络及无线通信技术、分布式信息处理技术等，能够通过各类集成化的微型传感器协作地实时监测、感知和采集各种环境或监测对象的信息，通过嵌入式系统对信息进行处理，并通过随机自组织无线通信网络以多跳中继方式将所感知信息传送到用户终端，从而真正实现“无处不在的计算”理念。

传感器网络节点的组成和功能包括如下四个基本单元：传感单元（由传感器和模数转换功能模块组成），处理单元（由嵌入式系统构成，包括CPU、存储器、操作系统等），通信单元（由无线通信模块组成），以及电源部分。

传感器网络的特性使得其有着非常广泛的应用前景，其无处不在的特点使其在不远的未来成为人们生活中不可缺少的一部分。通过感知识别技术，让物品“开口说话、发布信息”，是融合物理世界和信息世界的重要一环，是物联网区别于其他网络的最独特的部分。物联网的“触手”是位于感知识别层的大量信息生成设备，包括RFID、传感器网络、定位系统等。传感器网络所感知的数据是物联网海量信息的重要来源之一。

7.3 信息技术在物流管理中的应用

《物流术语》（GB/T 18354—2021）中对物流信息技术（logistics information technology）的定义是：以计算机和现代通信技术为主要手段实现对物流各环节中信息的获取、处理、传递和利用等功能的技术总称。下面选取电子数据交换（EDI）、地理信息系统（GIS）、全球定位系统（GPS）、人工智能技术、元宇宙技术等信息技术在物流管理中的应用进行介绍。

7.3.1 电子数据交换（EDI）

1.EDI的定义及发展

电子数据交换（EDI）是指采用标准化的格式，利用计算机网络进行业务数据的传输和处理，即不同的企业之间，为了提高经营活动的效率，在标准化的基础上，通过计算机联网进行数据传输和交换的方法。EDI的目的是通过建立企业间的数据交换网来实现票据处理、数据加工等事务作业的自动化、省力化、及时化和正确化；同时通过有关的销售信息和库存信息的共享来实现经营活动的效率化。需要指出的是，企业在应用EDI时，不仅应关注在供应链参与各方之间传送信息的及时性和有效性，更重要的是要利用这些信息来实现企业各自的经营目标和整个供应链活动的效率化。EDI的主要功能表现在电子数据传输和交换、传输数据的存证、文书数据标准格式的转换、安全保密、信息查询、技术咨询服务、信息增值服务等方面。

2.EDI系统的构成、EDI的通信方式及物流EDI技术

（1）EDI系统的构成

EDI是通过计算机联网进行数据传递和订货等交易活动，不需要人的直接介入，因此利用EDI的当事者之间必须预先确定EDI系统的结构和标准。

由图7-2可知，EDI系统一般由四个方面构成：关于信息传送方式的规定、关于信息表示方式的规定、关于系统运行操作的规定和关于交易业务的规定。这些规定或称议定书，是利用EDI系统的各方达成的共识，这些规定实际上是对这四个方面涉及的内容进行标准化工作，其中最重要的标准化是信息传送方式的标准化和信息表示方式的标准化。信息传送方式的标准化是指为了在不同的计算机之间传送信息，对通信线路的类型以及传送控制方式等进行决策，具体的内容包括通信速度、数据格式、数据长度、检查方法等方面的标准化。信息传送方式的标准化工作还包括应用系统界面与数据格式之间相互转换方式的标准化。信息表示方式的标准化是指对应EDI网络传送的业务类型，确定对该业务信息内容的表达方式并使之标准化。具体内容包括数据代码、信息的格式等方面的标准化。

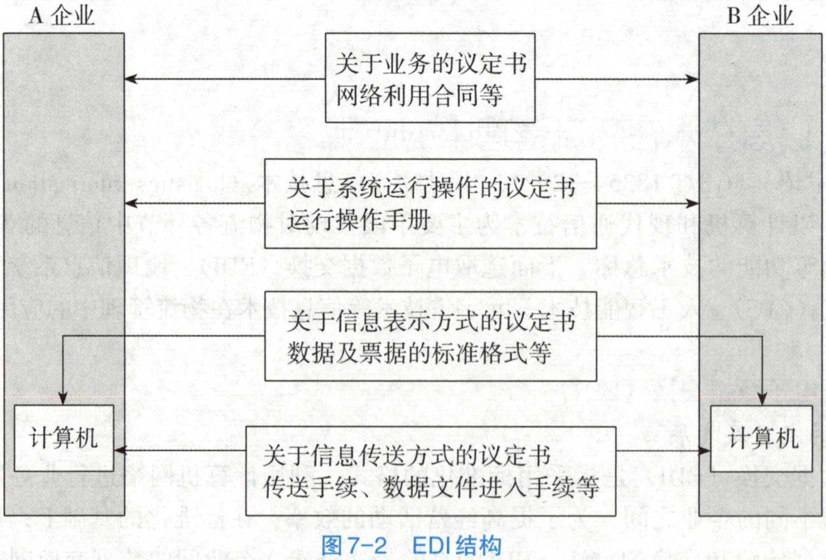

图7-2 EDI结构

(2) EDI通信方式——VAN

EDI通信主要采用增值网（VAN）方式，VAN（value added network）是指通过利用（一般是租用）通信公司的通信线路连接分布在不同地点的计算机终端形成的信息传递交换网络。该网络向利用者提供服务，如计算机之间的联网、数据交换服务、通信线路阻塞时的迂回中继等。VAN是实现EDI功能的外部设备，目前被广泛应用的销售时点数据（POS）、电子订货系统（EOS）都是VAN应用的具体形式。应用于POS的VAN除了传递销售时点数据之外，还能通过对销售时点数据的加工计算求得每个商品的利润、商品周转率，区分畅销商品和滞销商品。VAN的附加价值就表现为它能够提供以上这些服务。

(3) 物流EDI技术

EDI最初由美国企业应用于企业间的订货业务活动中，其后应用范围从订货业务向其他的业务扩展，如POS销售信息传送业务、库存管理业务、发货送货信息和支付信息的传送业务等。近年来，EDI在物流中应用广泛，被称为物流EDI。所谓物流EDI是指货主、承运业主以及其他相关的单位之间，通过EDI系统进行物流数据交换，并以此为基础实施物流作业活动的方法。物流EDI的参与单位有货物货主（如生产厂家、贸易商、批发商、零售商等），承运业主（如独立的物流承运企业等），实际运送货物的交通运输企业（如铁路企业、水运企业、航空企业、公路运输企业等），协助单位（如政府有关部门、金融企业等）和其他的物流相关单位（如仓储业者、专业报关者等）。物流EDI的框架结构如图7-3所示。

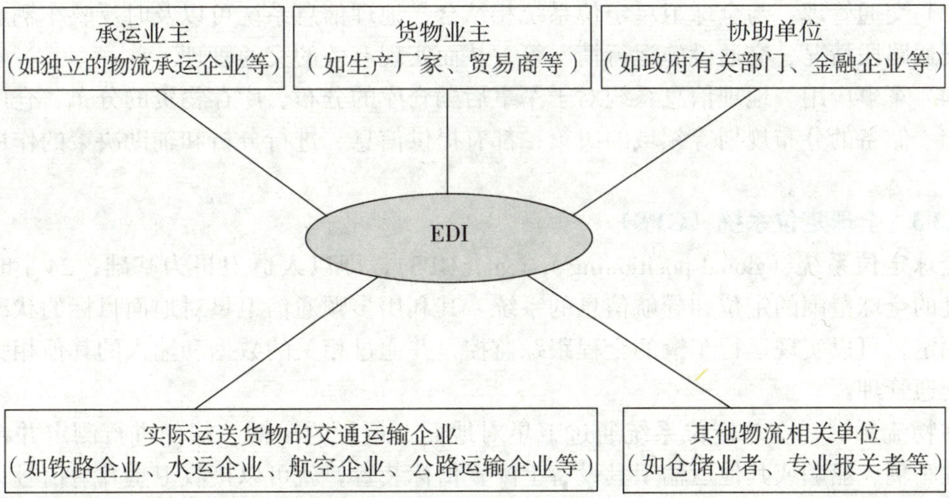

图7-3 物流EDI的框架结构

7.3.2 地理信息系统（GIS）

地理信息系统（geographical information system，GIS）是在计算机技术支持下，对整个或部分地球表层（包括大气层）空间中的有关地理分布数据进行采集、储存、管理、运算、分析、显示和描述的系统。

地理信息系统是以地理信息研究和决策服务为目的的计算机网络系统，其主要功能是即时地提供多种空间的和动态的地理信息。其主要由两部分组成：一部分是桌面地图系统；另一部分是数据库，用来存放地图上与特定的点、线、面相关的数据。通过点取地图上的相关部位，可以立即得到相关的数据；反之，通过已知的相关数据，也可以在地图上查询到相关的位置和其他信息。借助这个信息系统，可以进行路线的选择和优化，可以对运输车辆进行监控，可以向司机提供有关的地理信息等。

根据应用领域的不同，地理信息系统又有各种不同的应用系统，如土地信息系统、城市信息系统、交通信息系统、仓库规划信息系统等，它们的共同点是用计算机处理与空间相关的信息。地理信息系统的主要应用领域有以下几方面：

（1）电子地图。借助计算机和数据库应用，电子地图可以比一般地图多几百、几千倍的信息量，通过电子地图可以提供一种新的按地理位置进行检索的方法，以获得相关的社会、经济、文化等各方面的信息。

（2）辅助规划。地理信息系统可以辅助仓库、站场等基础设施的运行等，从而支持有效的交通管理。

（3）交通管理。与全球卫星定位系统相结合，地理信息系统可以及时反映车辆运行情况、交通路段情况、交通设施运行情况等，从而实现有效的交通管理。

（4）军事应用。地理信息系统对于军事后勤仓库的分布、库存物资的分布、仓库物资的调用、储备的分布规划等领域的决策，都有提供信息、进行分析和辅助决策的作用。

7.3.3 全球定位系统（GPS）

全球定位系统（global positioning system，GPS），即以人造卫星为基础，24小时提供高精度的全球范围的定位和导航信息的系统。其利用多颗通信卫星对地面目标的状况进行精确测定，可以实现运行车辆的全程跟踪监控，并通过相关的数据和输入的其他相关系统进行交通管理。

在物流领域，全球定位系统通过卫星对地面上运行的车辆、船舶进行测定并精确定位，在车辆、船舶或其他运输工具设备上配置信标装置，就可以接收卫星发射信号，以使其置于卫星的监测之下，通过接收装置，就可以确认其精确的位置。

全球定位系统在物流领域的重要应用体现在以下方面：

（1）进行车辆、船舶的跟踪。可以通过地面计算机终端，实时显示出车辆、船舶的实际位置，位置精度以“米”计量。对于重要的车辆和船舶，必须随时掌握其动态，目前只能依靠这个系统来解决问题。

（2）信息传递和查询。可以实施双向的信息交流，可以向车辆、船舶提供相关的气象、交通、指挥等信息，同时可以将运行中的车辆、船舶的信息传递给管理中心。

（3）及时报警。通过全球定位系统，掌握运输装备的异常情况，接收求助信息和报警信息，迅速传递到管理中心实施紧急求援。

（4）支持管理。根据GIS、GPS系统所提供的信息，可以实施运输指挥、实时监控、路线规划和选择、向用户发出到货预报等，以有效支持大跨度物流系统管理。

目前全球有四大卫星定位系统，它们分别是美国的GPS、俄罗斯的格洛纳斯、欧盟的伽利略卫星导航系统以及中国的北斗卫星导航系统。北斗卫星导航系统是我国自行研制开发的先进导航系统，显示出我国在高科技领域的世界领先地位。

7.3.4 人工智能技术

人工智能（artificial intelligence，AI），是研究、开发用于模拟、延伸和扩展人的智能的理论、方法、技术及应用系统的一门新的技术科学。分析人工智能技术在供应链物流领域的应用，首先需要明确人工智能的优势，其自身具备人类判断以及反应能力，可以对人类思维进行模拟。人工智能系统通过计算机程序以及相关的硬件设备进行维护。因此，在人工智能中，通过相关算法的开源性以及大数据互联网特征，在整个供应链物流中能够给出全新的解决方案，体现出完成标准化以及效率高等优势，成为全新的发展源。

1.智能仓库管理

人工智能基于大数据基础，其可以完成全面的改进，将整个机器视觉、自动规划等技术应用至仓库管理中，实现整个产业的转型以及升级。人工智能技术应用至物流链领域内部，将对整个仓库选址、库存管理、仓库作业等起到有效的提升作用，不仅可以完成企业选址管理、配送作业、数据分配等流程，如在智能仓库选址中，通过地图以及地理数据，利用GIS软件进行选择，还可以基于自然环境因素考虑其运营经济的因素以及其他方面因素。

在智能库存管理中，可以就整个管理方法，以成本管理或人工电子档案管理为基础，对其进行升级，以脱离常规的工作流程。在针对库存量、库存种类、物品储存、市场等机制中，完成实时动态管理。将传统的库存管理转化为智能型库存管理，结合互联网技术、可视化技术，使整个仓储数据快捷化。同时，实现各仓库信息的联网，有效降低库存储存量，节省整个仓储成本，确保库存管理能够具备全新的安全性。

2.智能仓储管理

应用人工智能技术，可以对整个智能仓储作业进行集中优化，对货物运输以及仓储作业进行全新处理。

在货物运输方面，主要体现为大部分货物可以通过机械托盘实现标准化的运输以及储存，减少运输环节，且可以提升物资的周转率，完成仓储作业自动化。在智能仓库中，所有运作流程全由自动机械完成。

在运输路线方面，人工智能可以通过路径优化算法、调节算法等，结合数据中心的实时反馈数据，完成模拟计算，以便能够采取最优的路径动态规划，使整个路径更加科学合理。在智能运输配送中，智能配送系统可以结合当地的数据库、智能数据分析平台实现配送人员的配送路径规划，并在配送过程中，为配送员与接货者之间提供交流平台，确保二者能够实现互动。就配送任务完成情况进行处理分析，如出现问题，给予有针对性的全新解决方案。在配送设备方面，智能配送体系目前集中采用无人机配送，用户通过客户端下单后，其配送设备便会接收订单，随后根据订单内容完成自动配货。根据规划好的路径，完成自动配送，提升整体的运输效率。

3.智能追溯系统

智能追溯系统可通过互联网技术，将产品从生产后直至售后这一过程进行连接，并根据各流转环节，形成完善的信息链，实现产品信息以及流程统一。通过人工智能技术，对产品的来源以及去向进行记录，确保产品轨迹可查。

因此，通过实际案例分析，在信息链中借助人工智能技术，可以形成庞大的信息网，为供应链物流产业提供大量的历史数据，为后续产业打造市场发展策略提供重要的数据支撑。在人工智能时代，智能追溯系统广泛应用至各环节，确保能够提供更优质的服务，使用户满意度得到有效增强。

4.虚拟数字人系统

物流行业正在经历着巨大的变革，物流公司不得不面对越来越高的客户期望和竞争对手的挑战，需要寻求更有效的方法来提升服务效率和客户满意度。在这种情况下，虚拟数字人技术已经成为物流行业提升服务效率的一种有效途径。它是一种预训练的大型语言模型，具有高效的语言理解和生成能力，可以通过语音或文本形式与客户进行交互，帮助客户解答问题和解决问题。在物流行业中，可以用来处理大量客户查询，帮助客户了解物流信息，如货物的到货时间、配送状态、路线规划、货物信息等。这不仅可以提高物流人员的工作效率，也可以提高物流公司的整体运营效率。

供应链和物流都是关于库存管理和运输的，如果所有环节都是手动的，既昂贵又耗时，借助虚拟数字人创新技术与理念，可以提高物流供应链领域员工交互与沟通水平，自动处理管理流程。仓库可以自动化拣货过程，同时简化传统的试错的拣货方法；车辆的

GPS集成将有助于管理人员关注交付进度，同时了解燃油效率；无人驾驶车辆和机器人的集成有可能节省最后一公里的运输成本；内置物联网设备和相应的传感器可以跟踪恶劣的外部环境。将虚拟数字人技术应用于物流供应链聊天机器人开发，最关键的影响之一是提升客户与公司的互动，机器人具有广泛的前端和后端通信的能力，能够促进任务协调，进而改善整体业务运营。

当然，目前人们对于虚拟数字人未来应用的安全性并没有十足把握，如果对其的掌控不能牢牢握在人类手中，那么这项技术对于人类而言可能并非真正的福音，对此，我们尚需持续关注。

7.3.5 元宇宙技术

元宇宙（Metaverse）是利用科技手段链接与创造的、与现实世界映射与交互的虚拟世界，具备新型社会体系的数字生活空间。元宇宙本质上是对现实世界的虚拟化、数字化过程，需要对内容生产、经济系统、用户体验以及实体世界内容等进行大量改造。但元宇宙的发展是循序渐进的，是在共享的基础设施、标准及协议的支撑下，由众多工具、平台不断融合、进化而最终形成。它基于扩展现实技术提供沉浸式体验，基于数字孪生技术生成现实世界的镜像，基于区块链技术搭建经济体系，将虚拟世界与现实世界在经济系统、社交系统、身份系统上密切融合，并且允许每个用户进行内容生产和世界编辑。

元宇宙在物流领域的应用价值：

1.物流信息化

在数字物流中，现实的物流被尽可能全面地反映在物流信息系统中，通过对数字信息的处理再反馈到现实的物流管理之中。不断丰富这样的对应关系和信息处理能力，就是物流信息化的发展驱动力。物流产业信息化，以现实世界为本，解决产业的发展，数字化是工具。

2.物流数字化

一方面是要不断把物流现实世界的所有对象数字化，包括物品、设备、道路、参与者等实体，也包括合同、标准、法律、政策等对象，还包括环境、气候、突发事件等因素，总之包括与物流相关的一切要素。如果再考虑到信息的频率提高、颗粒度加细等因素，物流信息的数字化过程将是没有尽头的。另一方面是要把采集的数字信息进行组织加工，反馈到物流现实世界中，解决物流的效率、成本、安全、可靠、个性化、低风险等问题，不断满足经济社会发展对物流的需求，这个过程也是无法穷尽的。当前各类传感器、5G、VR、区块链等技术的应用就是在解决这些问题。总体来说，物流的元宇宙基本属于数字孪生范畴，尽管也有一些改善客户体验的考虑。

3. 物流“去中心化”

对于物流来说，元宇宙的应用更体现在“分”与“合”的关系上。货物的集装单元化、作业流程的模块化、物流枢纽构建的网络化、物流信息的平台化等都是改变物流世界的重要事件，它们改变了产业的分工格局。在物流供应链环节中，货物从始发地到目的地需要以物流公司作为桥梁，物流公司又通过订单、售后、信息系统、飞机、货船、卡车等方式以及各个岗位上人员的协作，才能将货物送达客户的手中。而元宇宙时代，或许可以突破传统模式消除物流分支和仓储环节，将资产货物接入智能传感器自动匹配。

7.4 物流信息系统设计

物流信息系统（logistics information system，LIS）是指由人员、设备和程序组成的、为物流管理者执行计划、实施、控制等职能提供信息的交互系统，它与物流作业系统一样都是物流系统的子系统。开发信息系统的方法很多，其中，生命周期法是一种最基本的方法。在生命周期法的开发过程中，系统分析和系统设计是最重要的两个阶段。下面我们着重对物流信息系统进行系统分析和系统设计的介绍。

7.4.1 系统分析

物流信息系统以各种物流信息为研究对象，通过物流信息的输入、储存、处理、输出来实现物流系统目标。它必须具有较强的针对性，对软件的工作环境与人机界面做出明确的规定，以确定研究对象和系统的作用范围。在进行必要、全面的调查研究和系统分析的基础上，对物流管理部门的管理模式和信息数据交换流程进行必要的抽象，经过去粗取精、去伪存真的取舍，进一步回答系统“要做什么”和“能够做什么”的问题，并用书面材料把分析结论表达出来，从而上升为一般的通用物流信息系统模型。

1. 研究对象与总体设计要求

（1）研究对象。物流系统分析的研究对象基本上包括计划管理、采购管理、仓储管理三大子系统的信息数据。以用户第一的观点为指导思想，分析设计信息系统的数据模式与子模式，并以此为依据确定文件的组织方式、存储模式、处理方式与输入输出方式，做出系统的数据流程图与数据字典，并在此基础上进行功能分析与设计。

（2）总体设计要求。物流信息系统的设计应该遵循以下一些原则和要求：

①了解和熟悉国家有关部委制定的关于物流工作的各种法令和规范。系统设计必须符合物流有关计算机应用与信息系统建设规范的要求，物流信息的统计方法应符合国家统计

局及上级部委的规定，重要报表应使用专用程序文件，采用统一固定的报表形式输出。

②系统设计应遵循系统思想，采用结构化分析与设计的思想与方法，并且尽量采用软件工程方面的新技术、新方法。

③在进行物流信息系统设计的同时，必须考虑与横向同级信息系统及纵向（上下级）信息系统的接口关系，实现不同子系统之间的数据共享，并在软硬件配置上留有进一步发展的余地。

④信息处理在速度上必须满足管理工作的要求，并有较好的可恢复性、可自检性。统计数据汇总时应充分保持统计数据的独立性。

⑤系统应采取一定的保密措施，保证数据及时、正确、安全、可靠，对输入信息建立完善的维护体系。

⑥要求系统有较好的实用性，确保用户能方便地使用。例如，物流部门每天要处理的账单繁多、数据量大，输入输出必须操作简便、易于掌握，应尽可能采用代码输入，将汉字输入量减少到最低限度，做到快速、可靠。再如，物流部门一些分类账的科目与财务部门账目的科目设置应是一致的，这样物流部门就可以直接通过物流信息系统引用财务部门的数据，而不用再去收集处理相关数据。

2.系统现状的调查分析

任何一个新系统的建立都是以现行系统为基础的。在新系统设计工作开展之前，必须先把现行系统的各方面情况调查清楚，并对所调查到的情况进行分析，找出共性的问题以及特殊情况，为系统设计做好准备工作。调查的重点是现行系统的组织、功能及业务流程，以便系统研发人员能掌握现状，找出改进之处。而调查分析的结果就作为新系统试行方案，用以建立计算机化的信息系统的逻辑模型。

例如，任何一个组织的物流部门与其他部门之间都有多种多样的关系，归纳起来主要表现为上下级关系、物资流动关系、资金流动关系、信息资料（文件、报表、账单等）传送关系等。脱去这些关系的实体外衣，抽象出来的就是存在于一个组织中的物流、资金流和信息流，这些才是系统分析员要捕捉的对象。

3.现场工作流程调查

现场工作流程调查可借助现场工作流程图来进行。现场工作流程图以所处理的某一业务在工作现场的工作流程为基础，在工作场所平面图上描述物流等情况。它能真实地再现工作人员的实际业务活动过程以及票据和文件信息的流向，业务处理过程的顺序、时间及其特点；它能反映出输入、输出的形式、要求和某些例外情况的处理方法及过程等，表明某项业务工作被处理的全过程，发现业务工作流程中的某些关键问题和薄弱环节，从中找到改善管理的突破口。

4. 事务流程的调查

事务流程是研究业务活动中作业处理过程的一种分析方法。在事务流程调查中要解决三个问题：

（1）作业流程标准化。在物流管理中，各种作业流程大多有标准的执行规范，系统分析人员的任务就是要尽可能地搞清楚各种作业流程的执行现状，以及它与标准规范的差别与联系，收集在各作业流程执行过程中所产生的各种账单、图表的标准形式与填写格式。

（2）绘制数据流程图。有了作业的标准流程，就可以动手绘制系统的数据流程图。这里须注意的是，我们强调的是数据流而不是控制流。

绘制数据流程图应从总体到部分、从简单到复杂、由粗到细地逐步展开，不断扩展，直到符合要求为止。绘制数据流程图的关键是要使数据流程图易于理解，其分解应符合工作流程的规定要求，概念上应合理清晰。数据流程图是调查研究的产物，它源于现行系统，又高于现行系统，是对现行管理系统的高度概括、修改、补充和提高。

（3）建立数据字典。数据流程图描述了系统的“分解”，即描述了系统由哪几部分组成，各部分的数据流之间有什么联系等，并未说明系统中各个数据成分的含义。因此，必须对图中出现的每一个数据分别给出具体的定义之后，才能较完整地描述一个系统。数据流程图与数据字典是密切联系的，两者结合在一起才能构成“需要说明书”，单独一套数据流程图或单独一本数据字典都是没有任何意义的。数据流程图中出现的每一个数据流名、文件名和加工名都应与物流管理中常用的术语一致，并在数据字典中都应有相应的条目给出这个名的定义。

7.4.2 系统设计

1. 系统设计策略

模块划分原则为建立系统结构图提供了基本准则，现在可以依据系统数据进行系统结构图的具体设计。先把整个系统作为一个模块根据系统数据流程图逐层划分模块，再逐步形成多层次分块系统结构图。设计过程由三个步骤组成：

第一步，分析数据流程图，确定它的类型和功能。

第二步，采取相应的设计策略，导出初始系统结构图。

第三步，对结构进一步修改，逐层分解和优化，确保最终设计符合数据流程图的逻辑功能要求。

2. 系统设计方法

根据以上的系统分析，可将整个物流信息系统设计分为三个职能子系统的设计，即计划管理、采购管理和仓库管理的设计。

（1）子系统的管理规范化要求

应该指出，物流信息系统的系统分析与设计，不应是对原有手工系统的简单描述，而是在对原有系统作充分调查研究的基础上，将原有系统的管理工作抽象、概括为信息系统的计算机工作模型，即新系统。一般来说，新系统对管理信息进行自动化管理，对管理工作必然有一定的管理规范化、程序化要求。

①仓库管理子系统。要求对仓库管理的货品进行统一规划，每个仓库尽可能按大类物资归类，将主要货品、备品配件、其他产品分仓库分别管理。编制统一的物资编码、料号、报表代号，按本系统要求的代码标准对物资进行登记、归档。货架、货位、货垛须合理、整齐、牢固，做到对每种物资登记建立保管账，标明货位号、档案编号和ABC分类，做到账、卡、物三者相符，账单处理要及时，料单发放须规定有效期等，具体措施要明确。

②采购管理子系统。要求对各类合同统一编码管理，分类存放，对在途物资实行跟踪管理，到货物资要及时验收入库，在途物资要及时清理，无拖欠货款，做到货款相符。

③计划管理子系统。要求对每一份物流计划和任务书进行编码登记，每一种计划供应货品要归类汇总，便于查找核对和管理；同时管理货品的调配工作。

（2）系统主要功能分析

进行物流信息系统功能分析是为了达到系统的目标要求。系统功能分析工作一般是通过系统功能层次结构图进行的：通过功能关联图进行功能之间的关系分析；通过职能机构与管理活动关系等工具进行职能与功能关系分析。一般情况下，系统设计是系统分析工作的继续和发展，设计阶段的系统设计（SD）方法与分析阶段的系统分析（SA）方法有着密切的联系，系统设计方法通常与系统分析方法结合起来使用。

①功能分析图。这是由系统分析阶段产生的数据流程图，可以逐步导出各自的功能分析图。

数据处理系统的数据流程图一般有两种典型的结构——变换型结构和事务型结构，对整个系统采用“变换分析”，对系统的局部采用“事务分析”。在分析的过程中应注意不断消除重复的功能。

功能分析图体现了按功能从属关系形成的层次结构，它不受部门和任务大小的限制，而是取决于其实现方法、步骤和数据逻辑结构的复杂程度等。

②功能关联图。在功能分析图和现场流程图的基础上，可以进一步找出功能与业务活动的相互联系，为进一步分析功能与业务之间的关系给出详尽的资料。通过功能关联图还可以检查信息的质量，如信息的精确度、完整性、逻辑性、重要性及可扩充性。

图7-4显示了某物流信息平台系统功能的总体框架。

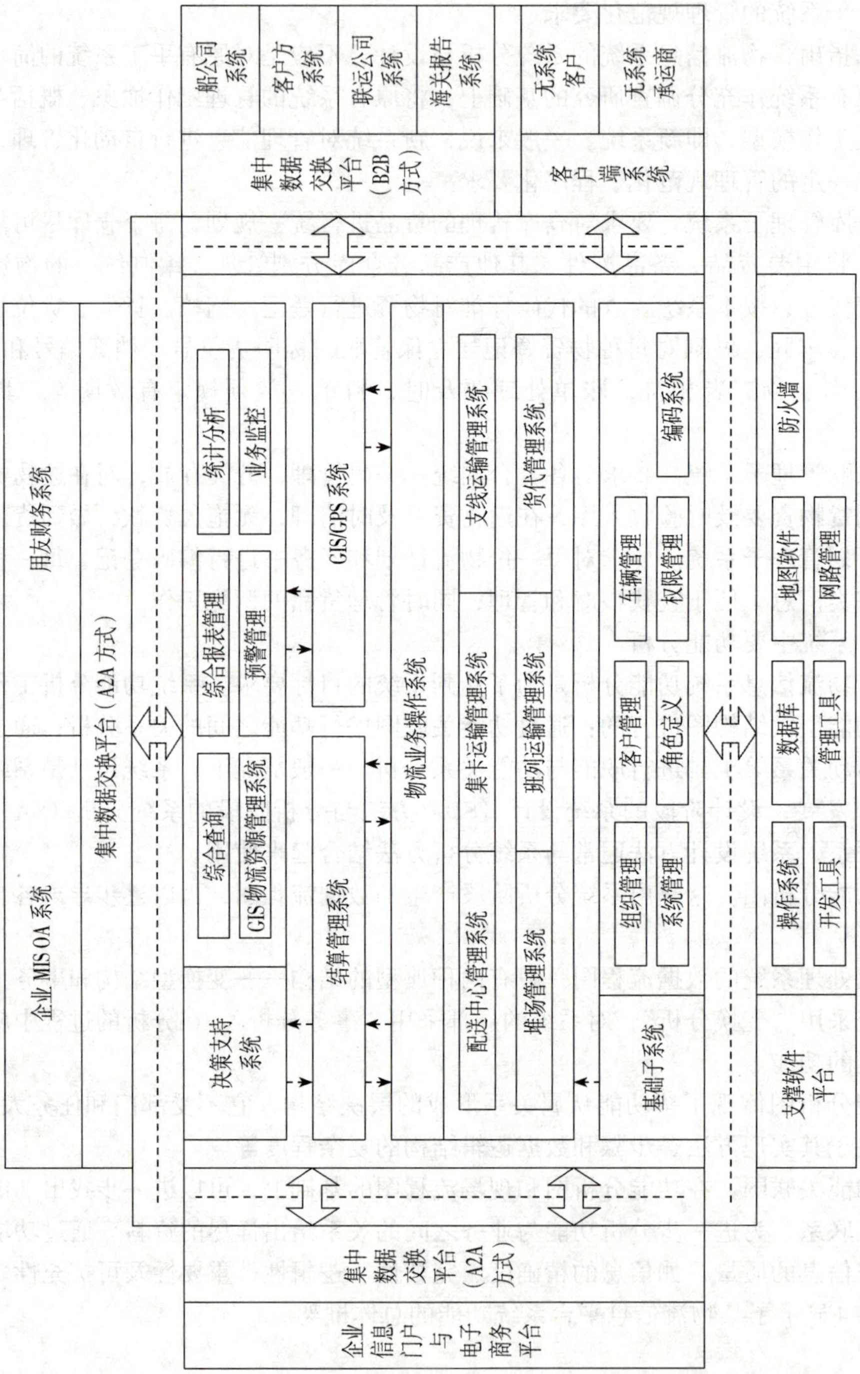

图7-4 物流信息平台系统功能的总体框架

(3) 子系统设计要求

物流系统各个子系统的具体设计要求如下所述：

①仓库管理子系统

每一种货品应有唯一的编码与之对应。每一种货品的描述数据项可以分为两类：一类是在相当长的一段时间内（如一年内）基本不变的数据项，如货品名称、规格型号、计量单位、单价、清仓数量等；另一类是每一张单据具有的独特的数据项，如单据编号、发生时间、收支数量等。根据关系数据库的规范化理论，可以将物流数据库设计成相对固定的信息和变动信息两类数据库。

子系统应设置各种清仓库存与账户输入、修改、稽核、查询、打印等功能。台账输入是用户每天都要操作的模块，一定要方便、清晰、可靠、高速，应注意将输入的原始数据量降到最小。

账目修改应能有多种数据项作为可选择的关键字，应能在修改中任意选择记录号，或向下、向上连续翻动查找要修改的记录；应能在任何位置插入用户需要的记录，删除用户不需要的记录等。账目稽核采用依次显示单据内容的方式，稽核过的账目不再重复出现。

用户对账目数据有疑问可以通过查询和打印的方式解决，查询方法应灵活、方便，满足用户的需要；打印输出的格式应标准、统一，重要账目的打印应设置专用打印模块；打印的账目应保证正确无误并经过财务、审计部门检验认可后才能使用。同时，应设置各种报表和各种统计功能，以满足财务部门的需要。

②计划管理子系统

计划管理职能在物流管理中起着龙头作用，各下属单位需用的货品报计划部门确认后，发出调运指令。物流部门通过汇总，落实物流任务，制定仓储生产经营体系，进行有计划的物流管理工作。计划管理子系统即负责调运任务的实施、统计、控制，并通过完善的信息系统不断反馈任务执行情况，随时做出调整采购与供应的计划，保证全面完成物流管理的任务。

计划的重要功能是下达调运任务书，其具有调运物资的数据输入、修改、稽核、查询、打印等功能。系统根据输入的原始计划数据进行各单位供应物资的统计汇总，并可从仓库管理子系统中统计实际供应的货品数量、金额，以此来统计本期需要采购的物资数量、金额，编制采购计划；统计本期内完成供应任务的百分比；编制计划平衡表。

③采购管理子系统

采购职能对物流管理的进货质量、经济效益起着重要作用。在我国现行体制下，有计划的采购工作是保证物流管理的必不可少的环节。采购人员依据计划人员制订的期内采购计划进行市场调查与价格、质量分析，选择最佳方式与厂商洽谈业务，签订购买合同。当厂商履行合同时，采购人员通过财务汇款承付，这时需转入对在途物资的跟踪管理。当在途物资到达后，采购人员还须安排搬运提货，交仓库有关人员验收，开出收料单，办好入库手续。

采购管理子系统应有合同管理与在途物资跟踪管理、对外委托加工管理等基本数据库。合同管理为采购人员在年度内对外签订的各种合同提供系统的管理，包括合同输入、合同执行、合同分析、合同注销、合同结转、作废合同处理等功能。在途物资管理为用户已经付款的在途物资实行跟踪管理。在途物资与合同管理之间有一定的联系，一般以合同序号作为关键字相连接。合同执行情况、在途物资到货入库验收情况、委托加工原料与成品之间的成本核算等功能与仓库管理子系统有数据共享关系，可以以合同序号、在途序号、货品编码作为关键字相连接。子系统还应提供采购费用、运杂费统计、产生实际单价等信息，进行采购成本计算汇总，打印各种合同、合同执行与分析表、在途物资到货汇总表及催货单。

7.5 物流信息管理系统

7.5.1 物流信息管理系统的概念与特点

物流信息管理系统是企业进行物流管理（包括第三方物流）的信息系统，涉及仓储作业管理、运输及配载管理、财务管理、人力资源管理等内容，通过使用计算机技术、通信技术、网络技术等手段，建立物流信息化管理，以提高物流信息的处理和传递速度，使物流活动的效率和反应能力得到提高，提升更人性化的服务，完善实时物流跟踪，减少物流成本。

物流信息管理系统是企业物流信息系统的基础，也是企业信息化的基础，它利用各种信息进行实时、集中、统一的管理，实现信息流对商流、物流、资金流的控制与协调。

随着社会经济的发展与科技的进步，物流信息管理系统正在向业务活动的集成化、系统功能的模块化、信息采集的实时化、信息存储的大型化、信息传输的网络化、信息处理的智能化以及信息处理界面的图形化方向发展。物流信息管理系统的特点主要表现在以下五个方面：

（1）集成化。集成化是指物流信息管理系统将业务逻辑上相互关联的部分连接在一起，为企业物流活动中的集成化信息处理工作提供基础。在系统开发过程中，数据库的设计、系统结构及功能的设计等都应该遵循统一的标准、规范和规程，以避免出现“信息孤岛”现象。

（2）模块化。模块化是指物流信息管理系统划分为各个功能模块的子系统，各子系统通过统一的标准来进行功能模块的开发，然后实现集成并组合起来使用。这样，既能满足企业不同管理部门的需要，也可以保证各个子系统的合理使用及设定相关的访问权限。

（3）实时化。实时化是指借助光电技术、条形码技术、RFID技术、GPS技术、GIS技术等现代物流技术，对物流活动进行准确实时的信息采集，并采用先进的计算机与通信技术，实时地进行数据处理和传送物流信息，通过网络的应用将供应商、分销商和客户按业务关系连接起来，使整个物流信息管理系统能够及时地掌握和分享属于供应商、分销商和客户的信息。

（4）网络化。网络化是指通过Internet等技术，将分布在不同地理位置上的物流分支机构、供应商、客户等连接起来，形成一个复杂但有密切联系的信息网络，从而通过物流信息管理系统实时了解各地业务运作情况。物流信息中心将各节点传来的物流信息进行汇总、分类、综合分析，然后通过网络把结果反馈传达下去，从而起到指导、协调、控制物流业务的作用。

（5）智能化。物流信息管理系统正在向智能化方向发展，比如企业物流信息管理系统涉及的决策支持分系统中的知识子系统，就是负责对决策过程中所需的物流领域知识、专家的决策知识和经验知识进行收集、存储和智能化处理。

7.5.2 物流信息管理系统的种类

物流信息管理系统根据分类方法的不同，可以分成不同类型的系统。

1.按系统的结构分类

（1）单功能系统。它是只能完成一种职能的系统，如物流财务系统、客户关系管理系统和访销系统等。

（2）多功能系统。它是能够完成一个部门或一个企业所包括的物流管理职能的系统，如仓库管理系统、某公司的经营管理决策系统等。

2.按系统功能的性质分类

（1）操作型系统。它是指管理者处理日常业务的系统，其工作主要是进行数据处理，如记账、汇总、统计、打印报表等。

（2）决策型系统。它是在处理日常业务的基础上，运用现代化管理方法，进一步加工计算，为管理人员或领导者提供决策方案或定量的依据。通常称这类系统为辅助决策支持系统或决策支持系统。

3.按系统作用的对象分类

（1）企业生产物流信息管理系统。这一系统主要对制造企业内外部的物流活动进行管理。一方面是企业顺利进行生产，对原材料、物料、日常耗用品等的采购时间、路线、存储，以及对产成品的销售时间、存储及送至用户的路线等进行计划、管理、控制的外部物流活动；另一方面是对制造企业采购来的物资在生产过程中的存储、搬运、包装等进行设计、计划、管理等的内部物流活动。

企业生产物流信息管理系统是以“企业资源计划”为核心的物流信息管理系统，实现对企业的人员、资金、房屋、设备、物料等资源的综合管理和优化，其功能围绕资源计划展开，包括计划的制订、执行、跟踪和控制等。

（2）商业企业物流信息管理系统。商业企业本身不生产商品，但它为用户提供商品、为制造商提供销售渠道，是用户和制造商的中介。专业零售商为客户提供统一类型的商品，综合性的零售商（如超市、百货商店）为客户提供不同种类的商品，这类商业企业的经营特点是商品种类多、生产地点分散、消费者群体分散等。商业企业物流信息管理系统主要是对不同商品的进、销、存等进行管理的系统。

商业企业物流信息管理系统一般是以“客户关系管理”为核心的物流信息管理系统，关注营销、客户服务和支持等方面的业务，强调与客户需求的互动和提高客户价值、客户忠诚度，其功能围绕客户生命周期展开，满足客户售前、售中、售后各阶段的物流服务需求和信息需求，对客户价值和客户忠诚度等进行评价。

（3）第三方物流企业的物流信息管理系统。第三方物流企业是本身不拥有货物，而为其外部客户的物流作业提供管理、控制和专业化作业服务的企业。第三方物流企业的物流信息管理系统是一个综合的系统，负责对第三方物流企业的仓储、运输、配送等所有物流活动进行管理，如图7-5所示。利用物流信息管理系统，第三方物流企业可以准确、及时、高效地捕捉各种信息并进行处理，从而科学地指导物流活动的高效运转。

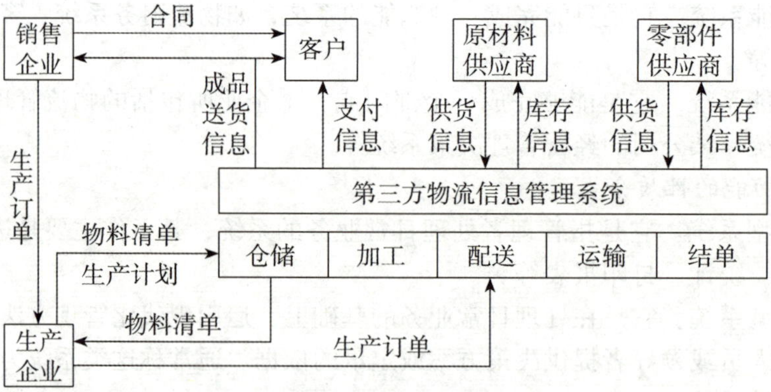

图7-5　第三方物流信息管理系统

（4）以“供应链管理”为核心的物流信息管理系统。该系统强调将供应商、制造商、分销商、零售商等结为供应链伙伴进行一体化运作，以供应链的竞争优势弥补单个企业的竞争劣势，其功能围绕供应链上的业务协同展开，包括供需信息传递、业务单据交换等，如卷烟配送中心的物流信息管理系统。

7.5.3　物流信息管理系统的主要功能

物流信息管理系统包括信息采集与处理功能、事务处理功能、预测功能、计划功能、控制功能、辅助决策和决策优化功能等。

1.信息采集与处理功能

信息就是传递中的“知识差”，数据和信息的区别在于：数据是原料，信息是产品。

（1）数据的采集。数据的采集方式包括手工方式和自动信息采集技术。自动信息采集技术有光电信号、条形码、RFID等。采集好的数据经初步处理，按信息系统的数据结构要求进行组织并输入到系统中。

（2）信息的存储。数据进入系统之后，经过整理和加工，成为支持物流系统运行的物流信息，利用各种存储介质进行存储，并可随时输出到其他各个子系统中。

（3）信息的传输。物流信息系统最基本的功能之一就是信息传输。信息传输需要具备相应的传输设备和传输技术，包括信息传输的安全、及时、完整，特别是物流过程中的很多动态信息，应保证对其进行实时传输，以利于对物流过程的有效控制。

（4）信息的处理。物流信息系统最基本的目标就是将输入数据加工成有用的物流信息。信息处理可以是简单的计算、汇总、查询和排序，也可以是复杂的模型求解和预测。

2.事务处理功能

物流信息管理系统能够对物流过程进行日常性事务管理工作，如实现对物流过程中订货、采购、进货、运输、仓储、装卸搬运、包装、物流加工、配送、销售等环节所涉及的合同、票据、物品状态、业务量，以及物流企业内部的人事、财务、客户关系管理等进行综合查询、统计分析、报表输出等，既节省了人力资源，又提高了管理效率。

3.预测功能

应用物流信息管理系统不仅能记录物流活动的现状，而且能利用历史数据，运用适当的数学方法和科学的预测模型来预测物流的发展速度、规模、物流服务与区域经济状况，包括经济规模、经济结构、市场运作状况等。通过这些相关因素，可以对物流发展做出宏观和微观的预测，可以是对整个物流规模的预测，也可以是对库存量、运输量的预测。

4.计划功能

物流信息管理系统针对不同管理层提出的不同要求，能为各部门提供不同的信息并对其工作进行合理的计划与安排，如库存补充计划、运输计划、配送计划等，从而有利于保证管理工作的效果。

5.控制功能

物流信息管理系统能对物流系统的各个环节的运行状况进行检测、检查，比较物流过程实际执行情况与其计划的差异，从而及时发现问题；然后，再根据偏差情况分析其原因，采用适当的方法加以纠正，保证系统预期目标的实现。控制过程也是协调过程。

6.辅助决策和决策优化功能

物流信息管理系统不但能够提供相关的决策信息，达到辅助决策的目的，而且可以利用各种半结构化或者非结构化的决策模型及相关技术进行决策优化，为各级管理层提供各种最优解、次优解或满意解，以便提高物流管理决策的科学性，并合理利用企业的各项资源，提高企业的经济效益。与管理决策密切相关的数学方法和技术有运筹学、系统建模仿真、专家系统技术等。物流信息管理系统的决策功能如图7-6所示。

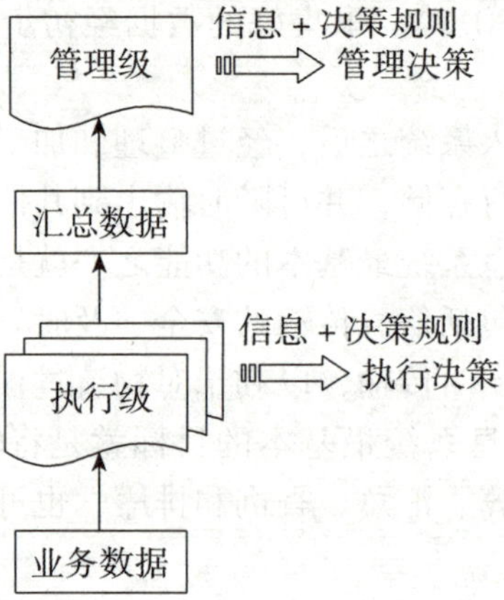

图7-6　物流信息管理系统的决策功能

案例分析　沃尔玛高效的配送信息管理①

沃尔玛高效的配送信息管理，源于其创始人山姆·沃尔顿的不懈努力，他早年曾服役于美国陆军情报部队，特别重视信息的及时沟通和信息系统的基础建设。

（1）建立开放式的平台

沃尔玛的商店众多，每个商店需要的产品品种、规格及数量各不相同。沃尔玛的配送中心需根据各商店的不同要求，高效、准确地将产品配送给各商店。为此，沃尔玛建立了一个非常大的开放式平台，该平台是一个基于UNIX系统的配送系统。该配送系统中，不但采用传送带，还采用产品代码，以及自动补货系统和激光识别系统。由于供应链中的各个环节都可以使用这个平台，因此节省了成本。

（2）重视运输信息的管理与应用

沃尔玛的车辆都是自有的，司机也都是沃尔玛的员工。他们在美国各个州之间的高速公路上运行，车中的每立方米空间都填得满满的。同时，沃尔玛使用的汽车一般比集装箱运输卡车更长或者更高，这样有助于沃尔玛节省运输成本。

沃尔玛采用卫星定位系统对车辆进行定位。因此，在任何时候，调度中心都可以知道这些车辆在什

① 根据公开的网络资料整理。

么地方、离商店还有多远，同时他们也可以了解到某个产品运输到了什么地方、还有多长时间才能运到商店。沃尔玛对事件的把握可以精确到小时。调度中心知道卡车在哪里、产品在哪里，就可以提高整个系统的效率。

（3）重视先进信息技术的应用

为了满足美国国内3 000多个连锁店的配送需要，沃尔玛在美国国内共有近3万辆大型集装箱挂车、5 500辆大型货运卡车，昼夜不停地工作。每年的运输总量达到77.5亿箱，总行程6.5亿千米。合理调度如此规模的产品采购、库存、物流和销售管理，离不开先进的信息技术手段。

沃尔玛总部只是一座普通的平房，但与其相连的计算机控制中心却是一座形同体育馆的庞然大物，公司计算机系统的规模在美国仅次于五角大楼（美国国防部），甚至超过了航空航天局。在这里，沃尔玛全球4 000多个店铺的销售、订货、库存情况可以被随时调出查看。

沃尔玛曾投资4亿美元由休斯公司为其发射了一颗商用卫星，实现了全球联网，可通过全球网络在1小时之内对全球4 000多家门店每种产品的库存、上架、销售量全部盘点一遍，并通知货车司机最新的路况信息，调整车辆送货的最佳线路。

20世纪80年代末，沃尔玛开始利用电子交换系统EDI与供应商建立自动订货系统，该系统又称无纸贸易系统，通过网络系统，向供应商提供商业文件、发出采购指令、获取收据和装运清单等，同时也让供应商及时准确地把握其产品的销售情况。沃尔玛还利用更先进的快速反应系统代替采购指令，真正实现了自动订货。该系统利用条形码扫描和卫星通信，与供应商每日交换产品销售、运输和订货信息。凭借先进的电子信息手段，沃尔玛做到了商店的销售与配送保持同步，配送中心与供应商运转一致，提高了工作效率，降低了成本。

在配送中心内，产品成箱地被送上激光制导的传送带。在传送过程中，激光扫描货箱上的条形码，全速运行时，只见纸箱、木箱在传送带上飞驰，红色的激光四处闪射，将产品送到正确的卡车上。传送带每天能处理20万箱产品，配送准确率超过99%。

公司5 500辆运输卡车，全部装备了卫星定位系统，每辆车在什么位置、装载什么产品、目的地是哪里，总部都一目了然，可以合理安排运量和路线，最大限度地发挥运输潜力，避免浪费，降低成本、提高效率。

另外，沃尔玛还最早使用计算机跟踪存货（1969年），全面实现SKU单品级库存控制（1974年），最早使用条形码（1980年），最早使用CM品类管理软件（1984年），最早使用无线扫描枪（1988年），最早采用电子防盗系统EAS（electronic alarm system）。

讨论：

（1）沃尔玛配送信息管理的主要内容有哪些？

（2）沃尔玛配送信息管理用到的信息技术有哪些？

本章小结

利用物流信息可对供应链上各个企业的计划、协调、顾客服务和控制活动进行更有效的管理。物流信息具有的这些功能，使得物流信息在现代企业经营战略中占有越来越重要的地位。建立物流信息系统，提供迅速、准确、及时、全面的物流信息是现代企业获得竞争优势的必要条件。

本章系统论述了物联网技术和物流信息化在现代物流中的应用。包括物联网技术、条形码技术、射频识别技术及传感器技术，这些技术都是现代物流获取海量信息的关键技术。

本章还重点介绍了现代信息技术在物流业中的应用，包括电子数据交换（EDI）、地理信息系统（GIS）、全球定位系统（GPS）、人工智能技术、元宇宙技术等。

物流信息系统以各种物流信息为研究对象，通过物流信息输入、储存、处理、输出来实现物流系统目标。它必须具有较强的针对性，对软件的工作环境与人机界面做出明确规定，以确定研究对象和系统作用范围。

物流信息系统的设计过程由三个步骤组成：分析数据流程图，确定它的类型和功能；采取相应的设计策略，导出初始系统结构图；对结构进行进一步修改，逐层分解和优化，确保最终设计符合数据流程图的逻辑功能要求。

系统论述了物流信息管理的内容、特点及管理模式，物流信息管理系统的概念及特点、种类和主要功能。

关键概念

物流信息　条形码　物流条形码　射频识别技术　电子数据交换（EDI）　地理信息系统（GIS）　全球定位系统（GPS）　人工智能技术　虚拟数字人　元宇宙技术　物流信息系统　物流信息管理系统

思考题

1. 物流信息的内容和功能是什么？
2. 射频识别技术的应用原理是怎样的？
3. 人工智能在物流领域有何作用？
4. GIS主要在物流什么领域使用？
5. GPS的应用原理是什么？
6. 物流信息系统分析的主要过程是什么？
7. 物流信息系统设计划分为哪些模块？
8. 简述物流信息系统的内容、特点和管理模式。
9. 简述物流信息管理系统的特点、种类和主要功能。

第8章 国际物流

学习目标

了解国际物流的含义、特点，以及国际物流系统的组成；了解国际物流运输的主要形式；掌握国际物流的基本流程和业务方法。

8.1 国际物流概述

8.1.1 国际物流的含义、特点

1. 国际物流的含义

国际物流（international logistics，IL）又称全球物流，是相对于国内物流而言的。从狭义来理解，国际物流具体是指当生产和消费分别在两个或两个以上国家（或地区）独立进行时，为了克服生产和消费之间的空间距离和时间间隔，对物资（商品）进行物理性移动的一项国际商品贸易或交流活动，从而达成国际商品交易的最终目的，即实现卖方交付单证、货物和收取货款，而买方接受单证、支付货款和收取货物的过程。广义的国际物流不仅包括上述国际贸易物流，还包括国际展览与展品物流、国际邮政物流以及国际捐赠、援助物流等非贸易物流。

国际物流的实质是根据国际分工的原则，依照国际惯例，利用国际化的物流网络、物流设施和物流技术，实现货物在国际的流动与交换，以促进区域经济的发展与世界资源的优化配置。国际物流的总目标是为国际贸易和跨国经营服务，即选择最佳的方式与路径，以最低的费用和最小的风险，保质、保量、适时地将货物从某国的供方运到另一国的需方。

在我国，只要货物的起运地、目的地或约定的经停地不在我国境内，就构成国际物流，在我国境内处于海关监管的物流行为，如保税运输、转关运输等均属于国际物流的范围，此外，在我国，台湾、澳门、香港与大陆（内地）之间的物流也被视为国际物流，按

照国际物流的规则处理。

2. 国际物流的特点

通过与国内物流比较，国际物流具有的特点如表8-1所示。

表8-1　国际物流与国内物流比较

项　目	国内物流	国际物流
物流环境	较简单	各国的法律、人文、习俗、语言、科技、设施等的不同，使得环境复杂
物流风险	较低	较高
物流信息系统的建立	较容易	较困难
标准化要求	较低	较高
运输主要方式	铁路和公路，较简单	海洋、航空和国际多式联运，较复杂
市场准入的限制	较少	较多
政府监管机构	主要是物流安全机构	除物流安全机构外，还包括“一关三检”等监管机构
物流保险	货物与运输工具保险欠发达	货物与运输工具保险较发达
信息传递	口头或书面就可以进行沟通，现阶段已使用EDI进行沟通	口头或书面沟通的成本较高，且常常无效，因各国的标准不同，EDI的应用也受到限制
代理机构	较少	对国际运输代理（货代、船代）、运输经纪人和报关行依赖性较强
运输范围	较小	涉及国与国之间的运输，范围较广
运输风险	较小	运输时间长、转运困难、装卸频繁以及不同国家的基础设施水平不一，风险较高
完成周期	以3～5天或4～10天为单位	以周或月为单位
库存	库存水平较低	库存水平较高
物流单证	涉及的单证少且标准化程度低	涉及的单证较多且具有国际通用性
适用的物流法规	本国的法律法规	已加入的国际公约与国际惯例

8.1.2　国际物流系统的组成与运作

1. 国际物流系统的组成

国际物流各组成要素必须有机地结合在一起，才能共同协力以低的物流费用实现优质的顾客服务，从而最终达到国际物流整体效益最大的总体目标。所以，建立完整的国际物流系统十分重要。国际物流系统是由商品的包装、储存、运输、检验、外贸加工和其前后的整理、再包装以及国际配送等子系统构成的。

（1）国际货物运输子系统。运输的作用是将商品的使用价值进行空间移动，物流系统依靠运输作业克服商品生产地和需要地之间的空间距离，创造商品的时空效益。国际货物运输作业实现商品由卖方向买方或由发货方向收货方的转移，是国际物流系统的核心，有时候就用运输代表整个物流。国际货物运输具有路线长、环节多、涉及面广、手续繁杂、风险性大、时间性强、内外运两段性和联合运输等特点。随着科技的发展，运输设施现代化、大宗货物散装化和杂件货物集装箱化已经成为运输业革命的重要标志。现代物流业的迅速发展无不与运输业的技术革命相关联，西方工业发达国家在国际贸易中处于有利和领先的地位，与其物流运输业的现代化条件是分不开的。

（2）外贸商品储存系统。外贸商品的储存、保管使商品在其流通过程中处于一种或长或短的相对停滞状态。这种停滞是完全必要的，因为外贸商品流通是一个由分散到集中、再由集中到分散的源源不断的流通过程，为了保持不间断的商品往来，满足出口需要，必然有一定量的周转储存，否则，国际物流就会出现阻断。商品的储存和保管克服了外贸商品使用价值在时间上的差异，物流部门也依靠储存保管创造商品的时间价值。外贸商品一般储存于厂商或港口的仓库里，但从物流效率的角度看，外贸商品停留在仓库里的时间不宜过长，而应尽量减少储存时间、储存数量，加速物资和资金周转，实现国际贸易系统的良性循环。

（3）进出商品装卸与搬运子系统。进出商品的装卸与搬运作业相对于商品运输而言是短距离的商品搬移，是仓库作业和运输作业的纽带和桥梁，实现的是物流的空间效益。它是保证商品运输和保管连续性的一种物流活动。搞好商品的装船、卸船、进库、出库以及在库内的搬倒清点、转运转装等，对加速国际物流十分重要，而且节省装卸搬运费用也是物流成本降低的重要环节。有效地搞好装卸搬运作业，可以减少运输和保管之间的摩擦，充分发挥商品的储运效率。

（4）进出口商品的流通加工与检验子系统。流通加工与检验是随着科技进步和物流业的发展而不断发展的、具有一定特殊意义的物流组成部分。对物资商品进行一定的物理化学加工可以更好地满足消费者的需要，促进销售、扩大出口，提高物流效率和物资利用率，同时也能充分利用本国劳动力和加工能力，扩大就业机会，赚取更多外汇；而检验的存在则可以维护产品的质量，保证进出口商品的质量要求。流通加工的具体内容包括：袋装、定量小包装（多用于超级市场）作业，贴标签、配装、挑选、混装、刷标记等。

（5）商品包装子系统。美国杜邦化学公司提出的“杜邦定律”认为，63%的消费者是根据商品的包装装潢进行购买决策的。所以，经营出口业务的企业应认真考虑商品的包装设计，把包装、储存、装卸和运输有机联系起来统筹规划，实现现代化国际物流系统所要求的“包、储、运一体化”，即商品的包装应综合考虑储存便捷和运输速度，以加速物流、方便储运并减少物流费用。

（6）信息系统。信息系统即信息流和通信基础设施。信息的顺利传递直接关系到国际物流的效率，而信息的传递又必须以通信基础设施为载体。国际物流中信息流的时效性很强，只有良好的通信基础设施才能保证为国际物流的各个环节及时、准确地提供信息。以国际海运为例，在国际货轮离港的第二天，信息流便分别向发运国和到货国通知货物海运保险申请书并制作运费报告，当货物运送完毕时，信息流按港口类别的集装箱海运日程及时报告行踪，并预报到港时间、地点及所需服务，如果发生其他障碍，信息流立刻发出警告信息。这种动态跟踪的信息流，不仅可以随时掌握国际物流货物的行踪，而且可以使损失减到最小，而实现这一切的物质条件便是通信基础设施的完善。

（7）通关子系统。国际物流的一个重要特点就是货物跨越关境。由于各国海关的规定并不完全相同，所以，对于国际货物流通而言，各国的海关可能会成为国际物流中的“瓶颈”。要消除这一“瓶颈”，就要求物流经营人熟知相关各国的通关制度，在适应各国通关制度的前提下，建立安全有效的快速通关系统，保证货畅其流。

2. 国际物流系统的运作

国际物流系统通过其所联系的各子系统发挥功能，包括采购、运输、储存、装卸搬运、包装、流通加工、商品检验以及信息处理功能等，它们相互协作，以实现国际物流系统所要求达到的低成本费用和高服务水平，从而最终实现国际物流系统的整体交易效益最大的目标。

国际物流系统是以实现国际贸易、国际物资交换的总体目标为核心的。国际贸易合同签订后的履行过程，就是国际物流系统的实施过程。国际物流系统运作流程如图8-1所示。

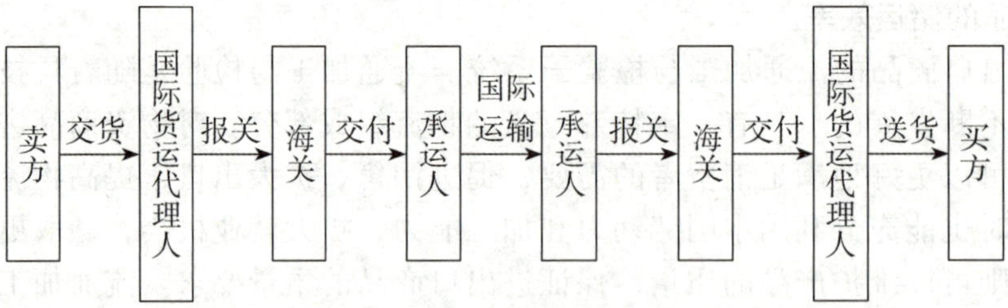

图8-1 国际物流系统运作流程

国际物流系统在国际物流信息系统的支撑下，在运输和储运等作业的参与下，在进出口中间商、国际货代及承运人的通力协作下，利用国际物流设施，共同形成了一个遍布国内外，纵横交错、四通八达的物流运输网络。

8.2 国际物流的基本流程与业务

进出口业务与国际物流之间存在着非常紧密的关系。国际贸易促进了物流的国际化，而国际物流是国际贸易顺利完成的必要条件，构成了进出口业务的主要组成部分。因此，国际物流活动主要还是依照有关的国际贸易公约及国际贸易惯例展开的。国际物流的流程与进出口流程类似，如图8-2所示，其基本业务主要有订单处理、运输和保险、理货、报关检验、支付、储存和销售等。

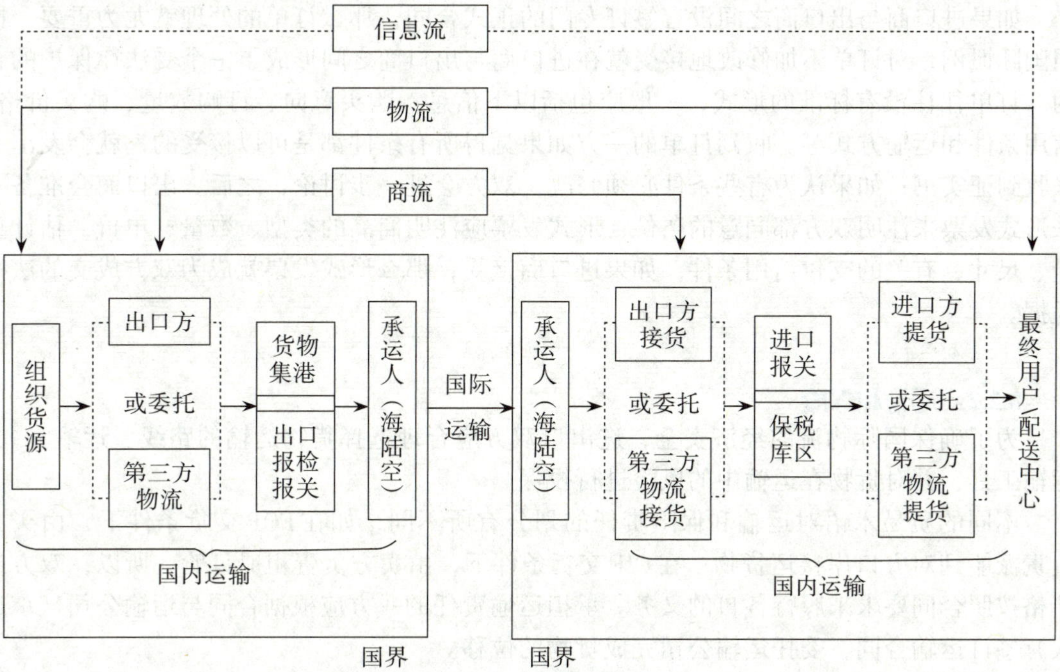

图8-2 国际物流业务运作流程

8.2.1 订单处理

如果进口商与出口商经过交易磋商签订了正式合同，订单处理就是对履行合同的相关事项所做的安排。它主要包括以下两个内容：

首先是为了执行合同而进行的一些履约准备工作。进口商须申请进口许可证、进口配额等相关文件，在信用证支付条件下，还应按照合同有关规定填写开立信用证申请书向银行办理开证手续；出口商在按时、按质、按量准备应交货物的同时，应催促买方按合同规定及时办理开立信用证或付款手续，信用证开到后还要对信用证内容进行逐项认真审核，信用证条款必须与合同内容相一致，品质、规格、数量、价格、交货期、装运等应以合同为依据，不得随意改变，以保证及时装运、安全结汇。

其次是进出口商之间的联络。这主要是针对装运、保险、接货等问题所做的信息沟通。由于不同的贸易术语对买卖双方的责任有不同的规定，因此，双方要根据术语的有关规定来履行一定的通知义务。如在FOB合同中，买方应按规定期限将船名、装货泊位及装船日期通知卖方，以便卖方及时备货装船；在CIF合同中，则由卖方给予买方货物已装船的充分通知，以便买方及时受领货物。

如果进口商与出口商之间没有签订专门的正式合同，那么订单的处理就尤为重要。按照国际惯例，对订单不加修改地接受就在进口商与出口商之间形成了一个受法律保护的合约。订单往往没有标准的形式，一般应包括以下信息：购买意向、订购数量、购买价格、信用条件和运输方式等。收到订单的一方如果觉得所有条件都是可以接受的，就会发出一张收到证实书；如果认为有些条件必须修改，双方会进一步讨论，之后，出口商会准备一张形式发票来注明双方都同意的条件，形式发票应注明商品的类型、数量、单价、估计重量、尺寸、有关的支付信用条件，如果进口商接受，那么形式发票就成为双方成交的法律凭据。

8.2.2 运输和保险

为了确保国际物流的经济安全，进出口双方应合理选择货物运输的路线、运输方式、运输工具，并对货物在运输中的风险进行投保。

不同的贸易术语对运输和保险责任的划分有所不同，如在FOB交货条件下，由买方负责派船到对方口岸接运货物；在CIF交货条件下，由卖方负责租船订舱。所以，双方应严格按照合同要求来履行各自的义务。承担运输责任的一方应根据合同与运输公司（承运人）签订运输合同，委托运输公司完成货物的位移。

其基本程序是：

首先，托运人根据船期表填写货物托运单（booking note，B/N）。

其次，承运人根据托运单的内容，结合运输工具的航线、航期和仓储条件签发装货单（shipping order，S/O），通知托运人装货的日期和航次，船长根据装货单接收该批货物装船。

再次，船方在验收货物并装船后，由船长或大副签发收货单（mate's receipt，M/R），托运人凭收货单向承运人或其代理人缴纳运费并获取正式提单（bill of lading，B/L）。

最后，运输过程结束后，收货人凭提单向承运人领取货物。

承担投保责任的一方应根据合同要求的投保金额和险别及时向保险公司办理投保手续。保险金额一般应由买卖双方经过协商确定，通常按CIF或CIP总值另加10%计算。投保险别则根据商品的特点及运输过程中的风险程度由双方约定，合同中没有约定的，投保方按最低险别投保。出口货物的保险由出口企业按合同或信用证要求填制投保单，列明被保险人名称，保险货物项目、数量、包装及标志，保险金额，起讫地点，运输工具名称，起讫日期，投保险别等，并缴纳保险费，保险公司接受投保后即签发保险单或保险凭证。为了简化投保手续和防止出现漏保等情况，进口货物一般采取预约保险的做法，即投保人与保险公司签订不同运输方式下的预约保险合同。进口商对每批进口货物无须填制投保单，仅以国外的装运通知单代替投保单，保险公司将其作为办理了投保手续、签有进口预约保险的公司对该批货物自动承保。

8.2.3 理货

理货是在货物储存、装卸过程中，对货物进行整理等相关作业的活动。在国际物流中指船方或货主根据运输合同在装运港和卸货港收受与交付货物时，委托港口的理货机构代理完成的在港口对货物进行计数、检查货物残损、指导装舱积载、制作有关单证等工作。理货对于买卖双方履行贸易合同，按质按量交易货物，保障航行安全和货物在运输途中的安全具有重要意义。

理货工作涉及以下内容：

1.理货单证

理货单证是指理货机构在理货业务中使用和出具的单证，是反映船舶载运货物在港口交接时数量和状态的实际情况的原始记录，具有凭证和证据的性质。理货单证的种类有理货委托书、计数单、现场记录单、日报单、待时记录单、货物溢短单、货物残损单、货物积载图，还有分港卸货单、货物分舱单、复查单、更正单、分标志单、查询单、货物丈量证明书等。

2.分票、理数和确定溢短货物

分票是依据出口装货单或进口舱单分清货物的主标志归属，分别混票和隔票不清货物的归属。分票是理货工作的起点。理货员在理数之前，首先要按出口装货单或进口舱单分清货物的主标志，以明确货物的归属，然后才能根据理货数字确定货物是否溢短、残损。

理数就是在船舶装卸货物过程中，记录起吊货物的钩数，点清钩内货物细数，计算装卸货物的数字。理数的方法有发筹理数、划钩理数、挂牌理数、小票理数、点垛理数、抄号理数、自动理数等。

溢短货物是指船舶承运的货物，在装运港以装货单数字为准，在卸货港以进口舱单数字为准。当理货数字比装货单或进口舱单数字溢出时，称为溢货，短少时称为短货。

在船舶装卸货物时，装货单和进口舱单是理货的唯一凭证和依据，也是船舶承运货物的凭证和依据。理货的结果就是通过与装货单和进口舱单进行对照，来确定货物是否溢出或短少。货物装卸船后，由理货长根据计数单核对装货单或进口舱单，确定实际装卸货物是否有短溢。

3.理残

凡货物包装或外表出现破损、污损、水湿、锈蚀、异常变化等现象，可能危及货物的质量或数量的，称为残损。理残是理货人员的一项主要工作，其工作内容是在船舶承运货物装卸时，检查货物包装或外表是否有异常状况。理货人员在船舶装卸过程中，必须剔除残损货物，记载原残货物的积载部位和残损情况，以便判断残损责任。

4.绘制实际货物积载图

装船前，理货机构从船方或其代理人处取得配载图，理货人员根据配载图来指导和监督工人装舱积载。但是，由于各种原因，在装船过程中经常会发生调整和变更配载的情况，理货长必须参与配载图的调整和变更事宜，在装船结束时，理货长还要绘制实际装船位置的示意图，即实际货物积载图。

5.签证和批注

理货机构为船方办理货物交接手续，一般是要取得船方签证的，同时，承运人也有义务对托运人和收货人履行货物收受和交付的责任。当然，如果理货机构是公证机构，那么它的理货结果就可不经船方签证而生效，但目前我国还没有这样做。因此，船方为办理货物交付和收受手续需要在理货单上签字，主要是在货物残损单、货物溢短单、大副收据和理货证明书上签字，称为签证。签证工作一般在船舶装卸货物结束后、开船之前完成。我国规定，港口作业一般在不超过船舶装卸货物结束后2小时内完成。在理货或货运单证上书写对货物数字或状态的意见，称为批注。船方批注是船方加的批注，一般加在理货单证和大副收据上；理货批注是理货人员加的批注，在装货过程中，理货人员发现货物外表状况不佳，发货人不能进行处理，而又要坚持装船时，理货人员就得如实批注在大副收据上。另外，发现货物数字不符，而发货人坚持要按装货单上记载的数字装船，理货人员也应在装货单上按理货数字批注。有时，还要如实批注货物的装船日期等内容。在卸货时，理货长对船方加在理货单证上的批注内容有不同意见，经摆事实、讲道理后，船方仍坚持不改变批注内容，理货长可在理货单证上加上不同意船方批注内容的反批注意见。

6.复查和查询

当卸港货物数字与舱单记载的货物数字不一致时，国际航运的习惯做法是船方在理货单上批注“复查”方面的内容，即要求理货机构对理货数字进行重新核查。复查的另一个含义还包括理货机构主动进行的复查，即当理货数字与舱单记载的货物数字差异比较大时，为确保理货数字的准确性，在提请船方签证之前，往往要对所理货物进行复核。如果船舶卸货发生溢出或短少，理货机构为查清货物溢短情况，向装运港理货机构发出查询文件或电报，请求进行调查，且予以答复；或在船舶装货后，发现理货、装舱、制单有误或有疑问，理货机构向卸货港理货机构发出查询文件或电报，请求卸货时予以注意、澄清，且予以答复；或航运公司向理货机构发出查询文件或电报，请求澄清货物有关情况，且予以答复，这些统称为查询。

8.2.4 报关检验

报关（customs declaration）是进出境运输工具的负责人、进出境货物的所有人、进出口货物的收发货人或其代理人向海关办理运输工具、货物、物品进出境手续的全过程。

进出口货物必须经设有海关的地点进境或者出境，进口货物的收货人或其代理人应当自运输工具申报进境之日起14天内，出口货物的发货人或其代理人应当在装货的24小时前向海关如实申报，接受海关监管，逾期罚款，并征收滞报金。如自运输工具申报进境之日起超过3个月未向海关申报，其货物可由海关提取变卖。

对于一般进出口货物，海关的监管程序是：接受申报、查验货物、征收税费、结关放行。而相应的收、发货人或其代理人的报关程序是：申请报关、交验货物、缴纳税费、凭单取货。一般货物进出境监管程序如图8-3所示。

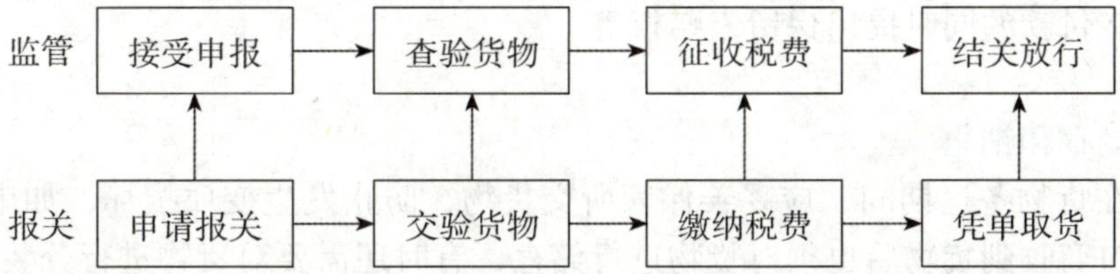

图8-3 一般货物进出境监管程序

报关单位应在规定时间内填写“进出口货物报关单”向海关申报，并随附发票、提单、保单等有关单据，如属法定检验的进出口商品，还须随附商品检验证书。此环节需关注海关审核单证是否齐全、填写是否正确、报关单内容与所附各项单证的内容是否相符，然后查验进出口货物与单证内容是否一致，必要时海关将开箱检验或提取样品。报关单位要协助海关查验货物，负责搬移货物，开拆和重封货物的包装。货物经海关查验通过后，由海关计算税费，填发税款缴纳证，待报关单位缴清税款或担保付税后，海关在报关单、提单、装货单或运单上加盖放行章后结关放行。

进出口货物的检验主要是对货物（尤其是进口货物）的品质、数量及规格等实施检验，确定进出口商品是否残损，是否符合安全、卫生的要求。国际通行的检验方法是“两次检验、两个证明、两份依据”，即以装运港的检验证书作为交付货款的依据，在货物到达目的地后，允许买方公证机构对货物进行复验并出具检验证书作为货物交接的最后依据。进口货物运达港口卸货后，港务部门要进行卸货核对，如发现短缺，应及时填制“短卸报告”交由船方签认并根据短缺情况向船方提出保留索赔权的书面声明。卸货时如发现残损，货物应存放于海关指定仓库，待保险公司同海关检验后做出处理。对于法定检验的进口货物，必须向有关商检机构报验，未检验的货物不准投产、销售和使用。如进口货物经海关检验发现有残损短缺，应凭海关出示的证书对外索赔。

8.2.5 支付

进口商对出口商支付货款的程序因所采用的支付方式不同而有差异，在我国的出口业务中，议付信用证方式较为普遍地被采用。货物装运后，受益人（卖方）应及时制单，在信用证规定的有效期和交单期内向银行交单并开出汇票。议付行收到交易单证等各种票据后，按照信用证的要求审单，并在收到单据后7个银行工作日内将审单结果通知受益人。如果确认“单证一致，单单一致”，议付行将向开证行或其指定的银行寄单索偿，同时按与受益人约定的方法进行结汇。开证行收到国外寄来的汇票及单据后，对照信用证的规定核对单据的份数和内容。如果内容无误，即由银行对国外付款，同时进口商向银行承兑或付款赎单。进口商在取得相关单据后可以凭单提取进口货物。如果银行在审单时发现单证不符，应做出适当处理，如停止对外付款、相符部分付款而不符部分拒付、货到检验合格后再付款、在付款的同时提出保留索赔权等。

8.2.6 储存和销售

出口商在货物备运期间，应妥善保管所交货物，防止发生变质损坏，如串味、腐烂、破碎等。进口商收到货物后也须对货物进行储存，有时还需要对货物进行分装、转运等处理。在此期间，进口商应对储存地点、保险、费用等问题加以综合考虑，特别是当进口商向出口商索赔时，在储存期间采取必要手段保全尤为重要，否则一旦货物在储存期间由于保管不当而损坏，进口商会因此丧失索赔权。

进口货物的销售应按照进口商事先制订的商业计划进行，即选择恰当的营销组合将进口商品推向目标市场。

综上所述，国际物流的完成或者说一条完整的进出口供应链涉及相当复杂的环节，要求进口商和出口商必须具备处理相关单据的能力和经验，以及和方方面面的机构协调关系的技能。当进口商和出口商缺乏这些技能时，可以考虑利用进出口经纪人、货运代理人等专业人员来完成国际物流环节。这些中介环节在国际贸易竞争激烈、社会分工越来越细的情况下发挥着日趋重要的作用。

8.3 国际货物运输

8.3.1 国际海上运输

与国内物流相比，国际物流以远洋运输为主，并由多种运输方式组合而成，需要更合理地选择运输路线和方式。运输方式选择和组合的多样性是国际物流的一个显著特征，海运是国际物流运输中最普遍的方式。

国际贸易的货物有2/3以上是通过海洋运输的。远洋运输是伴随着国际贸易而进行的国际货物运输，其活动范围广、航行距离长、运输风险也更大，其经营活动要受有关国际公约和各国法律的约束，也要受到国际航运市场的影响。

国际海上运输的三大主力船型是集装箱船、散货船和油船。国际海运的营运方式是班轮运输和租船运输。

1.班轮运输

班轮运输（liner transport），是指在固定的航线上，以既定的港口顺序，按照事先公布的船期表航行的水上运输经营方式。在国际贸易运输中，班轮运输是主要的运输方式之一。它的服务对象是非特定的、分期的众多货主，因此，班轮公司具有公共承运人的性质。

班轮通常是指具有固定航线、沿途停靠若干固定港口、有相对固定的费率，按照事先规定的时间表（sailing schedule，船期表）航行的船舶。对于停靠的港口，不论货物数量多少，一般都可接受托运。

（1）班轮运输的基本特点

①“四固定”，即航线、挂港、船期、运价比较固定。这有利于货主掌握船期、核算运输费用、组织货源、促进出口成交。

②同一航线上的船型相似并保持一定的航班密度。这样，可保证商品既不脱销又不集中到货，适应均衡应市的需要，使商品能卖到相对合理的价格。

③由于班轮承运的对象是件杂货物，与大宗货物相比具有批次多、批量小、货价高等特点，所以对港口装卸的要求高。在国际贸易中，班轮承运的货物数量约占海运货物总量的20%，但价值却是海运国际贸易总额的80%左右。

（2）班轮运价

班轮运价（liner freight）是班轮公司为运输货物向货主收取的运输价格，也就是班轮公司为运输单位货物所消耗的人力、物力以及为运输货物所支付给各有关方面的费用。其中包括船舶折旧、修理基金的提取、银行利息、燃料物料的消耗、港口使用费（如装卸费、吨税、运费税等）、船员工资福利和伙食费用以及适当的利润等。

影响班轮运价的主要因素是运输成本、货物的价值和特性、运输量和港口的装卸效率、航程的距离、燃料的价格和船员的工资水平以及航运市场供求关系的变化等。

2.租船运输

租船运输（shipping by chartering）是指船舶出租人把船舶租给承租人，根据租船合同的规定或承租人的安排来运输货物的运输方式。

海洋运输船舶有定期船和不定期船。定期船就是班轮；不定期船就是租船。

（1）租船的特点

①没有固定的航线、固定的装卸港口和固定的船期。租船的航线和装卸港口不是固定不变的，它可以根据货主各种不同的需要，结合市场上的各种因素临时决定。

②没有固定的运价。租船运价是随租船市场供求情况的变化而变动的。在某一地区，如船舶供过于求，则运价下跌，反之则运价上涨，经常处于变动之中。但与班轮运价相比，租船运价一般是较低的。

③适于运输大宗货物。租船主要是用来装运大宗货物，如各种矿石、石油、煤炭、硫黄、磷灰石，各种谷物、饲料、化肥、食糖，以及水泥等大宗货物。这种货物一般体积较大，而班轮不能提供足够的舱容，用租船装运较为适宜和方便。世界海运干货中，租船运输占总运量的80%以上，邮轮运输用租船方式的也占50%以上，由此可见租船在运输大宗货物中的重要作用。

（2）租船的方式

租船的方式可分为程租和期租两种。

①程租（voyage charter），是指船舶按照船、租双方事先约定的条件，按时开到装货港口装货，再开到卸货港口卸货，完成整个航程的运输任务。租船期以一个或数个航程为限。对租船人来说，程租方式简单易行，不必操心船舶的调度和支配问题，也很容易根据运费估算每吨货物的运输成本，有利于经济核算，适于装运货物单一、装卸港较少的大宗货物运输。在租船市场上，大宗货物运输占绝对大的比重，所以程租方式用得很普遍，成为租船的基本形式。不仅如此，租船市场的行情也主要以程租运价来表示。

②期租（time charter），又叫定期租船，是按一定的期限租船，在这个期限内，租船人支付租金，以取得船舶的使用权。租期少则三个月，多则若干年，甚至可到船舶报废为止。在租期以内，租船人可按照自己的需要来安排船舶的营运和调度，并负责在使用期内船舶的燃料费、港口费和拖轮费等。船东除保证船舶的适航性外，还负责船员的配备和供应船员的给养。

目前，在我国租船业务中，还有一种航次期租（time charter trip）的方式，这种方式对租期不做具体规定，而是以完成一个航次的货运任务为准。其他条件基本与定期租船一样。

8.3.2 国际航空运输

航空运输（air transport）与海洋运输、铁路运输、公路运输等方式相比，其主要优点是运输速度快，不受运输路程长短限制，适合鲜活易腐和季节性商品的运送；同时，其运输条件好，货物很少产生损伤变质，适合贵重物品的运输；可简化包装，节省包装费用；航空运输迅速准时，在商品交易中，有利于巩固市场和提高信誉。航空运输的主要缺点是运输量小、运输费用高。

1. 国际航空运输的方式

国际航空运输的方式主要有两种，即班机运输（scheduled airline）和包机运输（chartered carrier）。

（1）班机运输。班机是指在固定的航线上定期航行的航班，这种飞机有固定始发站、目的站和途经站。一般航空公司的班机都是客货混合型飞机，只有一些较大的航空公司在某些航线上辟有使用全货机的货运航班。由于班机有固定的航线及始发和停靠站，并且定期开航，为收发货人提供了准确的起运和到达时间，因此能保证将货物安全迅速地运到世界各地。

（2）包机运输。包机运输适用于货物批量较大而班机不能满足需要的情况。包机运输可分为整机包机和部分包机。整机包机是指航空公司和包机代理公司，按与租机人双方事先约定的条件和运价，将整架飞机租给租机人，从一个或几个航空站装运货物至指定目的地的运输方式，适合运输大批量货物。部分包机是几家航空货运代理人联合包租一架飞机，或由包机公司把一架飞机的舱位分别卖给几家航空货运代理公司。部分包机方式适合运输一吨以上但不足整机的货物。

2. 国际航空运输的组织形式

国际航空运输的组织形式主要有以下几种：

（1）集中托运（consolidation）。集中托运是指航空货运代理公司把若干批单独发运的货物组成一整批，向航空公司办理托运，采用一份总运单集中发运到同一目的地，或者运到某一预定的目的地，由航空货运代理公司在目的地指定的代理人收货，然后再报关并分拨给实际收货人。这种集中托运业务在国际航空运输业中开展得较为普遍，是航空货运代理的主要业务之一。

（2）联合运输。联合运输是指包括空运在内的两种以上运输方式，具体做法有陆空运输（train-air，TA）和陆空陆联运（train-air-truck，TAT）等。伴随着国际航空运输业的快速发展，铁路直接连通机场已成为当代发展最为显著的方式，既促进了航空事业，也为铁路运输开辟了一个新的市场。

(3) 送交业务，也即递交业务（delivery）。在国际贸易中，通常出口商为了推销商品、扩大贸易，往往向顾客赠送样品、目录、宣传资料等，这些商品空运至到达国之后，委托当地的航空代理办理报关、提取、转运等工作，最后送交给收货人，在到达时发生的手续费、税金、运费、劳务费等一切费用，均由航空货运代理人先行垫付后向委托人收取。由于这一业务十分方便，许多私人物品也采用这种运输方式。

(4) 货到付款（cash on delivery）。货到付款是发货人或其代理人与承运人之间达成协议，由承运人在货物到达后交与收货人的同时代收航空运单（airway bill）上所记载的货款，然后寄给发货人或其他代理人。承运人在办理完货到付款业务时，按货到付款总额的一定百分比提取劳务费。

8.3.3 国际多式联运

《联合国国际货物多式联运公约》对国际多式联运（international multimodal transportation，IMT）所做的定义是：国际多式联运是指多式联运经营人按照多式联运合同，以至少两种不同的运输方式，将货物从一国境内接管的地点运到另一国境内的指定交货地点的运输方式。

我国《物流术语》(GB/T 18354—2021）中定义：国际多式联运是按照多式联运合同，以至少两种不同的运输方式，由多式联运经营人将货物从一国境内的接管地点运至另一国境内指定交付地点的货物运输方式。

国际多式联运是多种运输方式的最佳组合，是多种运输方式的集成，意味着在物流条件下商品运输由单一的传统运输方式变成多种运输方式的最佳组合，将传统运输方式下相互独立的各种运输方式按照科学、合理的流程组织起来，减少中间储存和中转时间，从而使客户获得最佳的运输路线、最短的运输时间、最高的运输效率、最安全的运输保障和最低的运输成本。

在国际多式联运形式下，不论运输全程分几个区段，经过几种运输形式的转换，一切运输事项均由多式联运经营人负责办理，货主只需一次性订立运输合同，办理一次性托运，按统一费率支付运费，购买一次性保险。如果运输过程中出现责任问题，不论其发生在哪个运输区段，都由多式联运经营人负责。这种一个合同、一种单据、一种运费率的形式大大方便了货主。相对于货运代理，国际多式联运省去了一些烦琐的操作，为托运人或者发货人留下更多的时间去处理其他的事情。

1. 多式联运的运输组织形式

国际多式联运是采用两种或两种以上不同运输方式进行联运的运输组织形式。这里所指的至少两种运输方式可以是海与陆、陆与空、海与空等。其与一般的海海、陆陆、空空等形式的联运有着本质的区别。后者虽也是联运，但采用的仍是同一种运输工具。众所周知，各种运输方式均有自身的优点与不足，一般来说，水路运输具有运量大、成本低的优点；公路运输则具有机动灵活、便于实现货物门到门运输的优点；铁路运输的主要优点是不受气候影响，可深入和横贯内陆，实现货物长距离的准时运输；而航空运输的主要优点是可实现货物的快速运输。由于国际多式联运严格规定必须采用两种或两种以上的运输方式进行联运，因此这种运输方式可以综合利用各种运输方式的优点，充分体现社会化大生产、大交通的特点。

（1）铁路与公路的复合运输。铁路与公路的联运系统（truck-rail）也称驮背（背载）运输（piggyback）。例如，平车载运拖车（trailer-on-flat-car，TOFC），即是通过货车或公路货运与铁路运输结合所提供的运输服务方式。

（2）铁路与海运的复合运输。最早期的铁路与水运所使用的联运系统是指在河川或海洋间无可供铁路跨越的桥梁，便在水运码头将铁路货车驶入船舱内，由船舶越过江海。

海陆联运采用平车载运集装箱的联运方式（container-on-flat-car，COFC），则是于1984年由APL（American President Lines）海运公司开始的，其将所载运的远东地区集装箱，通过美国铁路以双层载集装箱车辆（double-stack train，DST），从西海岸运送到芝加哥、纽约等地，大受欢迎。现已成为普遍使用的复合运输形式。

另一种被广为采用的海陆联运形式是集装箱陆桥运输系统（land bridge service），它是指海运集装箱与横越大陆（land）的铁路运输联合。例如，从远东到欧洲的集装箱运输，若完全采用海运，可先通过太平洋，绕经巴拿马运河，再通过大西洋到欧洲。由于绕经巴拿马运河，在时间与成本上都不太经济，所以采用铁路和海运的复合运输，即先将集装箱经太平洋运到美国西海岸，经铁路运至美国东海岸，再以集装箱船行经大西洋运到欧洲，这就被称为集装箱陆桥运输系统。

（3）公路与海运的复合运输。公路与海运的复合运输称作船（鱼）背运输（fishy-back），是指船上无装卸货物的设施，直接将集装箱载运至货车拖车上，经岸上所架跳板（ramp）驶入船舱，集装箱与拖车共同留在船上一起运载，待到达目的地靠岸后，再由拖车直接将集装箱拖出，故称“驶进驶出RO/RO（roll on/roll off）”。

（4）空运与公路的复合运输。航空货运因仅能降落于机场，所以都必搭配其他运输方式进行门到门的运输。空运与公路的复合运输称作鸟背运输（birdyback），用于高价值货物的快速门到门运输。实际操作中将货车直接驶入机舱，飞机卸货后再驶离机舱。货车与航空的货物联运，若有装卸货操作的，就称作陆空联运（air-truck）。

（5）空运与海运的复合运输。空运与海运的复合运输称作空桥运输（air-bridge），或称海空联运（sea-air）。

多式联运的类型如表8-2所示。

表8-2 多式联运的类型

运具	公路	铁路	海运	空运
公路	甩挂运输	（驮）背载运输（piggyback）TOFC/COFC	船（鱼）背运输（fishyback）RO/RO	陆空联运（birdyback）air-truck
铁路	（驮）背载运输（piggyback）TOFC/COFC	—	海陆联运 COFC	空铁联运（air-rail）
海运	船（鱼）背运输（fishyback）RO/RO	海陆联运 COFC	子母船（LASH）联运（ship-barge）	空桥运输（air-bridge）sea-air
空运	陆空联运（birdyback）air-truck	空铁联运（air-rail）	空桥运输（air-bridge）sea-air	—

2. 多式联运的线路选择

国际多式联运的线路选择直接关系到货物运输的费用、时间和运输质量，也是多式联运经营人的服务能否使货主或托运人满意的最关键因素，综合各种运输因素考虑，哪家多式联运经营企业选配的线路最适合货物的运输，哪家企业就能赢得最多的货主的信任，从而提高企业的效益。所以，线路的选择对整个多式联运来说有重要的意义。

选择运输线路需考虑的因素主要有：

（1）运输费用。运费的高低决定着多式联运经营企业的竞争力，是线路选择的决定性因素。运输费用包括各区段的运输费用、中转费用，以及必要时候的仓储费用。

（2）运输方式。根据货源结构、运输时间、运输批量、运输出发地和目的地的不同，确定该运输线路的主要运输方式，以及与其配套的区段运输方式。例如，价值高、批量小、运送时间要求短的货物，其主要运输方式可选用航空运输。

（3）运输时间。在运输途中，同一运输区段上两条线路的运输时间不仅仅包括各区段的运输时间，还包括中转站的中转时间，以及必要的仓储时间。

（4）运输质量。运输质量主要是指有没有货损和货物灭失。在运输途中，由于天气、海浪等不可抗力，货物会或多或少地受到损坏。运输质量较高的线路可以减少货物损失，因此，线路的运输质量是多式联运经营人选择线路时必须考虑的因素。

（5）服务水平。运输线路的服务水平主要表现在过境口岸设施条件、手续便捷程度、运输信息的畅通和港口、场站的服务质量等方面。货物在港口、海关、公路、堆场等环节滞留的时间越长，货物运输过程中的成本就越高，必然导致多式联运企业竞争力下降。在现代社会中，运输信息畅通是十分重要的，畅通的运输信息可使多式联运经营人随时了解货物的运输状况，以便对突发性事件做出迅速处理。所以，运输线路服务水平的高低也是多式联运经营人在选择运输线路时考虑的重要因素。

3. 多式联运的业务流程

从多式联运经营人角度，多式联运业务主要包括与发货人订立多式联运合同、组织全程运输、完成从接货到交货过程的合同事项等基本内容。多式联运是依托不同运输方式，跨国、跨地区的物资流通业务，如把多式联运从货物接收到最后交付这一过程进行分解，则其具体业务主要包括：

（1）出运地货物交接，即托运人根据合同的约定把货物交至指定地点。若港口交货，货主可在港口办理出口报关手续；若内陆货站交货，通常由海关派员现场监装和办理出口报关手续。集装箱货物，箱子一般由多式联运经营人提供，发货人可自行装箱，也可委托多式联运经营人代为装箱。多式联运经营人接管货物时，应签发一份多式联运单据给发货人，单据可否转让由发货人选择。

（2）确定多式联运路线和方式，与分包方签订货物联运合同。

（3）货物出口安排。对货物全程运输投保货物责任险和集装箱保险。

（4）通知转运地代理人，与分包承运人联系，及时做好货物过境或进口换装、转运等手续的申办和业务安排。

（5）货物运输过程的跟踪监管，定期向发货人或收货人发布货物位置等信息。

（6）通知货物抵达目的地时间，并要求目的地代理人办理货物进口手续。目的地代理人也可根据收货人的委托，处理货物进口和提货相关事宜，比如，了解出口地备货与出运情况、与联运公司联系货物运输动态和及时进行到货通知、委托检验货物、办理提运货物手续等。若是在港口交货，在港口地报关后提运货物；若是在内陆目的地进行货物清关提取，则通常在入境地先办理保税运输手续，加封后运往内地，然后在目的地再办理报关手续。

此外，多式联运的具体业务还包括结算费用、箱子跟踪管理、租箱与归还业务，以及货物索赔和理赔业务等。

8.4 国际货物储存

国际物流货物仓储工作同国际物流货物运输一样，都是对外贸易及国际物流不可缺少的环节。国际物流货物仓储不仅担负着进出口货物保管存储的任务，还担负着出口货物的加工、挑选、整理、包装、备货、组装和发运等一系列任务。国际贸易和跨国经营中的商品从生产厂家或供应部门被集中运送到装运港口，有时需临时存放一段时间再装运出口，临时存放主要是在各国的保税区和保税仓库进行的，这又涉及各国保税制度和保税仓库建设等方面的内容。

8.4.1 保税仓库的概念及货物存放规定

1.保税仓库的概念

随着国际贸易的不断发展，贸易方式日益多样化，如进口原材料、配件进行加工装配后复出口，补偿贸易、转口贸易、期货贸易等灵活贸易方式都被广泛采用。如果进口时要征收关税，复出口时再申请退税，运作起来手续重复烦琐，也加大了整体成本，增加国际贸易的风险，不利于国际贸易的健康发展。为应对这种现象，保税仓库应运而生。

保税仓库是指经海关批准设立的专门存放保税货物及其他未办结海关手续的货物的仓库。除非另有规定，货物进入保税仓库，在法律上意味着在全部储存期间暂缓执行该货物投入国内市场时应遵循的法律规定，也就是说这些商品仍然被看成处于境外，只有当货物从保税仓库提出时，才被当作直接进口货物对待。保税仓库的保税范围各国并不完全相同。

保税仓库实际上是口岸功能的延伸，保税仓库除了具有传统的保税仓储功能外，还具有转口贸易、简单加工和增值服务、物流配送、商品展示等功能。在国际贸易中，除国家禁止进境的货物外，保税仓库货物一般不受仓库所在地国家的税费和进口许可证件管理制度的约束，所以，许多企业常常通过保税仓库来合理规避国际市场的价格风险和有关税费、贸易管制等，这有力地促进了国际贸易的健康发展。

2.保税仓库允许存放货物的范围

各国对保税仓库允许存放的货物的规定不完全相同。在我国，保税仓库允许存放如下货物：

（1）暂缓办理纳税手续的进口货物。这类货物主要是指进口国工程、生产等紧急需要，由于种种原因而预先进口的货物。这些货物储存在保税区内随用随取，而超出需求量的货物可免税退回。另外，还包括因进口国情况变化、市场变化而暂时未能确定货物去向，需要先行存放的货物。

（2）需要进口技术处置的货物。有些货物在进入进口国后，由于与销售国的市场不符，需要换包装、改尺寸或做其他相应的加工处理。这些货物可先进入保税仓库进行技术处理，等到符合相应的要求可以内销时再行完税，如果无法满足进口国的需要不能销售，则免税退回。

（3）来料加工复出口的货物。为了鼓励“两头在外”国际贸易战略的实施，对于有些来料加工贸易中在保税区或保税仓库完成加工，加工后直接出口的货物，可直接存放在保税仓库中。

（4）不内销而过境转口的货物。有些货物或无法内销，或在该区域存放有利于转口，或无法向第三国直接进口而需要转口的，可暂时存放在保税仓库中。

8.4.2 货物进入保税仓库的程序

1.填写保税报关单

申请货物保税者应填写保税报关单一式三份，该报关单上应写明申报者有关履行法律规定的义务和承诺。保税报关单上除了要有一般报关单所需要的所有内容外，还应反映从保税仓库提取货物时计税需要的一些详细情况。除公共保税仓库外，存入保税仓库的货物申报都应该提供相应的担保。

2.保管单签字

存入保税仓库货物的报关人应是货主本人或其授权的代理人。他们应在保管单上签字。在海关的规定中，允许报关代理人对一定限额内的商品以本人的名义向海关申报。申报后，代理人有义务监督承诺的履行情况，并承担相应的法律责任。

3.检验

在保管手续办理完成后，应对货物履行一定的验收手续，必要时还可采取取样、加封等保证海关监督权利有效实施的方式，以保证在脱离海关监管后仍可以对商品进行辨认。

4.海关登记

存放在保税仓库中的货物应由主管海关进行登记，并按加工业务的不同进行分类，在货物存放保税仓库期间应持续记录反映相应的情况。相关的货物报关单经海关查验放行后，一份由海关留存，两份随货交保税仓库。保税仓库经理人应于货物入库后即在上述报关单上签收，一份留存，一份交回海关存查。

保税仓库内货物存放的期限各国均有具体规定。《中华人民共和国海关对保税仓库及所存货物的管理规定》中规定的保税仓储货物存储期限为一年，确有正当理由的，经海关同意可予以延期；除特殊情况外，延期不得超过一年。在限期内，货物需要转移到不同类型的保税仓库时，总期限不得超过其中期限最长的一类规定的时间。

8.4.3 海外仓

1.海外仓的概念和作用

海外仓（overseas warehouse）是国内企业在境外设立，面向所在国家或地区市场客户，就近提供进出口货物集并、仓储、分拣、包装和配送等服务的仓储设施。

海外仓是本国以外的仓库，也就是从事跨境电子商务贸易的企业在目的国使用的仓库。海外仓服务是指以这种仓库来实现目的国本地发货、仓储、中转、一件代发、退货换标等一系列物流服务的总称。

随着2015年5月商务部《“互联网+流通”行动计划》的推出，不少电商平台和出口企业通过建设“海外仓”布局境外物流体系。海外仓的建设可以让出口企业将货物批量发送至海外仓库，实现在该国本地销售、本地配送。

这种新的跨国物流形式有利于解决发展跨境电子商务的种种痛点，鼓励电商企业走出去。客户下单后，出口企业通过海外仓直接本地发货，大大缩短配送时间，也降低了清关障碍；货物批量运输，降低了运输成本；客户收到货物后能轻松实现退换货，也改善了购物体验。跨境电商供应链体系中的海外仓业务流程如图8-4所示。

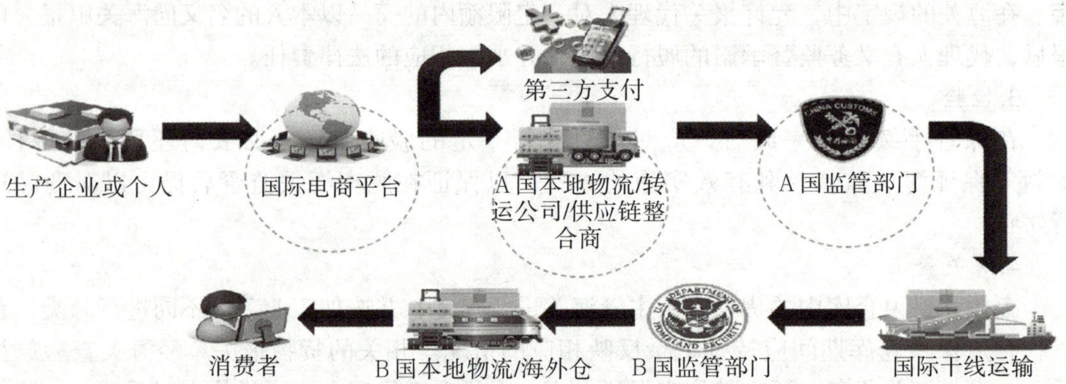

图8-4 跨境电商供应链体系中的海外仓业务流程

2.海外仓的分类

海外仓目前分为自营海外仓和第三方海外仓。

自营海外仓一般为大型企业自建仓库，资金实力雄厚，物流体系完善。简单来说就是从订单开始，分拣—包装—配送都是自己完成，实行一条龙服务。

第三方海外仓是目前跨境电商物流体系中占比最大的，它可以为跨境电商企业提供清、提、拆、派等一站式服务。常见的业务形态如一件代发、FBA中转、退货换标等。

3.第三方海外仓的业务流程

以第三方海外仓一件代发为例。一件代发就是跨境电商卖家通过海运、空运等物流形式，将产品批量运送至国外的第三方海外仓，当平台产生订单后回传至仓库，仓库根据订单处理货物，然后交由相关尾程物流公司如UPS、USPS、FedEx、DHL等进行派送。流程如下：

第一个环节：备货至海外仓。

需要卖家把货物通过头程物流运送到海外仓，由仓库验收后，进行上架。

第二个环节：派单。

当消费者在店铺下单后，商家需要将订单的信息回传通知到仓库端，由仓库人员接收后，将商品打包，等待派送。

第三个环节：派送。

由海外仓联系尾程物流，并由其将打包好的商品送至消费者手中，直至完成收货。

案例分析　　京东物流：跨境供应链为国货出海护航①

京东物流构建出海新基建

2020年以来，京东物流在海外加速布局以海外仓为核心的物流供应链基础设施。截至2022年6月30日，京东物流已在全球运营近90个保税仓库、直邮仓库和海外仓库，总管理面积近90万平方米，跨境网络总仓储面积同比增长超过70%。在美国、德国、荷兰、法国、英国、波兰、阿拉伯联合酋长国、澳大利亚、印度尼西亚、泰国、越南、马来西亚等地部署了自营仓网，覆盖亚洲、欧洲、美洲、大洋洲主要国家，在形成区域合力的基础上，串联起覆盖全球的端到端织网布局。

京东的海外仓与其他物流企业海外仓的不同之处就在于客户定位的不同，大部分物流企业的海外仓对接的是国内进口，京东承接的则是向外出口以及当地电商、零售企业物流业务。

一方面，依托稳定的干线资源，搭建国际物流全链路轨迹，京东物流通过实时跟踪，减少异常风险；另一方面，京东物流可为不同垂直行业企业提供多渠道、多市场、多平台的高效库存、配送解决方案，为海内外卖家提高效率并减少链路中的成本；此外，京东物流依托海外本地自营团队和服务资源，以海外仓为支点，提供BC同仓、退换维保等全套服务。

经过多年的建设，京东物流海外仓已可以通过提供一体化的网络建设为跨境品牌提供一盘货发全球、多渠道、多仓发货的定制化解决方案。与此同时，京东物流为满足中国出海品牌多种业务场景的电商物流，可提供小包、空派、空卡、海派、海卡、铁路及陆路等全面跨境运输服务。拥有中美、中欧、中英、中德、中澳等专线小包、空派、海派、海卡、铁派等跨境产品，也可提供海外当地清关、拖车、B2B和B2C运输的服务。目前，京东物流通过构建一套稳定的出海新基建，凭借其自动化设备、库存管理系统、海外当地清关及运输、建立海外售后中心等能力，为国货出海提供涵盖跨境运输、海外仓储和末端配送的一站式端到端一体化供应链服务。

① 席悦.京东物流：跨境供应链为国货出海护航［J］. 中国物流与采购，2022（22）.

因地制宜打造海外仓

目前，京东物流在全球拥有的90余个保税仓、直邮仓和海外仓，均为京东物流自主运营。由于海外仓的建设要面临一系列本土化的问题，所以需适应当地的政策法规、市场环境等。

在选址方面，京东物流对当地的交通环境、干线设施等均会做大量的前期调研工作。如已投入使用的京东迪拜2号仓，位于迪拜工业园内，地处两条高速公路交汇处，距离中东地区吞吐量最大的杰贝阿里港仅20分钟车程，是迪拜政府规划的工业发展核心地区。这样的地理位置，对物流仓储来说是非常有利的，也为下一步提供辐射亚、非、欧三大洲的一体化供应链解决方案打下了坚实的基础。

在美国，京东物流则在洛杉矶、亚特兰大、新泽西布局海外仓，覆盖了美国的西部、中部和东部，同时北可辐射加拿大，南可辐射墨西哥，从而达到服务范围和效率的最大化。其中，京东美国仓出库的订单次日即可送达美国全境主要一线城市，2～3日达服务已可覆盖全美90%地区。

2022年“6·18”期间，京东物流在美国正式启用洛杉矶2号自动化仓，通过采用“飞狼”料箱机器人，提升了货品存储密度，仓内小件型商品存储位从10 000个增加到35 000个，实现对仓库空间的充分利用。该系统借助密集存储、智能拣选、自动避障、自主充电等功能，解决了耗时和繁重的人工存取和搬运流程，大大减少出库时间，整体运营效率提升了3倍以上。

对海外仓进行因地制宜的建设运营，有助于京东物流在海外更具优势。一是帮助国货品牌在供应链的各个环节实现降本增效；二是让京东物流在服务当地企业时更加得心应手。

讨论：

（1）京东物流的国际物流供应链是如何服务国货品牌的?

（2）京东的国际物流体系建设有什么特点?

本章小结

国际物流具体是指当生产和消费分别在两个或两个以上国家（地区）独立进行时，为了克服生产和消费之间的空间距离和时间间隔，对物资（商品）进行物理性移动的一项国际商品贸易或交流活动，从而实现国际商品交易的最终目的，即实现卖方交付单证、货物和收取货款，而买方接受单证、支付货款和收取货物的过程。

国际物流系统是由商品的包装、储存、运输、检验、外贸加工和其前后的整理、再包装以及国际配送等子系统构成。

国际物流的流程与进出口程序类似，其基本业务主要有订单处理、运输和保险、理货、报关检验、支付、储存、销售等。

国际物流海上运输的方式主要有班轮运输与租船运输。

国际多式联运是指多式联运经营人按照多式联运合同，以至少两种不同的运输方式，将货物从一国境内接管的地点运到另一国境内的指定交货地点的运输方式。它是国际物流的主要发展方向。

国际贸易和跨国经营中的商品从生产厂家或供应部门被集中运送到装运港口，有时需临时存放一段时间再装运出口，这一环节主要是在各国的保税区和保税仓库进行的。保税仓库是指经海关批准设立的专门存放保税货物及其他未办结海关手续的货物的仓库。保税仓库实际是口岸功能的延伸，保税仓库除了具有传统的保税仓储功能外，还具有转口贸易、提供简单加工和增值服务、物流配送、商品展示等功能。

本章还介绍了海外仓的概念和作用、分类及基本流程。

关键概念

国际物流　租船运输　班轮运输　国际多式联运

思考题

1. 国际物流的含义和特点是什么?
2. 国际物流系统的组成部分有哪些?
3. 国际物流的基本流程是怎样的?
4. 国际物流海上运输的主要形式有哪几种?
5. 国际多式联运的含义是什么?
6. 阐述保税仓库的含义及作用。
7. 国家为什么要大力支持建设海外仓?

第9章 物流成本管理

学习目标

了解物流成本的概念、构成和特性；明确物流成本的分类；掌握物流成本的ABC核算方法；了解物流成本管理的含义、目的及作用；明确物流成本管理的内容；了解物流成本决策的步骤、方法；了解物流成本控制的内容、程序；掌握物流成本的控制对象及如何针对各个对象进行物流成本控制。

物流成本管理是物流管理的重要内容，也是物流经济效益的量化指标，它能直观地体现出物流的经济效益，从分析物流成本入手，管理企业物流活动，控制企业物流成本，对提高企业的经济效益具有重要意义。

9.1 物流成本及物流成本管理概述

9.1.1 物流成本的概念及构成

1. 物流成本的概念

《物流术语》（GB/T 18354—2021）中对物流成本（logistics cost）的定义为：物流活动中所消耗的物化劳动和活劳动的货币表现。具体地说，它是物品在实物劳动，如包装、运输、存储、装卸搬运、流通加工等各种活动过程中所支出的人力、财力和物力的总和。

2. 物流成本的构成

从不同的角度对物流成本进行观察和分析，由于考虑的角度不同，对物流成本的认识也就不同，物流成本的含义也不同。按照人们进行物流成本管理和控制的不同视角，可以把物流成本分成社会物流成本、货主企业（包括制造企业和商品流通企业）物流成本和物流企业物流成本三个方面。社会物流成本是宏观意义上的物流成本，而货主企业物流成本以及物流企业物流成本是微观意义上的物流成本。

（1）社会物流成本。社会物流成本是核算一个国家在一定时期内发生的物流总成本，是不同性质企业微观物流成本的总和，人们往往用社会物流成本占国内生产总值（GDP）的比重来衡量一个国家物流管理水平的高低。

（2）货主企业物流成本。制造企业物流是物流业发展的原动力，而商品流通企业是连接制造业和最终客户的纽带，制造企业和商品流通企业是物流服务的需求主体。

人们常说的物流成本往往主要是指货主企业（制造企业和商品流通企业）物流成本，因此，在进行企业物流成本分析时，本章着重进行货主企业物流成本的分析。

（3）物流企业物流成本。物流企业物流成本是指提供功能性物流服务业务的物流企业（如仓储服务企业、运输服务企业等）和提供一体化物流服务的第三方物流企业在运营过程中发生的各项费用。

3. 物流成本的特性

从当今企业的物流实践中反映出来的物流成本的特征如下：

（1）物流成本的隐藏性。物流活动是企业生产经营管理活动的组成部分，大多数的物流成本都隐藏在其他费用之中，很难掌握其全貌。西泽修教授提出的物流成本“冰山说”认为，物流成本就像冰山一样，看到的只是其很小的部分，更大的部分隐藏在海面之下。企业的物流活动除了委托外部物流企业完成的部分以外，还有企业自己从事的部分，如利用企业自有运输工具运货，设置自有仓库和由本企业职工进行包装和装卸作业等；此外，还有配备物流管理人员和进行大量的物流信息处理的业务，这些业务都是有成本的，根据目前企业的财务会计报表，其所反映出来的物流成本确实只是“冰山”的一角。企业大多数物流成本根据现有成本核算制度没有被反映出来，而是混在其他费用科目之中。

（2）物流成本削减的乘法效应。物流成本削减的乘法效应，是指物流成本的增减不仅带来直接的收益增减，还带来间接的收益增减。例如，如果销售额为100万元，物流成本为10万元，那么物流成本削减1万元，不仅直接产生了1万元的收益，而且因为物流成本占销售额的10%，所以间接增加了10万元的利润。可见，物流成本的下降会产生极大的效益。

（3）物流成本的效益背反性。“效益背反”，即改变系统中任何一个要素就会影响其他要素的改变的现象。也就是说，系统中任何一个要素的增益，必将会对系统中其他要素产生减损作用。物流成本的效益背反性主要表现在两个方面：

①物流成本与服务水平的效益背反。在一定技术条件下，高水平的物流服务需要较高的物流成本来保证。如果技术没有取得较大进步，企业很难在提高物流服务水平的同时降低物流成本。因此，一般情况下，提高物流服务水平，物流成本也会上升。

②物流业务活动的成本效益背反。任何物流活动都是运输、仓储、搬运、装卸、包装、流通加工、物流信息等物流业务活动的集合，企业要想降低其中某项物流业务的成本，往往会增加另外某项物流业务的成本。如减少库存，库存成本降低了，却会使库存补充更频繁，运输频次增加，运输成本会上升；简化包装，包装成本会降低，但包装强度可能下降，在运输和装卸中的破损率可能会增加，同时，低强度的包装在仓库中不能堆放过

高，保管效率也会下降等。

物流成本的效益背反性，要求企业对物流成本的管理从全局角度，综合各方面因素通盘考虑。追求物流总成本的最低才是企业物流成本管理的目标。

9.1.2 物流成本管理的含义、目的及作用

1. 物流成本管理的含义

《物流术语》（GB/T 18354—2021）中对物流成本管理（logistics cost control）的定义是：对物流活动发生的相关成本进行计划、组织、协调与控制。

许多人提到物流成本管理时，常常会认为就是“管理物流成本”。其实不然，物流成本管理是通过成本去管理物流活动，管理的对象不是成本而是物流。因此，物流成本管理属管理成本范畴，是物流管理的手段与方法。

2. 物流成本管理的目的

（1）通过掌握物流成本现状，发现企业物流中存在的主要问题。

（2）对各个物流相关部门进行比较和评价。

（3）依据物流成本计算结果，制定物流系统规划，确立物流管理战略。

（4）通过物流成本管理，发现降低物流成本的环节，强化总体物流管理。

3. 物流成本管理的作用

物流成本管理的作用主要体现在两个方面：

从宏观角度看，如果全行业的物流效率普遍提高，物流平均费用降低到一个新的水平，那么，该行业在国际上的竞争力将会得到增强。对于一个地区的行业来说，可以提高其在全国市场上的竞争力；全行业物流成本的普遍下降，将会对产品的价格产生影响，导致物价相对下降，这有利于保持消费物价的稳定，相对提高国民的购买力水平。物流成本的下降，对于全社会而言，意味着创造同等数量的财富在物流领域所消耗的物化劳动和活劳动得到节约，以尽可能少的资源投入，创造出了尽可能多的物质财富，减少了资源消耗。

从微观角度看，物流成本在产品成本中占有较大比重，在其他条件不变的情况下，降低物流成本意味着扩大了企业的利润空间，有利于提高利润水平。物流成本的降低，增强了企业在产品价格方面的竞争优势，从而提高产品的市场竞争力、扩大销售，为企业带来更多的利润。

9.1.3 物流成本管理的内容

物流成本管理的内容包括：物流成本核算、物流成本分析、物流成本预测、物流成本决策、物流成本计划、物流成本控制等。

1.物流成本核算

物流成本核算是根据企业确定的成本计算对象，运用相应的计算方法，按照规定的成本项目，通过一系列的物流费用提取、汇集与分配，最后计算出各物流活动成本计算对象的实际总成本和单位成本。物流成本核算能够如实地反映物流活动中的实际耗费，同时也是控制各种活动费用实际支出的过程。

2.物流成本分析

物流成本分析是在成本核算及其他有关资料的基础上，运用一定的方法，揭示物流成本水平的变动，进一步分析影响物流成本变动的各种因素。通过物流成本分析，提出积极的建议，采取有效的措施，合理地控制物流成本。物流成本分析过程同时也是对前一阶段物流成本管理业绩的评估过程。

3.物流成本预测

物流成本预测是根据已有的相关成本数据，结合企业具体的发展情况，运用一定的预测技术与方法，对企业未来的物流成本水平及其变动趋势做出估计。物流成本预测是物流成本管理工作的基础，能够提高物流成本管理的科学性和预见性。

物流成本预测在物流成本管理的许多环节都存在，如采购供应环节的进货价格预测、运输环节的货物周转量预测、仓储环节的库存预测等。

4.物流成本决策

物流成本决策是在成本预测的基础上，结合其他相关资料，运用一定的科学方法，从若干个物流成本管理方案中选择一个满意的方案的过程。从整个物流流程来看，物流成本决策包括配送中心的新建、改建和扩建的投资决策；装卸搬运设备、设施投资的决策；运输配送成本最小化决策等。物流成本决策是物流成本计划的基础，因此物流成本决策就是明确物流成本管理的目标，而确定成本目标是编制成本计划的前提，同时也是实现成本事前控制、提高经济效益的重要途径。

5.物流成本计划

物流成本计划是根据成本决策所确定的方案、计划期的生产任务、降低成本的要求以及有关资料，通过一定的程序，运用一定的方法，以货币形式规定计划期物流各环节耗费水平和成本水平，并提出保证成本计划顺利实施所采取的措施。通过成本计划管理，可以在降低物流各环节成本方面给企业提出明确的目标，推动企业加强成本管理责任制，增强企业的成本意识，控制物流环节费用，挖掘降低成本的潜力，保证企业降低物流成本目标的实现。

6.物流成本控制

物流成本控制是根据计划目标，对成本发生和形成过程以及影响成本的各种因素和条件施加主动的影响，以保证实现物流成本计划的工作。通过成本控制，可以及时发现存在的问题，采取纠正措施，保证成本目标的实现。

上述各项成本管理的内容是互相配合、相互依存的一个有机整体。成本预测是成本决策的前提；成本计划是成本决策所确定目标的具体化；成本控制是对成本计划的实施进行监督，以保证目标的实现；成本核算与成本分析是对目标是否实现的检验。

其中，物流成本核算是物流成本管理的前提。物流成本决策和物流成本控制是针对企业在已经确定的竞争战略下如何建立与竞争战略相适应的物流成本管理战略所必须实施的两个关键程序。下面我们对物流成本核算、物流成本决策和物流成本控制这三项内容予以阐述。

9.2 物流成本核算

9.2.1 物流成本的分类

在进行物流成本核算时，必须对其进行科学的分类。物流成本常见的分类方法有以下几种：

1.按支付形态分类

根据物流成本支付形态划分，企业物流总成本由委托物流成本和内部物流成本构成。其中内部物流成本按支付形态可分为材料费、人工费、维护费、一般经费和特别经费（见表9-1）。按支付形态记账，可以了解物流成本总额，也可以了解什么项目花费最多，这种划分对于认识物流成本合理化的重要性、确定物流成本管理的重点十分有利。

表9-1 按支付形态分类的物流成本

物流成本支付形态		内容说明
企业内部物流成本	材料费	资材费、工具费、器具费等
	人工费	工资、福利、奖金、津贴、补贴、住房公积金等
	维护费	土地、建筑物及各类物流设施设备的折旧费、维护维修费、租赁费、保险费、税金、燃料与动力消耗费等
	一般经费	办公费、差旅费、会议费、通信费、水电费、煤气费等
	特别经费	存货资金占用费、货品损耗费、存货保险费和税费
委托物流成本		企业向外部物流机构所支付的各项费用

资料来源 国家标准化管理委员会.企业物流成本构成与计算（GB/T20523—2006）[S]. 北京：中国标准出版社，2007.

2.按功能分类

按物流功能计算物流成本，即从物流功能的角度来掌握物流成本，分别按包装、运输、仓储、装卸搬运、流通加工、物流信息和物流管理功能来计算物流成本（见表9-2）。按物流功能计算物流成本可以看出哪种功能更消耗成本，比按物流形态计算成本的方法更能进一步找出物流活动不合理的症结，而且可以计算出标准物流成本，如按单位个数、容器或重量计算出单位成本，进行作业管理，设定合理化目标。

表9-2 按功能分类的物流成本

物流成本项目	内容说明
运输成本	一定时期内，企业为完成货物运输业务而发生的全部费用，包括从事货物运输业务的人员费用，车辆（包括其他运输工具）的燃料费、折旧费、维修保养费、租赁费、过路费、年检费、事故损失费、相关税金等
仓储成本	一定时期内，企业为完成货物储存业务而发生的全部费用，包括仓储业务人员费用，仓储设施的折旧费、维修保养费、水电费、燃料与动力消耗等
包装成本	一定时期内，企业为完成货物包装业务而发生的全部费用，包括包装业务人员费用，包装材料消耗，包装设施折旧费、维修保养费，包装技术设计、实施费用以及包装标记的设计、印刷等辅助费用
装卸搬运成本	一定时期内，企业为完成装卸搬运业务而发生的全部费用，包括装卸搬运业务人员费用，装卸搬运设施折旧费、维修保养费、燃料与动力消耗等
流通加工成本	一定时期内，企业为完成货物流通加工业务而发生的全部费用，包括流通加工业务人员费用，流通加工材料消耗，加工设施折旧费、维修保养费，燃料与动力消耗等
物流信息成本	一定时期内，企业为采集、传输、处理物流信息而发生的全部费用，指与订货处理、储存管理、客户服务有关的费用，具体包括物流信息人员费用，软硬件折旧费、维护保养费、通信费等
物流管理成本	一定时期内，企业物流管理部门及物流作业现场所发生的管理费用，具体包括管理人员费用，差旅费、办公费、会议费等

资料来源 国家标准化管理委员会.企业物流成本构成与计算（GB/T 20523—2006）[S]. 北京：中国标准出版社，2007.

3.按产生范围分类

根据物流成本产生的范围划分，物流成本由供应物流成本、企业内物流成本、销售物流成本、回收物流成本以及废弃物物流成本构成（见表9-3）。

表9-3 按产生范围分类的物流成本

成本范围	内容说明
供应物流成本	指经过采购活动，将企业所需原材料（生产资料）从供给者的仓库运至企业仓库的物流过程中所发生的物流费用
企业内物流成本	指从原材料进入企业仓库开始，经过出库、制造形成产品以及产品进入成品库，直到产品从成品库出库为止的物流过程中所发生的物流费用
销售物流成本	指为了进行销售，产品从成品仓库出库开始，经过流通环节的加工制造，直到运至中间商的仓库或消费者手中的物流活动过程中所发生的物流费用
回收物流成本	指退货、返修货品和周转使用的包装容器等从需方返回供方的物流活动过程中所发生的物流费用
废弃物物流成本	指将经济活动中失去原有使用价值的物品，根据实际需要进行收集、分类、加工、包装、搬运、储存等，并分送到专门处理场所的物流活动过程中所发生的物流费用

资料来源 国家标准化管理委员会.企业物流成本构成与计算（GB/T 20523—2006）[S]. 北京：中国标准出版社，2007.

4.按适用对象分类

按适用对象计算物流成本，可以分析出物流成本都用在哪一类对象上。如可以分别把商品、顾客、地区或营业单位作为适用对象来进行计算。

以商品为对象计算物流成本，是指通过把按功能计算出来的物流费用按照一定的标准分配给各类商品来计算物流成本。

以顾客为对象计算物流成本的方法，可以用来作为选定顾客、确定物流服务水平等制定顾客战略的参考。

按地区或营业单位为对象来计算物流成本的方法，就是要计算出各个地区或营业单位的物流成本，并与相对应的地区或营业单位的销售收入进行对比，用来确定每单位销售收入所要承担的物流费用，了解各地区或营业单位物流成本中存在的问题，以加强管理。

9.2.2 物流成本核算方法

1.会计方式的物流成本核算方法

会计核算方法，就是通过凭证、账户、报表对物流耗费予以连续、系统、全面记录、计算和报告的方法。会计方式的物流成本核算包括两种形式：

（1）双轨制。这是把物流成本核算与其他成本核算截然分开，单独建立物流成本核算的凭证、账户、报表体系。在单独核算的形式下，物流成本的内容在传统成本核算和物流成本核算中得到双重反映。

（2）单轨制。这是将物流成本核算与企业现行的其他成本核算如产品成本核算、责任成本核算、变动成本核算等结合进行，建立一套能提供多种成本信息的共同的凭证、账户、报表核算体系。在这种情况下，要对现有的凭证、账户、报表体系进行较大的改革，需要对某些凭证、账户、报表的内容进行调整，同时还需要增加一些凭证、账户和报表。这种结合无疑是比较困难的，但并不是不可能的，因为企业物流成本的大部分内容包括在产品成本中，责任物流成本是责任中心成本的一部分，变动物流成本则是企业变动成本的一部分。

运用会计方式进行物流成本核算时，提供的成本信息系统、全面、连续，且准确、真实，这是其优点。但这种方法比较复杂，或者需要重新设计凭证、账户、报表核算体系，或者需要对现有体系进行较大的甚至可以说是彻底的调整。

企业物流成本会计核算是采用单轨制还是采用双轨制，应根据每个企业的具体情况而定。不过，从发展的观点来看，最好是采用单轨制会计核算方式。当然，采用单轨制会计核算方式还必须具备一定的条件：①核算人员必须有较高的业务素质；②企业管理基础工作必须比较健全；③管理人员必须具备综合的现代成本管理意识；④企业的成本工作必须实现标准化和现代化，有基本的组织保证。

2.统计方式的物流成本核算方法

所谓统计方式，就是说它不要求设置完整的凭证、账户和报表体系，而主要是通过对企业现行成本核算资料的解剖分析，从中抽出物流耗费部分（即物流成本的主体部分），再加上一部分现行成本核算没有包括进去但要归入物流成本的费用，如物流信息费、外企业支付的物流费等，然后再按物流管理的要求对上述费用重新归类、分配、汇总，加工成物流管理所需要的成本信息。具体做法如下：

（1）通过对材料采购、管理费用账户的分析，抽出供应物流成本部分，如材料采购账户中的外地运输费，管理费用账户中的材料市内运杂费，原材料仓库的折旧修理费，保管人员的工资等，并按功能类别、形态类别进行分类核算。

（2）从生产成本、制造费用、辅助生产、管理费用等账户中抽出生产物流成本，并按功能类别和形态类别进行分类核算。例如，人工费部分按物流人员的人数比例或物流活动工时比例确定，折旧修理费用按物流固定资产所占资金比例确定。

（3）从销售费用中抽出销售物流成本部分，包括销售过程中发生的运输、包装、装卸、保管、流通加工等费用，委托物流费按直接发生额计算。

（4）外企业支付的物流费部分，现有成本核算资料没有反映。其中，供应外企业支付的物流费可根据在本企业交货的采购数量，每次以估计单位物流费率进行计算；销售外企业支付的物流费可根据在本企业发货的销售数量，乘以估计单位物流费率进行计算。单位物流费率的估计可参考企业物资供应、销售给对方企业交货时的实际费用水平。

(5) 物流利息的确定可按企业物流资产占用额乘以内部利率进行计算。

(6) 从管理费用中抽出退货物流成本。

(7) 废弃物物流成本对于企业来说数额一般较小，可以不单独抽出，而是并入其他物流费用中。

委托物流费的计算比较简单，它等于企业对外支付的物流费用。而企业内部物流耗费及外企业支付物流费用的计算比较复杂，总的原则是：单独为物流活动所耗费的部分直接计入；间接为物流活动所耗费的部分，以及物流活动与其他非物流活动共同耗费的部分，则按一定标准或比例，如物流人员的比例、物流工时比例、物流资金数额等分配计算。

与会计方式的物流成本核算比较起来，由于统计方式的物流成本核算没有对物流耗费进行连续、全面、系统的跟踪，所以据此得来的信息其精确程度会受到很大的影响，但正由于它不需要对物流耗费做全面、系统、连续的反映，所以运用起来比较简单、方便。在会计人员业务素质一般、物流管理意识淡薄、会计电算化尚未普及的情况下，可运用此法，以简化物流成本核算，满足当前物流管理的需要。

3. 统计方式与会计方式相结合的物流成本核算方法

统计方式与会计方式相结合，即物流耗费的一部分内容通过统计方式予以核算，另一部分内容通过会计方式予以核算。运用这种方法，也需要设置一些物流成本账户，但不像第一种方法那么全面、系统，而且，这些物流成本账户不纳入现行成本核算的账户体系，对现行成本核算来说，它是一种账外核算，具有辅助账户记录的性质。具体做法如下：

(1) 辅助账户设置。一般说来，企业应设置物流成本总账，核算企业发生的全部物流成本；同时，按物流范围设置供应、生产、销售、退货、废弃物物流成本二级账；在各二级账下按物流功能设置运输费、保管费、装卸费、包装费、流通加工费、物流管理费三级账，并按费用支付形态设置专栏。

(2) 对于现行成本核算已经反映，但分散于各科目的物流费用，如计入管理费用中的对外支付的材料市内运杂费、物流固定资产折旧、本企业运输车队的费用、仓库保管人员的工资、产成品和原材料的盘亏损失、停工待料损失；计入制造费用中的物流人员工资及福利费、物流固定资产的折旧修理费、运输费、保险费、在产品盘亏和毁损等，在按照会计制度的要求编制凭证、登记账簿、进行正常成本核算的同时，还要根据相关凭证登记相关的物流成本辅助账户，进行账外的物流成本核算。

(3) 对于现行成本核算没有包括在内，但属于物流成本应该包括的费用，其计算方法与统计方式下的计算方法相同。

(4) 月末根据各物流成本辅助账户所提供的资料编制范围类别、功能类别、形态类别等各种形态的物流成本报表。

这种方法的优缺点介于第一种方法和第二种方法之间，即它没有第一种方法复杂，但它也没有第一种方法准确、全面；与第二种方法比较，情形则恰恰相反。

4.作业成本法

以作业为基础的成本计算法（activity based costing，ABC）就是作业成本法，于20世纪80年代后期被提出。

作业成本法是以成本动因为基础，通过对作业（activity）进行动态追踪，反映、计量作业和成本对象的成本，评价作业业绩和资源利用情况的方法。作业成本法的应用目前已经比较成熟。

（1）作业成本法的基本原理

作业成本法应用于物流成本核算的理论基础是“产品消耗作业，作业消耗资源并导致成本的发生”。以作业为成本计算对象，首先依据资源动因将资源成本分配到作业，形成作业成本，再依据作业动因将作业成本分配到产品，最终形成产品成本。其原理如图9-1所示。

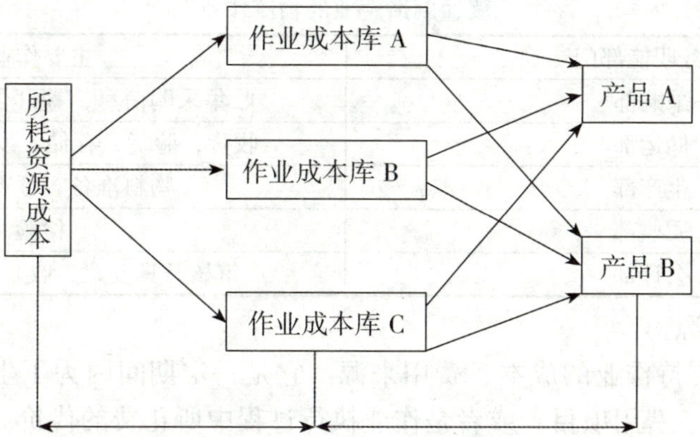

图9-1 作业成本法的基本原理

（2）作业成本法的核算程序

作业成本法的核算程序可分为如下四步：

①分析确定作业

“作业”是企业为了某一特定的目的而进行的资源耗费活动，是企业划分控制和管理的单元，是连接资源和成本对象的桥梁。

物流作业分散在企业的组织机构中，随着企业的规模、工艺和组织形式的不同而不同。如在采购业务环节，涉及的物流作业有供应商评价、订货、验收、入库等；在配送业务环节，涉及搬运、包装、拣货、配送、账务处理、单据传递等作业。

根据作业对产品的贡献不同，可以把作业分为不增值作业、专属作业和共同消耗作业三大类别。不增值作业是指那些不直接对企业创造价值的行为做出贡献的作业，属于企业希望消除且能够消除的作业，如运输中的返空作业、装卸机具的多余动作等。专属作业是指为某种特定产品或服务提供专门服务的作业，如为客户提供的加急运输作业等。专属作业的资源耗费应由所属产品或劳务负担。共同消耗作业是指同时为多种产品或服务提供服务的作业，如暖气、电力供应等，不仅为物流服务，也为生产服务。

基本的物流作业如表9-4所列，表9-5则反映了一个普通制造企业的物流作业简况。

表9-4 基本的物流作业

物流业务	物流作业
原材料的接收、储存、分配	原材料搬运、车辆调度等
生产物流活动	材料准备、设备测试等
产品集中储存和销售	库存管理、送货车辆管理、订单处理等
产品或服务营销	报价、定价等
仓库、物流设备设施等投入活动	企业物流管理、物流会计核算等

表9-5 普通制造企业的物流作业

业务职能部门	主要作业
采购部	收集采购信息，签订合同，确认收货
储运部	收货，验货，存储，发货，运输/配送
生产部	物料准备，领料，包装
质监部	检验
会计部	审核开具发票，收款，付款，制单

②分析确定资源

“资源”是指支持作业的成本、费用来源。它是一定期间内为了生产产品或提供服务而发生的各类成本、费用项目，或者是作业执行过程中所花费的代价。

这些资源包括能直接分配到产品或顾客的直接资源，如包装材料、直接人工等，还包括大部分的间接材料、间接人工、资产折旧、水电费等。通常，在企业财务部门编制的预算中可以比较清楚地得到这些费用的资料。资源可以分为货币资源、材料资源、人力资源、动力资源以及厂房设备资源等。

资源的界定是在作业界定的基础上进行的，每项作业涉及相关的资源，与作业无关的资源应从物流核算中剔除。

③分析确认资源动因，将资源耗费分配到作业中

作业决定着资源的耗用量，这种关系被称为资源动因。资源动因联系着资源和作业，它把总分类账上的资源成本分配到作业成本之中。

作业成本计算要观察、分析物流资源，为每项物流资源确定动因。如订单处理作业过程中，可能的资源消耗有人工、电、文印、电话、折旧等费用，其中专门负责订单处理的

工作人员的工资及其福利费等可直接分配到订单处理作业中；对于电的耗费，则需要根据资源动因来衡量每项作业消耗资源的程度，然后再根据用电量来分摊。

在物流成本分配的过程中，各种资源要根据资源动因一项一项地分配到各物流作业中去。这里，可以用作业成本核算矩阵进行分配。作业成本核算矩阵就是一张反映和描述成本项目和作业成本关系的表格（见表9-6），通过它可以准确地得出每个物流作业的成本。

表9-6 作业成本核算矩阵

成本项目 \ 资源动因 \ 作业名称	运输	装卸搬运	订单处理	入库检验	—
人工费					
包装费					
水电费					
租赁费					
折旧费					
—					
作业成本					

④分析确定作业动因，将作业成本分配到产品或服务中

作业动因反映了成本对象对作业消耗的逻辑关系。例如，问题最多的产品会产生最多的顾客服务电话，故按照电话数的多少（此处的作业动因）可以把解决顾客问题的作业成本分配到相应的产品中去。

（3）作业成本法核算程序举例

某企业对甲、乙两产品进行包装，本月发生的成本资料见表9-7，则可运用作业成本法核算两种产品的包装成本。

表9-7 甲、乙产品的成本费用开支

项目	甲产品	乙产品	合计
产量（件）	200 000	400 000	
直接成本（元）	20 000	100 000	120 000
间接成本总计（元）			720 000
其中：准备费用（元）			200 000
检验费用（元）			145 000
电费（元）			180 000
维护费用（元）			195 000
准备次数（次）	600	400	1 000
检验时数（小时）	1 000	450	1 450
耗电量（度）	120 000	180 000	300 000
机器工时（小时）	20 000	100 000	120 000

①间接物流成本相关的作业及成本动因见表9-8

表9-8 间接物流成本相关的作业及成本动因

作业	准备	检验	供电	维护
成本动因	准备次数	检验次数	用电度数	机器小时

②物流作业中心的成本分配结果见表9-9

表9-9 物流作业中心成本分配结果

成本项目	作业中心归集成本（元）	作业量	分配率
准备费用	200 000	1 000次	200
检验费用	145 000	1 450小时	100
电费	180 000	300 000度	0.6
维护费用	195 000	120 000小时	1.625

③两种产品的包装成本计算见表9-10

表9-10 两种产品包装成本计算表 单位：元

		甲产品	乙产品	合计
直接成本		20 000	100 000	120 000
间接成本	准备费用	120 000	80 000	200 000
	检验费用	100 000	45 000	145 000
	电费	72 000	108 000	180 000
	维护费用	32 500	162 500	195 000
	小计	324 500	395 500	720 000
合　计		344 500	495 500	840 000
单位成本		1.723	1.239	—

资料来源　连桂兰. 如何进行物流成本管理［M］. 北京：北京大学出版社，2004.

9.3 物流成本决策

物流成本决策是指根据物流成本分析与物流成本预测所得的相关数据与结论，运用定性与定量的方法，选择最佳成本方案的过程。

9.3.1 物流成本决策的步骤

（1）收集有助于决策的相关资料。收集与进行该项物流成本决策有关的所有成本资料及其他资料，是决策是否可靠的基础。一般来说，全面、真实、具体是这种收集工作的基本要求。

（2）拟订可行性方案。物流成本决策的可行性方案就是指保证成本目标实现和具备实施条件的措施。进行决策时，必须拟订多个可行性方案，才能通过比较择优。换言之，一个成功的决策应该有一定数量的可行性方案来保证。

（3）做出择优决策。对各种可行性方案，应在比较分析之后根据一定的标准，采取合理的方法，做出成本最优化决策。

9.3.2 物流成本决策方法

成本决策方法一般可分为定量分析法与定性分析法两类。

定量分析法就是运用现代数学方法，将决策所涉及的变量与决策目标之间的关系以数学公式表达出来，然后通过求解得出决策目标所要求的最佳方案。运用定量分析法，必须具备完整、准确的历史成本资料，以及对未来影响成本的各因素加以量化。

由于企业经济活动的复杂性，并非每一项经济业务都可以进行定量分析，因此就需要进行定性分析。成本定性分析主要依靠具有丰富知识和经验的管理者，利用直观资料和逻辑推理进行分析判断，对各种备选方案做出恰当的评价和选择，从而确定最佳方案。

成本决策中常用的定量分析法有：

（1）本量利分析法。以成本特性（即成本总额对业务量总数的依存关系）分析为基础，确定产品保本点，进而分析有关因素变动对企业盈亏的影响，从而选出最佳方案。

（2）差量分析法。在比较不同备选方案的预期收入与预期成本之间差别的基础上，选出最佳方案。

（3）差异成本法。将各种备选方案中的成本数值进行比较，计算出不同方案的成本差额，选出最佳方案。

（4）边际贡献分析法。通过比较备选方案的边际贡献大小选出最佳方案。

（5）最优经济批量法。在产品批量生产或原料批量采购时要决定一个合理的批量，使得生产成本（或订货成本）与储存成本之和最小。经济订货批量（EOQ）模型是最经典的进行物流成本决策的数量模型。

（6）线性规划法。在生产多品种产品的企业中，线性规划法可以用来分析如何把有限的经济资源加以充分利用，以求得可使利润最大化或成本最小化的产品最优组合。

（7）决策树法。这是指以“决策树”的形式将成本决策的各个要点、可能事件或机遇顺序展开，并以定量方法计算和比较各个决策方案的结果，以选取最优方案。

9.3.3 物流成本决策方法应考虑的问题

对于企业物流成本决策，一般要考虑以物流总成本最低为原则的决策方法，并需注意：

1.物流成本与客户服务水平之间的关系

物流系统的目标就是向客户提供适当的物流服务。在物流管理中，“适当（right）”的观点很重要，因为没有一个物流系统既可以做到提供最高的客户服务水平，使客户的满意程度最高，又可以做到物流成本之和最低。一般来说，随着物流客户服务水平的提高，物流成本将加速增长。

以物流总成本最低为依据的决策方法，是在物流系统所要提供的客户服务水平既定的前提下，对各类物流成本进行权衡，将能够实现物流成本之和最小的方案作为最佳方案。

2.各类物流成本之间的背反关系

各类物流成本之间有着密切的关联，具体说来就是这些物流成本之间存在背反关系，即一种物流成本的下降，往往以其他几种物流成本的上升为代价。物流成本之间的背反关系决定了企业管理层在进行物流决策时，必须要在各类物流成本之间进行权衡，并以物流总成本最小作为选择物流运作方案的依据。

9.4 物流成本控制

物流成本控制就是企业在物流活动中依据物流成本标准，对实际发生的物流成本进行严格审核，进而采取不断降低物流成本的措施，实现预定的物流成本目标。

9.4.1 物流成本控制的内容

在实际工作中，物流成本的控制可以按照不同的对象进行。一般来说，物流成本的控制对象可以分为以下两种主要形式：

（1）以物流成本的形成过程为控制对象。这是指从物流系统（或企业）投资建立，产品设计（包括包装设计），材料物资采购和存储，产品制成入库和销售，一直到售后服务，凡是发生物流成本费用的各个环节，都要通过各种物流技术和物流管理方法，实施有效的成本控制。

（2）以包装、运输、储存、装卸、配送等物流功能作为控制对象。这是指通过对构成物流活动的各项功能进行技术改善和有效管理，降低其所消耗的物流成本费用。

除了以上两种成本控制对象划分形式之外，物流系统还可以按照各责任中心（运输车队、装卸班组、仓库等）、各成本发生项目（人工费、水电气费、折旧费、利息费、委托物流费等）进行成本控制，而这些成本控制的方式往往是建立在前面所述的物流成本管理系统的各种方法的基础上，需要与物流成本的经济管理技术有效结合起来运用。相关内容后面还有具体介绍。

9.4.2 物流成本控制应注意的问题

物流成本控制就是要在物流活动中，不断改善物流技术和物流管理，降低物流成本。现代物流成本意识的贯彻要注意以下几个方面：

（1）企业要从战略布局的高度定位物流成本控制。物流是企业经营战略的一部分，企业生产、经营的战略和策略决定了物流系统的运行模式，产品种类、服务项目和营销策略的改变都将导致物流成本的变化。因此，在进行各项战略决策时，需要将各项决策对物流的要求和对物流成本的影响纳入考虑范围。

（2）以理想物流成本为目标。要打破传统的“成本无法再降低”等观念的束缚，就必须以理想的物流成本为目标，时刻将理想的物流成本作为行动指南，树立“物流成本降低无止境”的观念。例如，在库存管理中，以零库存为目标；在运输管理中，不出现空载等。

（3）形成全员式的降低物流成本的格局。要最大限度地降低物流成本需要全体从事物流工作的员工的参与，每个员工都要具有降低物流成本的愿望和意识，并进行自我控制。另外，物流成本的发生不仅应由物流部门负责，也涉及企业的其他部门，因此，物流成本的降低还需要各部门的通力合作，以确保从总成本角度来降低物流成本。

（4）持续不断地降低物流成本。降低物流成本不应作为一时的权宜之计，而应持续不断地进行。而且，随着经济环境的变化，理想的物流成本也会不断变化，因此，物流成本管理必须适时调整，才能满足现代成本管理的需要。

9.4.3 物流成本控制的程序

物流成本控制应贯穿企业生产经营的全过程。

1.物流成本的全过程控制观念

物流成本控制按控制时间来划分，具体可分为物流成本的事前控制、事中控制和事后控制三个环节。

（1）事前控制

物流成本事前控制是指在进行物流技术或物流管理改善前，预测每种决策方案执行后的物流成本情况，对影响物流成本的经济活动进行事前的规划、审核，确定目标物流成本。它是物流成本的前馈控制。

（2）事中控制

物流成本事中控制是在物流成本形成过程中，随时对实际发生的物流成本与目标物流成本进行对比，及时发现差异并采取相应措施予以纠正，以保证物流成本目标的实现。它是物流成本的过程控制。

物流成本事中控制应在物流成本目标的归口分级管理的基础上进行，严格按照物流成本目标对一切生产经营耗费进行随时随地的检查审核，把可能产生损失浪费的苗头消灭在萌芽状态，并且把各种成本偏差的信息及时反馈给有关的责任单位，以利于及时采取纠正措施。

（3）事后控制

物流成本事后控制是在物流成本形成之后，对实际物流成本的核算、分析和考核。它是物流成本的后馈控制，也是对各项物流决策的正确性和合理性做出事后评价的重要环节。

物流成本事后控制通过对决策执行前和决策实施后发生的实际物流成本进行比较，也可以通过与预计的物流成本或其他标准进行比较，确定物流成本的节约或浪费，并进行深入的分析，判断决策的正确性，并查明物流成本节约或超支的主客观原因，确定其责任归属，对物流成本责任单位进行相应的考核和奖惩。通过物流成本分析，为日后的物流成本控制提出积极改进意见，进一步修订物流成本控制标准，改进各项物流成本控制制度，以达到降低物流成本的目的。

2. 物流成本控制的基本程序

一般来说，物流成本控制的基本程序包括以下几项：

（1）制定成本标准

物流成本标准是物流成本控制的准绳，是对各项物流成本开支和资源耗费所规定的数量限度，是检查、衡量、评估实际物流服务成本水平的依据。物流成本标准包括物流成本计划中规定的各项指标，这些指标通常都是综合的，不能满足具体控制的要求，因此必须规定一系列具体的标准。确定这些标准可以采用计划指标分解法、预算法、定额法等。在采取这些方法确定物流成本标准时，一定要进行充分的调查研究和科学计算，同时还要正确处理物流成本指标与其他技术经济指标的关系（如与质量、生产效率等的关系），从完成企业的总体目标出发，经过综合平衡，防止片面性，必要时还应进行多种方案的择优选用。

（2）监督物流成本的形成

这是根据控制标准，对物流成本形成的各个项目经常进行检查、评比和监督，不仅要检查指标本身的执行情况，而且要检查和监督影响指标的各项条件，如物流设施设备、工具、工人技术水平、工作环境等。所以，物流成本控制要与企业整体作业控制等结合起来进行。

物流相关费用的控制不仅要有专人负责，而且要使费用发生的执行者实行自我控制，还应当在责任制中加以规定。只有这样，才能调动全体员工的积极性，使成本的控制有群众基础。

（3）及时揭示并纠正不利偏差

揭示物流成本差异即核算确定实际物流成本脱离标准的差异，分析差异的成因，明确责任的归属。针对物流成本差异发生的原因，分析情况的轻重缓急，提出改进措施，加以贯彻执行。对于重大差异项目的纠正，一般采用下列步骤：

①提出降低物流成本的课题：根据各种物流成本超支的原因提出降低物流成本的课题。这些课题首先应当是那些成本降低潜力大、各方关心、可能实行的项目。要提出课题的要求，包括课题的目的、内容、理由、根据和预期达到的经济效益。

②讨论和决策：课题选定以后，应发动有关部门和人员进行广泛的研究和讨论。对重大课题，可以提出多种解决方案，然后进行各种方案的对比分析，从中选出最优方案。

③确定方案实施的方法、步骤及负责执行的部门和人员。

④贯彻执行确定的方案：在执行过程中也要及时加以监督检查。方案实现以后，还要检查其经济效益，衡量其是否达到了预期的目标。

（4）评价和激励

评价物流成本目标的执行结果，根据物流成本绩效实施奖惩。

9.4.4 以物流功能为对象的物流成本控制

1.运输成本的控制

运输成本的控制是使总运输成本最低，但又不影响运输的可靠性、安全性和快捷性要求。运输成本的组成内容主要包括人工费、燃油费、运输杂费、运输保险费以及外包运输费等。据日本有关部门的统计，企业为进行运输活动而支付的费用占物流成本总额的53%以上。影响运费的因素很多，主要有商品运输量、运输工具、运输里程、装卸技术改进程度和运输费率等，因此，运输成本控制要根据不同的情况采取不同的措施。

（1）减少运输环节，节约成本。运输是物流过程中的一个主要环节，围绕着运输活动，还要进行装卸、搬运、包装等工作，多一道环节，须花费许多的劳动，增加不少成本。因此，在组织运输时，对有条件直运的，应尽可能直运，减少中间环节，使物资不进入中转仓库，越过不必要的环节，由产地直接运到销售地或用户手中，减少二次运输。同时，更要消除相向运输、迂回运输等不合理现象，以便减少运输里程，节约运费开支。

（2）合理选择运输方式和运输工具。针对不同货物的形状、价格、运输批量、交货日期、到达地点等特点，选择与之相对应的适当的运输工具。运输工具的经济性与速度性、安全性、便利性之间存在着相互制约的关系，因此，在目前多种运输工具并存的情况下，在控制运输成本时，必须注意根据不同货物的特点及对物流时效性的要求，对运输工具的特征进行综合评价，以便做出科学选择运输工具的策略。一般来说，空运比较贵，公路运输次之，铁路运输便宜，水运最低廉。因此，在保证物流时效性，不使商品损失的条件下，应尽可能选择廉价的运输工具。

（3）合理选择运输组织形式。企业可以选择自营运输，也可以选择外包运输。而对于不同的产品，由于客户需求特点的不同，以及货物价值量大小的不同，在仓储和运输模式的选择上也会有很大的不同。

（4）通过合理装卸，降低运输成本。在单位运输费用一定时，通过改善装卸方式，提高装卸水平，充分利用运输车辆的容积和额定载重量，可以使单位运输成本降低，最终减少总运输成本。

（5）用现代技术降低运输成本。各种新技术，如托盘运输、集装箱化运输、特殊运输工具和运输技术等在物流实践中的推广使用，也可以使运输成本降低。

（6）用线性规划、非线性规划技术制订最优运输计划，实现运输优化。在从企业到消费地的单位运费和运输距离，以及各企业的生产能力和消费量都已确定的情况下，可用线性规划技术来解决运输的组织问题。如果企业的生产量发生变化，生产费用函数是非线性的，就应该使用非线性规划来解决问题。属于线性规划类型的运输问题，常用的方法有单纯形法和表上作业法。

（7）搞好自有运输工具的维修、保管和管理工作，严格控制各项费用支出。

（8）加强运输途中的货物保管工作，减少运输途中的损耗。

2.仓储成本的控制

仓储成本控制的目的就是要实行货物的合理库存，不断提高保管质量，加快货物周转，发挥物流系统的整体功能。仓储成本控制应抓好如下工作：

（1）优化仓库布局，减少库存点。许多企业通过建立大规模的物流中心，把过去零星的库存集中起来进行管理，对一定范围内的用户进行直接配送，这是优化仓储布局的一个重要表现。仓库的减少和库存的集中，又可能会增加运输成本，因此，要从运输成本、仓储成本和配送成本的总和角度来考虑仓库的布局问题，使总物流成本达到最低。

（2）自有仓库与租用仓库的战略选择。企业需要仓库储存存货，可以自建也可以租用。在这两者中进行合理选择，才能使制定的仓库战略既经济又合理。

（3）采用现代化库存计划技术来控制合理库存量。例如，采用物料需求计划（MRP）、制造资源计划（MRPⅡ）以及准时制（JIT）生产和供应系统等，合理地确定原材料、在制品、半成品和产成品等在每个物流环节最佳的库存量，在现代物流理念下指导物流系统的运行，使库存水平最低、浪费最少、空间占用最小。

（4）运用存储论确定经济合理的库存量，实现货物存储优化。

（5）库存管理中采用ABC分类管理法。

（6）加强仓库内部管理，降低日常开支。

3.配送成本的控制

为了提高对客户的服务水平，越来越多的企业建立了配送中心，进行配送作业，但配送作业的实施往往会带来成本的居高不下，从而使企业的竞争力降低，因此，对配送成本的控制就显得非常重要。对配送成本的控制从配送中心选址、配送中心内部的布局开始，一直到配送运营过程结束。配送中心的选址实际上也就是仓库的选址，它涉及配送的范围和配送路线等，对配送成本的影响很大。对配送成本的控制方法还包括以下一些方面：

（1）配送中心的合理选址。

（2）优化配送作业，降低配送成本。

（3）运用系统分析技术，选择配送线路，实现货物配送优化。

（4）通过自动化技术，提高配送作业效率。

（5）建立通畅的配送信息系统。

4.包装成本的控制

包装成本控制应采取如下几项措施：

（1）所有包装物品购入时，主管部门必须登账掌握，根据领用凭证发料，并严格控制使用数量，以免损失浪费。

（2）各使用部门应按照需要时间提出使用数量计划，交主管部门据以加工、购置，如未及时做出计划或数量庞大造成浪费或供应不及，均应追究责任。

（3）加强包装用品规格质量的验收和管理，注意包装用品的回收利用。

（4）在保证商品在运输、装卸、保管、销售过程中质量、数量不受损失的前提下，适当采用一些包装代用品，选择质好价廉的包装材料，节约费用开支。

（5）加速包装物的周转，延长使用年限和使用次数，克服损失浪费现象。

（6）根据产品的特点、运输距离的远近，研究包装物的要求，改善包装方法。

（7）了解用户情况，改进不必要的装潢，力求包装简单化、朴素化。

9.4.5 以物流成本形成过程为对象的物流成本控制

1.投资阶段的物流成本控制

投资阶段的物流成本控制主要是指企业在厂址选择、设备购置、物流系统布局规划等过程中对物流成本所进行的控制。

（1）合理选择厂址。厂址选择合理与否，往往在很大程度上决定着以后物流成本的高低。例如，把廉价的土地使用费和人工费作为选择厂址的第一要素，可能会在远离原料和消费地的地方选点建厂，这会对物流成本造成很大的影响。这样的厂址除了运输距离长以外，还需在消费地点设置大型仓库，而且运输工具的选择也受到了限制。如果在消费地附近有同行业的企业存在，在物流成本上就很难与之竞争，即使考虑到人工费和土地使用费的因素，也很难断定这样的厂址选择有利可图。所以，工厂选址时应该重视物流这一因素，要事先做好可行性研究，谋求物流成本的降低。

（2）合理设计物流系统布局。物流系统布局的设计对于物流成本的影响是非常大的，特别是对于全国性甚至是全球性的物流网络设计而言，物流中心和配送中心的位置、运输和配送系统的规划、物流运营流程的设计等，对于整个系统投入运营后的成本耗费有着决定性的影响。在进行物流系统布局规划时，应通过各种可行性论证，比较选择多种方案，确定最佳的物流系统结构和业务流程。

2. 产品设计阶段的物流成本控制

物流过程中发生的成本大小与物流系统中服务产品的形状、大小和重量等密切相关，而且不仅局限于某一种产品的形态，同时还与这些产品的组合、包装形式、重量及大小有关。为此，实施物流成本控制有必要从设计阶段抓起，特别是对于制造企业来说，产品设计对物流成本的重要性尤为明显。

（1）产品形态的多样性。耐用品消费，特别是家用电器制品，在产品的形态设计上可以考虑多样化。例如，如果将电炉和电风扇设计成折叠形式，就易于保管和搬运；如果将机床设计成带有把柄的，就能为搬运和保管过程中的装卸作业的顺利进行提供便利。

（2）产品体积的小型化。体积的大小在很大程度上决定了物流成本的高低。比如，要把一个体积大的产品装到卡车车厢里，如果这个产品的底面积占整个车厢底面积的51%，一辆卡车就只能装一件，其余49%的底面积若不装其他东西，就只能空着。如果要以同样方法运送两件这种产品，就需要两辆卡车、双倍的费用。如果设计时考虑到这一点，按照卡车车厢底面积50%的大小设计制造该产品，则一辆卡车就可运送两件，运输费用就可以得到有效节约。

（3）产品批量的合理化。当把数个产品集合成一个批量保管或发货时，就要考虑到物流过程中比较优化的容器容量。

（4）产品包装的标准化。各种产品的形状是多种多样、大小不一的，大多数都在工厂进行包装。包装时通常需要结合产品的尺寸等选择包装材料。但是，多种多样的包装形态在卡车装卸和仓库保管时就容易浪费空间。根据物流管理的系统化观点，应该使包装尺寸规格化、形状统一化，有时即使需要增加包装材料用量，或者另外需要填充物，但总的物流成本仍可能会降低。

综上可知，产品的设计决定着物流的效率、物流成本的高低，这就要求在设计阶段就必须扎实地掌握和分析本企业由上（零部件、原材料的供应商）到下（产品销售对象、最终需要者）的整个流程，弄清产品设计对整个物流过程各个环节成本的影响，从整体最优的原则出发，搞好产品设计，实施物流成本的事前控制。

3. 供应阶段的物流成本控制

供应与销售阶段是物流成本发生的直接阶段，这也是物流成本控制的重要环节。供应阶段的物流成本控制主要包括以下内容：

（1）优选供应商。企业应该在比较多个供应商的供货质量、服务水平和供货价格的基础上，充分考虑其供货方式、运输距离等对企业物流成本的综合影响，从多个供货对象中选取综合成本较低的供货厂家，以有效地降低企业的物流成本。

（2）运用现代化的采购管理方式。JIT采购和供应是一种有效降低物流成本的物流管理方式，它可以减少供应库存量，降低库存成本，而库存成本是供应物流成本的一个重要组成部分。另外，MRP采购、供应链采购、招标采购、全球采购等采购管理方式的运用，也可以有效地加强采购供应管理工作。对集团企业或连锁经营企业来说，集中采购也是一种有效的采购管理模式。这些现代化采购管理方式的运用，对于降低供应物流成本是十分重要的。

（3）控制采购批量和再订货点。采购批量的大小，对订货成本与库存成本有着重要的影响，采购批量大，则采购次数减少，总的订货成本就可以降低，但会引起库存成本的增加；反之亦然。因此，企业在采购管理中，对订货批量的控制是很重要的。企业可以通过对相关数据的分析，估算其主要采购物资的最佳订货批量和再订货点，从而使订货成本与库存成本之和最小。

（4）供应物流作业的效率化。企业的采购对象及其品种很多，接货设施和业务处理要讲求效率。例如，同一企业不同分厂需采购多种不同物料时，可以分别购买、各自进货，也可以由总厂根据分厂的进货要求，统一负责进货和仓储的集中管理，在各分厂有用料需要时，总厂仓储部门按照固定路线，把货物集中配送到各分厂。这种有效组织的采购、库存管理和配送管理，可使企业物流批量化，减少事务性工作，提高配送车辆和各分厂的进货工作效率。

（5）采购途耗的最省化。供应采购过程中往往会发生一些途中损耗，也称运输途耗，它是企业供应物流成本的一个组成部分。运输中应采取严格的预防保护措施尽量减少途耗，避免损失、浪费，降低物流成本。

（6）供销物流交叉化。销售和供应物流经常发生交叉，这时可以采取共同装货、集中发送的方式，把外销商品的运输与从外地采购物流结合起来，利用回程车辆运输的方法，提高货物运输车辆的使用效率。这样还有利于解决交通混乱现象，促进发货进货业务集中化、简单化，促进搬运工具、物流设施和物流作业的效率化。

4. 生产过程的物流成本控制

生产物流成本也是物流成本的一个重要组成部分。生产物流的组织与企业生产的产品类型、生产业务流程以及生产组织方式等密切相关，因此，生产物流成本的控制是无法与企业的生产管理方式分割的。在生产过程中有效控制物流成本的方法主要包括以下三点：

（1）生产工艺流程的合理布局。生产车间和生产供给流程的合理布局，对生产物流会产生重要影响。通过合理布局，可以减少物料和半成品的迂回运输，提高生产效率和生产过程中的物流运转效率，降低生产物流成本。

（2）合理安排生产进度，减少半成品和在制品库存。生产进度的安排合理与否，会直接或间接地影响生产物流成本。例如，生产安排不均衡，产品成套性不好，生产进度不一，必然会导致库存半成品、成品的增加，从而引起物流成本的上升。生产过程中的物流成本控制，其主要措施是采用“看板管理方式”，这种管理方式的基本思想是力求压缩生产过程中的库存，减少浪费。

（3）实施物料领用控制，节约物料使用。物料成本是企业产品成本的主要组成部分，控制物料消耗、节约物料使用，直接关系到企业生产经营成果和经济效益。通过物料领用的控制，可以有效降低企业的物料消耗成本。物料的领用控制可以通过“限额领料单”来实现，它是一种对指定的材料在规定的限额内多次使用的领发料凭证。使用限额领料单，必须为每种产品、每项工程确定一个物料消耗数量的合理界限，即物料消耗量标准，作为控制的依据。

5.销售阶段的物流成本控制

销售物流活动作为企业市场销售战略的重要组成部分，不仅要考虑提高物流效率，降低物流成本，还要考虑企业销售政策和服务水平，在保证客户服务质量的前提下，通过有效的措施，推进销售物流的合理化，以降低销售物流成本。其主要措施包括以下几点：

（1）商流与物流相分离

大部分商品分销企业和特约经销商在其产品的销售过程中，采取的是商流和物流管理合一的方式，即销售公司各分公司、经营部、办事处既负责产品的促销、客户的订货、产品价格的管理、市场推广、客户关系管理等与商品交易相关的商流业务，也负责仓储、存货管理、物品装卸、搬运、货物配送等与实物库存、移动有关的物流业务。这样做，在企业产品品种单一、经营渠道单一和信息化水平不高的条件下是有一定道理的，然而，随着企业产品品种多样化、销售渠道多元化趋势的发展和信息系统建设的逐步完善，这种管理模式将越来越不适应社会专业化分工和市场竞争发展的需要。由于商物合一，库存随销售业务的扩展而增加，也导致公司物流成本居高不下、库存管理混乱、存货积压严重；同时，销售费用和物流成本不易区分，也不利于各部门专业化水平的提高。

现在，商流和物流分离的做法已经被越来越多的企业所采纳。其具体做法是订货活动与配送活动相分离，由销售系统负责订单的签订，而由物流系统负责货物的运输和配送。运输和配送的具体作业，可以由自备车完成，也可以通过委托运输的方式来实现，这样可以提高运输效率、节省运输费用。此外，还可以把销售设施与物流设施分离开来，如把同一企业所属的销售网点的库存实行集中统一管理，在最理想的物流地点设立仓库，集中发货，以压缩物流库存，解决交叉运输问题，减少中转环节。这种商物分流的做法，把企业的商品交易从巨大的物流活动中分离出来，有利于销售部门集中精力进行销售，而物流部门也可以实现专业化的物流管理，甚至面向社会提供物流服务，以提高物流的整体效率。

（2）加强订单管理，与物流相协调

订单的重要特征表现在订单的大小、订单的交货时间等要素上。订单的大小和交货时间要求往往会有很大的差别，在有的企业中，很多小订单往往会在数量上占据订单总数的大部分，它们对物流和整个物流系统的影响有时也会很大。因此，企业为了提高物流效率、降低物流成本，在订单量上必须充分考虑商品的需求特征和其他经营管理要素的需要。

（3）销售物流的大量化

这是通过延长备货时间来增加运输量、提高运输效率、减少运输总成本的方法。许多企业把产品销售送货从“当日配送”改为“周日指定配送”，就属于这一类。这样，可以更好地掌握配送货物量，大幅度提高配货装载效率。为了鼓励运输大量化，日本采取一种增大一次物流批量折扣收费的办法，实行“大量（集装）发货减少收费制”，因实行物流合理化而节约的成本由双方分享。现在，这种以延长备货时间来加大运输或配送量的做法，已经被许多企业所采用。需要指出的是，这种做法必须在能够满足客户对送货时间要求的前提下采用。

（4）增强销售物流的计划性

这是指以销售计划为基础，通过一定的渠道把一定量的货物送达指定地点。如某些季节性消费的产品，可能出现运输车辆过剩或不足、货品装载效率下降等现象。为了调整这种波动性，可事先同买主商定时间和数量，制订出运输和配送计划，使生产厂按计划供货。在日本啤酒行业，这种方法被称为“定期、定量直接配送系统”的计划性物流。

（5）实行差别化管理

这是指根据商品流转快慢和销售对象规模的大小，把保管场所和配送方法区别开来。对周转快的商品分散保管，反之集中保管，以压缩流通库存，有效利用仓库空间；对供货量大的实行直接送货，对供货量小而分散的实行营业所供货或集中配送。差别化方针必须既要节约物流成本，又要提高服务水平。

（6）物流的共同化

物流的共同化是实施物流成本控制的最有效措施。超出单一企业物流合理化界限的物流，是最有前途的物流发展方向。一方面，通过本企业组合而形成的垂直方向的共同化，可以实现本企业内的物流一元化、效率化，如实行同类商品共同保管、共同配送；另一方面，通过与其他企业之间的联系而形成的水平方向的共同化，解决了两个以上产地和销售地点相距很近而又交叉运输的企业如何加强合作以提高装载效率、压缩物流设备投资的问题，如解决长途车辆空载和设施共同利用问题。

案例分析　　丰田汽车的物流成本管理①

2007年10月成立的同方环球（天津）物流有限公司（以下简称TFGL）作为丰田在华汽车企业的物流业务总包者，全面管理丰田系统供应链所涉及的生产零部件、整车和售后零件等厂外物流。作为第三方物流公司，TFGL在确保物流品质、帮助丰田有效控制物流成本方面拥有一套完善的管理机制。其物流成本控制的主要做法是：

1.成本企划

每当出现新的物流线路或进行物流战略调整时，前期的企划往往是今后物流成本控制的关键。制作企划方案需要全面了解企业物流量、物流模式、包装形态、供应商分布、物流大致成本等各方面的信息，此外，还要考虑到企业和供应商的稼动差、企业的装卸货量和场内面积等物流限制条件。TFGL在前期企划中遵循以下原则：

（1）自始至终采用翔实可信的数据。

（2）在综合分析评价后，分别制订一种或几种可行方案，并推荐最优的方案。

（3）各方案最终都归结反映为成本数据。

（4）向企业说明各方案的优劣，并尊重企业的选择。

从以上几点可以看出，方案中的数据大多涉及丰田的企业战略，所以，TFGL和企业之间必须充分互信，而且要有良好的日常沟通渠道。

2.原单位管理

原单位管理是丰田物流管理的一大特色，也是丰田物流成本控制的基础。丰田把构成物流成本的因素进行分解，并把这些因素分为两类：一类是固定不变（如车辆投资、人工）或相对稳定（如燃油价格）的项目，丰田称之为“原单位”；另一类是随着月度线路调整而发生变动的项目（如行驶距离、车头投入数量、司机数量等），称之为“月度变动信息”。

为了使原单位保持合理性及竞争优势，原单位管理遵循以下原则：

（1）所有的原单位一律通过招标产生。在企划方案的基础上，TFGL向TPS合格的物流承运商进行招标。把物流稳定期的物流量、车辆投入、行驶距离等月度基本信息告知承运商，并提供标准版的报价书进行原单位询价。由于招标是非常耗时费力的工作，因此只是在新的物流需求类型出现时才会进行原单位招标，如果是同一区域因为物流点增加导致线路调整，原则上仍沿用既有的物流单位。

（2）定期调整。考虑到原单位因素中燃油费用受市场影响波动较大，而且在运行总费用中的比重较大，TFGL会定期（4次/年）根据官方公布的燃油价格对变动金额予以反映。对于车船税、养路费等

① 根据公开的网络资料整理。

“其他固定费”项目，承运商每年有两次机会提出调整。

（3）合理的利润空间。原单位项目中的“管理费”是承运商的利润来源。合理的管理费是运输品质的基本保障，TFGL会确保该费用的合理性，但同时要求承运商通过运营及管理的改善来增加盈利，并消化因人工等成本上升而来的费用。

3．月度调整路线至最优状态

随着各物流点的月度物流量的变动，区域内物流路线的最优组合也会发生变动。TFGL会根据企业提供的物流计划、上月的积载率状况以及成本KPI分析得出改善点，调整月度变动信息，以维持最低的物流成本。

4．成本KPI导向改善

对于安全、品质、成本、环保、准时率等物流指标，TFGL建立了KPI体系进行监控，并向丰田公司进行月报，同时也向承运商公开成本以外的数据。成本KPI主要包括：RMB/台（“台”是指丰田生产的汽车/发动机台数）、RMB/km或m^3、RMB/趟等项目。成本KPI管理，不仅便于进行纵向、横向比较，也为物流的改善提供了最直观的依据。

5．协同效应降低物流费用

TFGL作为一个平台，管理着丰田在华各企业的物流资源，在与各企业协调的基础上，通过整合资源，充分利用协同效应，大大降低了物流费用。例如，统一购买运输保险，降低保险费用；通过共同物流，提高车辆的积载率，减少运行车辆的投入，从而达到降低费用的目的。在共同物流的费用分担上，各企业按照物流量的比率支付物流费。在具体物流操作中，TFGL主要从两个方面实现了共同物流：其一，不同企业在同一区域内共同集货、配送；其二，互为起点和终点的对流物流。

以上措施表明，丰田汽车物流成本控制的基本思想是使物流成本构成明细化、数据化，通过管理和调整各明细项目的变动来控制整体物流费用。虽然TFGL管理下的丰田物流成本水平在行业内未做比较，但其通过成本企划、精细的原单位管理、成本KPI导向的改善以及协同效应等方法，系统化、科学化地进行了物流成本控制，对即将或正在进行物流外包的企业具有一定的借鉴意义。

讨论：

（1）丰田汽车物流成本控制的主要做法是什么？

（2）丰田汽车物流成本控制的基本思想体现在哪些方面？

本章小结

物流成本可定义为：物流活动中所消耗的物化劳动和活劳动的货币表现。从当今企业的物流实践中反映出来的物流成本的特征是物流成本的隐藏性、物流成本削减的乘法效应，以及物流成本的效益背反性。

物流成本管理就是对物流活动发生的相关费用进行的计划、协调与控制。物流成本管理的内容包括物流成本核算、物流成本分析、物流成本预测、物流成本决策、物流成本计划、物流成本控制等。

物流成本可按支付形态、功能、物流成本产生的范围和适用对象等方法分类。作业成本法（ABC）是以成本动因为基础，通过对作业进行动态追踪，反映、计量作业和成本对象的成本，评价作业业绩和资源利用情况的方法。作业成本法的核算程序可分为四步：分析确定作业；分析确定资源；分析确认资源动因，将资源耗费分配到作业中；分析确定作业动因，将作业成本分配到产品或服务中。

物流成本决策的方法一般可分为定量分析法与定性分析法两类。对于企业物流成本决策，一般要考虑以物流总成本最低为依据的决策方法，并应注意物流成本与客户服务水平之间的关系以及各类物流成本之间的背反关系。

物流成本控制按控制时间来划分，具体可分为物流成本事前控制、事中控制和事后控制三个环节。物流成本控制包括以下几项基本程序：制定成本标准，监督物流成本的形成，及时揭示并纠正不利偏差，评价和激励。物流成本控制可以以物流成本的形成过程为控制对象和以包装、运输、储存、装卸、配送等物流功能作为控制对象。

关键概念

物流成本　物流成本管理　作业成本法（ABC）　物流成本决策　物流成本控制

思考题

1. 什么是物流成本？
2. 简述物流成本的特征。
3. 什么是物流成本管理？物流成本管理的内容包括哪些？
4. 如何对物流成本进行科学分类？
5. 什么是作业成本法？简述作业成本法的核算程序。
6. 企业在物流成本决策时要考虑哪些问题？
7. 分别谈谈以物流成本的形成过程和物流功能为控制对象的物流成本控制的内容。

第10章 物流金融

学习目标

理解物流金融的基本概念，掌握物流金融的主体和内容；认识物流金融的特点，了解物流金融的职能；了解供应链金融的概念以及与物流金融的联系与区别；掌握物流金融的几种运作模式，具体包括资本流通、资产流通、替代采购、信用证担保、仓单质押、买方信贷、授信融资和垫付货款等。

10.1 物流金融概述

物流金融业务是国内近年来逐渐兴起的一种新型的物流增值服务业务，其运用金融工具，使物流业产生新的价值增长空间。在物流金融服务中，它既巩固了自身的竞争优势地位，又获得了巨大的利润。将物流业与金融业有机结合将是未来物流产业发展的重要方向之一。

10.1.1 物流金融的基本概念

1. 物流金融

物流金融是指在物流运营过程中，与物流相关的企业，通过金融市场和金融机构，运用金融工具，使物流产生的价值得以增值的融资与结算服务活动。

这种新型金融服务原本属于金融衍生工具的一种，之所以称为物流金融业务而非传统的抵押贷款或者质押融资，是因为在其发展过程中，逐渐改变了传统金融贷款过程中银行、申请贷款企业双方的权责关系，也完全不同于担保贷款中担保方承担连带赔偿责任的三方关系。它越来越倚重于第三方物流企业，目前主要表现为物流企业的配套管理和服务，形成了银行、物流企业、贷款企业的三方密切合作关系。

2. 物流金融主体

在物流金融中涉及四个主体：买方、卖方、第三方物流企业和金融机构。

（1）物流企业与金融机构联合起来为资金需求方提供融资，促成交易的实现。

（2）物流金融的开展对于提高商品流通和物流管理效率而言是非常迫切的现实需要。

（3）物流企业给客户提供金融担保服务将成为一项物流增值服务项目。

10.1.2 物流金融的特点

1.物流金融的服务性

（1）物流金融服务具有广阔前景

不管是世界上最大的船运公司马士基，还是世界上最大的承运商与包裹递送公司UPS，其第一位的利润来源都已经是物流金融服务了。这些跨国公司依托良好的信誉和强大的金融实力，结合自己在物流过程中对货物的实际监控，在为发货方和货主提供物流服务的同时，也提供金融性的服务，如开具信用证、仓单质押、票据担保、结算融资等，这样不仅吸引了更多客户，而且在物流金融活动中创造了可观的利润。

以UPS为例，为了推进物流金融服务，公司于2001年5月并购了美国第一国际银行（First International Bank），将其改造成UPS资本公司（UPS Capital）。人们看到，在UPS提供的物流金融服务中，UPS在收货的同时直接给出口商提供预付货款，用货物及时抵押，这样，小型出口商们就得到了及时的现金流；UPS再通过UPS银行实现与进口商的结算，而货物在UPS手中，也不必担心进口商赖账。对于出口企业来说，借用UPS的资金流，货物发出后立刻就能变现，如果把这笔现金再拿去做其他的流动用途，便能提高资金的周转率。

另外，在UPS的物流业务流程中，当UPS为发货人承运一批货物时，UPS首先代提货人预付一半货款；当提货人取货时则交付给UPS全部货款。UPS将另一半货款交付给发货人之前，产生了一个资金流动的时间差，即这部分资金在交付前有一个沉淀期。在资金的这个沉淀期内，UPS等于获得了一笔不用付息的资金。UPS用这笔不用付息的资金从事贷款业务，而贷款对象仍为UPS的客户或者仅限于与快递业务相关的主体，这里，这笔资金不仅充当了交换的支付手段，而且具有了资本与资本流动的含义，这种资本的流动是紧密地服务于业务链的。

（2）充分发挥物流银行的服务性特征

物流银行可以帮助需要融资的企业（即借方企业），将其拥有的动产作为担保，向资金提供企业（即贷方企业）出质；同时，将质押物品或物资（以下简称质物）转交给具有保管动产资格的中介公司（物流企业）进行保管，以获得贷方企业的贷款，如图10-1所示。

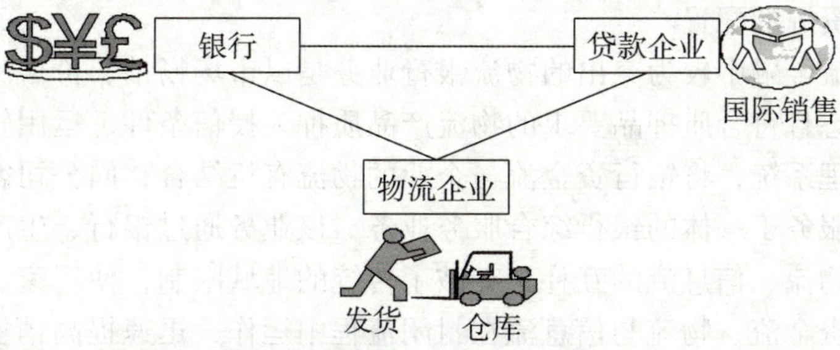

图10-1 物流银行服务关系图

深圳发展银行（2012年更名为平安银行）与物流公司的战略合作始于2005年，并已与中外运、中远、中储、中铁、中海等十多家国内一流的物流企业建立了“总对总”战略合作关系。同时，其先后引入招商物流、中邮物流和中铁物资等监管合作方。目前，其物流金融业务已覆盖能源、钢材、汽车、粮食等众多行业的众多家核心企业及3 000多家上下游客户。

2.物流金融的增值性

随着经济全球化的发展，从德鲁克提出“黑大陆”观点至今，物流以利剑之势席卷了全球。物流已从原先的常规物流和物流概念的传递阶段向倡导高附加值的现代物流服务的阶段发展。因此，物流金融的结合将为物流和金融企业带来双赢和增值。

对于具有成熟销售网络和物流配运系统的大型制造企业，其经销商遍布全国，物流金融通过物流银行业务具有的标准化、规范化、信息化的服务优势，能够给予企业经销商融资和资金结算业务支持，有效促进企业销售，拓展市场份额。

对于中型制造（商贸）企业，其业务正处于高速发展阶段，销售网络和物流配运系统尚未成熟，可借助物流银行业务帮助企业迅速建立销售、配运网络，提供集融资支持、资金结算、物流配送、仓储监管为一体的综合金融服务解决方案，让其迅速扩展全国经销网络。

对于小型商贸企业，其资产规模小，急需资金扩大销售，物流银行业务可以增加企业的流动资金，降低其营运成本，提高效率，扩大销售，提升竞争力。

对于批发商，其希望扩大销售、降低仓储资金占用，物流银行业务可以为他们解决库存资金占压问题，扩大销售。

3.物流金融的市场性

市场是提供资源流动和资源配置的场所。市场价格信号，可以引领资源在不同部门之间流动并实现资源配置。一个好的市场可以帮助社会资源实现最佳配置。金融市场属要素类市场，专门提供资本。企业在这个市场上进行资金融通，实现借贷资金的集中和分配，完成金融资源的配置过程。物流企业通过在金融市场上对金融资产的交易，最终可以帮助实现社会实物资源的配置。

比如，物流金融中较为突出的物流银行业务是以市场畅销、价格波动幅度小、处于正常贸易流转状态且符合质押品要求的物流产品质押为授信条件，运用较强实力的物流公司的物流信息管理系统，将银行资金流与企业的物流有机结合，向公司客户提供集融资、结算等多项银行服务于一体的银行综合服务业务。该业务通过银行、生产企业以及多家经销商的资金流、物流、信息流的互补，突破了传统的地域限制，使厂家、经销商、下游用户和银行之间的资金流、物流与信息流在封闭流程中运作，迅速提高销售效率，降低经营成本，达到多方共赢的目的。

4.物流金融的时代导向性

在美国，由于服务费高涨，产品的制造成本已不足总成本的10%，而物流成本却占商品价值的30%～50%。随着新经济和电子时代并合的完成，现代物流完成了从商场购物到网上购物、从上门取货到送货上门的变革，企业通过物流金融可实现信息化和远程化。

（1）信息化。所有质押品监管，都借助物流公司的物流信息管理系统进行，从银行总行到分行、支行的有关该业务管理人员，都可以随时通过互联网，输入密码后登录物流公司的物流信息管理系统，检查质押品的品种、数量和价值。

（2）远程化。由于可以借助物流公司覆盖全国的服务网络，再借助银行系统的全国资金清算网络，使动产质押业务既可以在银行设有机构的地区开展，也可以在全国异地开展，并能保证资金快捷汇划和物流迅捷。

5.物流金融的效率性

全球经济一体化逐渐消除了国家的经济边界，跨国公司能在全球范围内配置资源，压缩了一些环节，最终使效率提高，资源优势可以得到更好发挥。进入21世纪，现代物流提出了整合供应链与供应链一体化的思想，这都是为了更好地提高物流效率与服务质量，同时降低物流成本。面对这一趋势，物流金融也将此目标作为物流与金融结合的契机。一方面，物流和供应链管理能帮助解决融资的金融风险问题，克服“想贷怕贷”的困境；另一方面，金融机构多年的风险管理经验和发展的金融衍生产品可以帮助企业降低供应链风险，提高供应链效率。

在我国，一般的产品出厂后经过装卸、储存、运输等各个环节到消费者手中的流通费用约占商品价格的50%，物流过程占用的时间约占整个生产过程的90%。并且，经销商用于库存占压和采购的在途资金也无法迅速回收，大大影响了企业生产销售的运转效率。物流金融将经济活动中所有的供应、生产、销售、运输、库存及相关的信息流动等活动视为一个动态的系统总体，通过现代化的信息管理手段，对企业提供支持，从而使产品的供销环节最少、时间最短、费用最省。

6. 物流金融的广泛性

物流金融的广泛性具体体现在：

第一，服务区域具有广泛性，既可以在金融服务机构所在地区，也可以超出金融服务机构所在地区开展业务，即凡有银行网点的区域和物流公司服务的区域都可以办理业务。

第二，物流金融所涉物流品种具有广泛性，可以上溯到物流公司能够涉及的所有物流品种，包括各类工业品和生活品等。

第三，物流金融服务客户对象具有广泛性，既可以是制造业，也可以是流通业；既可以是国有企业，也可以是民营企业和股份制企业；既可以是大型、中型企业，也可以是小型企业。只要这些企业拥有符合条件的物流产品，都可以开展该项业务。对于缺乏流动资金的厂商，物流金融业务可增加厂商的流动资金；对于不缺乏流动资金的厂商，物流金融业务可增加其经销商的流动资金；亦可二者有机结合，促进企业销售，增加利润。

10.1.3 物流金融的职能

1. 物流融资职能

该项职能体现在物流工作整个流程中，包括采购、生产、加工、仓储、运输、装卸、配送，直至到达需求方手中。由于物流业务地理范围广阔，需要巨大的基础设施投资，单个企业难以形成规模经济，必然需要银行、资本市场、政府财政的大量资金支持。1993年，美国的商业物流投入是6 700亿美元，相当于美国当年GDP11%的高额资金投入，促进了美国高效率的物流发展，物流现代化又极大地刺激了美国经济。这都离不开美国财政金融对基础设施建设的鼎力扶持。

物流融资业务主要包括：

（1）商业银行贷款融资。这是物流企业最主要的融资方式。

（2）证券市场融资。物流企业可以争取公司股票或债券的发行，也可通过参股、控股上市公司方式实现融资。

（3）开拓实物型、技术型融资。实物型租赁和技术参股，特别是经营与物流相关的大型耐用设备及其租赁和谋求关键技术合作，是物流企业可以优先考虑的项目。

（4）票据性融资。商业票据的贴现可以使物流企业获得必要的资金来源。

另外，商业贷款以外的其他金融授信业务，如银行承兑汇票、支票、信用证、保函等也是适合现代物流企业发展的融资业务；物流发展基金和风险基金，可以是已经上市的、面向公众筹资的投资基金，也可以是未上市的投资基金，其资金来源主要由财政补贴和企业的多元化投资组成；争取境外资金和政府财政的战略投资亦为可取之策。

2. 物流结算职能

为物流业服务的金融机构面临大量的结算和支付等中间业务。为了实现B to B、B to

C，促使现代物流产生。物流的发展方向就是满足不同批量、不同规格、不同地区的需求。随着物流业的顾客扩展到全国范围乃至世界范围，金融服务也就随之延伸到全国和世界。如果没有金融结算及资金划转等服务措施的配套，物流企业的成本无法降低，中小企业就会对现代物流服务望而却步。大型物流企业会对订单较小、运送距离较远、服务要求较多的产品失去兴趣，物流的灵活性、多样化、个性化的发展优势就会丧失。对于客户而言，如果网上下单不能获得应有的服务，物流的价值将大打折扣。

我国现行的结算方式主要包括支票、汇兑、委托收款、托收承付、银行汇票、商业汇票、银行本票和信用卡等，另外还有多种结算服务方式可供选择，比如信用证、国际保理等。每一种方式都有其自身的特点：银行承兑汇票由于有银行作为付款人，付款保证性强，具有融资功能，但同时票据的流转环节多，查询难度大；商业承兑汇票是由付款人或收款人签发，付款的保证程度视企业的信誉高低而定；本票是由出票银行签发，支票则由出票单位签发，都适合在同城使用；信用卡属于电子支付工具，方便、灵活、快捷，但该结算方式受银行网络的限制；汇兑是异地结算的主要方式，适用于付款人主动付款；委托收款是收款人委托开户银行收款的结算，同城、异地结算都可以使用，属于商业信用，保付性较差；托收承付要求购销双方必须签订购销合同，现实中经常发生付款争议；国内信用证通过银行传递，手续严密，具有融资功能，但是手续烦琐，手续费用也比较高。物流企业选择这些方式的时候要兼顾安全性、时效性和经济性。

物流企业在异地结算方式的选择：如果是一次性交易，宜采用先收款后发货或一手钱一手货的方式，如现金、信汇、电汇、自带汇票等方式；经常往来的客户，可先发货后收款，采用汇款、异地托收承付、委托银行收款等方式。

3.物流保险职能

物流业的责任风险几乎伴随着业务范围的全程：运输过程、装卸搬运过程、仓储过程、流通加工过程、包装过程、配送过程和信息服务过程。物流保险作为物流金融的重要组成部分，提供一个涵盖物流链条各个环节的完整的保险解决方案，努力帮助物流公司防范风险。

针对这个具有巨大潜力的市场，保险公司应整合相关险种，为物流企业量身设计各种新的保险组合产品，如物流综合责任保险，使保险对象可以扩大到物流产业的任何一个环节，比如物流公司、货运代理公司、运输公司、承运人、转运场、码头和车站等。

物流公司的责任较传统的运输承运人大得多，服务的内涵和外延远比运输服务要广，并且不同的服务受不同的法律制约。但是，国内外都还没有关于物流服务的专门法律，因此，物流保险作为针对物流企业定制和设计的金融产品，能极大地简化物流业的复杂环境，为物流业的拓展提供保障。

10.1.4 物流金融发展的动因

（1）物流金融解决企业融资问题。

在商业活动中，商品从原材料制造到最终到达消费者手中的整个供应链过程，原材料和流动产品占用着大量的资金，存在着大量的库存，过多的库存就意味着相应的资金成本的占用增加，而存货占用大量资金使得企业可能陷入流动资金不足的困境。金融服务能够解决物流过程中的融资问题，使企业能够把有限的资金用在产品开发和快速扩张方面，有效地盘活物流过程中的沉淀资金，提高企业核心产品的市场占有能力。

（2）物流金融为第三方物流企业带来了新的利润增长点。

在激烈的竞争背景下，物流企业通过物流服务所能获得的利润不断下降。比如，卡车运输、货代和一般物流服务的利润率下降到只有2%左右，已没有进一步提高的可能性，但对于供应链的金融服务来说，由于各家企业涉足少，目前还有广大的空间，而大型的第三方物流企业在物流服务中往往加进金融服务项目，并将其作为争取客户、增加企业利润的一项重要举措。把金融服务与物流服务相结合，成为一个物流企业提高竞争力、增加利润的新突破口。

（3）物流金融业务为金融行业带来了新的低风险利润源。

物流金融可为银行提供低风险的利润增长。当前银行的贷款资产质量不高，如何提高贷款质量、控制贷款风险，发展新的业务成为银行关注的首要问题。通过与物流公司的合作，由物流公司作为中介，使银行授信于企业，有效地保证了银行资金的安全性，降低了融资风险。

10.1.5 物流金融的风险控制

（1）物流金融中要控制质押产品的风险。

银行与物流企业必须考虑选择产品销售趋势好、市场占有率高、实力强、品牌知名度高的生产商合作。要对质押货物品种选择、质押货物市场价格的稳定性以及质押货物是否投保等方面因素进行谨慎考察，尤其要考虑质押物变现风险。银行与物流企业应建立对质押商品销售情况、价格变化趋势的监控机制，并设定合理的质押率。

（2）物流金融中要控制质押物所有权的法律风险。

因为业务涉及多方主体，质物的所有权在各主体间进行流动，很可能产生所有权纠纷；另外，目前《中华人民共和国担保法》等相关法律法规中与物流银行相关的条款尚不完善，也没有行业性指导文件可作依据。因此，物流企业与银行在开展此类业务时，必须尽可能地完善相关的法律合同文本，明确各方的权利义务。

（3）物流金融中的质押物监管风险。

为控制该风险，银行必须选择仓库管理水平和仓库管理信息化水平较高、资产规模大、具有在全国范围内对质物进行严格监管能力和一定偿付能力的大型专业物流公司合作，并制订完善的办理质物入库、发货的风险控制方案。

（4）物流金融中物流企业与银行要仔细甄选融资对象。

银行与物流公司需要建立一套完善的程序以从事客户评估。从事监管工作的物流企业要承担更深入的客户风险调查工作，并及时与银行沟通。所以，选择客户要谨慎，要考察其业务能力、业务量及货物来源的合法性。

10.2 供应链金融

供应链金融是物流金融的进一步发展和扩大。它能够将企业供应、生产、销售的融资需求结合在一起，创造性地打通和重建核心企业与上、下游企业之间的连接。既为供应链各个环节的弱势物流企业提供新型贷款融资服务，又通过金融资本与实业经济协作，使整个产业链的运作畅通、高效、稳固。供应链金融作为一种金融革命，对社会经济活动产生巨大影响，有必要对供应链金融进行优劣势分析，提出创新思路。

10.2.1 供应链金融的概念

1.对供应链金融的理解

供应链金融中多种基础性产品的出现，远远早于供应链管理思想的萌芽。其中，保理在几个世纪以前的西方国家就已经很常见。现代意义上的供应链金融概念发端于20世纪80年代，深层次的原因在于跨国企业，特别是世界级企业巨头寻求成本最小化冲动下的全球性外采和业务外包。在这之后，供应链管理一直集中于物流和信息流层面，直到20世纪末，离岸外包引致的供应链整体融资成本问题以及部分节点资金流瓶颈带来的“短板效应”，抵消了生产的“成本洼地”配置带来的成本节约。由此，财务供应链管理的价值发现过程开始深化，供应链金融的概念浮出水面。

对供应链金融的界定有很多，可归纳为以下三类：

第一类观点来自物流服务商，认为供应链金融是物流与金融业务的集成、协作和风险共担的有机结合服务，是一种物流金融或金融物流。它为商品流通的全过程提供服务，服务对象是供应商、生产商、销售商、物流企业、金融机构等。

第二类观点来自供应链中的核心企业，认为供应链金融是一种在核心企业主导的企业生态圈中，对资金的可得性和成本进行系统性优化的过程。

第三类观点来自商业银行，认为供应链金融指商业银行站在供应链全局的高度，把供应链上的相关企业作为一个整体，基于交易过程中构成的链条关系和行业特点设定融资方案，将资金有效注入到供应链上的相关企业，提供灵活运用的金融产品和服务的一种融资创新解决方案。

2. 供应链金融的概念

供应链金融（Supply Chain Finance，SCF），是银行围绕核心企业，管理上下游中小企业的资金流和物流，把单个企业的不可控风险转变为供应链企业整体的可控风险，通过立体获取各类信息，将风险控制到最低的金融服务。

供应链金融改变了过去银行对单一企业主体的授信模式，围绕某一家核心企业，从原材料的采购，到制成中间及最终产品，最后由销售网络把产品送到消费者手中的供应链条，将供应商、制造商、分销商、零售商，直到最终客户连成一个整体，全方位地为产业链条上的“N”家企业提供融资服务，通过相关企业的职能分工与合作，实现整个供应链的不断增值，因此，也被称为“1+N”模式。

3. 供应链金融的特点

（1）参与主体多元化

供应链金融不仅包括传统信贷模式中的金融机构、融资企业，还增加了核心企业和物流企业。新增的两个主体在供应链金融中发挥着重要的作用。核心企业为供应链金融提供信用支持，其运营状况直接决定了整条供应链的运行情况。物流企业扮演着供应链的“介者”“信息汇集中心”“监管者”的作用：一方面，物流企业为中小企业提供专业化、个性化的物流服务，利用质押物为中小企业担保；另一方面，物流企业为银行提供仓储监管、质物价格评估以及拍卖等中间服务，发挥其在物流管理、资产设备以及人才上的优势，弥补了银行在质押物监管方面知识和技能的缺失。

（2）具有自偿性、封闭性和连续性的特点

自偿性是指还款来源为贸易自身产生的现金流。

封闭性是指银行通过设置封闭性贷款操作流程来保证专款专用，借款人无法将其挪为他用。

连续性是指同类贸易行为在上、下游之间会持续发生。

因此，以此为基础的授信行为可以反复进行。供应链金融的风险控制更加注重于贸易的真实性、交易风险以及第一还款源的风险控制。

（3）突破了传统的授信视角

首先，供应链金融的授信是针对供应链整体，实现的是“1+N”的授信方式。这改变了供应链融资的营销方式，它不再孤立地寻找客户，而是围绕核心企业的供应链寻找客户的资金需求，大大降低了供应链的客户开发成本，增加了企业对银行的依存度。

其次，供应链金融改变了对中小企业的授信方式，降低了中小企业的融资门槛。供应链金融主要考察的是供应链金融的交易背景，而不是中小企业的静态的财务报表。

10.2.2 物流金融与供应链金融的联系与区别

1.物流金融与供应链金融的联系

供应链金融是融资模式发展的新阶段，是对物流金融下融资的继承和发展。两者的共同点：均是基于传统金融产品和服务进行的创新；均是针对真实的贸易背景开展的；均是以融通资金为目的；均是整合物流、资金流与信息流的解决方案。

物流金融就是面向物流业的运营过程，通过应用和开发各种金融产品，有效地组织和调剂物流领域中货币资金的运动。这些资金运动包括发生在物流过程中的各种存款、贷款、投资、信托、租赁、抵押、贴现、保险、有价证券发行与交易，以及金融机构所办理的各类涉及物流业的中间业务等。

供应链金融是对一个产业供应链中的单个企业或上、下游多个企业提供全面的金融服务，以促进供应链核心企业及上、下游配套企业“产—供—销”链条的稳固和顺畅，并通过金融资本与实业经济协作，构筑银行、企业和商业供应链互利共存、持续发展、良性互动的产业生态。

2.物流金融与供应链金融的区别

(1) 参与主体与作用范围不同

物流金融的参与主体一般是单个企业和为其提供服务的金融机构、第三方物流企业等，其作用范围也局限于单次或一段时间的物流过程。一般来说，第三方物流企业在物流金融业务中起着主导作用。

供应链金融是比物流金融更广泛的概念，其参与主体是整个供应链和外部金融机构，也包括专业的物流服务提供商，甚至涉及投资者。其作用范围是整个供应链的交易与往来，而第三方物流企业在其中扮演着中间人和代理商的角色。

(2) 运作机理与服务产品不同

物流金融的操作是与物流过程相伴而生的，旨在解决物流过程中的资金问题，其产品的开发也是围绕着物流设施投融资、物流保险、物流结算等。

供应链金融是植根于整个供应链条的运作，旨在利用金融工具协调供应链上下游物流、资金流、信息流的关系，实现整个供应链的资金平衡与绩效提升。通过线上线下结合，着力打造四流合一（包含信息流、资金流、商流、物流）的集装箱物流管控体系，采用云端大数据为相关企业提供信息支持，进而解决国内外贸易环节中的个体商户、中小贸易商、生产商及物流企业融资难的问题。从这个意义上来讲，供应链金融囊括了物流金融的内容。

（3）服务对象不同

物流金融是面向所有符合其准入条件的中小企业，不限规模、种类和地域等；供应链金融是为供应链中的上、下游中小企业及供应链的核心企业提供融资服务。

（4）担保及风险不同

开展物流金融业务时，中小企业以其自由资源提供担保，融资活动的风险主要由贷款企业产生。供应链金融的担保以核心企业为主，或由核心企业负连带责任，其风险由核心企业及上、下游中小企业产生；供应链中的任何一个环节出现问题，将影响整个供应链的安全及贷款的顺利归还，因此操作风险较大。但是，金融机构的贷款收益也会因整条供应链的加入而随之增大。

（5）物流企业的作用不同

对于物流金融，物流企业作为融资活动的主要运作方，为贷款企业提供融资服务；供应链金融则以金融机构为主，物流企业仅作为金融机构的辅助部门提供物流运作服务。

（6）异地金融机构的合作程度不同

在融资活动中，物流金融一般仅涉及贷款企业所在地的金融机构；对于供应链金融，由于上下游企业及核心企业经营和生产的异地化趋势增强，因而涉及多个金融机构间的业务协作及信息共享，同时加大了监管难度。

10.3 物流金融运作模式

10.3.1 物流金融的基本运作模式

根据金融机构（比如银行等）参与程度的不同，可以把物流金融运作模式分为资产流通模式、资本流通模式和综合模式。

资产流通模式是指第三方物流企业利用自身的综合实力、良好的信誉，通过资产经营方式，间接为客户提供融资、物流、流通加工等集成服务。这种模式中，基本没有金融机构的参与，完全是由物流企业自己为借款企业提供融资服务。典型的资产流通模式有两种：替代采购模式、信用证担保模式。

资本流通模式是指物流金融提供商利用自身与金融机构良好的合作关系，为客户与金融机构创造良好的合作平台，协助中小型企业向金融机构融资，提高企业运作效率。在这种模式中，主要由金融机构向借款企业提供融资，但由物流企业为借款企业向金融机构提供担保，然后金融机构根据物流企业提供的担保向借款企业提供直接的或间接的融资。典型的资本流通模式有仓单质押模式、买方信贷模式、授信融资模式和垫付货款模式四种。

综合模式是资产流通模式和资本流通模式的结合。

1. 垫资–代收货款模式

垫资–代收货款模式是物流企业为供应商承运货物时先预付一定比例的货款（比如50%）给供应商，并且按约定取得货物的运输代理权，同时代理供应商收取货款，采购方在提货时一次性将货款付给物流企业的服务模式。物流企业在将余款付给供应商之前会有一个时间差，这样该部分资金在交付前就有了一个沉淀期。

垫资–代收货款模式的业务流程如图10–2所示。

图10–2　垫资–代收货款业务流程

（1）物流企业依照供应商和采购方签订的购销合同，取得货物承运权。

（2）物流企业代采购方先预付一定比例货款，获得质物所有权。

（3）采购方支付物流企业所有货款并取得货物。

（4）物流企业在一定的期限后将剩余货款扣除服务费后支付给供应商。

2. 替代采购模式

替代采购模式的业务流程如图10–3所示。

图10–3　替代采购业务流程

（1）由第三方物流企业代替借款企业向供应商采购货品并获得货品所有权。

（2）第三方物流企业垫付扣除物流费用后的部分或者全部货款。

（3）借款企业向物流企业提交保证金。

（4）物流企业根据借款企业提交保证金的比例发放货品。

（5）第三方物流企业与供应商结清货款。

在物流企业的采购过程中，物流企业通常向供应商开具商业承兑汇票并按照借款企业指定的货物内容签订购销合同，物流企业同时负责货物运输、仓储、拍卖变现，并协助客户进行流通加工和销售。

除了供应商与借款企业签订的购销合同之外，第三方物流公司还应该与供应商签订物流服务合同，在该合同中供应商应无条件承担回购义务。

3. 信用证担保模式

信用证担保模式的业务流程如图10-4所示。

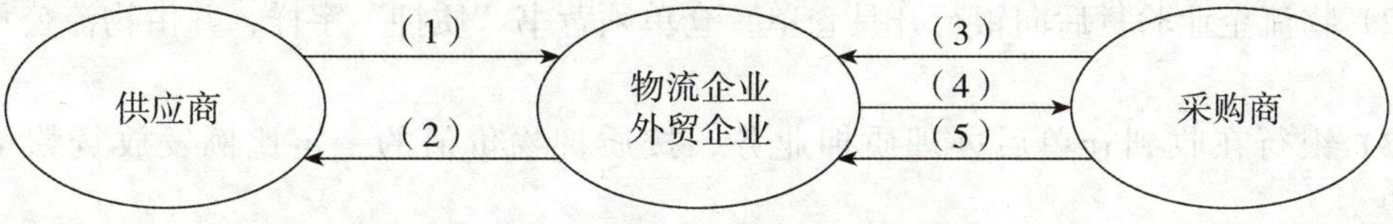

图10-4 信用证担保模式业务流程

（1）第三方物流企业与外贸公司合作，以信用证方式向供应商支付货款，间接地向采购商融资。

（2）供应商把货物送至第三方物流企业的监管仓库，物流企业控制货物的所有权。

（3）采购商向物流企业提交保证金。

（4）物流企业根据采购商提交保证金的比例发放货品。

（5）由采购商与第三方物流企业结清货款。

在物流企业的采购过程中，物流企业通常以信用证方式向供应商支付货款并按照采购商指定的货物内容签订购销合同，此时物流企业负责货物运输、仓储、拍卖变现，还要协助客户进行流通加工和销售。

4. 仓单质押模式

仓单是保管人（物流公司）在收到仓储物时向存货人（借款企业）签发的表示收到仓储货物的有价证券。仓单质押贷款是仓单持有人以所持有的仓单作质押，从银行等金融机构获得资金的一种贷款方式。仓单质押贷款可在一定程度上解决中小企业尤其是贸易类企业的融资问题。

仓单质押模式的业务流程如图10-5所示。

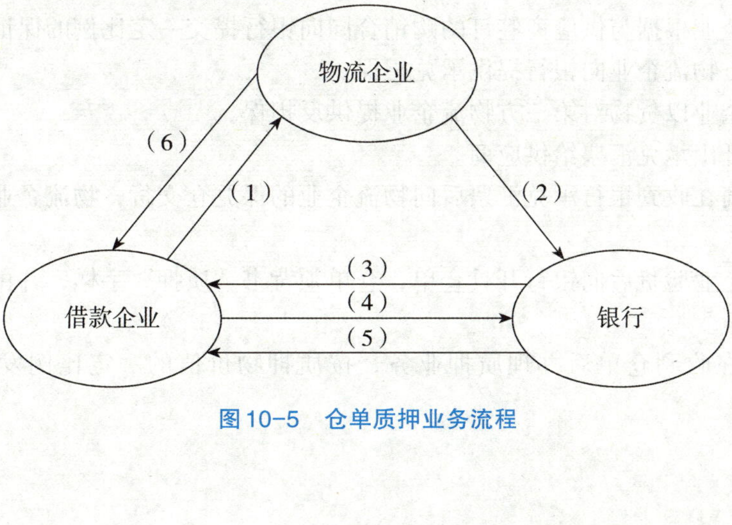

图10-5 仓单质押业务流程

（1）借款企业将质押物寄存在物流企业指定的仓库（融通仓）中，物流企业获得货物的所有权。

（2）物流企业验货后向银行开具仓单，仓单须背书“质押”字样，并由物流公司签字盖章。

（3）银行在收到仓单后办理质押业务，按质押物价值的一定比例发放贷款至指定的账户。

（4）借款企业实际操作中可一次或多次向银行还贷。

（5）银行根据借款企业还贷情况向借款企业提供提货单。

（6）物流企业的融通仓根据提货单和银行的发货指令分批向借款企业交货。

5. 买方信贷模式

买方信贷模式的业务流程如图10-6所示。

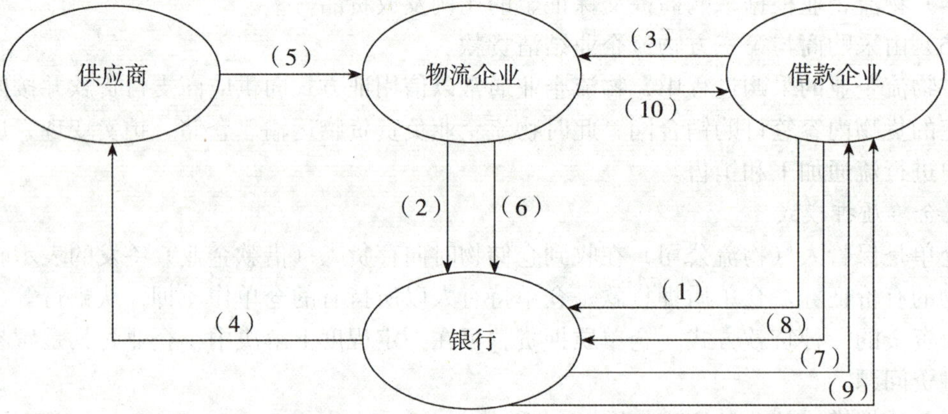

图10-6　买方信贷业务流程

（1）借款企业根据与供应商签订的购销合同向银行提交一定比例的保证金。

（2）第三方物流企业向银行提供承兑担保。

（3）借款企业以货物对第三方物流企业提供反担保。

（4）银行开出承兑汇票给供应商。

（5）供应商在收到银行承兑汇票后向物流企业的保兑仓交货，物流企业获得货物的所有权。

（6）物流企业验货后向银行开具仓单，仓单须背书“质押”字样，并由物流公司签字盖章。

（7）银行在收到仓单后办理质押业务，按质押物价值的一定比例发放贷款至指定的账户。

（8）借款企业实际操作中可一次或多次向银行还贷。

（9）银行根据借款企业还贷情况向借款企业提供提货单。

（10）物流企业的保兑仓根据提货单和银行的发货指令分批向借款企业交货。如果借款企业违约，则质物可由供应商或物流企业回购。

6.授信融资模式

授信融资模式的业务流程如图10-7所示。

图10-7 授信融资业务流程

（1）银行根据物流企业的实际情况授予物流企业一定的信贷额度。

（2）借款企业将货物质押到物流企业所在的融通仓，由融通仓为质物提供仓储管理和监管服务。

（3）物流企业按质押物价值的一定比例发放贷款。

（4）借款企业一次或多次向物流企业还贷。

（5）物流企业根据借款企业还贷情况向借款企业提供提货单，物流企业的融通仓根据提货单分批向借款企业交货。

在此模式中，金融机构基本上不参与质押贷款项目的具体运作。物流企业在提供质押融资的同时，还为借款企业寄存的质物提供仓储管理服务和监管服务。

7.垫付货款模式

垫付货款模式的业务流程如图10-8所示。

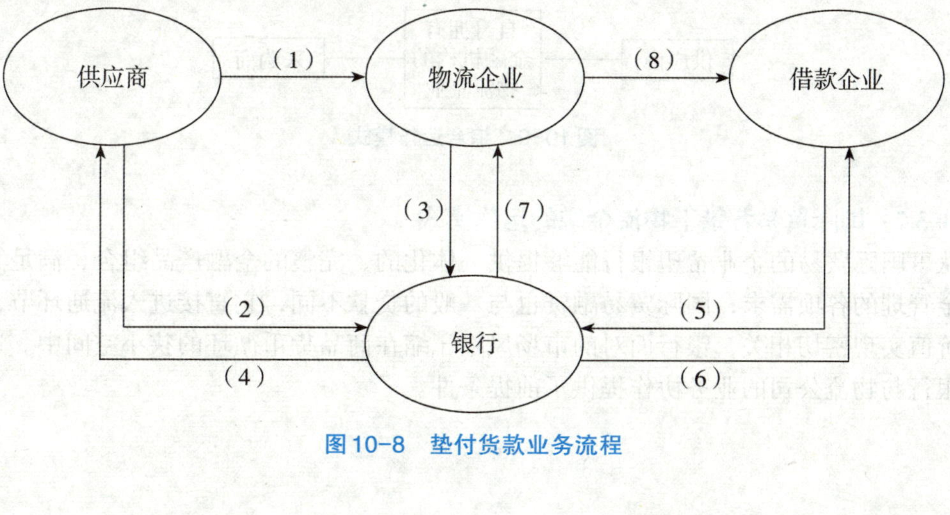

图10-8 垫付货款业务流程

（1）供应商将货物发送到第三方物流企业指定的仓库。

（2）供应商开具转移货权凭证给银行。

（3）第三方物流企业提供货物信息给银行。

（4）银行根据货物信息向供应商垫付货款。

（5）借款企业还清货款。

（6）银行开出提货单给借款企业。

（7）银行向第三方物流企业发出放货指示。

（8）第三方物流企业根据提货单及银行的放货指示发货。

关于垫付货款模式，值得说明的是：在货物运输过程中，供应商将货权转移给银行，银行根据市场情况按一定比例提供融资，当借款企业（提货人）向银行偿还货款后，银行向第三方物流企业发出放货指示，将货权还给借款企业。当然，如果借款企业不能在规定的时间内向银行偿还货款，银行可以在国际、国内市场上拍卖掌握在自己手中的货物或者要求供应商承担回购义务。

8. 综合运作模式

综合运作模式包括资产流通运作模式和资本流通运作模式，是物流金融高层次的运作模式，其对物流金融提供商有较高要求，比如，物流金融提供商应具有自己全资、控股或参股的金融机构。例如，我们前面提到过的UPS公司，在2001年5月并购了美国第一国际银行，将其改造成为UPS资本公司，由UPS资本公司推出包括开具信用证、兑付出口票据等的国际性金融产品和服务业务。UPS作为中间商在沃尔玛和东南亚数以万计的中小出口商之间斡旋，在两周内把货款先打给出口商，前提条件是揽下其出口清关、货运等业务并得到一笔可观的手续费，而拥有银行的UPS再和沃尔玛在美国进行一对一的结算。综合运作模式如图10-9所示。

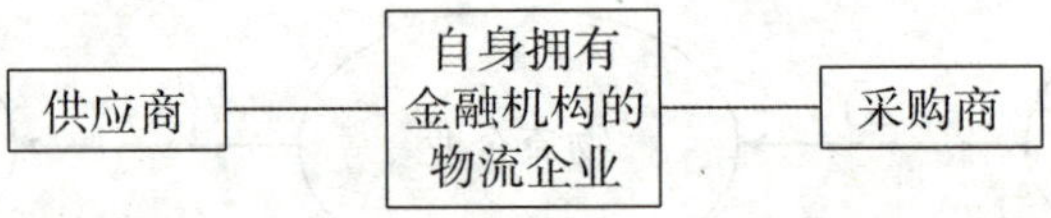

图10-9 综合运作模式

10.3.2 国际贸易背景下物流金融的运作模式

从事国际贸易的企业希望银行能够提供一体化的、完整的金融产品组合，满足其货物和现金管理的各项需求；国际贸易融资也与一般的贷款不同，它直接进入流通环节，与商品的价值实现密切相关，银行面对的市场风险压缩在商品货币循环的狭小空间中。这一特征为银行与物流公司的业务协作提供了前提条件。

1.跟单托收结算方式中物流金融的运作模式

该模式的运作流程如图10-10所示。出口方拟委托的托收行参加签约谈判，进口方所在的供应链中的银行A、物流公司B参加谈判，以双方银行的信用为基础，确保在物流、资金流的各个环节上各方充分互信。在签订买卖合同时，采用出口跟单托收结算方式的前提条件是进出口双方在所签买卖合同中订立了采用托收结算方式的条款。然后，出口方按合同规定装船发运，取得提单（为减少出口商风险，可以采用空白抬头、空白背书或将A行作为收货人的提单）和其他商业票据后，即可签发以进口方（受票人）为付款人的汇票，填制托收申请书，明确交单方式等，然后将跟单汇票和托收申请书送交托收行委托收款，并取得回执。托收行根据托收申请书填制托收委托书，明确收款指示，随附跟单汇票，邮寄给出口商指定的A代收行。代收行按照委托书的指示，向进口方提示跟单汇票。

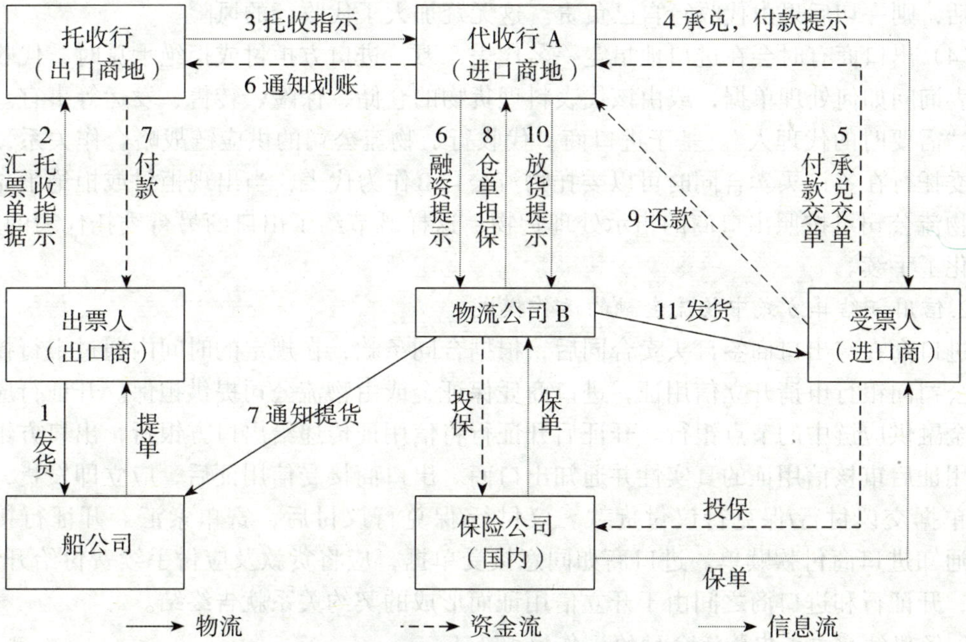

图10-10 物流金融模式下国际贸易托收流程

（1）在进口商不需要融资的情况下，进口方按照规定的交单条件，进行付款赎单或承兑取单，于到期日付款，并将提单交给B公司提货。代收行待进口方付清货款后将款项汇交托收行，托收行将款项汇交出口商，跟单结算业务到此了结。

（2）在进口商需要向银行融资的情况下，业务流程发生了很大变化。代收行通知物流金融服务提供商B，在授信额度内B代理银行A根据进口商的需求和条件进行动产质押贷款业务。之后B代理银行与进口商签订融资协议，物流公司负责货物的监管并将仓单交给银行质押，银行根据质押品的价值和其他相关因素向客户企业提供一定比例的贷款并将款项汇交托收行。银行核定的贷款额与货款的差额部分以保证金的形式由进口商汇交银行。待进口商偿还贷款后，银行通知B公司将货物发运给进口商。

（3）代收行对进口商的资金融通是允许进口商在远期仓单的条件下凭信托收据借单提货。即在远期付款交单的条件下，代收行可以允许进口商在承兑远期汇票后，但在付款前开立信托收据交给代收行，凭以借出货运单据先行提货以便出售，待售得货款后偿还代收行，换回信托收据。

使用这种凭信托收据借贷的方式，目的是避免货物先于付款日到达进口港后进口商不能付款赎单，致使货物滞留。但是，如果出口商和托收行未曾在托收申请书和托收委托书上允许这一融资条件，而是代收行想为其本国进口商提供融资，同意进口商凭信托收据借贷的话，则一切后果由代收行自己负责。这无疑加大了代收行的风险。

（4）出口商有时会在进口地指定一名代表，万一进口方拒付或拒绝承兑时，代收行向该代表询问如何处理单据，或由该代表料理货物的仓储、保险、转售、发运等事宜。此代表称“需要时的代理人”。基于进口商、代收行、物流公司的供应链战略合作关系，出口商或委托行在签订买卖合同时可以委托物流公司B作为代表，当出现拒付或拒绝承兑情况时，物流公司可按照出口商的指示处理货物，这样既节约了出口商另行委托代表的成本，又简化了手续。

2.信用证结算方式中物流金融的运作模式

进口商在与出口商签订买卖合同后，根据合同条款，在规定的时间内通过银行授信的物流公司向银行申请开立信用证，进口商凭保证金或由物流公司提供担保。开证行应该是物流金融供应链中的节点银行。开证后开证行将信用证传递给出口方银行，出口方银行收到信用证后审核信用证的真实性并通知出口商。出口商接受信用证后，应立即发货，取得装运单据交议付行/保兑行议付货款。议付行/保兑行议付后，寄单索汇。开证行接受单据，通知进口商付款赎单。进口商如同意接受单据，应将货款及应付手续费付给开证行。这时，开证行和进口商之间由于开立信用证而形成的契约关系就告终结。

3.保理结算方式中物流金融的运作模式

（1）出口商向进口商的保理商提出保理申请。

（2）进口商的保理商通过其授信的物流公司对进口商进行资信调查。物流公司确定进口商信用额度，通知保理银行，银行与出口商签订保理协议。进口商为了取得充足的货物，有可能在资信不足的情况下请求同一供应链中由银行授信的物流公司虚报资信情况。为了促使物流公司尽职尽责和避免串通欺诈，银行应该要求物流公司提供担保。

（3）出口商在信用额度内发货，并将发票和运输单据通过保理商转交给进口商，保理商收到票据后取得质押权并通知物流公司提货和监管货物。

（4）出口商将发票副本寄给保理商。

（5）出口商如要融资，则保理商在收到发票副本后即以预付款方式向出口商支付不超过发票金额80%的融资。保理商负责应收账款的管理及催收，并提供百分之百的风险担保。

（6）到期后，进口商将货款付给保理商，也可以由物流公司垫付，进口商向物流公司提供货物质押或担保。

（7）保理商扣除有关费用及贴息后将剩余的20%的发票金额转入出口商的银行账户。

这种结算方式下的业务流程如图10-11所示。

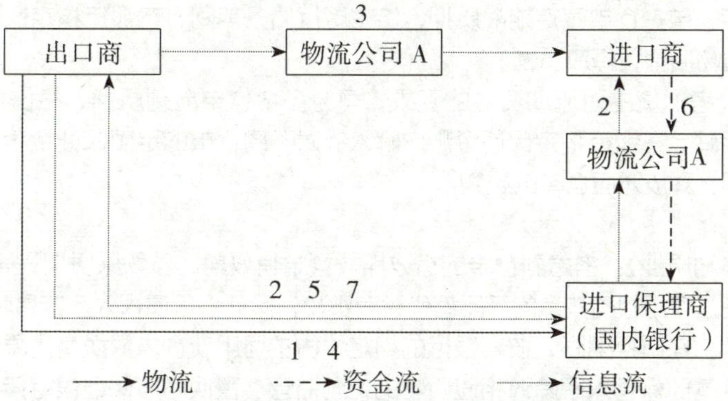

图10-11 物流金融模式下国际贸易保理流程

案例分析 中国物资储运总公司的物流金融业务①

中国物资储运集团有限公司（CSMT）隶属于国务院国资委监管的大型中央企业中国物流集团有限公司，公司注册资本金239 925.53万元，职工数量6 051名，是国家首批5A级物流企业。

CSMT成立于20世纪60年代初，由原国家经委物资管理总局储运管理局改制建立，是具有60多年历史的专业物流企业，实体网络覆盖全国主要城市和全球主要经济区域，业务涵盖期现货交割物流、大宗商品供应链、互联网+物流、工程物流、消费品物流、金融物流等领域。资产规模达269亿元，净资产达135亿元。

早在20世纪90年代初，CSMT就提出了与银行合作，开展仓单质押融资监管业务的建议，并为此做了大量的调查研究工作，并在1996年开发出中国第一个具有物资银行功能的质押管理软件。

1999年，CSMT开始了仓单质押业务，通过多年实践，已探索出了多种仓单质押融资监管的业务模式，并不断创新，业务量逐年增加。目前，CSMT与中信银行、广发银行、平安银行等数十家金融机构建立了合作关系，为近500家企业提供质押融资监管服务，质押融资规模累计达150亿元。抵押产品涉及黑色金属材料、有色金属材料、建材、食品、家电、汽车、造纸、煤炭、化工等诸多种类。

经过多年的探索和实践，CSMT探索出了多种物流金融业务运作模式，并在实践中得到了进一步修

① 李严锋，解琨.物流管理概论［M］. 2版.北京：科学出版社，2017.

正和完善。

1. 主要质押品种

质押货物前期多选择质地稳定、市场价格波动小、大宗货物变现能力强的工业原料、农产品和大量消费产品，如黑色金属、有色金属、建材、化工原料（化工粒子、化肥）、木材等，后来在业务逐步成熟的基础上，新开发了汽车、纸张、家电、食品等品种。

2. 主要质押模式

仓单质押模式在实践中被不断探索、完善，具有广阔的发展空间。中储总公司在多年实践中探索出了静态和动态等多种质押模式。

（1）静态质押（固定期限的仓单质押）

①单一仓单质押：单一仓单固定期限质押，货主履行债务期间，在银行指定保证金账户解入足额保证金后，银行解除质物监管，释放质物。

②多仓单质押：考虑货主对流动资金的要求，可分多个仓单分别质押，每份仓单对应不同的保证金，货主履行债务期间，在银行指定保证金账户解入针对不同仓单的足额保证金后，银行可解除对相应部分仓单质物的监管，释放对应仓单的质物。

（2）动态质押

①循环质押（滚动质押）：考虑到仓单的有效期（仓单有效期、质物保质期）等因素，在质押期间，按与银行的约定，货主可用相同数量的产品替代原有质物，保证银行债权对应的质物价值不变。

②置换仓单质押：在质押期间，按与银行的约定，货主可用新仓单置换替代原有仓单，银行释放相应的原有质押仓单，同时保管人解除对相应质物的特别监管。置换后应保证银行债权对应质物的价值不减少（可以增加）。

③信用或保证金置换仓单质押：在质押期间，按与银行的约定，货主可用增加保证金或提供新的信用担保等方式置换替代原有质押仓单，置换后保证银行债权对应质物的价值不减少（可以增加），银行释放相应的质押仓单，同时保管人解除对相应质物的特别监管。

④动态控制存量下限质押（流动质押）：可分为动态控制存数量下限和动态控制存价值量下限两种。动态控制存数量下限，与循环质押相同；动态控制存价值量下限，与置换仓单质押相同，在保证银行债权对应质物的价值不减少的情况下进行。

3. 主要监管方式

与多种质押模式相配套，CSMT实践了相应的监管方式。

(1)库内质押监管：在CSMT库内完成监管。

(2)库外（外租库）质押监管：CSMT（或所属仓库）在外租赁仓库专门用于“仓单质押”业务，并派专门业务人员对仓库和质物进行监管。

(3)多库质押监管：为满足客户“仓单质押”全国性业务的需要，由CSMT通过全国仓储网络统一进行业务协调和监控，开展多库质押业务。

4. 质押盈利模式

目前系统开展的仓单质押业务从盈利模式上分类主要有三种：一是纯监管业务模式，仓库只承担货物监管责任，可从客户处另外收取一定的监管费；二是仓库代替银行向客户融资，开展质押业务，获取利差；三是买方信贷（也称保兑仓），目前CSMT上海大场分公司、沈阳物流中心等在开展此业务。

现有存货质押贷款是指货主企业把质押品存储在CSMT的仓库中，然后凭借仓单向银行申请贷款，银行根据质押品的价值和其他相关因素向客户企业提供一定比例的贷款。这一过程中，CSMT负责监管和储存质押品。

异地仓库监管质押贷款是在仓单质押的基本模式上，对地理位置的一种拓展。CSMT根据客户不同，或利用遍布全国的仓储网络，或整合社会仓库资源，甚至是客户自身的仓库，就近进行质押监管，极大降低了客户的质押成本。

买方信贷或称保兑仓，它相对于企业仓单质押业务模式的特点是先票后货，即银行在买方交纳一定的保证金后开出承兑汇票，收票人为生产企业，生产企业在收到银行承兑汇票后按银行指定的仓库发货，货到仓库后转为仓单质押。这一过程中，生产企业承担回购义务。

另外，围绕国际货代、仓储保管、金属分销等业务，CSMT还细分了不同操作方式。

2004年，CSMT针对质押贷款手续复杂、所需时间冗长的问题，又尝试了统一授信的方式。统一授信就是银行把贷款额度直接授权给CSMT，再由CSMT根据客户的需求和条件进行质押贷款和最终结算，银行则基本上不参与质押贷款项目的具体运作。这种模式有利于企业更加便捷地获得融资，也有利于降低银行贷款的风险。在CSMT的示范效应下，这种模式目前已逐渐被更多的金融机构所接受。

目前，CSMT的仓单质押业务正在由静态质押向动态质押转变，规模不断扩大，许多仓库已成为多家银行的“定点融资仓库”。CSMT的物流金融业务已扩展到CSMT以外的仓库，在物流过程中，也从仓储环节扩展到了从原材料采购到产品生产和产成品销售的供应链全过程。

未来，CSMT将以“打造现代综合物流旗舰”为愿景，依托通达全国、辐射海外的物流网络，不断拓展供应链服务空间，构建面向国内外的公共物流平台，为客户提供至臻至美的服务。

讨论：

（1）中国物资储运集团有限公司的物流业务有何特点？

（2）中国物资储运集团有限公司的物流运作与金融是如何结合的？

（3）中国物资储运集团有限公司的质押监管业务对中国物流企业的发展有怎样的重要意义和启示？

本章小结

物流金融业务是国内近年来逐渐兴起的一种新型的物流增值服务。

物流金融是指在物流运营过程中，与物流相关的企业通过金融市场和金融机构，运用金融工具使物流产生的价值得以增值的融资和结算服务活动。

物流金融的特点：服务性、增值性、市场性、时代导向性、效率性和广泛性。

物流金融的职能：融资、结算和保险。

企业开展物流金融的原因：首先，物流金融解决企业融资问题；其次，物流金融为第三方物流企业带来新的利润增长点；最后，物流金融业务为金融行业带来新的低风险利润源。

供应链金融是银行围绕核心企业，管理上下游中小企业的资金流和物流，把单个企业的不可控风险转变为供应链企业整体的可控风险，通过立体获取各类信息，将风险控制在最低的金融服务。

物流金融与供应链金融既有联系又有区别。

根据金融机构（如银行等）参与程度的不同，可以把物流金融运作模式分为资本流通模式、资产流通模式和综合模式。

资产流通模式是指第三方物流企业利用自身的综合实力、良好的信誉，通过资产经营方式，间接为客户提供融资、物流、流通加工等集成服务。这种模式中，基本没有金融机构的参与，完全是由物流企业自己给借款企业提供融资服务。典型的资产流通模式有两种：替代采购模式、信用证担保模式。

资本流通模式是指物流金融提供商利用自身与金融机构良好的合作关系，为客户与金融机构创造良好的合作平台，协助中小型企业向金融机构进行融资，提高企业运作效率。在这种模式中，主要由金融机构向借款企业提供融资，但由物流企业为借款企业向金融机构提供担保，然后金融机构根据物流企业提供的担保向借款企业提供直接的或间接的融资。典型的资本流通模式有：仓单质押模式、买方信贷模式、授信融资模式和垫付货款模式四种。

综合模式是资产流通模式和资本流通模式的结合。

国际贸易背景下物流金融的运作模式主要分为：跟单托收结算方式、信用证结算方式和保理结算方式。

关键概念

物流金融　物流金融主体　供应链金融　物流金融运作模式　资本流通模式　资产流通模式　替代采购模式　信用证担保模式　仓单质押模式　买方信贷模式　授信融资模式　垫付货款模式

思考题

1. 什么是物流金融？物流金融的主体是谁？
2. 物流金融的主要内容是什么？
3. 物流金融的特点是什么？
4. 物流金融的职能是什么？
5. 什么是供应链金融？它与物流金融有什么联系和区别？
6. 谈谈我国物流金融跨越式发展的模式。
7. 物流金融服务运作模式主要有哪些？介绍每一种模式的业务流程。

第11章 第三方物流与第N方物流

学习目标

了解第三方物流产生和发展的原因，掌握第三方物流的理论背景，以及其概念、特点、作用及分类；在了解国内外第三方物流发展状况的基础上，学习第三方物流企业的服务类型与运作流程；认识第四方物流的概念、内容、本质及价值；了解第五方物流的定义、内容；理解第N方物流之间的相互关系及在供应链管理中各自的作用。

11.1 第三方物流的概念与理论

11.1.1 第三方物流的产生

总的来说，第三方物流的产生和发展是人类生产力和社会发展的必然结果。若进一步究其原因，大致可以分为以下两个方面：

1.企业对第三方物流有需求

（1）为了降低运作成本，企业从事物流活动需要投入大量的资金和构建物流设施及购买物流设备，这对于缺乏资金的企业，特别是中小企业来说是一种沉重负担。而且，每个企业都这样做，将会出现大量的重复建设，浪费宝贵的资源。同时，企业单靠自己的力量降低物流费用存在很大的困难。再者，大量的物流投资带有事实上的风险，并且企业的物流手段有限，无法自主承担诸如集装箱运输、铁路运输及国际运输等各项活动。因此，从社会再生产的角度看，多数企业对物流的外部化有高度需求。

（2）为了增强自己的竞争力，企业要把资源集中在企业的核心竞争能力上，才能获取最大的效益。那些不属于核心竞争能力的功能应被移向外部，才可以用虚拟化管理的方式获得可以利用的资源，得到最大的投资回报。大多数的制造企业和分销企业在物流方面没有大的优势，所以物流不是其核心竞争能力。尽管从20世纪70年代至90年代，企业在提高物流效率方面已经取得了巨大的进步，但要取得更大的发展将付出更多，要想实现新的改善，企业不得不寻求其他途径，包括物流外包这样的形式。

2.社会分工细化和管理理念的发展催生第三方物流

（1）第三方物流是社会分工向细化发展的结果。在社会生产进一步分工和市场竞争加剧的形势下，当各企业纷纷将企业的资金、人力、物力集中到核心业务上，以期增强核心竞争力时，也催生了社会化分工协作带来的另一个现象，就是专业化分工重组的结果导致许多非核心业务被分离出来，形成了许多具有专业职能的新行业，其中包括物流业。将物流业务委托给第三方专业物流公司，不仅可以降低物流成本，而且可以完善物流活动的服务功能，提高客户满意度。

（2）第三方物流的产生也是新型管理理念发展的结果。从20世纪70年代以来，信息技术特别是计算机技术和网络技术的快速发展推动着管理技术和思想的更新，产生了供应链、虚拟企业等一系列强调外部协调和合作的新型管理理念，这既增加了物流活动的复杂性，又对物流活动提出了快速反应、有效客户管理、零库存等更高的要求。作为第三方物流，它是适应市场竞争的产物，是整个管理集成化、系统化过程乃至企业联盟中的重要部分。第三方物流参与一个公司的供应链的程度以及所起的作用，可以表现在各个层次上。例如，在实施供应链最基本的功能层次上，一个第三方物流公司可以通过为其他企业确定和安排一批货物的高效运输路径，使后者在产品推广上获得优势。

第三方物流产生于20世纪70年代的美国，物流作为联系客户和消费者的重要环节，其质量和水平直接影响到企业与客户的关系和企业的市场地位，社会迫切需要有专门的企业提供高水平的专业化物流服务。第三方物流就是在这种条件下产生的，并因其适应现代市场经济环境而得到了迅速扩张，如今在发达国家已成为主流的物流模式。西方国家物流业的发展证明，独立的第三方物流要占整个社会物流的50%，物流产业才能形成。所以，第三方物流的发展程度反映和体现着一个国家物流业发展的整体水平。

当企业在物流管理方面不具有核心竞争优势时，特别是面对自营物流的种种问题力图改变时，自然会采取“对外委托”方式，即将一部分或全部物流业务委托给外部专业物流企业来完成，而作为受托方的专业物流企业既不是物流对象的提供者，也不是物流对象的需求者，而是专门从事物流业务的企业，即第三方物流。

第三方物流在全球范围内发展迅速，方兴未艾，它是经济发展和社会需求的产物。

11.1.2 第三方物流的概念

“第三方”是相对于“第一方”——发货方和“第二方”——收货方而言的（如图11-1所示）。自20世纪90年代以来，作为一种新的物流形态的第三方物流（the third party logistics，3PL），以及由此产生的专门从事第三方物流业务的专业业态，都受到了广泛的关注。

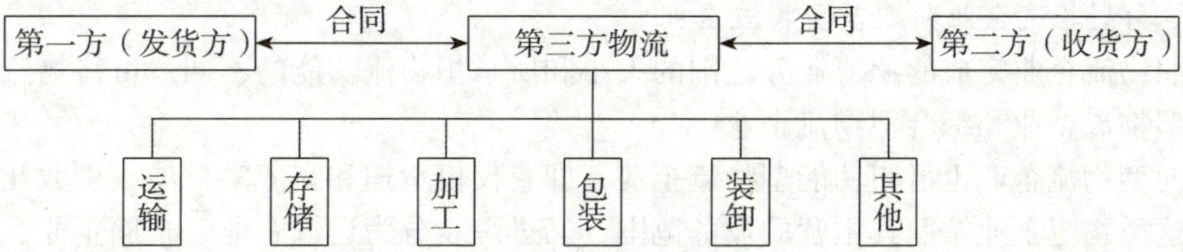

图11-1 第三方物流概念模型

《物流术语》（GB/T 18354-2021）对第三方物流的定义是：由独立于物流服务供需双方之外且以物流服务为主营业务的组织提供物流服务的模式。这一定义明确了“第三方”的内涵，即物流服务提供者作为发货人（甲方）和收货人（乙方）之间的第三方，代表甲方或乙方来执行物流功能。但这一定义的外延过于宽泛，对于“物流企业”和“物流服务”所涵盖的范围界定不明。

在美国出版的有关著作中，对第三方物流的定义是：非货主企业通过合同的方式确定回报，承担货主企业全部或一部分物流活动。所提供的服务包括与运营相关的服务、与管理相关的服务以及两者兼而有之的服务，无论哪种形态，都必须高于过去的公共运输业者（common carrier）和契约运输业者（contract carrier）。与上述《物流术语》中的定义相比，这一定义除了强调“第三方”不拥有货物所有权外，特别突出了第三方物流企业与传统仓储业的重大区别，即管理功能和契约式共同利益。

日本对于第三方物流的理解是：供方和需方以外不持有商品所有权的业者为第三方，向货主企业提供物流系统，为货主企业全方位代理物流业务，即物流的外部委托方式。这一概念强调了物流的全系统、全方位代理。

与第三方物流相近的一个术语是合同物流。《物流术语》（GB/T 18354-2021）对合同物流（contract logistics）的定义是：物流经营者通过整合、管控资源，按照合同约定的时间、地点、价格等内容为物流需求方提供的物流服务模式。

还有一些别的术语，如物流外协（logistics outsourcing）、全方位物流服务公司（full-service distribution company，FSDC）等，也基本能表达与第三方物流相同的含义。

此外，与社会经济领域的许多概念一样，第三方物流也有广义和狭义的区分，因而在不同的领域涵盖的范围也就不同。

11.1.3 第三方物流企业的类型

商品生产发展到一定阶段必然会出现第三方物流。综观国内外物流现状，物流企业种类繁多，不同的物流企业承担着不同的功能。按照不同的标准，可以将第三方物流企业分为不同的类型。

1. 单向型物流企业和综合型物流企业

按照物流企业完成的物流业务范围的大小和所承担物流功能的不同，可将物流企业分为单向型物流企业和综合型物流企业。

单向型物流企业也可叫功能型物流企业，即它仅仅承担和完成某一项或少数几项物流功能。这类物流企业按照其主营的业务范围，又进一步分为运输企业、仓储企业、流通加工企业等。目前，无论是在国内还是在国外，这类企业的数量众多，有些有比较悠久的历史，有些已经成为世界知名的跨国企业，如美国的联邦快递公司、总统轮船公司及日本的佐川急便等。

综合型物流企业是能够完成和承担多项甚至全部物流功能的企业，包括从配送中心的设计到物流的战略策划乃至商品实物运输等多方面。综合型物流企业一般规模大、资金雄厚，并且有着良好的物流服务信誉。这类企业由于承担综合性物流服务，所要求的管理水平比较高，具有相当的竞争力。目前，综合型物流企业有许多是跨国公司，其触角伸向全世界。例如，日本日通公司的服务网络连接世界500多个城市，它通过全球服务系统为世界客户服务，在日本国内，日通公司在27个港口建有战略性运输中心，其中任何一个都可以进行国际运输。

2. 物流自理企业和物流代理企业

按照企业的运作方式——是自行完成和承担物流业务，还是委托他人进行操作，还可将物流企业分为物流自理企业和物流代理企业。

物流自理企业是自行完成全部或大部分物流业务的企业，同样，它还可进一步按照业务范围进行细分，分为综合型物流自理企业和单向型物流自理企业。物流代理企业同样可以按照物流业务代理的范围，分为综合型物流代理企业和单向型物流代理企业。从事综合物流代理业务的企业可以不进行大的固定资产投入，用低成本经营和简便入市的方式，将主要的业务操作及大部分工作委托他方处理，着力建设自己的销售队伍和管理网络，实行特许代理制，将协作单位纳入自己的经营轨道，公司的核心业务就是实行综合物流代理业务的销售、采购、协调管理和组织设计，并且注重业务流程创新。单向型物流代理企业按照其功能的不同，又包括运输代理企业、仓储代理企业、包装和流通加工企业等。

世界著名的从事第三方物流的企业有美国联合包裹公司（UPS）和日本的佐川急便等。国内专业化的物流企业主要是由原来的国家大型仓储、运输企业发展而来，还有就是中外合资或外商投资创办的专业物流公司，如中国外运股份有限公司、中国外轮代理有限公司、EMS等。这些企业的营业范围涉及全国配送、国际物流服务、多式联运和邮件快递等。其实，这些企业都在不同程度地进行着综合物流代理运作模式的探索和实践。

11.1.4 第三方物流的理论基础

1.第三方物流与社会分工理论

从古典经济学中的分工理论来看，第三方物流可以说是物流专业化发展的结果，同时也是促进物流专业化发展的动力和原因。从第三方物流产生的时代背景来看，19世纪50年代正是世界经济新秩序形成的重要时期，全球东西方两个世界经济格局的形成也促进了市场范围的扩大，这种市场规模的扩大直接导致了制造业、商业以及储运业的进一步分工细化。如果将现代物流理论的出现看作是一种技术进步，那么这种分工的细化就是导致这种进步的原因，同时也是这种技术进步的必然结果（如图11-2所示）。20世纪90年代，我国第三方物流行业兴起和发展的背景是由于国家“改革开放”政策的进一步深化，区域限制被打破，特别是加入WTO后与世界市场的接轨，都在一定程度上印证了亚当·斯密关于市场范围扩大会导致社会分工进一步深化的理论。

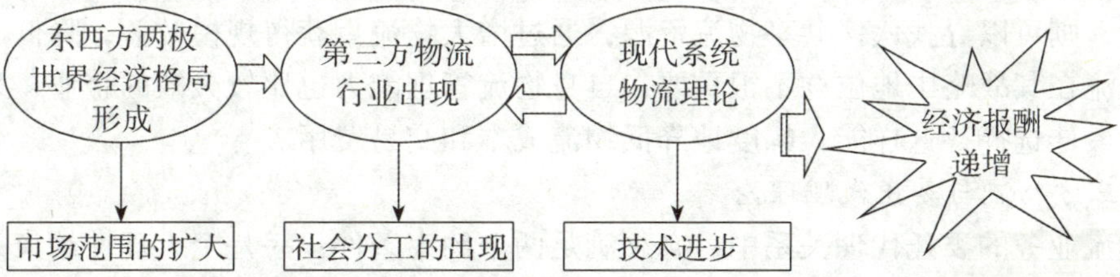

图11-2 基于分工理论的第三方物流行业出现的逻辑

第三方物流行业在欧美的出现及这种业态在全球范围内的扩散也说明，物流外包与第三方物流这种新的生产组织形式与旧的自营模式相比，更具有适应市场需求的不确定性和效率上的优势。联系前资本主义生产组织的变迁过程，即行会制度演变为包买商制度，再演变为资本主义性质的手工工场，都表明一种新型生产组织的产生是建立在分工基础上的。

2.第三方物流与交易费用理论

在新经济条件下，企业通过较为稳定的合同方式，采取外包（outsourcing）方式把物流委托给第三方物流企业管理后，提高了交易效率，从而降低了边际交易成本。在图11-3中就反映为边际交易曲线AA′移到BB′的位置，边际交易曲线与边际成本曲线的交点从n移到n′。因此，第三方物流服务模式的出现是一次可以降低社会总成本（生产成本与交易费用之和）的分工细化。

采用第三方物流的运作方式，就可以通过合同建立自我约束机制，使交易双方将机会主义行为所带来的交易费用控制在最低限度内。从交易过程来看，由于物流合作伙伴之间经常沟通与联系，这样可使搜寻交易对象的费用大为降低；物流伙伴之间建立起来的相互信任和依赖，可以减少各种履约风险；在冲突发生时，可以根据契约通过协商加以解决，

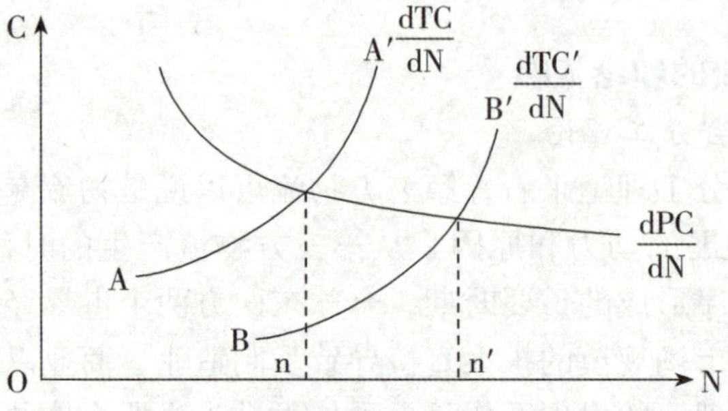

图11-3　交易成本与分工的关系

避免烦琐的讨价还价以及诉诸法律所产生的费用。

从交易特征来看，交易双方的依赖性会使企业间建立物流联盟。对于那些物流在企业战略中起关键作用，但自身物流管理水平较低的企业，组建物流联盟将会在物流设施、运输能力和专业管理技巧上收益极大；对于物流在其战略中不占关键地位，但其物流水平很高的企业，则可以寻找伙伴共享物流资源，通过增大物流量获得规模效益，降低成本；对于那些物流在其战略中地位并不很重要，自身物流管理能力也比较欠缺的企业，采用第三方物流是最佳选择，这样能大幅度地降低物流成本和交易费用。

3. 第三方物流与委托代理理论

在物流业务的委托代理关系中，必须满足两个约束条件：一是个人理性约束条件，投资者要保证委托代理关系的存在，就要保证物流公司所获得的效用不能小于其在其他地方工作所获得的效用；二是激励相容条件，物流公司将采用使自己效用最大化的方式来选择自己的行动。在委托人设计的契约中，除了要满足以上两个条件，还应根据委托代理理论的原理将显性激励与隐性激励有机结合，共同发挥激励机制的作用（如图11-4所示）。

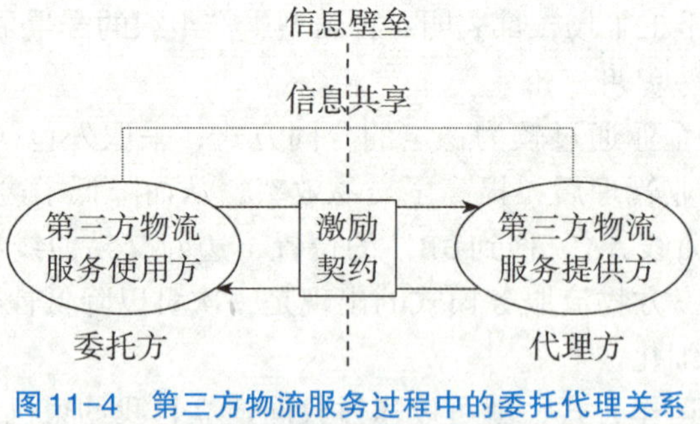

图11-4　第三方物流服务过程中的委托代理关系

根据委托代理理论，第三方物流行业的出现以及企业采用物流外包策略而使用第三方物流服务，是社会和企业挖掘利润源泉和科学的发展方式。这种趋势符合经济社会发展的需要和专业化分工协作的客观要求。只要设定合理的协作契约，就可以避免第三方物流服务的提供者的“道德风险”，降低交易费用，使企业通过集中自身的各种要素资源专注于提高核心竞争力，从而更大幅度地提升第三方物流参与各方的效益。同时，第三方物流运作发展的重要条件是建立能促使第三方物流委托方和代理方共赢的委托代理关系。在我国，这一新型的产业形态正处于发展阶段，需要社会各方面，尤其是生产型企业的关注和支持。

4.第三方物流与核心竞争力理论

按照核心竞争力理论（如图11-5所示），现代企业的优势并不在于它们拥有和管理的资源范围和大小，而在于其对有形资产和无形资产的有机组合，并由此所产生的独特能力。几乎所有的企业都希望其竞争能力超过行业平均水平，然而企业所拥有资源的有限性决定了企业不可能在所有业务领域都具有同样的竞争力，因此有必要将企业的资源和精力都集中在自己具有核心竞争能力的业务及活动上。

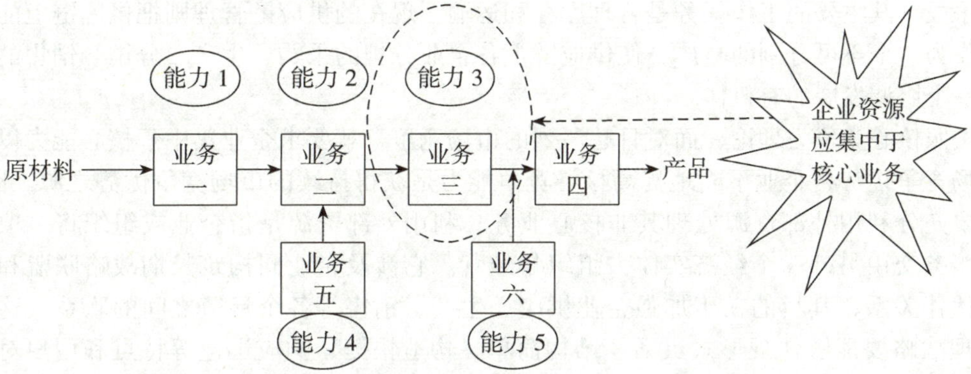

图11-5　企业核心能力及核心业务的识别

一个基于核心竞争力和相互受益的长期外部关系的更灵活的组织模式，会越来越多地出现在企业实践中。第三方物流行业的兴起可以说是在这样的背景下应运而生的，其主要体现在：一般企业在物流技术、信息系统、运输网络等方面都存在局限性，往往制约了核心业务的迅速发展，而第三方物流供应商在这一领域中有很大的优势。通过将运输、仓储等相关业务环节交由第三方物流供应商进行操作，充分利用其专业化的物流优势，可以大量减少企业的投资和运营成本，实现原材料等资源的合理配置以及产品的高效运输和配送，有利于企业集中人力、财力和物力进行核心业务的开发，从而帮助企业建立和保持核心竞争力，取得竞争优势。

从战略层面上看，物流企业核心竞争力体现在以下几个方面：

（1）物流企业的客户控制能力。作为物流供应商的第三方物流，在物流市场占有率、物流市场覆盖率、物流市场应变能力、物流市场拓展能力方面都有较大的优势。

（2）物流企业的业务创新能力。主要反映在物流技术创新能力、物流信息技术水平和物流知识管理能力上。

（3）物流企业的社会协调能力。通过优化资源配置、协调社会资源，专业物流企业对社会经济产生影响。

从业务层面上看，运输、仓储、流通加工、装卸搬运、包装、配送、信息服务等物流功能中的部分或全部功能都能成为物流企业的核心竞争力，甚至订货履行、自动补货、运输工具的选择、产品组配、进出口代理等，都能成为物流企业在业务方面的优势。

5. 第三方物流与供应链理论

自供应链理论于20世纪80年代末被提出以来，在全球企业尤其是制造业企业管理中得到了广泛应用，基于供应链管理进行战略思考已成为制定企业战略的基础工作。最早人们把供应链管理的重点放在管理库存上，作为平衡有限的生产能力和适应用户需求变化的缓冲手段，其主要的工作任务是管理库存和运输。现在的供应链管理则把供应链上的各个企业作为一个不可分割的整体，使供应链上各企业分担的采购、生产、分销和销售的职能成为一个协调发展的有机体。

按照核心竞争力理论，面对日趋激烈的市场竞争，就要求企业集中于核心能力以维持其市场竞争优势，企业不断地提高核心竞争能力是获得持续的市场竞争优势之源。同时，企业要充分利用外部资源处理其非核心业务。利用外部资源是指企业或组织将一项或一部分服务交由另外一个经济实体去组织与经营。它涉及企业间构筑长期战略联盟和业务合作伙伴关系，其目的在于加强企业供应、生产、销售等各个环节之间的联系。这种物流管理战略要能够体现形式灵活、结构简单、构造快捷、响应迅速等特点和用户对供应链管理的要求。因此，在供应链运作的过程中，将物流部分的管理交由第三方进行就是一条重要途径。

11.2 第三方物流的服务与运作

11.2.1 第三方物流服务的分类

第三方物流服务的对象主要有两类：一类是生产型客户；另一类是流通和消费型客户。针对不同类型的客户，为其提供物流服务的方式和侧重点、时间和质量要求都有所不同。

从供应链的角度，可以很清楚地看出针对不同类型企业的第三方物流服务所处的位置及服务范围，如图11-6所示。

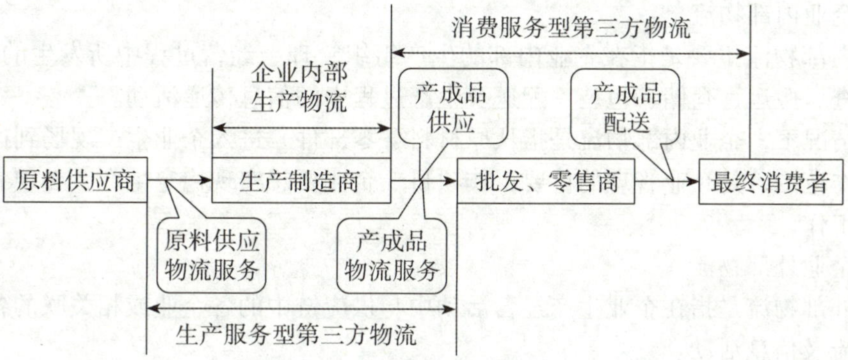

图11-6 不同类型第三方物流服务的构成及范围分布

1. 消费服务型

消费服务型第三方物流在实践中通常表现的形态是专门为流通企业和最终消费者提供物流服务的物流企业、快递企业等。这类企业通常能够提供包括商品包装、商品储存、商品配送、装卸搬运、流通加工、物流信息、分销物流网络规划与设计、物流网点内部的物流管理等活动。其中，流通企业的自营物流与社会物流又形成一个衔接点，所涉及的产品需求数量较大、品种相对较多。

消费服务型第三方物流企业通常位于供应链末端，一般来说，也是消费者必须直接面对的业态。所以，流通企业的客户服务直接体现供应链整体服务水平，其物流要求必须尽量及时、准确、完好地送到客户指定的地点。为了保证流通企业物流的顺利进行，降低各个环节的成本，为客户提供满意的服务，实现较高收益的目的，企业需要做好商品包装、储存、订单信息的处理、发送运输、装卸搬运等方面的工作。

2. 生产服务型

企业生产物流是指生产制造企业在生产运营过程中的物品实体流动、信息传递及与企业生产运营相联系的活动。企业生产物流从企业的生产、服务范围角度来分，可分为企业内部物流和企业外部物流两大部分（如图11-7所示）。

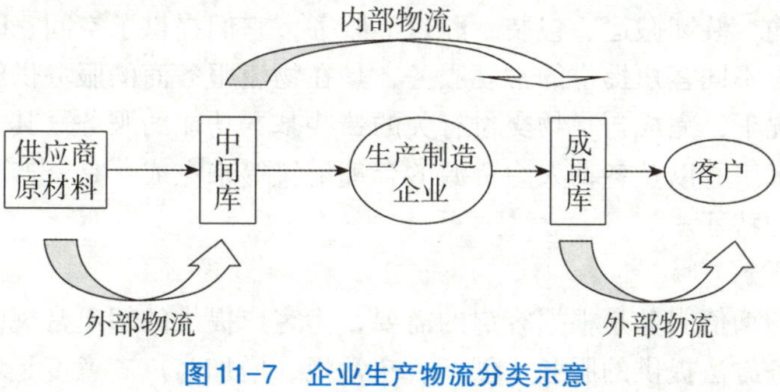

图11-7 企业生产物流分类示意

（1）企业内部物流

企业内部物流主要是指在企业内部的生产组织管理、经营过程中所发生的物料配送、加工、检查、搬运、仓储、包装、配送及生产过程中的信息传递活动。

一般情况下，企业内部物流是指从原材料（零部件）进入企业生产现场到产成品销售出库的工作范围，是企业管理的重要工作项目。企业要想实现稳定生产，必须先组织好内部物流的工作。

（2）企业外部物流

企业外部物流是指在企业生产经营活动中与供应链中的各企业或相关联的各部门之间的实体物流及信息活动。

对于生产企业而言，在考虑将企业物流外包时，通常会将企业的外部物流承包给专业的第三方物流企业，自身则集中精力和资金能力用于企业的核心生产力的培养，引进或研发先进的生产技术和方法，不断创新产品，专心搞好生产的计划和组织安排，提高企业在市场上的份额和竞争力。而第三方物流企业承担生产企业的原材料供应和产成品的储存、运输等物流业务，能以更专业、更快速的服务满足生产企业的物流要求，达到双赢的目标。

11.2.2 第三方物流服务的内容

各种物流服务是第三方物流需求的内容。第三方物流所提供的服务内容范围很广：它可以简单到只是帮助客户安排一批货物的运输，也可以复杂到设计、实施和运作一个公司的整个分销和物流系统。第三方物流企业与传统运输、仓储企业的最大区别就在于，传统企业所能提供的仅是单一、脱节的物流要素，而第三方物流企业则能够将各个物流要素有机整合起来，提供系统化、系列化的增值服务。

从具体的服务内容来看，第三方物流服务可以分为常规服务和增值服务两大领域。

1. 物流常规服务

物流常规服务是满足客户对物流基本要求的服务，即提供物流服务的几大基本功能要素，如仓储、运输、装卸搬运、包装、配送等服务，它们提供了空间、时间效用以及物品种类调配效用。对不同客户提供的常规服务，是在物流服务商的服务供给能力与客户物流需求相对称的情况下，完成与货物交付有关的一些基本功能的服务。其主要依靠现代物流设施、设备、技术工具以及各种人力资源的合理配置等来完成，是资产和劳动密集型的服务，具有标准化的特征。

2. 物流增值服务

第三方物流的增值服务是根据客户的需要，为客户提供的超出常规的服务，或者是采用超出常规的服务方法提供的服务。创新、超常规、增加客户满意度是增值性物流服务的本质特征。增值服务主要是借助完善的信息系统和网络，通过发挥专业物流管理人才的智能、经验和技能来实现的，依托的主要是第三方物流企业的软件基础，因此是技术和知识密集型的服务，它提供的是信息效用、诚信效用和抵御风险的效用等。这样的服务融入了更多的精神劳动，能够创造出新的价值，因而是增值的物流服务。从增值服务产生的情况来看，又可分为两部分：一是在物流常规服务的基础上延伸出来的相关服务；二是更高层次的增值服务。

（1）延伸服务。这种增值服务主要是将物流的各项基本功能进行延伸。伴随着物流运作过程的实施，将物流各环节有机衔接起来，以实现便利、高效的物流运作，如仓储的延伸服务有原料质检、库存查询、库存补充及各种形式的流通加工服务（如贴标签等）。运输的延伸服务如选择国际、国内运输方式、运输路线，安排货运计划，为客户选择承运人，确定配载方法，实施货物运输过程中的监控、跟踪，门到门综合运输，报关，保险，代垫运费，运费谈判，成本控制，货款回收与结算等。配送服务的延伸有集货、分拣包装、配套装配、条形码生成、贴标签、自动补货，以及将经营文化理念与客户美感结合在一起的包装等。这些增值服务是站在客户需求的立场上，从客户的角度来安排完成的。诚然，从客户角度提供的这些增值服务需要支出更多的“精神成本”，这需要企业的物流服务理念达到一定的层次，形成一种文化，还需要有协调和利用其他物流企业资源的能力，以确保企业所承担的货物交付任务能以最合理的方式、尽可能少的成本来完成。

（2）供应链增值服务。前述的增值服务是第一个层次的增值服务，是对物流功能的延伸。物流一体化的增值服务则是向客户端延伸的服务，通过参与、介入客户的供应链管理及物流系统来提供服务。这种服务能够帮助客户提高其物流管理水平和控制能力，优化客户的物流系统，加快客户供应链的响应速度，为企业提供制造、销售及决策等方面的支持，如库存管理与控制、采购与订单处理、市场调研与预测、产品回收、构建物流信息系统、物流系统的规划与设计、物流系统诊断与优化、物流咨询及教育培训等。这类服务往往是第三方物流企业发挥更大的主动性去挖掘客户的潜在需求而开发出来的，需要更多的专业技能及经验，具有更大的创新性和增值性，是高技术、高素质的服务。这种高层次的增值服务需要建立在双方充分合作和信任的基础上。

此外，金融担保是一种新型的物流增值服务，它以第三方物流企业为担保机构，以企业正常贸易流转状态的货物为抵押，获得银行融资。还可以根据服务所带来的效果将增值服务分为四类：给客户带来便利的服务，加快反应速度、使流通过程变快的服务，降低成本、发掘第三利润源的服务以及将供应链集成在一起的服务。增值服务是物流核心竞争力中的“软实力”，已经被很多第三方物流企业所认识，并力争付诸物流服务实践。

11.2.3 第三方物流的运作

1.第三方物流企业的运作管理机构

在运营过程中，第三方物流企业的主要业务部门及功能设置包括：

（1）业务接收部门：通过电话订货系统、网上订货系统等方式获取需求信息，经过初步处理之后发送给信息中心。

（2）信息中心：主要管理订货、仓储、运输等多个子系统的信息，负责所有业务的调度、分配。同时，信息中心还要承担客户资格认证、委托协议签订、财务凭证生成等多种职能。

（3）仓储部门：除传统的保管功能之外，还要根据信息中心的指令，执行流通加工、配货等功能。要求结合现代化物流技术，及时更新仓储信息，并向信息中心反馈。

（4）运输、配送部门：根据信息中心设计的路线，以最低成本完成实物转移的过程，并将有关信息反馈给信息中心。

在上述第三方物流企业的主要部门中，仓储和运输、配送部门可以虚拟存在，即可采用租用或协作的方式，利用社会或货主资源，但控制和管理功能不变。

2.第三方物流企业的运作流程

一般的第三方物流企业运营系统流程如图11-8所示。需要注意的是，运作流程中的供方和需方外延广泛，运作流程既适用于从制造商到最终客户的销售物流过程，也适用于从原料供应商到制造商的采购物流过程。当然，功能不同的物流活动在流程细节上有所区别。

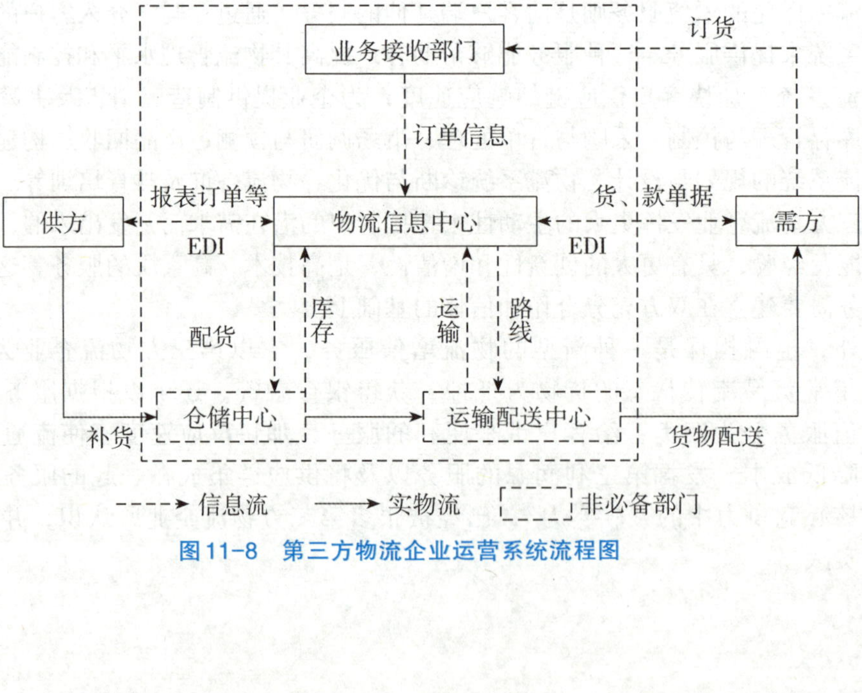

图11-8 第三方物流企业运营系统流程图

3.第三方物流企业运作模式分类

根据第三方物流企业整合资源和提供服务的方式不同，可以将其归纳为八种运作模式(见表11-1)。前两种模式只是理论模式，不仅难以实现，而且意义不是很大。另外六种是比较典型的第三方物流企业运作模式，它们已经而且将继续在物流社会化系统中发挥重要作用。

表11-1 第三方物流企业运作模式分类

运作模式	资源整合方式	提供服务的方式	
		服务内容	服务范围
理论模式一	资产型	高集成	广
理论模式二	非资产型	高集成	广
综合自营模式	资产型	高集成	窄
综合代理模式	非资产型	高集成	窄
功能自营模式	资产型	低集成	广
功能代理模式	非资产型	低集成	广
集中物流模式	资产型	低集成	窄
缝隙物流模式	非资产型	低集成	窄

(1) 理论模式一

此类第三方物流企业的主要特点是规模庞大，网络体系遍布全国甚至全球，拥有先进的物流装备、强大的信息管理能力和高水平的物流人才，可以同时为多个行业的客户提供高集成度的物流服务。由于高端的物流服务涉及对客户的几种物流功能甚至是整个供应链的整合，需要个性化定制，因此第三方物流企业参与客户营运的程度很深，投入较大。当客户分布在多个不同行业时，由于不同行业对一体化物流服务的要求有很大差异，第三方物流企业拥有的经验与资源无法在不同行业的客户间共享，会导致运作成本很高，第三方物流企业也难以形成核心专长。因此，尽管拥有大量的资产，同时为多个行业提供高集成度的物流服务也是很困难的，故此，采用这种模式的第三方物流企业几乎不存在。一些世界著名的物流企业都有各自擅长的领域，如TNT的物流业务主要集中在电子、快速消费品、汽车物流三大领域，三井物产则以钢铁物流而闻名。

(2) 理论模式二

此类第三方物流企业基本上不进行固定资产的投资，而是通过强大的信息管理能力和组织协调能力来整合社会资源（如其他的第三方物流企业、技术供应商、管理咨询顾问等），为多个行业的企业提供高集成度的物流服务。同样道理，由于服务需要个性化定制，而且物流企业的精力有限，这种高集成度的服务很难大规模运作，而且无资产的物流企业操作起来更加复杂。

（3）综合自营模式

综合自营模式的特点是第三方物流企业拥有大量的固定资产，为少数行业提供高集成度的服务，它与第一种模式的区别在于其业务范围集中在自己擅长的领域。国际上许多著名的物流公司都采用这种运作模式，国内一些大型的物流企业也开始提供这种服务。例如，某物流公司为美能达等公司提供全球采购与生产配送服务，他们将运输、储存、报关、精确配送、信息服务和资金结算等多项职能整合在一起，使世界各地的物料在到港后24小时内即可通过配送中心送达位于不同地区的生产线，保证其在零库存状态下进行正常生产。一些从大型生产制造企业中剥离出来的第三方物流企业，由于有自己的网络和营销渠道专长，也集中面向专门的行业提供高集成度的物流服务。值得注意的是，由于提供高集成度的物流服务参与客户内部运营的程度较深，为了更好地实施物流管理，同时也为了降低客户完全外包物流的巨大风险，一种常见的操作方式是第三方物流企业与客户共同投资新的物流公司，由这个公司专门为该客户提供一体化的物流服务。

（4）综合代理模式

企业不进行固定资产投资，对公司内部及具有互补性的服务提供商所拥有的不同资源、能力、技术进行整合和管理，为少数行业提供高集成度的一体化供应链服务，它与第二种模式的区别是其业务范围集中在自己的核心领域。综合代理模式体现了第四方物流的思想，采用这种运作模式的物流企业实际上就是一个供应链的集成商。目前在我国，重复建设使得许多物流资源非常分散但总体却过剩，物流网络和设备利用率不高，物流服务的质量有所欠缺，缺乏有效的物流管理者。采用综合代理的物流运作模式，不仅降低了大规模投资的风险，而且可以有效整合社会资源，提高全社会的物流运作效率。但是，底层物流市场的极度不规范也使整合社会资源的难度很大，目前这种模式还处于概念和探索阶段。

（5）功能自营模式

这种模式的第三方物流企业使用自有资产为多个行业的客户提供低集成度的物流服务。这类第三方物流企业为客户提供的服务功能很单一，大量的是提供运输、仓储服务，一般不涉及物流的整合与管理等较高端的服务。由于仓库、车队等资源可以共享，因此企业能同时为较大范围内的客户服务，实现规模效益。功能自营模式是目前我国第三方物流企业运作的一种主要模式，许多以传统运输、仓储为基础的大中型企业，以及一些新兴的民营物流公司，都采用这种模式。目前，这些企业纷纷在传统业务的基础上拓展更全面的综合物流功能，如提供一些增值服务和物流过程管理等，但物流服务的集成度还不是很高。从国内的物流市场来看，由于客户企业仍倾向于外包部分功能性的物流活动而不是全部物流，因此，物流服务定位在低集成度上仍然有很大的空间，功能自营模式仍将是主要的物流服务形式。采用这种物流模式的第三方物流企业应该不断加强自身的运作能力，在强化核心能力的基础上，可逐步拓展服务的种类，提升服务层次，向综合物流模式发展。

（6）功能代理模式

这种模式的第三方物流企业与功能自营模式一样，也是为多个行业的客户提供低集成度的物流服务，只不过是通过委托他人操作来提供这种服务，自身不进行固定资产的投资。这类企业一般由货代类企业经过业务拓展转变而来，客户分布比较广泛，服务层次相对较低，但它具有较强的管理和整合社会公共资源的能力，能够充分利用闲置的社会资源，一般在取得物流项目的总包后整合社会资源再进行二次外包，使其在效益方面产生乘数效应。这类企业对固定设备、设施的投资少，以其业务灵活、服务范围广和服务种类多等优势使其他企业难以与之竞争。采用功能代理模式的物流企业，一方面可以通过不断提升代理服务的集成度向综合代理模式拓展，另一方面也可以通过与工商企业结盟增加资产的专有性，向更深层次的第三方物流企业方向发展。

（7）集中物流模式

集中物流模式的特点是第三方物流企业拥有一定的资产和范围较广的物流网络，在某个领域提供集成度较低的物流服务。由于不同领域客户的物流需求千差万别，当一个物流企业能力有限时，他们就可以采取这种集中战略，力求在一个细分市场上做精做强。例如，同样是以铁路为基础的物流公司，某铁路快运公司是在全国范围内提供小件货物的快递服务，而另一物流公司则是提供大宗货物的长距离运输服务。由于在特定领域有自己的特色，这种第三方物流企业运作模式也是需要重点培育和发展的。

（8）缝隙物流模式

缝隙物流模式的特点是第三方物流企业拥有较少的固定资产甚至没有固定资产，以局部市场为对象，将特定的物流服务集中于特定顾客层。这种模式非常适合一些从事流通业务的中小型物流公司，特别是一些伴随电子商务发展起来的小型物流企业。例如，上海某物流公司针对许多大型物流企业在城市末段物流配送网络上比较薄弱的情况，以健全的网络和规范化的操作模式专门为客户做城区内门到门的小件货物配送，由于找到了市场的“空白”点，这家公司的业务量正在快速上升。采用缝隙物流模式的第三方物流企业应该充分发挥自己在特定服务领域的优势，积极提高服务水平，实现物流服务的差异化和成本最小化。

11.3 第三方物流的分化与第N方物流

11.3.1 企业物流组织模式的演化

如前所述，第三方物流的产生是物流一体化发展的结果，然而，只要人类的经济活动不停止，企业的管理实践就会随着经济技术水平的提高而不断发展。当然，物流一体化的形态也必将不断向前发展，最终使企业的物流组织模式呈现出不断演化发展的形态。迄今为止，企业物流形态的演化发展（如图11-9所示）主要包括以下几种模式：

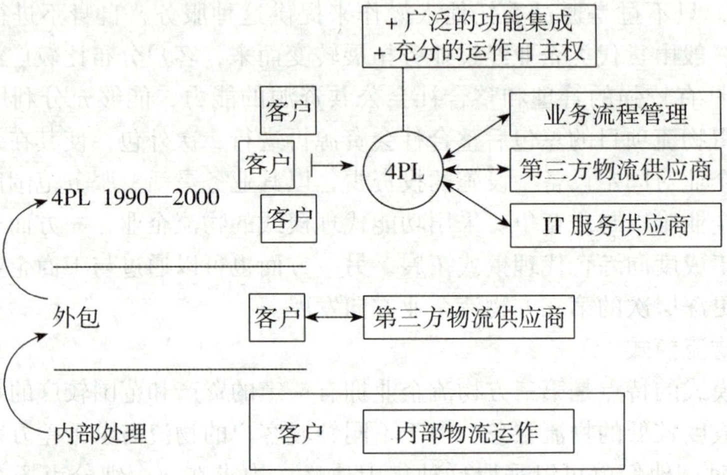

图11-9 物流模式及其服务组织的演化

1. 内部一体化阶段的自营物流模式

传统的自营物流主要源于企业生产经营的纵向一体化。企业自备仓库、送货车辆等物流设施，内部设立综合管理部门，统一企业物流运作。

企业采用自营物流模式具有如下几个积极作用：

（1）掌握控制权。对于企业内部的采购、加工和销售环节，原材料和产成品的性能、规格，供应商以及销售商的经营能力，企业自身要掌握最详尽的资料。企业自营物流，可以运用自身掌握的资料有效协调物流活动的各个环节，能以较快的速度解决物流活动管理过程中出现的问题，获得供应商、销售商以及最终顾客的第一手信息，以便随时调整自己的经营战略。

（2）盘活企业原有资产。企业选择自营物流，可以在改造企业经营管理结构和机制的基础上盘活原有物流资源，带动资金流转，为企业创造利润空间。

（3）降低交易成本。选择物流第三方，由于信息的不对称性，企业无法完全掌握物流服务商完整、真实的资料。而企业通过内部行政权力控制原材料的采购和产成品的销售，不必为运输、仓储、配送和售后服务的佣金问题进行谈判，避免了多次交易花费以及交易结果的不确定性，可以降低交易风险，减少交易费用。

（4）提高企业品牌价值。企业自建物流系统，就能够自主控制营销活动。一方面，可以亲自为顾客服务到家，使顾客近距离了解企业、熟悉产品；另一方面，企业可以掌握最新的顾客信息和市场信息，并根据顾客需求和市场发展动向对战略方案做出调整。

2.业务职能外包阶段的第三方物流模式

第三方物流是由第三方物流专业企业承担企业物流活动的一种物流形态，它通过与第一方或第二方的合作来提供专业化的物流服务，它不拥有商品，不参与商品买卖，而是为顾客提供以合同为约束、以结盟为基础，系列化、个性化、信息化的物流代理服务。与自营物流相比，第三方物流具有明显的优越性：

（1）能够让企业集中精力于核心业务。由于任何企业的资源都是有限的，很难成为业务上“面面俱到的专家”，而要想在激烈竞争的市场中占据一席之地，企业必须学会整合资源，借助第三方物流的专业化优势增强企业的核心竞争力。

（2）提高企业物流效率。对于大部分企业来说，物流并不是自己最擅长的业务，在管理经验、专业技术、人力资源方面十分缺乏，而且物流作用只能通过规模表现出来，单独一个企业的物流量非常有限，物流效率难以提高。第三方物流企业则可以利用自己庞大的配送网络、专业化的物流技术和业务管理，达到提高物流效率的目的。

（3）减少企业固定资产投资。作为自营物流，企业需要投入巨额资金用于改造或新建仓库、购买物流基础设备、建设信息系统等，这对于中小企业来说是个沉重的负担，而使用第三方物流，不仅可以减少设施设备的投资，而且没有仓库和车队方面的资金占用，加速了资本周转，为企业创造价值。

当然，与自营物流相比较，第三方物流服务商在为企业提供上述便利的同时，也给企业带来了诸多的不利，主要有：企业不能直接控制物流职能；不能保证供货的准确和及时；不能保证顾客服务的质量和维护与顾客的长期关系；企业将放弃对物流专业技术的开发等。比如，企业在使用第三方物流时，第三方物流公司的员工经常与企业的客户发生交往，此时，第三方物流公司会通过在运输工具上喷涂它自己的标志或让公司员工穿着统一服饰等方式，来提升第三方物流公司在顾客心目中的整体形象，从而取代企业的地位。

3.战略联盟阶段的第四方、第五方物流模式

物流战略联盟是以物流为合作基础的企业战略联盟，它是指两个或两个以上独立经营的企业组织在某个时期内出于对整体市场的预期和企业自身经营目标、经营风险的考虑，为达到共创市场、共担风险、共享利益等战略目标，通过签订协议、契约等方式结成的优势互补、风险共担、要素水平双向或多向流动的松散型网络组织。发展物流战略联盟的意义在于：

（1）降低生产成本。由于企业之间存在着资源的相互依赖和经济活动的互补性，这些资源和经济活动在联盟中能够得到新的组合和延伸，从而使企业降低交易成本，获取更多的潜在利润。

（2）学习并形成新的知识和技能。在联盟过程中，可以利用与伙伴的合作机会相互学习，一个公司要保持战略领先，必须有不断学习的能力和机会，不断更新知识和技能对于一个企业来说是非常重要的。从长期来看，企业可持续竞争优势来自于企业比竞争对手更强的学习能力。这里的学习不仅包括知识的传输，还包括知识的创造。战略联盟创造了学习机会和一个分享知识的环境，使公司容易接受新技术并能在内部进行顺利转换，循序渐进地提高效率。

（3）获取本身缺少的战略资源。优势互补是企业战略联盟的优势所在，拥有关键的战略性资源的公司可以从中获得持续的竞争利益。随着一些战略资源日趋复杂化，它们不容易被分拆引进，也不能被模仿和再造。在这种情况下，那些需要使用其他公司战略资源的公司最好使用联盟的方式达到目的，因为如果买进另外一个公司的全部或部分以期掌握战略资源，很可能导致更高的成本。战略联盟也可用于获取补充性资源，如分销网络，而无须花费巨额成本在内部构建那些资源。

（4）提高运作效率。由于联盟各方都是以各自的核心资源进行联合协作，在当今分工日益深化的社会经济背景下，企业战略联盟的实力是单个企业无法比拟的，它可以综合各方面的资源优势来完成单个企业难以胜任的各项经营任务，具有提升企业竞争力、分担风险、防止过度竞争、扩张市场以及获得规模经济和范围经济效应等高效功能。

（5）应对潜在竞争者的威胁。在市场经济环境下，物流企业之间的竞争是不可避免的。随着现代物流需求的增长、现代物流理念的传播，大型传统储运企业纷纷向第三方物流企业转型，一些大型制造企业如海尔、一汽、青啤等企业的物流部门也有向专业物流企业转型的趋势。此外，随着中国物流热的掀起，大大小小的运输、仓储企业甚至小型送货、送报企业都纷纷打起了物流的牌子，进入物流市场，使国内物流市场竞争更加激烈。

这些新进入者的加入会带来物流行业服务能力的扩大，在需求相对未见增长的情况下必然引起与现有物流企业的激烈竞争，使服务价格下跌；新加入者要获得物流服务所需的资源也必然导致对有限资源的竞争，使行业生产成本升高，二者都导致行业的获利能力下降。所以，现有物流企业一方面可以通过与客户企业建立战略联盟来规避这一风险；另一方面可以与现有物流企业的竞争者结成战略联盟，将威胁化解为更大的机遇。

11.3.2 第四方物流

1. 第四方物流的概念

第四方物流（the fourth party logistics，4PL）的概念是由美国埃森哲（Accenture）管理咨询公司在1996年首先提出并注册的，该公司将第四方物流定义为：第四方物流是一个供应链的整合者及协调者，调配与管理组织本身与其他互补性服务所有者的资源、能力和技术来提供综合的供应链解决方案。该公司认为，企业将由20世纪70年代自行运营

(insourcing) 各项物流功能，到80至90年代转变为把物流功能外包（outsourcing）给第三方物流提供者的趋势，继续发展为企业专注在其核心事业上，而将其在全球供应链上有关物流、资金流、商流、信息流的管理与技术服务，统筹外包给一个可以提供一站式整合服务的服务提供者。这种多元化整合服务不是单单一个第三方物流企业力所能及的，必须整合多个第三方物流与管理顾问及科技咨询公司等的能力，而这个服务联盟的主导就是第四方物流。

从第四方物流的定义中可以看出，第四方物流提供商必须开发先进的集成和同步化技术，将供应链上的各个企业所拥有的资源、技术及业务能力进行优化整合，以便提高供应链的整体运作绩效。所以说，第四方物流服务商是个相关实体互相联系和交流的枢纽。

第四方物流服务商基于整个供应链的考虑，扮演着协调人的角色：一方面与客户协调，与客户共同管理资源、计划和控制生产，设计全程物流方案；另一方面与各分包商协调，组织完成实际物流活动。因此，4PL提供的是一种全面的物流解决方案，与客户建立的是长期、稳固的伙伴关系。

2.第四方物流产生的原因

(1) 物流业务外包发展的必然产物

企业物流业务外包有三个不同的层次：

第一层次是自营物流下的业务委托：企业把业务流程中诸如运输、仓储等单一的、明确界定的物流服务外包给专业的物流企业完成。

第二层次是第三方物流：企业与一家物流提供商签订合同，由其提供整合的解决方案，包括两种或更多的物流服务，并且给予其一定的决策权，如货运代理决定用哪一家运输公司，进行运输管理、进货管理、仓储整合。

第三层次是第四方物流：在利用前两层次服务的基础上，获得增值的创新服务，如供应链网络结构设计、全球采购计划、IT功能的强化和管理、商品退货和维修、持续的供应链改善等。

(2) 管理的效率和效益最大化的要求

随着科技的进步和市场的统一，供应链中很多供应商和大企业为了满足市场需求，将物流业务外包给第三方物流服务商，以降低存货成本，提高配送的效率和准确率。但是，由于第三方物流缺乏较综合的、系统性的技能和整合应用技术的局限性以及全球化网络和供应链战略的局部化，使得企业在将业务外包时不得不将业务外包给多个单独的第三方物流服务商，增加了供应链的复杂性和管理难度。市场的这些变化对物流和供应链管理提出了更高的期望，这在客观上要求将现代科技、电子商务和传统的商业运营模式结合起来，以在供应链中构造一个将供应链的外包行为连接起来的统一单位，而不是像以前那样单独行动。

从管理的效率和效益来看，对于将物流业务外包的企业来说，为获得整体效益的最大化，它们更愿意与一家公司合作，将业务统一交给能提供综合物流服务和供应链解决方案的企业。而且，由于在供应链中信息管理变得越来越重要，所以也有必要将物流管理活动统一起来，以充分提高信息的利用率和共享程度，提高外包的效率和效益。供应链管理中外包行为的这些变化促使很多第三方物流服务商与咨询机构和技术开发商开展协作，以增强竞争能力，由此便产生了第四方物流。

(3) 日益激烈的市场竞争的要求

全球化趋势导致市场竞争日益加剧，企业对自身利润的深层次挖掘成为竞争的重要手段之一，由此，降低物流成本的追求就使物流提供商有必要从更高的层面来审视整个物流流程，并以此为基础来提供物流服务，把物流服务从具体的运输管理协调和供应链管理上升到对整个物流供应链的整合，供应链方案的再造设计就成为物流企业新的职责和业务。

(4) 弥补第三方物流的不足

由于第三方物流主要依赖的是自己的交通运输工具、物流基础设施和一些最基本的物流信息，为企业提供具体的物流运作服务，但缺乏跨越整个物流供应链运作的能力和条件，因此，也就不能站在应有的高度来看待客户的整个供应链。同时，物流企业也缺乏整合整个供应链流程所需的战略专业技能。作为一个提供全面供应链解决方案的供应链集成商，第四方物流可以站在较第三方物流更高的层面，不受约束地将每一个领域的最佳物流提供商组合起来，为客户提供最佳物流服务，进而形成最优物流方案或供应链管理方案。

第四方物流实际上是一种新的供应链外包形式，这种形式正在通过比传统的供应链外包协议更多的成本降低和资产转移来实现。通过与行业最佳的第三方服务供应商、技术供应商、管理顾问的联盟，第四方物流可以创造任何单一的物流服务提供商无法实现的供应链解决方案。

(5) 顾客对服务的期望及实现的技术成熟

在当今的供应链环境中，有一个公认的事实：顾客对他们的供应商的期望值越来越高。这种服务需求随着现代电子通信技术的发展而得到了加强。这些技术在使提供的物流服务比过去有实质性改善的同时，也会驱使顾客期望自己所得到的服务在更大程度上得到改善，而顾客未满足的期望又会推动企业重新评估他们的供应链战略。这两种因素相互作用，共同推动了新型物流外包形式的产生。推动第四方物流发展的直接动力是顾客对物流服务越来越高的期望，互联网和Web技术以及新的企业集成技术为实现这种转变提供了技术前提。

3. 第四方物流供应商

实际上，旨在弥补第三方物流发展中的局限性，提供满足供应链整体物流需求的优质物流服务的第四方物流的出现，是物流管理发展的一个全新阶段。然而，目前国际上有能力从事第四方物流服务并达到提供第四方物流服务标准的企业仍然屈指可数。从实践来看，有可能成为第四方物流提供商的通常为第三方物流企业、管理咨询公司和信息技术公司。这几类企业从能力上讲各有优劣，见表11-2。

表11-2 有可能成为第四方物流提供商的不同类型企业优劣势比较

企业类型	优势	劣势
第三方物流企业	物流运作能力 信息技术应用 多客户管理	供应链管理 变革管理能力
管理咨询公司	管理理念创新 供应链管理 组织变革管理	实际物流运作能力 信息技术应用能力
信息技术公司	信息技术解决方案 创新和实施	实际物流运作能力 供应链管理 变革管理能力

（1）第三方物流企业：作为专业化的物流企业，第三方物流企业明显在物流的专业化操作方面具有不可替代的地位，但它们缺乏为客户进行职能优化、资源优化、流程再造、企业信息化平台搭建的能力。但是，第三方物流企业若在纵向上扩大物流领域的业务范围，在横向上为客户进行物流总体规划，并加强在信息技术方面的投入以及在物流系统规划方面的积累，同时，利用其长期为客户提供物流业务而形成的与客户沟通、相互信任方面的优势，提供第四方物流服务也是可能的。

（2）管理咨询公司：管理咨询公司长期为众多的传统企业甚至是物流企业提供管理咨询服务，对很多企业的运作流程十分熟悉，同时具备对物流供应链系统进行总体分析、流程再造、战略重组的优势。第四方物流的倡导者——埃森哲公司成功的第四方物流运作，就是管理咨询公司具有提供第四方物流服务的能力的明证。

（3）信息技术公司：作为IT类企业，信息技术公司专业优势非常明显，在建立和应用“B2B”、物流交易平台，提供及实施物流信息技术解决方案方面驾轻就熟。现在，已有一些大型IT企业开始争夺管理咨询公司的市场，以功能强大的管理软件为突破口涉足管理咨询公司的业务，并在管理咨询人才方面进行大力投资，兼并收购一些管理咨询公司。IBM收购国际管理咨询公司普华永道就是一个典型的例子。微软是IT界的老大，已针对中小型企业的ERP软件涉足企业的管理咨询业务；ERP管理软件的龙头SAP也在不断地拓展管理咨询方面的业务。这些国际性的企业本身在企业信息平台的建设上具有较强优势，加之拓展管理咨询业务，既增强了在信息技术行业中的竞争能力，又为其扮演第四方物流提供商角色提供了可能。国内的IT企业不仅在技术上仍落后于这些国际性的企业，在管理咨询与信息技术的整合方面也相当欠缺，要想成为第四方物流提供商还需要付出巨大的努力。

这里，值得注意的是，当上述第三方物流企业、管理咨询公司和信息技术公司都不具备独立发展成为专业的第四方物流提供商的条件时，由这三者组成动态联盟（虚拟企业）则可以整合各自的资源，形成战略合力，增强整体服务能力，实现提供真正意义上的第四方物流服务的目标，即“物流联盟”（虚拟企业）。首先，多个第三方物流企业的结盟将扩大各自原本的经营范围，获得地域性甚至全球性的覆盖能力和支持能力；其次，管理咨询公司的参与将为第四方物流的组织工作带来先进的管理手段；再次，信息技术公司的参与将为第四方物流提供良好的信息平台；最后，第四方物流联盟的各成员企业可以发展各自的核心竞争能力，从而能在变化的经济环境中保持自身的竞争优势。

11.3.3 第五方物流

1.第五方物流的概念

第五方物流的概念一经出现，就一直存在着对其界定及内涵方面的争论，至今也没有定论。目前主要有下列不同观点：

（1）供应链信息服务

这种观点由第五方物流概念的最初提出者摩根士丹利提出，它将第五方物流界定为基于电子商务的供应链信息服务，涵盖了供应链的各方，并强调信息的所有权。这种观点的其他类似表述还包括：基于全球化电子商务运作的物流网络（Gunasekaran & Ngai，2003）；提供全面运作解决方案的电子商务物流服务商，弥补现有第三方、第四方物流的缺陷，满足客户需要（Vinay，et al.，2009）；加拿大产业部与加拿大物流和供应链协会、加拿大制造商出口商协会的联合报告则认为，第五方物流是主要利用信息系统策划、组织并执行物流解决方案。基于上述观点，我们可以认为，第五方物流企业是专门为物流企业提供软件支持的信息公司，或是专门进行物流信息管理服务的企业，它可以在实际运作中提供电子商务技术去支持整个供应链，并且能够组合各接口的执行成员为企业的供应链协同服务，对物流业的发展趋势进行评价，专门为第一方、第二方、第三方和第四方物流提供物流信息平台、供应链物流系统优化、供应链集成、供应链资本运作等增值性服务。

（2）数字物流

数字物流是指在商贸的实际运作中应用互联网技术去支持整个物流服务链，并且能组合相关的执行成员协同为企业的物流需求提供高效服务。

数字物流是在仿真和虚拟现实、计算智能、计算机网络、数据库、多媒体和信息等支撑技术的支持下，应用数字技术对物流所涉及的对象和活动进行表达、处理和控制，具有信息化、网络化、智能化、集成化和可视化等特征的技术系统，而此处的数字技术是指以计算机硬件、软件、信息存储、通信协议、周边设备和互联网络等为技术手段，以信息科学为理论基础，包括信息离散化表述、扫描、处理、存储、传递、传感、执行、物化、支持、集成和联网等领域的科学技术集合。数字物流实际上就是对物流的整个过程进行数字化的描述，从而使物流系统更高效、可靠地处理复杂问题，为人们提供方便、快捷的物流服务，以体现物流体系精确、及时和高效的特征，进而达到“物流操作数字化，物流商务电子化，物流经营网络化”。

（3）基于电子商务的“虚拟物流”

这种观点由美国TAG（The Abraham Group）提出并实践。它认为，第五方物流是沟通第三方物流与第四方物流的桥梁，并促使第一方物流的现有技术和基础设施驱动成本由供应链向虚拟企业组织转移。第五方物流最终将消除第三方物流和第四方物流，形成远程无人值守的供应链，发展成为“第0方物流”，即传统物流部门将只是买方和承运方之间集成化信息链中的一环。有部分学者认同了这一观点，他们认为，第五方物流不拥有物流运作的实物资产，却管理整个物流网络，是“虚拟物流服务供应商”（Gepcke，2003）。

另外，国内也有学者认为第五方物流是提供物流人才培训的一方（宋杨，2006），或是提供物流信息服务的一方（杨茅甄，2003）。

可以看出，作为一种全新的物流模式，无论如何定义，对第五方物流认识的共同点都在于：①服务形式以信息、技术服务为手段；②不参与实际的物流运作；③是以进一步提高物流系统效率为目的的增值服务。

由此，我们可以认为，符合这个基本概念要求的企业都可以称为第五方物流企业，它是一种对物流信息资源进行管理的物流企业，其并不实际承担具体的物流运作活动，它是一个系统的提供者、优化者、组合者。系统的提供者是指第五方物流以IT技术为客户提供供应链上各个环节的信息整合服务，将平台系统放进客户的实际运作中，收集实时资讯，以发挥评估、监控、快速反馈信息的作用；优化者是指第五方物流可以促进物流标准化的实现，并可帮助客户企业提高物流运作的效率；组合者则是指第五方物流是一个用户之间可以寻求多种组合，从而构成多接口、多用户、跨区域、无时限的物流平台。

2.第五方物流服务的优劣势

（1）优势

①推进物流信息化。第五方物流正引导着现代物流业的发展方向，发展现代物流就是要实现信息化，信息平台在供应链中具有重要的作用。随着科技的发展，信息平台将实现瞬间、实时、预估、优化，即参与的系统可以从任何方向、以任何通信工具、在任何时间和通过任何系统实现无缝连接。所有系统上的运作资料都可以让所有参与的人在任何时间和任何地方拿到。随着IT技术的深化和发展，公司的利润将不断提高。

②实现专业信息服务。在电子商务时代，要提供最佳的服务，物流系统必须有良好的信息处理和传输系统。

在电子商务环境下，由于全球经济的一体化趋势，当前的物流业正向全球化、信息化、一体化发展。商品与生产要素在全球范围内以空前的速度自由流动，电子数据交换技术与国际互联网的应用，使物流效率的提高更多地取决于信息管理技术，电子计算机的普遍应用提供了更多的需求和库存信息，提高了信息管理科学化水平，使产品流动更加容易和迅速。物流信息化，包括商品代码和数据库的建立，运输网络合理化、销售网络系统化和物流中心管理电子化建设等，目前还有很多工作有待实施跟进。可以说，没有现代化的信息管理，就没有现代化的物流。

（2）劣势

物流系统的外包除了技术方面的原因以外，还有环境因素的影响。由于第五方物流系统是一个全新的物流信息系统，如果要实施这个系统，原有的物流信息系统就将基本被抛弃。对于那些大型物流公司来说，它们已经在自身物流信息系统上耗费了巨额资金与大量的人力、物力，目前来说是处于领先位置的，如果让它们放弃现在的系统，放弃自己的优势，这是不现实的，没有几家会愿意这样干的。而且，第五方物流信息平台要求所有参与的各方信息资料都是公开的、透明的，这样就使很多公司因为顾虑自身的商业机密、商业优势，而不愿意研究和使用这个系统平台。

3. 第N方物流的关系

综合上述可以看出，第四方物流是第三方物流的一种特殊形态，即将专门进行物流整体解决方案提供、流程诊断、流程优化服务的企业从第三方物流业态中剥离出来，就形成了第四方物流。随着供应链流程问题的日趋复杂化，为解决这类问题而采用的信息系统也越来越复杂，为了建立和使用更加复杂的信息系统，就需要更为专业的IT技术和人才。于是，在提供第四方物流服务的企业中又分化出专门以提供信息技术及信息整合的服务模式为主要项目的企业，这类企业就被称为第五方物流。物流服务的分化过程如图11-10所示。

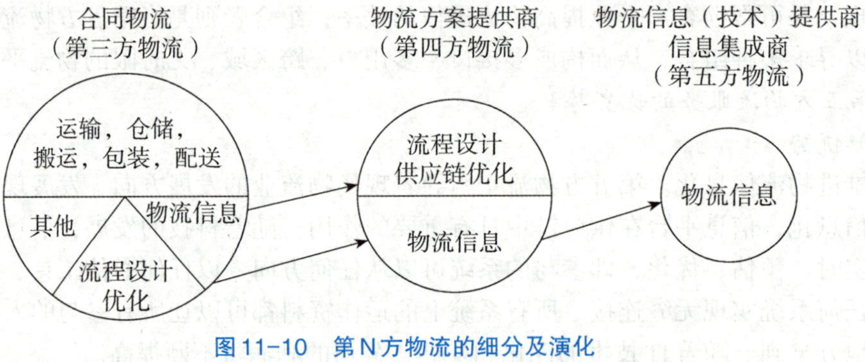

图11-10 第N方物流的细分及演化

案例分析 宝供：打造第三方物流“帝国”[①]

宝供物流企业集团有限公司（P.G.Logistics Group Co., Ltd）创建于1994年，总部设在广州，是国内第一家经国家市场监督管理总局批准以物流名称注册的企业集团，是中国最早运用现代物流理念为客户提供物流一体化服务的专业公司，也是我国最具规模、最具影响力、最领先的第三方物流企业之一。

“宝供已成为宝洁密不可分的战略伙伴。”多年受惠于宝供物流服务的宝洁广州公司负责人发出由衷的赞叹。

宝供物流企业集团董事长刘武多年前到汕头供销储运公司工作，其不善言谈却好琢磨，他在多年的工作中发现，囿于计划经济的体制，传统储运的条块分割、地方保护、观念陈旧、信息不畅、效率低下等流弊，难以适应客户需求，也造成人力、物力、财力的大量浪费。

落后意味着巨大的发展空间，浪费潜藏着巨大的商机。耐不住“寂寞”的刘武下决心要在物流业干出点模样来。1992年，他承包了广州的一个铁路货物转运站，很快，一个在业内敢为人先的服务承诺送到了认识或不认识的众多客户手里，提供“门到门”的服务，独立承担风险和责任，避免或减少许多中间环节，并响亮地提出“质量第一、顾客至上、24小时服务”的诚信准则。

高效的物流、优质的服务、良好的信誉，让客户得到了实惠、速度和便利，四面八方的客户纷至沓来。1994年，进入中国6年后的美国宝洁公司把其在中国市场的物流业务交给了刘武领导的货物转运站。

全世界最大的日用消费品生产企业敢放心地把自己的物流业务送上门来，这使刘武既惊喜又不安。惊喜的是，跨国公司都成了自己的客户；不安的是，一个小小的转运站应付得了跨国公司的物流需求吗？接轨国际的GMP质量保证体系和SOP运作管理程序，很快被刘武融入了转运站物流服务的始终，也使刘武的物流服务迅速登上了一个国际水准的高台阶。严格而高质的服务，使宝洁的产品快速、准确、及时地送往全国各地的销售网点。用刘武的话说：“我们像照料婴儿一样细心呵护宝洁的每一件产品。”从此，刘武的货物转运站冲劲一发而不可收，并在不断的尝试探索中，以惊人的速度走向成熟。

1994年10月18日，刘武注册成立了广东宝供储运有限公司，以北京、上海、广州等城市为中心构建全国性的运作网络体系，开始规模化、网络化经营。

1995年至1996年，宝供下大力气苦练内功，通过进一步加强GMP和SOP标准管理，全面提升物流质量和效率，提高宝供的服务品牌和社会形象。

1997年，宝供率先在国内建立起一套基于Internet/Intranet的物流网络信息系统，实现了物流数据的在线实时跟踪，使宝供的物流服务实现了又一次质的飞跃。

1998年至1999年，宝供加快扩张步伐，全面强化企业信息化建设，大力拓展国内外物流市场，相继在香港、曼谷、北京、上海等国内外大城市设立了40多个分公司或办事处。1999年10月，经国家工商总局批准，宝供物流企业集团正式成立。

2000年，宝供广泛应用现代物流管理的理论和观念，建立起电子数据交换平台，进一步提升与客

---

① 根据公开资料文献修改整理。

户的电子数据交换水平，实现数据无缝交换与连接。同年8月，宝供独家发起并出资设立我国第一个由企业设立、面向物流领域的公益性“宝供物流奖励基金”，每年出资100万元用于无偿奖励科技界、企业界和新闻界对中国物流业做出重要贡献的团体和个人。

2001年，宝供实现了供应链上物流、资金流、信息流“三流一体化”管理。同时，为迎接加入WTO对国内物流业的挑战，宝供集团加快抢点布阵的步伐，在广州、苏州两地兴建大型现代化的、高效的物流基地。

客户的生产及销售模式不同，对物流服务的需求也各异。为此，宝供全面创新物流服务模式，优化业务流程，整合物流供应链，以“量身定做、一体化运作、个性化服务”模式满足客户的个性化要求。面对物流市场日益增长的需求和国内外激烈的物流竞争环境，宝供制定了一系列新的发展战略：

（1）观念领先战略。宝供投入相当规模的资金创办一流的物流学校和一流的物流研究中心，通过广泛的物流研究与学术交流，深入挖掘物流理论的深刻内涵，研究现代物流运作模式，并指导物流实践，“用一流的观念，创造一流的物流服务”。

（2）科技支持战略。“知识化和科技化物流”成为宝供服务的主要特征。宝供提出，专业化、细致化、科学化的物流知识将成为客户物流体系改革、整合、规划和设计的重要依据，现代科学技术如条形码技术、自动识别技术、自动分拣技术、卫星定位技术、自动化技术、信息技术、物流仿真技术、辅助决策技术等，将成为物流运作的重要工具。

（3）服务创新战略。一方面，宝供引导物流服务朝综合化、一体化方向发展，把物流诸多环节、服务类型进行系统整合，将不同货运公司、仓储公司以及社会资源进行物流资源整合，为客户提供长期的、专业的、综合的高效物流服务。另一方面，为适应21世纪个性化消费和个性化服务的需要，宝供进一步强化自己的物流服务特色，提高市场竞争力。

（4）人才效益战略。遵循“以人为本”的经营理念，充分发挥“人才效益”优势，广泛汇集和吸引高层次专业人才，通过不断完善激励制度，增强企业的凝聚力，建设一支灵活精干、协作高效的学习型人才队伍。

（5）联盟发展战略。物流企业的并购行为使企业规模扩大，运营成本降低，业务经营范围更为广泛，更能适应客户需求多样化的趋势。宝供强调在“供应链”的诸节点之间植入“优势互补、利益共享”的共生关系，实施企业联盟化战略。宝供在其他第三方物流企业、客户服务群、相关行业企业之间广泛寻找战略合作伙伴，通过联盟的力量获得竞争优势。

目前，宝供已在全国65个城市设有7个分公司、8个子公司和50多个办事处，形成了一个覆盖全国并开始向美国、澳大利亚、泰国等地延伸的国际化物流运作网络和信息网络，与国内外近百家著名企业结成战略联盟（其中包括宝洁、飞利浦、联合利华、安利、通用电气、松下、三星、东芝、LG、壳牌、丰田汽车、雀巢、卡夫等52家世界500强企业），为其提供商品以及原辅材料、零部件的采购、储存、分销、加工、包装、配送、信息处理、信息服务、系统规划设计等供应链一体化的综合物流服务。

讨论：

（1）宝供是怎样发展第三方物流服务的？

（2）你认为第三方物流企业应该怎样适应社会需求和市场竞争？

（3）你怎么看宝供的发展战略？

本章小结

当企业自己在物流管理方面不具有核心竞争优势，特别是自营物流面临种种问题时，自然会采取“对外委托”方式，即将一部分或全部物流活动委托给外部专业物流企业来完成，这类专门从事外包物流业务的企业被称为第三方物流。

与其他服务相比，第三方物流服务的特点是非常明显的，可以说，强调合作、核心专业化、优势明显是它最重要的特点。

第三方物流的作用主要是：加快物流产业的形成和再造；为企业注入新的资源，提高企业竞争力；分担风险和降低成本。

第三方物流企业主要类型是：单向型物流企业和综合型物流企业；物流自理企业和物流代理企业。

本章还分析了国内外第三方物流发展的现状、存在问题和发展措施；介绍了第三方物流企业的主要业务部门及功能、第三方物流企业的运作流程和第三方物流企业的物流信息系统功能模块。

第四方物流不仅控制和管理特定的物流服务，而且对整个物流过程提出策划方案，并通过电子商务将这个过程集成起来。因此，第四方物流成功的关键在于为顾客提供最佳的增值服务，即迅速、高效、低成本和人性化的服务等。发展第四方物流需平衡第三方物流的能力、技术以及贸易流畅管理等，为客户提供功能一体化服务并扩大营运自主性。

第五方物流是指在物流实际运作中提供电子商务技术去支持整个供应链，并且能够组合各接口的执行成员为企业的供应链协同服务，是专门为物流活动参与各方提供物流信息平台，以完成对供应链物流系统优化、供应链集成以及供应链资本运作等增值性服务的活动。

关键概念

物流一体化　物流外包　第三方物流　第四方物流　第五方物流

思考题

1. 什么是第三方物流？你认为其产生的最重要原因是什么？
2. 不同经济管理理论对第三方物流的解释有何异同？造成这种差异的原因是什么？
3. 第三方物流的服务如何分类？这样分类的目的是什么？
4. 第三方物流企业可以采取什么样的运作模式？不同的运作模式下结果会有何不同？
5. 什么是第四方物流？它是如何为客户服务的？
6. 第四方物流与第三方物流相比，有何优势？
7. 你认为在我国第四方物流发展前景如何？为什么？
8. 第五方物流与第四方物流相比，有何优势？
9. 第N方物流间的相互关系是怎样的？它们在供应链中各有怎样的作用和任务？

第12章 物流质量管理

学习目标

了解质量的概念和质量的特性；了解物流质量的概念、组成及属性；理解物流服务质量及物流服务质量管理体系；理解物流工作质量及物流工作质量管理体系；理解物流工程质量及物流工程质量管理体系；通过典型案例系统剖析、深入理解物流质量管理。

了解标准、标准化及物流标准化的概念；理解物流标准化的基础标准、分系统技术标准、工作标准与作业规范；了解物流标准化的基本原则；了解物流标准化的方法；了解物流标准化的形式；理解物流企业的分类评估标准。

12.1 物流质量

12.1.1 质量概述

质量，是指反映产品满足明确和隐含需要的能力的特性之总和。

1. 产品

产品是一个广义的概念，包括硬件、软件、流程性材料和服务四大类型。产品可以是有形产品，如机床、电机、钢材、水泥、汽油、计算机等装配型产品或流程性材料，也可以是无形产品，如概念、知识、计算机程序、情报和某项服务等。通常，硬件和流程性材料是有形产品，而软件或服务是无形产品。

产品是指可单独描述和研究的事物。产品可以是活动或过程，可以是一个实在的东西，可以是服务，可以是组织、体系或人，也可以是上述各项的任何组合。每一个实体都应有清楚的界定和描述。质量并不只局限于具体产品和服务，而是一直扩展到活动、工程、组织和人的质量，即所有事物的质量。

2. 需要

需要，一般指顾客的需要，也可指社会的需要及第三方（不是供方，也不是顾客）的需要。在很多情况下，需要会随着时间而变化，这就意味着要对质量要求进行定期评审。

需要一般有两种形式：

（1）明确需要，一般指在合同环境中，特定顾客对实体提出的明确的需要，这种需要常以合同契约等方式予以规定。

（2）隐含需要，是指顾客或社会对实体的期望，或指那些虽然没有通过任何形式给予明确规定，却是为人们普遍认同的、无须事先申明的需要。

3.质量要求

质量要求是指对需要的表述或将需要转化为一组针对实体特性的定量或定性的规定要求，以使其实现并进行考核。质量要求应全面反映顾客明确和隐含的需要，同时还应反映市场、合同和组织内部的要求。在确定质量要求时，应考虑所有的社会要求。社会要求是指法律、法规、规章、条例以及其他考虑事项所规定的义务。

4.质量的重要性

就质量的重要性而言，表现在以下几个方面：

（1）质量是构成社会财富的物质内容。没有质量就没有数量，也就没有经济价值。所以，企业的生产经营活动必须坚持质量第一，坚持产品的经济价值和使用价值的统一。

（2）质量是社会科学技术和文化水平的综合反映。综观现代产品，无论是其设计、制造和使用，还是其更新换代与发展，无一不是集中了现代科学技术、科学管理和文化发展的最新成果。

（3）质量是产品打入国际市场的前提条件。产品质量是进入现代国际市场的“通行证”“敲门砖”，企业要想使产品打入国际市场，参加国际大循环，其前提条件就是要有过硬的产品质量、适宜的价格和约定的交货期。

（4）质量是企业的生命。产品质量的好坏，决定着企业有无市场，决定着企业经济效益的高低，决定着企业能否在激烈的市场竞争中生存和发展。“以质量求生存，以品种求发展”已成为广大企业发展的战略目标。

（5）质量是人民生活的保障。产品质量与人们的工作、生活息息相关，一旦产品出了质量问题，就会轻则造成经济损失，重则导致人员伤亡等事故。

12.1.2 质量特性

实体的质量特性通常可概括为性能、适用性、可靠性、安全性、环境、经济性和美学性等方面。不同类型的实体其“需要”不尽相同，因而质量特性的表现也不完全相同。但不管是什么实体，实体质量特性的最佳组合是实体满足需要的能力的最高水平，是供方应当向顾客提供的，也是顾客希望得到的实体质量。下面选择阐释几个质量特性：

（1）性能

性能是指对实体的使用价值所提出的各项要求，就是实体适合使用的性能，也称之为使用适宜性。比如，对工具就有种种不同要求，不仅有切割工具、抛光工具、维修工具、搬运工具，还可以根据其具体的功能进行细分，如切割工具可分成切西瓜的工具、切菜的工具、切金属的工具等，又可以根据其形状细分为镰刀、弯刀、剑（长刀）、匕首（短刀）等。实体在不同目的、不同条件下使用的性能，就是它的适用性。

（2）寿命

产品寿命是指实体使用价值的期限。例如，电池的使用小时数、灯泡的使用小时数、闪光灯的闪光次数等。有的实体要经过维护维修后才能在寿命期间保持其性能，如充电电池、汽车、拖拉机都是需要经常维修保养的。对于汽车、拖拉机这类运输商品，也可把两次大修的时间间隔期限作为它们的使用寿命。

（3）可靠性

产品的可靠性是指产品实体在规定的时间内、规定的条件下，实现其使用价值，即完成规定的工作任务的能力的计量值或可能性。一般讲，产品不仅出厂时各项性能指标须达到规定要求，而且要做到“经久耐用”，即产品的精度稳定性、性能持久性、零部件耐用性好，能够在规定的使用期限内保持规定的功能。比如，一架飞机不仅在出厂时性能指标必须达到标准，而且要求在飞行过程中不出故障；又如，一个自动化物流系统工程的系统设备不仅在启用时各项性能指标要合乎要求，而且在使用过程中必须保持良好的运行性能等。所以，可靠性意味着经过一段时间考验，在使用过程中逐渐表现出来的各方面满足人们需要的程度，它属于产品内在的质量特性。

（4）安全性

安全性是指产品在操作或使用过程中保证安全的程度，是其不会对操作人员造成伤害事故、影响人身健康、产生公害、污染周围环境等的可能性。

（5）经济性

经济性是指产品的结构、重量、用料等制造成本，以及产品使用过程的后续运转费用、维护修理费用、维持费用、运营费用等使用成本。作为产品的实体经济性，不仅要看制造成本，还要特别注意其使用成本，特别是要看其寿命期的总成本，这一点随着经济的发展已为人们越来越重视。例如，产品使用过程中的能耗，柴油机、汽油机的燃油消耗率，锅炉的燃煤、燃油消耗率等，都是考核实体质量经济性的重要指标。当前，特别要根据节约能源的要求，力求降低消耗，改变大量耗费能源的“电老虎”“煤老虎”“油老虎”的产品质量状况。

此外，还应尽可能提高产品的维修性（即易修性），在保养、维修上力求省时、省事、省钱，这也是达到产品质量经济性的重要方面。

12.1.3 物流质量及其管理

1.物流质量的概念

物流质量是一个系统概念。一方面，在物流活动过程中的各工艺环节，各种资源、技术、设备等，其质量是具体定性定量的质量标准描述，可以直接地确定质量规格和操作规程；另一方面，物流是为客户提供时间、空间效应的服务，需要根据客户的不同需求来提供，物流服务提供企业必须有一套完整的服务质量考核体系，物流服务质量将直接由客户根据满足其需求的期望值来评价。物流质量具体包含以下内容：

（1）物流商品质量

物流商品，物流服务所承载的商品，即物流服务对象，其质量在生产企业严格的质量保证条例的要求下，一出厂即具有本身的质量标准。物流过程中，必须采用一定的技术手段，保证产品的质量（包括外观质量和内在质量等）不受损坏，并且通过物流服务，提高客户的愉悦性和满意度，实质上是提高了客户对产品质量的满意度。另外，有的产品在交给用户使用后，需要持续提供服务，只有高质量的服务，才能让用户用得放心、用得开心，才能留住用户，如汽车销售服务4S店就是产品服务延续的一种组织。

（2）物流服务质量

物流服务质量，指物流企业为用户提供服务、使用户满意的程度。

物流活动本身并不是目的，而是为了达到某种生产或流通目的而进行的一项服务性附属活动。产业化的物流即第三方物流属于第三产业范畴，它的主要作用就是通过提供物流服务、满足客户要求来获取相应的报酬和利润。无论内部还是外部的“客户”，他们要求的服务质量都各不相同，因此，物流服务的过程中需要掌握和了解“客户”的需求，如商品质量的保持程度，流通加工对商品质量的提高程度、批量及数量的满足程度，配送额度，间隔期及交货期的保证程度，配送和运输方式的满足程度，成本水平及物流费用的满足程度，相关服务（如信息提供、索赔及纠纷处理等）的满足程度等方面现实的和潜在的需求，以最大限度地满足客户的需求为导向。此外，物流服务质量是变化发展的，随着物流领域绿色物流、柔性物流等新的服务概念的提出，物流服务也会形成相应的新的服务质量要求。

（3）物流工作质量

物流工作质量是指物流服务各环节、各工作、各岗位具体的工作质量。

这是将物流服务的质量总目标分解成各个工作岗位可以具体实现的质量目标，是提高服务质量所做的技术、管理、操作等方面的努力。为实现总的服务质量，要确定具体的工作要求，以质量指标形式确定下来作为工作质量目标。

提高物流系统各组成要素的工作质量，是确保物流服务质量的基础。由于物流系统庞杂，工作质量内容也十分复杂，但它对物流服务质量的提高起直接作用。所以，提高物流服务质量要从工作质量入手，把物流工作质量作为物流质量管理的主要内容及工作重点。通过强化物流管理，建立科学合理的管理制度，充分调动员工积极性，不断提高物流工作质量，由此，物流服务质量也就有了一定程度的保证。

物流工作质量与物流服务质量虽不相同但又相互联系。物流服务质量水平取决于各个工作质量的总和。物流工作质量是物流服务质量的保证和基础，抓好工作质量，物流服务质量就在一定程度上有了保证。

（4）物流工程质量

物流工程质量是指把物流质量体系作为一个系统来考察，用系统论的观点和方法，对影响物流质量的诸要素进行分析、计划，并进行有效控制。

物流工程是支撑物流活动的工程系统，它受到物流技术水平、管理水平、技术装备、工程设施等因素的影响。物流工程支撑着物流活动总体，任何物流企业的物流运作都必须依靠有效的工程系统来实现。工程系统既包括自建仓库、配送中心、机场等工程设施，也包括国家建设的物流设施基础平台。

2.物流质量特性

反映物流服务质量要求的特性有功能性、经济性、安全性、时间性、舒适性和文明性。

（1）功能性

物流服务质量的功能性是指服务实现的效能和作用。例如，售货的功能是使顾客买到所需商品；交通运输的功能是把旅客和货物送达目的地；邮政通信的功能是传递有关信息；咨询的功能是帮助客户做出合理决策……能否使顾客得到这些服务功能，是对服务的最基本要求。因此，功能性是服务质量的最基本特性。

（2）经济性

物流服务质量的经济性是指为了得到相应服务顾客所需花费费用的合理程度。这里所说的费用是指服务周期总费用，即顾客在接受服务的全过程中直接、间接支付的相关费用总和。例如，对于旅行社提供的旅游服务，游客要考虑的不仅是一次性支付给旅行社的费用，还要考虑虽然未包括在旅行社承诺的费用中，但却是旅游全过程中必须发生（或对旅游质量影响显著因而难以拒绝）的费用。只有正确了解所有费用，游客才可能对旅游商品的经济性做出正确判断。

（3）安全性

物流服务质量的安全性是指服务供方在对顾客进行服务的过程中，保证顾客人身不受伤害、财物不受损坏的能力水平。安全性的提高或改善与服务设施、环境有关，也与服务过程的组织、服务人员的技能及态度等有关。

（4）时间性

物流服务质量的时间性是指服务及时、准时、省时地满足服务需求的能力。在服务对象对服务质量的感觉或评价中，时间性这一物流质量特性常常是一个敏感因素。

（5）舒适性

物流服务质量的舒适性是指服务对象在接受服务的过程中感受到的舒适程度。舒适性的含义因服务不同而不同，但大体上包括服务设施是否适用、方便和舒服，服务环境是否清洁、美观和有秩序等。舒适性和服务的不同等级相对应，但任何等级的服务都应努力提高服务的舒适性。

（6）文明性

物流服务质量的文明性是指顾客在接受服务的过程中满足精神需求的程度。能否营造出自由、宽松的环境气氛和建立友好、和谐的人际关系，是服务竞争的一个重要手段。

3. 物流质量管理

《物流术语》（GB/T 18354–2021）对物流质量管理（logistics quality management）的定义是：对物流全过程的物品质量及服务质量进行的计划、组织、协调与控制；也就是，通过制定科学合理的基本标准，对物流活动实施的全对象、全过程、全员参与的质量控制过程。

（1）物流质量管理的基本特点

①全员参与。物流管理的全员性，正是物流的综合性、物流质量问题的重要性和复杂性所决定的。

②全程控制。物流质量管理是对货品的包装、储存、运输、配送、流通加工等若干过程进行的全过程管理。

③全面管理，整体发展。影响物流质量的因素具有综合性、复杂性等特性，加强物流质量管理就必须全面分析各种相关因素，把握内在规律。

（2）物流运作体系的质量考核指标

①运作质量指标，即衡量物流配送实物操作水平的监控指标。

②仓储服务质量指标，即在仓储管理中对库存管理、理货操作等方面的服务质量进行监控的指标。

③信息服务质量指标，即物流服务中对客户预约、信息跟踪反馈、签收单反馈等信息服务质量的监控指标。

④客户满意度监控指标，即关系到客户直观感受，由客户反馈的质量指标。

（3）物流运作体系质量指标考核需要注意的问题

①转变观念，树立现代物流整体质量管理思想。

②根据实际需要和预期客户期望满足程度制定质量考核指标体系。

③加强基础资料的收集，保证服务质量监控的客观真实。

12.2 物流服务质量

12.2.1 服务质量

1.服务

与硬件、流程性材料等有形产品相比较，“服务”被认为是一种无形产品。事实上，有形产品往往和无形产品相伴相随，有形产品的生产、流通、消费过程伴随着大量的服务，而服务提供过程又往往以有形产品为载体，如商店售货，离开商品载体，服务是无法独立存在的。当然，由于服务性质的不同，其中有形产品的比重会有差别。

2.服务的特征

对大多数服务而言，其一般具有以下共同特征：

（1）无形性

无形性是服务的最主要特征。

①服务及组成服务的要素很多具有无形的性质，让人不能触摸或无法凭肉眼看见。

②不仅服务本身是无形的，甚至人们通过消费服务获得的利益也可能很难觉察到或仅能抽象地表达出对消费服务的感受。

③服务的购买依赖于以前的消费经验。

（2）生产和消费不可分离性

服务的生产和消费具有不可分离的特征，即服务的生产和消费是同时进行的，如网上贸易、远程电视教学等形式，服务生产者和消费者通过互联网或电视等媒介发生接触，其服务的生产（提供）过程和消费过程是不可分离的。

（3）服务是一系列的活动或过程

服务不是有形产品，即不是实物，服务是服务供方通过一系列的活动或过程将服务提供给服务的买方，也是服务供方生产和服务买方消费的一系列活动或过程。服务的供方不可能按传统的方式来控制服务的质量，也无法按传统的方式对服务进行营销。如果服务尚未出售，尚未供顾客消费，就谈不上对服务质量进行生产前的控制。一般而言，服务生产过程的大部分是不可见的，顾客可见的生产过程只是整个服务生产过程的一小部分，因此，顾客必须十分注意自己看得见的那部分服务的生产过程，对所看见的活动或过程进行仔细体验和评估。

（4）差异性

服务的构成成分及其质量水平经常变化，很难统一界定。服务业是以人为中心的产业，由于人个性的不同和身份的差异，包括服务决策者、管理者、提供者和消费者，使得他们对于服务质量的检验较难采用统一的标准。对服务企业质量保证能力要有较高的要求，否则容易使顾客对服务企业产生混乱的认识，并损害服务企业的形象和声誉。

（5）服务的不可储存性

由于服务的无形性，以及服务的生产和消费的同时性，使得服务不可能像有形产品那样可以被储存起来，以备未来销售；或者顾客能够一次购买较多数量的服务，以备未来需要时消费。服务企业必须研究如何充分利用现有资源包括人员、设备等，提高人员、设备的工作效率，解决服务企业的供需矛盾。服务企业应尽量增加服务供给的弹性，以适应变化的服务需求。

需要特别指出的是，服务是一种不包括服务所有权转让的特殊形式的交易活动。在大多数服务的生产和消费过程中，不涉及任何的所有权转移。服务是无形的，又是不可储存的，服务在交易完成以后就消失了，顾客并没有“实质性”地拥有它。缺乏所有权会使顾客在购买时感受到较大的风险，如何克服这种不安的消费心理，促进服务的销售，是服务营销人员所需要面对的问题。目前，许多服务业发达的国家的服务企业均探索利用“会员制”、信用卡等方式维系企业与顾客之间的关系，当顾客成为企业的会员后，可享受某种优惠，让他们从某种程度上感受到他们确实拥有企业所提供的服务。

3.服务的分类

（1）如果根据对象的特征分类，服务有四种：

①经销服务，如运输和仓储、批发和零售贸易等服务。

②生产者服务，如银行、财务、保险、通信、不动产、工程建筑、会计和法律等服务。

③社会服务，如医疗、教育、福利和宗教服务，邮政服务和政府服务等。

④个人服务，如家庭服务、修理服务、理发美容服务、宾馆饭店服务、旅游服务和娱乐业服务等。

（2）如果根据服务存在的形式分类，也有四种：

①以商品形式存在的服务，如电影、书籍、数据传递装置等。

②对商品实物具有补充功能的服务，如运输、仓储、会计、广告等。

③对商品实物具有替代功能的服务，如特许经营、租赁和维修等。

④与其他商品不发生联系的服务，如数据处理、旅游、旅馆和饭店等。

（3）如果按供方的性质分类，则服务有两种：

①基本上以设备设施的提供为主，如洗车、影院、航班等。

②基本上以提供服务为主，如园丁、修理工、律师、医师等。

4.服务质量的概念

服务质量，是指服务满足明确和隐含需要的能力的特性之总和。

服务质量环（如图12-1所示）是对服务质量形成的流程和规律的描述，是从识别需要到评价这些需要是否得到满足的各个阶段中，影响服务质量的相互作用的活动的概念模式。该模式也是服务企业实施全面质量管理的原理和基础，它涵盖了服务质量体系的全部基本过程和辅助过程，其中三个最基本的过程就是市场开发、设计和服务提供。服务质量环是设计和建立服务质量体系的基础，只有分析清楚本企业的服务质量环，准确恰当地确认质量环，才能有针对性地选择服务质量的控制要素，保证本企业的服务质量达到质量目标；也只有通过对服务质量环的正确管理，才能实现对服务质量的预先定位和适时控制。

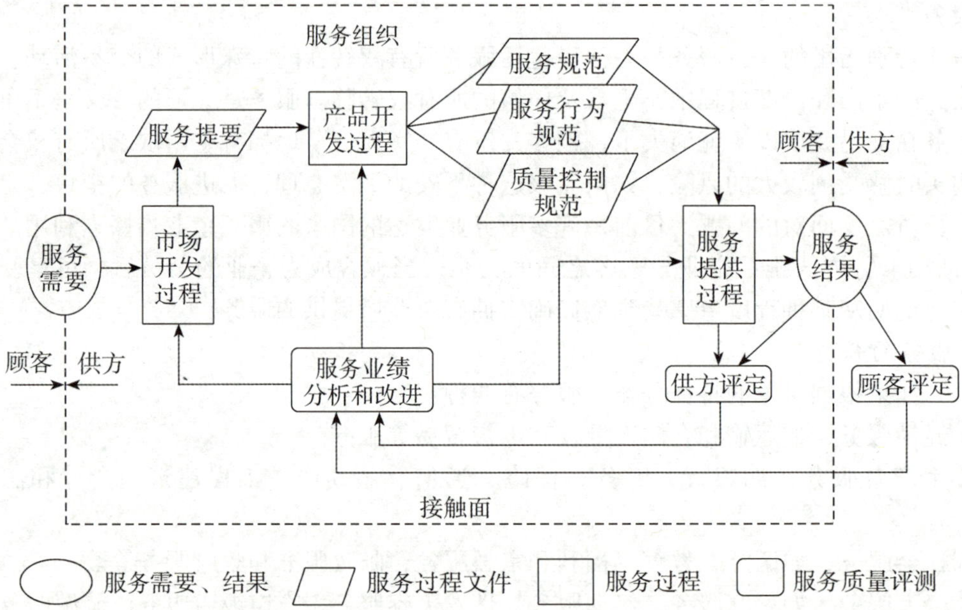

图12-1　服务质量环

服务质量通常包括技术质量和功能质量。

（1）技术质量

技术质量是顾客通过消费服务究竟得到了什么，即服务的结果。

技术质量是服务质量的一个方面，一般可以用某种形式来度量。例如，客运服务可以运行的时间作为衡量服务质量的一个依据，教育服务可以教学成果如考试、竞赛成绩或升学率作为衡量服务质量的一个依据。一般来说，顾客对通过消费服务所获得的结果是非常关心的，这在顾客评价企业的服务质量中占有相当重要的地位。但如果把服务的技术质量看作是顾客评价服务质量的全部，就不完全正确了。

大部分企业将技术质量视为服务质量的核心，集中企业资源提高服务的技术质量，并以此作为企业竞争的主要因素。一般来说，如果一个企业能够在技术方面始终保持领先水平，通过不断开发新技术，将自己的竞争对手远远抛在后面，那么这种侧重技术质量的竞争战略是可以取得成功的。

（2）功能质量

功能质量考虑的是顾客是如何消费服务的，即服务的过程。服务质量既是服务的技术和功能的统一，也是服务过程和结果的统一。技术质量是客观存在的，而功能质量则是主观的，是顾客对过程的主观感觉和认识。顾客评价服务质量的好坏，是根据顾客所获得的服务效果和所经历的服务感受，两者综合在一起才形成了完整的感受。随着技术创新难度的加大和技术淘汰步伐的加快，一个企业长期垄断本行业的技术开发从而长期保持技术优势的情况将会日益减少，尤其是服务企业，即使拥有高新技术，也可能由于经营管理不善导致功能质量低下而使服务质量不佳。

12.2.2 物流服务

当顾客需求从少品种、大批量、少批次、长周期转变为多品种、小批量、多批次、短周期时，商品流通的渠道就发生了剧变，传统仓储、物流业面临着严峻的挑战。我国的物流企业要想在激烈的市场竞争中生存、发展、壮大，就必须进一步认识物流产业属于服务业这一基本性质，运用服务经济理论认真分析物流产业的物流过程，打破传统物流业仅进行产品的运输和仓储的服务模式，根据企业的实际调整服务结构，向物流服务的广度和深度拓展和延伸，同时还必须按照服务管理原则寻找适合物流业的服务品质标准，通过ISO 9000认证标准的实施来提高顾客满意度，创建物流业的服务品牌。

《物流术语》（GB/T 18354-2021）对物流服务给出了两个定义：物流服务（logistics service）是为满足客户物流需求所实施的一系列物流活动过程及其产生的结果。一体化物流服务（integrated logistics service）是根据客户物流需求所提供的全过程、多功能的物流服务。

1.物流服务的本质和特性

由于物流业与一般制造业和销售业不同，它具有运输、仓储等公共职能，是为生产、销售提供物流服务的产业，所以物流服务就是物流业为他人的物流需要提供的一切物流活动。它是以顾客的委托为基础，按照货主的要求，为克服货物在空间和时间上的间隔而进行的物流业务活动。物流服务的内容是满足货主需求、保障供给，即在适量性、多批次、广泛性上满足货主的数量要求，在安全、准确、迅速、经济方面满足货主的质量需求。

按照服务经济理论，物流服务除了具有服务的基本性质之外，还具有从属性、即时性、移动性、分散性、较强的需求波动性和可替代性，所以我们不能忘记物流服务必须从属于货主企业物流系统，表现在流通货物的种类、流通时间、流通方式、提货配送方式都是由货主选择决定，物流业只是按照货主的需求，站在被动的地位来提供物流服务。同时，不能忽视物流服务是属于非物质形态的劳动，它生产的不是有形的产品，而是一种伴随销售和消费同时发展的即时服务，物流服务是以分布广泛、大多数是不固定的客户为对象，数量众多而又不固定的顾客的需求在方式和数量上是多变的，它的移动性和分散性会使产业局部的供需不平衡，从而给经营管理带来一定的难度。我们也不能忘记，一般企业都可能具有运输、保管等自营物流的能力，这会使物流经营者从质和量上调整物流服务的供给变得相对困难。

正是物流服务特性对物流业经营管理的影响，要求企业经营者的管理思维和决策必须以服务为导向，把物流服务作为一种产品，关注物流服务质量。

2.物流服务产品

当我们将物流服务作为一种产品来研究时，就把物流服务看作可以生产、营销、消费的对象，它是各种有形和无形服务的集合，包括核心服务、便利性服务和支持性服务。

物流服务的核心是围绕输送、保管、装卸搬运、包装及相关信息活动提供服务。用来方便核心服务所使用的附加的服务称便利性服务；用来提高服务价值或者使服务与其他竞争对手相区别的服务称支持性服务。将物流服务作为一种产品来研究时，物流业服务领域的扩大、服务功能的增加应当围绕核心服务，增加便利性服务和支持性服务。例如，在包装箱上加上条形码，使物流过程中的各方都便于搬运和点数；建立方便的订货动态系统，使物流链中有关各方能够迅速获得订货执行情况的准确信息；一体化配送中心的配货、配送和各种提高附加值的流通加工服务，会使物流功能向协作化方向发展；提供产品与信息从原料到最终消费者之间的增值服务，提供长距离的物流服务，在研究货主企业生产经营发展流程设计的基础上提供全方位、优质的物流系统服务，会使物流企业更具竞争实力。从核心服务、便利性服务到支持性服务，物流服务的复杂程度也逐渐增加，形成了梯形的物流层次。

由于物流服务从属于货主企业物流，是伴随销售和消费同时发展的即时服务，将物流服务作为一种产品分析的同时，不能忘记物流服务必须以顾客为导向，即物流服务产品还是顾客感知的物流服务集合。为此，对物流服务产品的分析还必须注重顾客的感知，要分析核心服务及其他服务是如何被顾客接受的，买卖双方的相互作用是如何形成的，以及顾客在服务过程中是如何准备参与的。因为只有注重顾客的感知，才能使服务具有可接近性，使各种物流服务的使用者感到便利；也只有考虑了服务的可接近性、相互作用和顾客的参与，新的便利性服务和支持性服务才能够真正成为企业的竞争优势。

物流企业要具有竞争优势，区别于其他竞争对手的另一个主要方法就是提供比竞争者更高质量的物流服务，为此，我们还需要分析物流服务质量的方方面面。

12.2.3 物流服务质量体系

物流服务质量是指企业通过提供物流服务，达到服务产品质量标准、满足用户需要的保证程度。物流服务是顾客感知到的物流服务集合，它离不开生产和交易的过程，是在买卖双方相互作用的真实瞬间实现的，因此，定义一个顾客感知的物流服务质量绝非易事。当ISO 9000-1994将产品的定义扩大为包括服务、硬件、流程性材料、软件或它们的组合后，流通企业可以通过ISO 9000认证来提高流通企业的服务质量，因为以ISO 9000为指导性标准将具有可操作性。

物流服务质量体系的构成包括物流企业的质量管理体系要素与文件，以及物流企业服务质量体系的特点。

1.物流企业的质量管理体系要素

物流企业的质量管理体系要素包括：物流服务需要的调研和评定、物流服务设计、物流服务提供过程和物流服务绩效的分析与改进。

（1）物流服务需要的调研和评定

物流服务需要的调研和评定是指运用设置顾客意见本、召开顾客座谈会等方式了解顾客的服务需要，特别是要针对市场供需，经常地研究分析现在的、潜在的市场变化和客户需求，以及物流服务需要层次。例如，征询顾客还需要哪些额外服务，希望得到哪些目前还没有提供的服务，订单传送的方法是否需要改进，确定哪方面的物流服务对顾客最为重要，目前的订货速度可否接受，为了得到较高水平的服务，顾客是否愿意支付较多的费用，等等。

（2）物流服务设计

物流服务设计的任务是将服务大纲中的内容与要求策划设计为服务规范、服务提供规范和服务质量控制规范，确定开展预定服务项目的时间表，确保一切必要的资源、设施和技术支持，并对服务项目进行适当的、切合实际的宣传。

服务规范规定了所提供服务的特性、内容、要求及验收标准，比如各岗位服务规范规定了服务职责、上岗条件、服务程序、服务内容与要求。

服务规范涉及物流企业业务管理的各个领域，如仓库管理规范等。

（3）物流服务提供过程和物流服务绩效的分析与改进

物流服务的提供过程一般涵盖了如下各阶段：集货进货—运输—装卸—搬运—储存—盘点—订单处理—拣货—补货—出货—运输配送等。

在物流服务过程中，物流企业应采取行政、经济、教育等各种手段确保各类规范的实施，不断地对服务过程的质量进行评定和记录，识别和纠正不规范服务，把影响服务过程质量的各方面因素置于受控状态。例如，检查所有订单信息是否完全、准确，顾客的信誉程度如何，各部门对每笔交易的记录是否完整，是否有延误订单处理的情况，订单的分拣和集合情况如何，备货和运货的方式是否合理，企业是否建立起一定的程序对退货的处理、检查和准许等事项进行处理，是否定期走访顾客，有无明文规定以检查服务人员同顾客之间的联系。

此外，还应十分重视顾客对服务质量的投诉和评价，不断提高顾客的满意度，力争实现无缺陷服务。为此，要建立一个服务质量信息的反馈和管理系统，对服务业绩进行定量的数据收集和统计分析，以寻求质量改进的机会，提高物流服务质量水平。

2. 物流企业质量管理体系文件

物流企业还应参照最新的国际标准，结合企业人员、设施等实际情况，建立一个文件化的质量管理体系，即编制一套科学、实用、有效的质量管理体系文件，其中包括质量管理手册、管理规范、质量计划、服务规范和质量记录等。

3. 物流企业服务质量体系的特点

物流企业服务质量体系的特点有：确保商品质量和服务质量，顾客满意是建立服务质量体系的根本目的；物流服务质量体系是动态发展的体系。

12.3 物流工作质量

12.3.1 工作质量

工作质量，是指与质量有关的各项工作对产品质量、服务质量、过程质量的保证程度。无论是生产过程还是服务过程，归根到底都是由一些相互关联的、具有不同职能和方式的具体工作所组成。由于这些工作具有整体性，一项工作的失误可能会波及其他工作，从而导致过程质量的失控，最后影响到产品或服务的最终质量。对于企业来说，工作质量就是企业的管理工作、技术工作，以及售后服务对提高产品质量、服务质量和企业经济效益的保证程度。

工作质量涉及各个部门、各个岗位工作的有效性，同时决定着产品质量和服务质量。它又取决于人的素质，包括工作人员的质量意识、责任心、业务水平。其中，企业的最高管理者（决策层）的工作质量起主导作用，一般管理层和执行层的工作质量起保证和落实作用。企业的每一项工作，无论其整体地位和岗位分工如何，都必须认真对待，以保证工作的质量。

工作质量能反映企业的组织工作、管理工作、技术工作及售后服务工作的水平。工作质量的特点是它不像产品质量那样直观地表现在人们的面前，而是体现在一切生产、技术、经营活动之中，并且通过企业的工作效率和工作成果，最终通过产品质量和经济效益表现出来。

工作质量的特点是难以直接地、定量地加以描述和衡量。一般来说，工作质量的好坏可以通过工作的成果（或效果）来间接考察，如广泛使用的合格率、错漏检率、返修率、投诉率、满意率等就是这一类的工作质量的考察指标，投诉率、废品率、返修率的下降，就意味着工作质量的提高。另外，在一些场合，无法直接采用上述指标，则可采用综合评分的办法来衡量，如工作质量的衡量可以通过工作标准把“需要”予以量化，然后通过质量责任制等进行评价、考核与综合评分。具体的工作标准可依照不同的部门、不同的岗位来确定。

12.3.2 物流工作质量概述

物流工作质量指的是物流企业运作过程中，各环节、各工种、各岗位的具体工作质量。物流工作质量和物流服务质量是两个有关联但又不大相同的概念，物流服务质量水平取决于各个物流工作质量的总和，所以，物流工作质量是物流服务质量的某种保证和基础。通过强化物流管理，建立科学合理的管理制度，充分调动员工积极性，不断提高物流工作质量，物流服务质量也就有了保证。所以，提高物流服务质量要从工作质量入手，把物流工作质量作为物流质量管理的主要内容及工作重点。

在物流企业的物流项目运作中，为了能够正常运作物流项目，更好地提供物流服务，科学、全面地分析和评价物流服务质量就成为一个非常重要的问题。物流工作质量涉及物流各环节、各工种、各岗位的具体工作质量，需用绩效考评的办法来进行具体考核。在我国，对物流活动的绩效进行考核还比较少见，考核的方法也比较少。这里，我们从物流企业项目运作的角度出发来制定考评供应链运行绩效的关键业绩指标——KPI（key performance indicator）体系。

KPI是通过对组织内部流程的输入端、输出端的关键参数进行设置、取样、计算、分析，来衡量流程绩效的一种目标式量化管理指标，是把企业的战略目标分解为可操作的工作目标的工具，是企业绩效管理的基础。KPI可以使部门主管明确部门的主要责任，并以此为基础，明确部门人员的业绩衡量指标。KPI同样可以用于项目的管理，用于衡量其整体运行状况。建立明确的、切实可行的KPI体系，是做好绩效管理的关键。

因此，物流企业在制定KPI指标系统时，必须把握以下几个要点：

（1）以满足客户的需要为出发点来制定标准，要始终着眼于客户的满意度。

（2）不能只看到当前本企业物流项目运作的优势，而应向整个行业中优秀的第三方物流企业学习。

（3）要从不同的角度看待KPI的制定。

确定KPI指标系统的一个重要原则是SMART原则。SMART是五个英文单词首字母的组合，S代表具体（specific），指绩效考核要切中特定的工作指标，不能笼统；M代表可度量（measurable），指绩效指标是可数量化或者可行为化的，验证这些绩效指标的数据或者信息是可以获得的；A代表可实现（attainable），指绩效指标在付出努力的情况下可以实现，避免设立过高或过低的目标；R代表现实性（realistic），指绩效指标是实实在在的，可以证明和观察；T代表有时限（time bound），注重完成绩效指标的特定期限。

与物流企业的物流项目运作相关的KPI体系分为五大块：运输计划、运输过程、库存过程、客户服务、财务指标。

12.3.3　物流工作质量管理

物流工作质量管理就是针对物流各环节、各工种、各岗位具体工作质量的管理，确定质量方针、目标和职责，并在质量体系中通过诸如质量策划、质量控制、质量保证和质量改进等，来实施全部管理职能的所有活动。

物流工作质量管理分为物流活动决策支持的工作质量管理、物流调度管理控制的工作质量管理和物流业务的工作质量管理三个组成部分，涉及物流组织的各级管理者和操作者的工作职责，由最高管理者领导，工作质量管理的实施涉及组织中的所有成员，同时在工作质量管理中要考虑到经济性因素。

物流活动决策支持的工作质量管理是物流企业高级管理者工作质量的管理，是对物流活动和物流业务的绩效进行评估和对成本-收益分析工作质量进行管理，以及对由此而涉及的企业高层领导及管理人员的决策、管理质量进行有效的管理。涉及物流体系的设计和评估质量的管理，包括战略性规划和供应链合作伙伴之间的费用、资源关系，物流系统最低成本的实现等管理工作的质量管理，它不仅是企业当前总体运行质量的集中表现，而且是企业长期发展目标可行性管理的支持依据。

物流调度管理控制的工作质量管理是对企业中层管理工作者的工作质量的管理，它是为了实现企业目标，有效利用资源的具体过程的工作质量的管理。

物流业务的工作质量管理是物流企业基层的具体业务操作者的工作质量管理，它是确保某项特定的业务能够有效地、高效率地执行的质量管理工作。

物流工作质量管理是物流企业围绕其经营活动所开展的策划、组织、计划、实施、操作、检查和监督审核等所有管理活动的工作质量的总和，是物流企业管理的一个中心环节，其职能是负责确定并实施质量方针、目标和职能。一个物流企业要以质量求生存，以及时、周到、全方位的物流服务求发展，积极参与到国际竞争中去，就必须制定正确的质量方针和适宜的质量目标，而要保证方针、目标的实现，就必须建立健全质量体系，并使之有效运行。建立质量体系工作的重点是质量职能的展开与落实。

物流工作的质量管理必须由企业的最高管理者领导，同时也对最高管理者的工作质量进行监管，这是实施物流企业工作质量管理的一个最基本的条件。质量目标和职责要逐级分解，各级管理者都要对目标的实现负责。质量管理的实施涉及企业的所有成员，每个成员都要参与到质量管理活动之中，这也是全面质量管理的一个重要特征。

12.4 物流工程质量

12.4.1 工程及工程质量

工程活动是现代社会存在和发展的基础，现代工程深刻改变着人类社会的物质生活面貌，世界各国现代化的进程在很大程度上就是实施各种类型现代工程的过程。

那么，什么是工程呢？广义的工程是把人类的一切活动都看作是工程，包括社会生活的许多领域，如211工程、“五个一”工程、安居工程、希望工程、引智工程、下岗再就业工程等。狭义的工程是指与生产实践密切联系，运用一定的科学技术方法及各种功能设施，组成一个有机的系统功能整体，使既定目标得以实现的活动，如三峡建设工程、“登月”工程、南水北调工程等。工程质量中所探讨的工程，是指狭义的工程。

对工程进行“定位”，有三个方面是很重要的：第一个方面是从科学、技术、工程“三元论”角度所界定的工程：科学是以发现为核心的人类活动，是发现自然规律、讲求真善美、追求真理；技术是以发明为核心的人类活动，是发明方法、讲求巧妙、追求诀窍；工程是以建造为核心的人类活动，是按照社会需要设计建造、构筑与协调运行，讲求价值，追求一定边界条件下的优化。第二个方面是从工程与生产、实践的相互关系中所界定的工程：就是包含了设计和制造活动在内的生产实践活动。第三个方面是把前两个方面统一起来，从“科学—技术—工程—产业—经济—社会”的“链条”和“网络”中来认识工程和把握工程的定位。

工程的实施，一方面为科学技术的实现提供平台，另一方面推动产业经济的发展，服务于社会。工程具有以下特征：

（1）工程是有原理的。任何一个工程的实施都有其自然科学原理的根据，是一定的科学理论的体现，特别是复杂的关键性技术、技术群的应用。例如，“阿波罗登月计划”，就离不开空气动力学的理论指导和航天技术、材料技术、电子技术、自动控制技术等的综合应用。

（2）工程是有特定目标，注重过程和效益的。工程项目都有其特殊对象，有明确的目标要求，有确定的步骤、阶段和资金投入。工程的质量是工程的生命所在。要把工程的目标确定好，把工程项目设计好、完成好，取得好的效益，不是一件容易的事情。比如，我们国家之所以要用很长的时间进行论证，花费2 000亿元的资金、17年的时间来修建三峡工程，就在于相信它能为国家和人民带来巨大利益。

（3）工程是通过建造实现的。不论是建房、造船、修桥、铺路，或者进行自动化项目的建设，都是要经由一步步的工序、工艺、工期来完成的。

（4）工程应与环境协调一致。大型工程的实施都会对自然生态系统产生一定的影响，即工程和环境构成了一对矛盾，所以，必须充分考虑到工程活动可能引起的环境问题。例如，在发展钢铁工业时，如果只讲经济效益而无视环境保护，必然造成严重的环境污染。目前，我国吨钢能耗比国际先进水平高15%左右，一些工程项目仍然在走“先发展后治理”的老路，尚未完全摆脱粗放型发展的模式，环境问题已经成为约束我国钢铁工业发展的最主要原因之一。所以，我们必须走绿色钢铁制造之路，使企业的经济效益、环境效益和社会效益协调优化。

（5）工程是在一定边界条件下集成和优化的。工程是一个复杂的组织系统或社会化系统，有工程指挥中心，有技术攻关人员，还有大批施工建设者等。一个工程往往有多种技术、多个方案、多种路径可供选择。要利用最小的投入获得最大的回报，取得良好的经济效益和社会效益，就必须努力实现工程在一定边界条件下的集成和优化。在工程的设计、施工过程中，努力寻求和实现“在一定边界条件下的集成和优化”是一个核心问题。

工程质量是指工程在建设过程中，各阶段、各构成部件或子系统“符合规格”和“符合期望”的工作目标质量的总和。在实际工作中，工程设计人员根据客户的需要，确定工程的优势特点，确定工程质量的管理方法、措施以及质量的目标。“符合规格”是指工程的质量符合所制定的质量目标的程度，而“符合期望”则是工程设计人员直接采用客户的“期望值”作为工程的目标质量，客户成为最终质量的评审者、考核者，管理人员在质量的评估过程中分析易量化的主观因素对客户评估的影响，这样，管理人员就能根据客户认为重要的因素判断工程的质量。“符合期望”需要管理人员密切关注工程所处的外部环境，关注影响工程质量的方方面面的因素。

工程质量如同产品质量一样，也有自己的形成规律。工程质量不是检验出来的，也不是宣传出来的，工程质量是工程建设全过程实现的结果，有一个产生、形成到实现的过程，在这一过程中的每一个环节都直接或间接地影响到工程质量。

12.4.2 物流工程质量概述

物流工程是流通领域及其他有物流活动领域的工程系统。对流通领域而言，物流工程是这一领域独特的工程系统，其主要作用是支持流通活动，提高活动的水平并最终实现交易物的有效转移。

物流工程是支撑物流活动的总体的工程系统，可以分成总体的网络工程系统和具体的技术工程系统两大类别。实际上，任何物流企业的物流运作，包括第三方物流企业接受外包的物流运作，都不可能是凭空运作，必须依靠有效的工程系统来实现。当然，工程系统有可能是自建的，世界上很多大型物流公司都有自己的仓库、配送中心、机场、货机等工程设施，有些则需要利用别人提供的工程设施，国家建设的物流设施基础平台就是这样一种基础性工程设施。任何物流企业都必须依靠有效的工程系统来保证其高质量的服务。

工程设施、技术装备的质量从根本上决定了物流整体质量，因而需要对其进行有效控制。很明显，工程设施的水平和质量，可以从根本上决定物流的水平和质量，如采用大型集装箱联运系统之后杜绝了物流过程中单件货物的丢失，就是工程系统所起作用的实例。

对于生产企业而言，其内部的物流很难利用国家提供的基础工程设施平台，也很难利用社会上营利性的工程设施，在这种情况下就需要自己构建一套工程系统，这一套物流工程系统将会是决定企业物流水平的非常重要的基本因素。

与产品生产的情况类似，物流质量不但取决于工作质量，而且取决于工程质量，优良的工作质量对于物流质量的保证程度受制于物流技术水平、管理水平、技术装备。好的物流质量是在整个物流过程中形成的，要想“事前控制”物流质量，预防物流损失，必须对影响物流质量的诸因素进行有效控制。提高工程质量是进行物流质量管理的基础工作，提高物流工程质量，就能实现以“预防为主”的质量管理。

借鉴美国质量管理专家朱兰（Joseph H. Juran）的理论，物流工程质量同样有一个质量螺旋模型（如图12-2所示），从中可以看出：

（1）工程质量的形成过程包括17个环节（质量职能）：需求研究、工程规划、系统设计、功能设计（单机设计）、制定工程质量指标、制定实施工艺路线、采购（工程招标、工程采购、选定系统集成商）、仪器仪表配置、生产或分包采购、工序控制、功能测试、出厂检验、运输、安装调试、系统运行、系统交验、售后服务（维修、养护）等。

（2）工程质量的形成过程是一个循序渐进的过程，17个环节构成一个循环，每经过一个循环，工程的质量就有所提高。工程质量的提高是在一轮又一轮的循环中通过在原有的基础上有所改进、有所突破而实现的，且连续不断、永无止境。

（3）作为一个工程的质量系统，系统目标的实现取决于每个环节质量职能的落实和各个环节之间的协调。因此，必须对质量形成的全过程进行计划、组织和控制。

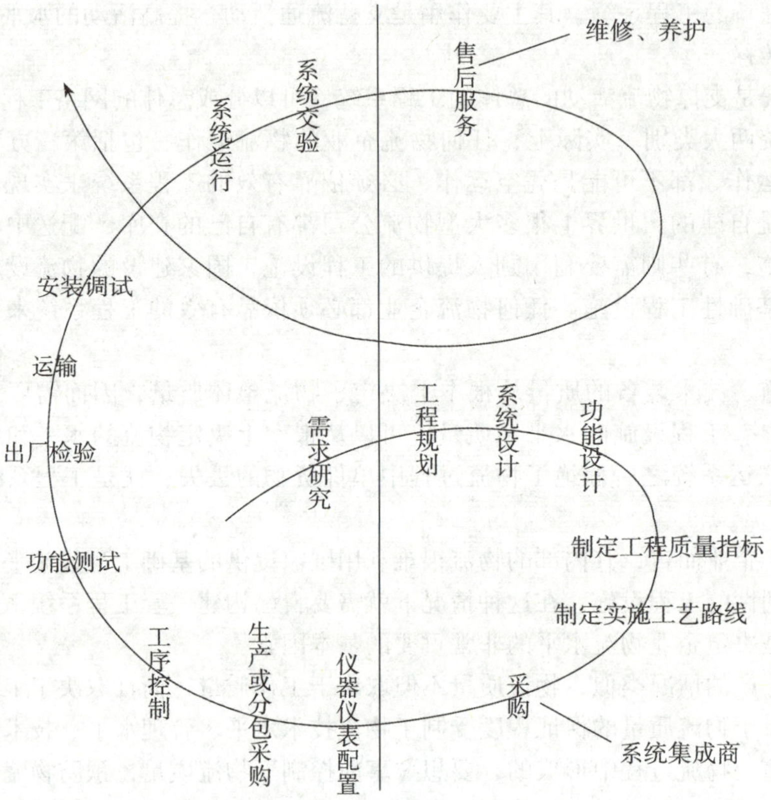

图12-2　质量螺旋模型

（4）工程质量系统是一个开放的系统，与外部环境有着密切的联系，这些联系有直接的也有间接的。如采购环节和物料供方有联系，采购和分包采购与供应商有联系，服务和顾客有联系，几乎所有的环节都需要人来工作，而人力资源主要是由社会培养和提供的。所以，工程质量的形成和改进并不只是企业内部行为的结果，需要充分考虑外部因素的影响。

（5）工程质量的形成过程中每一个环节均需依靠人员的参与来完成，人的质量意识以及对人的管理是过程质量和工作质量的基本保证。所以，人是产品质量形成全过程中最重要、最具能动性的因素。

12.4.3　物流工程质量管理

物流工程质量管理，就是指对工程设施、技术装备质量的综合管理。物流工程质量管理需要强调以下几个方面的工作：

(1) 预防为主，不断改进。好的物流工程质量是设计、生产、实施出来的，不是检查出来的。根据这一基本原理，物流工程质量的管理要求把管理工作的重点从“事后把关”转移到“事先预防”上来。从“管结果”变为“管因素”，实施“预防为主”的方针，将不合格的工程质量消灭在物流工程建设的过程之中，做到“防患于未然”，但仍要加强各环节的质量检验职能。

(2)“严于律己，用户至上”。实行物流工程建设全过程的管理，要求所有环节都必须树立“下一环节就是用户”、“严于律己，用户至上”、努力为下一个环节服务的思想。现代物流工程建设是一环扣一环的，前一个环节的质量影响后一个环节的质量，一个环节的质量出了问题，就会影响整个生产过程以至产品质量。因此，要求每一个环节的质量都能经得起下一个环节（用户）的检验，满足下一个环节的要求。应在物流工程建设过程中的各环节，特别是一些关键环节，开展复查上一环节的工作，保证本环节的质量，优质、准时地保证下一环节的服务，并经常组织上下环节、相关环节之间的相互访问和互为质量保证，最终保证优质物流工程的建设。

(3)“用事实和数据说话”。就是要求在物流工程建设的质量管理工作中要有科学严谨的态度和作风，不能满足一知半解和表面现象；要对问题进行深入分析，除定性分析外，还要尽可能进行定量分析，做到心中有数，避免主观性、盲目性。

(4)“质量第一”。任何物流工程的建设都必须达到要求的质量水平，否则，就没有或未完全实现其使用价值，从而给物流的具体业务造成麻烦，带来不必要的损失。从这个意义上讲，物流工程的建设必须把质量放在第一位。

贯彻质量第一原则，要求参与物流工程建设和使用的相关企业的所有员工，尤其是领导干部，要有强烈的质量意识。相关企业在从事物流工程建设时，首先应根据物流工程建设的要求，科学地确定质量方针并安排人力、物力、财力，以保证建设优质工程。

(5)“以人为本，科学管理”。在质量管理诸要素中，人是最活跃、最重要的因素。质量管理是人们有目的的活动，要搞好质量管理工作，必须树立以人为主体的管理思想。

(6) 质量与经济的统一。质量第一、质量至上固然正确，但从经济的角度出发，也应该是质量与成本相统一，确定最适宜的质量标准。物流工程质量管理者应追求的是，在满足需求条件的前提下尽可能减少投入，完成适宜、物美、价廉的工程，以取得高质量与高性价比的统一。根据这一思想，既不可以片面追求过剩质量，而使成本大大提高，也不应该为了降低成本而降低质量，影响质量的适宜性。

12.5 物流标准化

12.5.1 标准和标准化概述

标准是对重复性事物和概念所做的统一规定，它以科学、技术和实践经验的综合成果为基础，经有关方面协商一致，由主管机构批准，以特定的形式发布，作为共同遵守的准则和依据。

物流标准化事关物流业发展大计。随着我国物流业的迅速发展，物流标准化已成为使用频率极高的一个词语。标准化是一个不断制定、发布和实施标准的发展过程。物流标准化是物流服务过程依据客户的货物特性和服务要求，采用标准的设备、标准的工具、标准的流程、标准的技能等手段为客户提供增值的差别化服务。物流标准化工作面对的是潜在的和无形的物流服务问题，所以建立物流产业标准化体系的工作难度可能比预期的要大得多。

物流标准化，指的是以物流为对象，制定、发布和实施物流系统内部设施、机械装备、专用工具等各个分系统的技术标准；制定、发布和实施物流系统内各分领域如包装、装卸、运输等方面的工作标准；以系统为出发点，研究各分系统与分领域中技术标准与工作标准的配合性要求，统一整个物流系统的标准；研究物流系统与相关其他系统的配合性，进一步谋求物流大系统的标准统一的过程。由此可看出物流标准化具有以下含义：

（1）制定物流标准是物流标准化的起点。标准的酝酿、制定是随着发展的需要而产生、修订的过程，是一个不断循环、螺旋式上升的过程。每完成一个循环，标准的水平就提高一步。尽管标准实施后，制定标准的部门会根据科学技术的发展和经济建设的需要适时进行复审，以确认现行标准是否继续有效或需予以修订或者废止，但是没有标准也就没有标准化，这是不言自明的。

（2）物流标准的执行是物流标准化活动的基本任务和主要内容。物流标准化的效果只有通过在物流活动中实施标准才能表现出来。在标准化的全部活动中，贯彻标准是一个关键环节，是建立最佳秩序、取得最佳效益的落脚点。如果每一项物流标准都能够得到贯彻实施，就可以加快运输、装卸的速度，降低暂存费用，减少中间损失，提高工作效率，获得显著的经济效益。

（3）物流标准化是一个相对的概念。从深度上讲，无论是单个标准还是标准系统，随着客观情况的变化都要经过不断调整。每经过一次调整，它的结构就更趋合理，功能水平就相应提高，并逐步向深层次发展。从广度上看，一项孤立的标准，即使很完整、水平很高，标准化的目的也是不容易实现的，必须把与之相关的一系列标准都建立起来，形成一个系统，这个系统再与其他系统相结合、配套，形成更大的系统，才能发挥系统的整体作用。物流标准化的过程就是系统的建立和系统之间协调发展的过程。

12.5.2 物流标准化的种类

1.基础标准

基础标准是制定其他物流标准应遵循的、全国统一的标准，是制定物流标准必须遵循的技术基础与方法指南，主要包括专业计量单位标准、物流基础模数尺寸标准、集装基础模数尺寸标准、物流建筑基础模数尺寸标准、物流专业术语标准等。

（1）专业计量单位标准：物流标准是建立在一般标准化基础之上的专业标准化系统，除国家规定的统一计量标准外，物流系统还要有自身独特的专业计量标准。同时，由于物流的国际性很突出，专业计量标准需要考虑国际计量方式的不一致性，要考虑国际习惯用法，不能以国家计量标准为唯一依据。

（2）物流基础模数尺寸标准：基础模数尺寸是指标准化的共同单位尺寸，或系统各标准尺寸的最小公约尺寸。在制定各个具体的尺寸标准时，要以基础模数尺寸为依据，选取其整数倍为规定的尺寸标准，这样，可以大大减少尺寸的复杂性，使物流系统各个环节协调配合，并成为系列化的基础。

基础模数尺寸一旦确定，设备的制造、设施的建设、物流系统中各环节的配合协调、物流系统与其他系统的配合就以此为依据。物流基础模数尺寸的确定，不但要考虑国内的物流系统，而且要考虑到与国际物流系统的衔接，具有一定难度和复杂性。目前，国际标准化组织（ISO）认定的物流基础模数尺寸是600（毫米）×400（毫米）。

（3）集装基础模数尺寸标准：集装基础模数尺寸是最小的集装尺寸，它是在物流基础模数尺寸基础上，按倍数推导出来的各种集装设备的基础尺寸。在物流系统中，集装尺寸必须与各环节的物流设施、设备相配合，在对整个物流系统进行设计时，通常以集装尺寸为核心。集装基础模数尺寸是物流系统各个环节标准化的核心，它决定和影响着其他物流环节的标准化。

（4）物流建筑基础模数尺寸标准：它主要是指物流系统中各种建筑物所使用的基础模数，在设计建筑物的长、宽、高尺寸，门窗尺寸以及跨度、深度等尺寸时，要以此为依据。

（5）物流专业术语标准：它包括物流专业名词的统一化、专业名词的统一编码以及术语的统一解释等。物流专业术语标准化可以避免由于人们对物流词汇的不同理解而造成物流工作的混乱。

（6）物流核算、统计标准：物流核算、统计标准是建立系统情报网，对系统进行统一管理的重要前提条件，也是对系统进行宏观控制与微观监测的必备前提。这一标准包括：

①确定共同的、能反映系统及各环节状况的最少核算项目。

②确定能用以对系统进行分析并可为情报系统收集储存信息的最少的统计项目。

③制定核算、统计的具体方法，确定共同的核算统计计量单位。

④确定核算、统计的管理、发布及储存规范等。

（7）标志、图示和识别标准：物流中的货物、工具、机具都在不断运动，因此识别和区分工作十分重要。对于物流对象，需要设置既易识别又易区分的标记，有时还需要自动识别——用复杂的条形码来代替用肉眼识别。标记、条形码的标准化是物流系统中重要的标准化内容。

除了上述标准之外，物流基础标准还包括物流企业分类与评估标准和物流专业人员的资质标准等内容。

2.分系统技术标准

（1）运输车辆标准，标准对象是从事货物空间位置转移的各种运输设备，如货船、货车等，以及各种设备有效衔接、货物及集装装运、与固定设施衔接的车厢和船舱的尺寸标准，载重能力标准，运输环境条件标准等。此外，还涉及环保标准，如噪声等级、废气排放等。

（2）作业车辆标准，标准对象是物流设施内部使用的各种作业车辆，如叉车、台车、手推车等，包括尺寸、运行方式、作业范围、作业重量、作业速度等方面的技术标准。

（3）传输机具标准，标准对象包括进行水平、垂直输送的各种机械，如气动式起重机、传送机、提升机的尺寸和传输能力等技术标准。

（4）仓库技术标准，包括仓库尺寸、建筑面积、有效面积、通道比例、单位储存能力、总吞吐能力、温湿度等技术标准。

（5）站台技术标准，包括站台高度、作业能力等技术标准。

（6）包装、托盘、集装箱标准，包括包装、托盘、集装箱系列尺寸标准，包装物强度标准，包装、托盘、集装箱荷重标准以及各种集装箱、包装的材料、材质等标准。

（7）货架、储罐标准，包括货架净空间、载重能力、储罐容积尺寸等标准。

3.工作标准与作业规范

工作标准是针对工作的内容、方法、程序和质量要求制定的。物流工作标准是对各项物流工作制定的统一要求和规范化制度，它可以统一全系统的工作方式，大幅度提高办事效率，方便用户的工作联系，防止在工作及作业中出现遗漏、差错，并有利于监督评比。其内容主要包括：各岗位的职责及权限范围；完成各项任务的程序和方法以及与相关岗位的协调、信息传递方式；工作人员的考核与奖罚方法；物流设施、建筑的检查验收规范；

吊钩、索具使用及放置规定；货车和配送车辆运行时刻表、运行速度限制以及异常情况处理方法等。

物流作业规范是指在物流作业过程中物流设备运行、作业程序、作业要求等的标准，是实现作业规范化、效率化以及保证作业质量的基础。

12.5.3 物流标准化的基本原则

1. 市场导向原则

随着我国市场经济体制的建立，以及全球经济一体化进程的加快，物流标准化工作已从“行政需求”转向“市场需求”。从物流服务的过程看，政府部门、企业、客户对物流标准的需求各不相同。政府从宏观管理出发，要求建立统一的企业运营绩效、管理等指标体系以及企业共性管理的相关规范，所以要制定管理类标准；企业从技术角度出发，最关心的是相互之间的管理与技术接口问题，如多式联运的相关标准、信息传输与交换相关标准等，所以要制定技术类标准以促进企业间物流资源的协调与整合；客户从物流服务要求出发，需要制定各种标准，如物流服务合同、物流服务质量标准等，以规范物流企业与客户之间的业务往来关系。

2. 体系配合性原则

衡量物流系统标准化体系的成败，配合性是一条重要标准。物流系统的配合性主要包括：

（1）集装与生产企业的最后工序及包装环节的配合性。为此要研究集装的“分割系列”，以此来确定包装环节的要求，如包装材料的强度、包装方式、规格尺寸等。

（2）集装与装卸机具、装卸场所、装卸小工具（如索具、跳板）的配合性。

（3）集装与仓库站台、货架、搬运机械、保管设施乃至仓库建筑的配合性。

（4）集装与保管条件、工具、操作方式的配合性。

（5）集装与运输设备、设施，如运输设备的载重、有效空间尺寸等的配合性。

（6）集装与终端物流的配合性。

（7）集装与国际物流的配合性。

3. 确定标准化基点的原则

过去，构成物流大系统的许多组成部分也做过一些标准化工作，但是这只形成了局部标准化或与物流某一局部有关的横向系统的标准化。这些互相缺乏联系的局部标准化之间缺乏配合性，不能形成纵向的标准化体系。所以，要形成整个物流体系的标准化，必须在这些局部中寻找一个共同的基点，这个基点能贯穿物流的全过程，形成物流标准化工作的核心，这个基点的标准化成了衡量物流全系统的基准，是各个局部标准化的准绳。

为了确定这个基点，人们将进入物流领域的产品（货物）分成三类，即零星货物、散装货物与集装货物。集装形式是物流业中通行的主导形式，集装货物在流转过程中始终都以集装体为基本单位，其集装形态在运输、储存、装卸搬运各个阶段都基本上不会发生变化，也就是说集装货物容易实现标准化处理。散装货物只是在某些专用领域才可能有所发展，而在这些专用领域很容易建立独立的标准化系统。至于零星货物，一部分可以向集装靠拢，另一部分还会保持其多样化的形态而难以实现标准化。不论是国际物流还是国内物流，集装系统都使物流全过程得以贯通而形成体系，是保持物流各环节上设备、装置及机械之间整体性及配合性的核心，集装系统是使物流过程连贯并建立标准化体系的基点。

4.传统习惯及经济效果的统一性原则

物流活动是与产品生产系统、车辆调配系统、设备制造系统、消费使用系统等密切联系的。早在物流的系统思想建立之前，这些与物流密切联系的系统就已经建立起各自的标准体系，或者形成了一定的习惯。在这种情况下，物流标准体系的建立只考虑本系统的要求是不行的，还必须适应这些既成事实，或者改变这些既成事实。这就势必与早已实现标准化的各个系统、长期形成的习惯及社会认识产生矛盾，这些矛盾涉及人的看法、习惯，也涉及宏观及微观的经济效果。所以，单从技术角度来研究个别标准的配合性虽然是必要的，但最后却不一定以研究的结论作为定论。

5.与环境和社会相适应的原则

物流对环境的影响在近些年来表现出尖锐化和异常突出的倾向，主要原因是物流量加大、物流速度加快、物流设施及工具大型化之后，对环境造成负面影响。物流对环境的影响主要表现在噪声对人精神、情绪、健康的影响，以及废气对空气的污染、废物对水的污染、运输车辆对人身的伤害等。这些影响与物流标准化有关，尤其是在推行标准化的过程中，往往只重视对设施、设备、工具、车辆技术标准等内在标准的研究，而忽视物流对环境及社会的影响，激化了矛盾，这是有悖于物流标准化宗旨的。因此，在推行物流标准化时，必须将物流对环境的影响放在重要位置上，除了要有反映设备能力、效率、性质的技术标准外，还要对安全标准、噪声标准、排放标准、车速标准等做出具体规定，否则，再高的标准化水平也会因为不被社会接受，甚至受到民众的抵制而难以发挥作用。

6.贯彻安全与保险的原则

一个安全事故往往会使整个公司的努力前功尽弃。除了经济方面的损失外，人身伤害也是物流过程中经常出现的，如交通事故的伤害，货物对人的碰撞伤害，危险品的爆炸、腐蚀及有毒物质的伤害等。所以，物流标准化中一项重要工作是对物流安全性、可靠性的规定，以及为安全性、可靠性的实现而规定的统一的技术标准、工作标准。物流保险的规定也是与安全性、可靠性标准有关的标准化内容。在物流中，尤其在国际物流中，都有世界公认的保险险别与保险条款，虽然许多规定并不是以标准化形式出现而是以立法形式出现的，但其共同约定、共同遵循的内容是通用的，是具有标准化内涵的，其中不少手续、申报、文件等都有具体的标准化规定，保险费用等的计算也受标准规定的约束。

12.5.4 物流标准化管理

1.物流标准化的方法

从全球范围来看，各个国家的物流体系标准化工作都还处于初始阶段，对应物流技术的应用与普及，以及现代物流的发展程度，其物流标准化的状况也不同，重点在于通过制定标准、规格、尺寸来实现全物流系统的贯通，取得提高物流效率的初步成果。

（1）确定物流的基础模数尺寸

物流基础模数尺寸的作用和建筑基础模数尺寸的作用大体是相同的，其考虑的基点主要是简单化。

由于物流标准化系统比其他标准化系统建立得晚，所以，确定基础模数尺寸主要考虑了目前对物流系统影响最大而又最难改变的事物，即输送设备。采取“逆推法”，由输送设备的尺寸来推算最佳的基础模数。当然，在确定基础模数尺寸时也考虑到了现在已通行的包装模数和已使用的集装设备，并从行为科学的角度研究了人及社会的影响。从其与人的关系看，基础模数尺寸是适合人体操作的高限尺寸。

（2）确定物流模数

物流模数即集装基础模数尺寸。由于物流标准化的基点应建立在集装的基础上，所以在基础模数尺寸之上还要确定集装的基础模数尺寸（即最小的集装尺寸）。

集装基础模数尺寸可以从600（毫米）×400（毫米）按倍数系列推导出来，也可以在满足600（毫米）×400（毫米）基础模数的前提下，从货车或大型集装箱的分割系列推导出来。日本在确定物流模数时采用后一种方法，以货车（早已大量生产并实现了标准化）的车厢宽度为确定物流模数的起点，推导出集装基础模数尺寸。

（3）以分割及组合的方法确定物流尺寸

物流模数作为物流系统各环节标准化的核心，是形成系列化的基础。依据物流模数进一步确定有关系列的大小及尺寸，再从中选择全部或部分确定为定型的生产制造尺寸，就形成了某一环节的标准系列。根据物流模数可以推导出大量的系列尺寸。与其他领域不同，我国物流尚处于起步阶段，还没有形成被全国接受的标准化体系。

2.物流标准化的形式

标准化的形式是标准化内容的表现形态。标准化有多种形式，每种形式都表现出不同的标准化内容。研究标准化形式及其特点，是为了便于在实际工作中根据不同的标准化任务，选用适宜的标准化形式，达到既定的目标。运用得较多的标准化形式是：

(1) 简化

简化是在一定范围内缩减物流标准化对象的类型数目，使之在一定的时间内满足一般需要的标准化形式。在商品生产社会里，产品生产呈多样化发展趋势，如果不加限制地任其发展，就可能出现多余的、无用的和低能的产品，造成社会资源和生产力的极大浪费。因为在商品流通的大循环中，这些多余的产品不能不产生运输、包装、分拣、储存等环节中工具、技术、装备和大量人力的消耗，从而造成流通中更多的浪费。简化是人类对社会产品的类型及流通手段、方法进行有意识的自我控制的一种有效形式。

(2) 统一

统一是把同类事物两种以上的表现形态归并为一种或限定在一个范围内的标准化形式。统一的目的是消除混乱，为人类的正常活动建立共同遵循的秩序。统一和简化的区别在于，统一着眼于取得一致性，简化着眼于精练，统一比简化更深刻和更具有普遍性。在物流中，对各种编码、符号、代号、标志、名称、单位、包装运输中机具的品种规格系列和使用特性等，都必须加以统一。如全球铁路统一轨距为1 435毫米，提高了运输速度和经济效益。

(3) 组合化

组合化是按照标准化原则，设计制造出若干组通用性较强的单元，再根据需要进行拼合的标准化形式。组合化以系统的分解与组合理论为基础。建筑用砖从“组合化”角度来看是最原始的组合件，活字印刷术是组合化的典型创造。对于货品编码系统和相应的计算机程序同样可以通过组合化使之更加趋于合理。

(4) 系列化

系列化是对一类产品中的一组产品同时进行标准化的一种形式，是标准化的高级形式。它按照用途和结构将同类型产品归并在一起，使产品品种典型化，又把同类型产品的主要参数、尺寸按“优先数”理论合理分级，以协调同类产品和配套产品以及包装之间的关系。因此，系列化是使某一类产品系统的结构、功能标准化的最佳形式。比如，按ISO标准确定并制造的集装箱系列，不仅广泛适用于各类货物，极大地提高了运输能力，而且为计算船舶载运量和港口码头吞吐能力、公路与桥梁的载荷能力等提供了依据。

(5) 通用化

通用化是指在相互独立的系统中，选择和确定具有功能互换性或尺寸互换性的单元的标准化形式。互换性是通用化的前提。互换性有两层含义，一是指产品的功能互换，二是指产品的尺寸互换。通用化的目的是最大限度地减少重复劳动。

12.5.5 物流企业的分类评估标准

1. 制定物流企业的分类与评估标准的背景

2005年3月，国家质量监督检验检疫总局和国家标准化管理委员会颁布国家标准《物流企业分类与评估指标》(GB/T 19680-2005)，从2005年5月1日起实施，在社会上引起了较大反响。全国物流标准化技术委员会是《物流企业分类与评估指标》国家标准的提出和归口单位，并负责组织该标准的起草全过程。

现代物流在我国的发展开始于改革开放以后，进入21世纪以来，成为经济发展的一个热点，物流企业如雨后春笋般大量涌现，随之也出现了一些亟待解决的问题：

一是盲目发展的倾向比较严重。几个人、几辆车，对物流企业的认识或概念还模糊不清，就登记注册一家物流公司，实际上并没有物流公司的功能。

二是物流市场秩序混乱。在物流市场上，无物流企业功能的所谓物流企业与有经营规模、有良好信誉的物流企业同时并存，出现了鱼龙混杂的局面，物流需求客户难以判断选择，也无从加以判断。

三是物流企业的发展不能适应物流市场的需求。一方面，生产企业物流运作模式依然习惯于自成体系、自我服务，大量潜在的物流需求不能转化为有效的市场需求；另一方面，物流企业普遍存在着规模小、实力弱、功能单一、服务质量不高的问题，真正能够提供一体化物流服务的企业还不多，物流的社会化、专业化、组织化程度不高。

以国家标准的形式提出物流企业发展的必要条件，明确物流企业的基本范围和类型，提出不同类型和档次的物流企业需要达到的规模和水平，为物流市场提供判断的依据，对于指导物流企业健康发展、促进物流市场的规范化、推动我国物流企业做强做大、参与国际物流市场竞争将起到积极的促进作用。

2.物流企业如何进行分类与界定

对物流企业的界定和分类，需要从以下三个基本点出发：

(1) 符合物流的基本内涵与本质要求。物流企业的核心业务是提供物流服务，必须符合现代物流的基本要求，否则就不是物流企业。从实践的观点看，物流运作包含的基本内容、基本环节、基本要素还是比较明确的，在理论研究上也没有大的区别，如仓储、运输在物流当中的基础性作用，对物流各项资源、环节的整合与管理，信息化在物流中的重要作用等，从这些基本要求与要素出发界定物流企业已成为人们的普遍共识。

(2) 符合我国物流企业发展的实际状况。从总体看，我国物流业正在从传统运作方式向现代运作方式过渡。从具体过程来看，我国物流企业的形成主要有三个途径：

一是，由传统的运输、仓储、商贸企业转型为物流企业，以大中型国有企业为典型代表。

二是，按照现代物流理念建立的物流企业，主要属于民营资本和股份资本。

三是，一些大型跨国公司投资建立的物流企业。

在这三种类型中，以传统的运输、仓储方式为基础发展现代物流，是当前我国物流企业发展的主要方式或趋势，不但传统企业主要是以这种方式向现代物流转型，即使一些新建的、已有较大规模的民营物流企业，在发展物流业务的过程中也普遍以开展运输和仓储活动作为切入点，逐步向供应链管理的各环节渗透。

③物流企业的类型不宜过多过细。物流的类型划分过细不利于突出现代物流的基本特征，也不利于引导企业按照专业化物流方向发展业务。作为物流企业，有些类型可以合并，比如货代服务型可以归入运输型或综合服务型，配送服务型可以归入仓储型。有些类型则不宜纳入物流企业的范围，比如单纯的包装、流通加工企业，物流专业设备制造、租赁企业，物流咨询企业，都是物流业发展过程中派生出来的行业或是为物流业发展提供服务的行业。而以传统的运输、仓储为主业，并以此为基础发展现代物流，或直接提供综合性的一体化物流服务的企业，是已经比较成熟的类型。

因此，从以上基本点出发，国家标准对物流企业进行了界定，划分为运输、仓储、综合服务三种类型，既考虑到了我国传统物流业的发展特点，也考虑到了现代物流理念对企业的要求，符合我国物流企业发展的实际。

3. 物流企业评估指标的制定

物流企业评估指标的制定主要考虑了以下基本原则：

（1）对物流企业的评估实际上包括基本要求与等级评估两个部分。国家标准提出了三种类型物流企业的基本要求与等级评估指标，前者是物流企业的基本条件，不符合这些条件就不能算是物流企业；后者是对物流企业综合能力的评估，即使不能达到划分的等级，但只要满足前者提出的要求，就是物流企业。许多中小物流企业就属于这种情况。

（2）对物流企业的评估应该是全面的、综合性的。根据现代物流的基本要求，达到较高水平的物流企业必须具备多方面的要素与能力，才能具有提供良好物流服务的基础。因此，国家标准中对三类物流企业的评估覆盖了经营状况、资产、设备设施、管理及服务、人员素质、信息化水平等六个方面，并细化为多项指标。

（3）在评估指标的设计上，既充分体现出三种类型物流企业的共性要求，也考虑了三种类型物流企业的个性差异。例如，对运输型物流企业特别提出了必须有一定规模的自有货运车辆的要求，但没有提出仓储面积的要求；而对于仓储型物流企业，考虑它的业务收费水平、营业收入指标低于其他两种类型，则允许其货运车辆包括自有和租用两种方式，同时对仓储面积的要求较高；对于综合服务型物流企业，考虑其净资产的需要，对资产要求低一些，货运车辆和仓储面积都包括自有和租用两种方式，但从物流一体化服务的需要出发，对运营网点的要求高一些，并特别提出要有为客户提供物流策划和实施方案的能力。

（4）对物流企业实施具体评估时，有些评估指标需要进一步具体化，如对业务辐射范围，在提出评估指标时只能大略规定，而在具体评估时则可以细化。

本章小结

物流质量是一个系统概念。一方面，在物流活动中，各工艺环节、各种资源、技术、设备等的质量有具体定性定量的质量标准描述，可以直接地确定质量规格和操作规程；另一方面，物流是为客户提供时间、空间效应的服务，需要根据客户的不同需求来提供，物流服务提供企业必须有一套完整的服务质量考核体系，物流服务质量将直接由客户根据满足其需求的程度来评价。

物流质量具体包含以下内容：物流商品质量、物流服务质量、物流工作质量、物流工程质量。反映物流服务质量要求的特性有功能性、经济性、安全性、时间性、舒适性和文明性。

物流质量管理是通过制定科学合理的基本标准，对物流活动实施的全对象、全过程、全员参与的质量控制过程。物流质量管理的基本特点：全员参与、全程控制、全面管理，整体发展。影响物流质量的因素具有综合性、复杂性等特性，加强物流质量管理就必须全面分析各种相关因素，把握内在规律。

关键概念

质量　物流质量　物流质量管理　物流工作质量　SMART原则　KPI系统　物流标准化

思考题

1. 物流服务质量管理体系的构成要素有哪些?
2. 物流工程质量管理是指什么?
3. 物流工作质量管理分为哪几个组成部分?
4. 什么是质量? 产品质量产生、形成的规律和影响因素是什么?
5. 简述质量的特性。
6. 简述物流工作质量KPI系统的内容。
7. 简述物流工程质量需要强调的几方面的内容。
8. SMART原则的内容是什么?
9. 简述物流标准化的形式。

第13章 精益物流管理

学习目标

理解精益物流的内涵、目标、特征及实施条件；掌握精益物流的基本框架及实施方法；掌握物流浪费的种类及消除物流浪费的策略。

精益物流管理是社会发展到信息技术时代的必然产物。企业传统的两大利润源泉——物质资源的节约和劳动生产率的提高，随着社会的发展，已到了“掘井无泉”的阶段。企业为了适应市场经济的需要，提高企业自身的综合竞争能力，必须寻找新的利润源泉以降低企业成本，于是精益物流管理应运而生。作为第三利润源的“物流成本”的节约成为企业最可能和快捷的途径；而降低物流成本最有效的工具就源于“精益物流”的理论和方法。

13.1 精益物流概述

精益的英文“lean”的含义是瘦弱、贫瘠、细小、干瘦、扁平、精确、精准，而精益的中文含义则是“精益求精”，反映的是“少而精”的概念，能够非常明确地表述20世纪末在发达国家出现的“精益思想”“精益企业”“精益制造”，以及在农业、工业、建筑业、物流乃至军事领域践行这一理念的趋势。

要理解精益物流首先得理解“精益思想”和“精益制造”的含义。

13.1.1 精益思想、精益制造及精益物流

1.精益思想

精益思想是指运用多种现代管理方法和手段，以社会需求为依据，以充分发挥人的作用为根本，有效配置和合理使用企业资源，最大限度地为企业谋求经济效益的一种新型的经营管理理念。精益思想的核心就是以越来越少的资金投入、较少的人力、较少的设备、较短的时间和较小的场地创造出尽可能多的价值；同时也越来越接近用户，提供他们确实想要的东西。

精益思想的五个基本原则是：

（1）从顾客的角度而不是从某个公司、部门或机构的角度确定价值，必须在供应链的下游建立关系，获取终端客户对价值的看法。

（2）确定设计、采购和生产产品的整个价值流中所有的步骤，找出不增加价值浪费的有效方法。价值流：价值链，消除浪费的供应链，增值活动。

（3）使那些创造价值的步骤流动起来，没有中断、迂回、回流、等待和废品。确定了增值活动以后，有必要考虑过程中的联系和所需时间，确保流动顺畅，尽可能多地消除浪费。

（4）即时地按顾客的需求拉动价值流。只生产客户所需的产品，而且是在对方需要时生产。

（5）通过层层发现，由表及里地消除浪费，从而尽量达到完美的境界。这就需要持续改进、消除浪费。

2.精益制造

精益制造（lean manufacturing），也称精益生产，是指产品的生产要依据顾客的要求，顾客对价值标准的理解制约着产品和工序的质量。不能给产品带来增值的工序和零件就被视为浪费，要被淘汰。精益制造主要专注在客户的增值项目、减少生产的废弃物以及提倡不断改进生产过程的方法上。同时，员工也可以一起参与其中。由于员工可以在生产过程中提出意见，以改善制造的过程，这亦有助于提高员工的积极性及生产效率。

与传统制造相比，精益制造有以下特点：

（1）消除包括库存在内的各种浪费。

（2）只在客户订货时进行生产。

（3）把重点放在客户价值上。

（4）使组织层次更加扁平。

（5）持续改进。

（6）最小的批量生产。

（7）保证质量和“第一次就做对”。

精益制造总的趋势是，生产线越来越短、越来越简，设备投资越来越少；中间库存越来越少，场地利用率越来越高，成本越来越低；生产周期越来越短，交货速度越来越快；各类损耗越来越少，效率越来越高。可见，实现柔性制造可以大大地降低生产成本，强化企业的竞争力。既然柔性制造是一种全新的和高境界的制造理念，因此它值得我们以持续改善的精神去思考和创造。

3.精益物流

精益物流（lean logistics）起源于精益制造的概念。它产生于日本丰田汽车公司在20世纪70年代所独创的“丰田生产系统”，起源于日本丰田汽车公司的物流管理思想，后经美国麻省理工学院教授的研究和总结，正式发表在1990年出版的《改变世界的机器》一书中。其核心是追求消灭包括库存在内的一切浪费，并围绕此目标发展出一系列具体方法。

精益生产的理念是指运用多种现代管理方法和手段，以社会需求为依据，以充分发挥人的作用为根本，有效配置和合理使用企业资源，最大限度地为企业谋求经济效益的一种新型的经营管理理念。精益物流则是从精益生产的理念中蜕变而来的，是精益思想在物流管理中的应用，是物流发展中的必然反映。

精益思想的理论诞生后，物流管理学家从物流管理的角度进行了大量的对比借鉴工作，并与供应链管理的思想密切融合起来，提出了精益物流的新概念。精益物流是指通过消除生产和供应过程中的非增值的浪费，以减少备货时间，提高客户满意度。

13.1.2 精益物流的内涵

《物流术语》(GB/T 18354-2021) 对精益物流的定义是：消除物流过程中的无效和非增值作业，用尽量少的投入满足客户需求，并获得高效率、高效益的物流活动。

精益物流是指以客户需求为中心，从供应链整体的角度出发，对供应链物流过程中的每一个环节进行分析，找出不能提供增值的浪费环节，根据不间断、不绕流、不等待、不做无用功等原则，制订物流解决方案，以减少整个供应提前期和供应链中的各级库存，适时提供仅由供应链需求驱动的高效率、低成本的物流服务，并努力追求完美。其目标可以概括为：在为客户提供满意的物流服务的同时，把浪费降到最低限度。

实现精益物流必须立足于整个供应链大系统，以正确认识价值流为前提，保证整个价值流的顺畅，关键是要以客户需求作为价值流的原动力，通过持续改进、不断追求完美来实现供应链物流系统的精益化。

相对于物流运作与规划的粗放方式而言，精益物流是对JIT技术、多目标最优化方法等理论的提高和升华，是利用高度发展的现代信息技术手段来严格设计规划货品在每一个流通环节的状态、时间、成本，同时在实际运作过程中设立各种考评和跟踪办法，使管理者能快速发现问题并及时解决问题的物流管理理念。精益物流的内涵主要有四个原则：

1.满足顾客需求原则

精益物流系统作为一种拉动型的物流系统，顾客需求是驱动生产的原动力，是价值流的出发点。价值流的流动要靠下游客户来拉动，而不是依靠上游客户的推动，当顾客没有发出需求指令时，上游的任何部分都不提供服务。顾客需求指令发出后，则要快速提供产品和服务。当然，对于一些需求稳定、可比较准确地预测顾客需求数量和规格的功能型产品，可以根据预测进行生产，以便为顾客更好地服务；如果是需求波动较大、可预测性不强的创新型产品，则必须精确反应，以缩短反应时间，提高顾客服务水平。总之，要从客户的立场，而不是仅从企业的立场或一个功能系统的立场，来对客户的需求进行快速识别、分类，制订出与客户要求相适应的物流方案。

2.减少浪费原则

精益物流在为顾客提供满意物流服务的同时，追求把提供物流服务过程中的浪费降至最低限度。一方面，让完成某一项工作所需步骤以最优的方式连接起来，形成不间断、不迂回、不倒流、不等待的连续流动，让价值流顺畅起来。另一方面，要对价值链中的产品设计、生产制造和订货发货等每个环节进行分析，找出不能提供增值的浪费，如设施设备空耗、人员冗余、操作浪费等。

3.逐步完善原则

精益物流是一个动态的管理过程。从概念设想、产品设计、工艺设计到投产，从顾客订单到制订详细的生产进度计划再到送货，从原材料制成产成品到送达用户手中，其中每个步骤一旦发现有造成浪费的环节就要及时消除，不断改进和完善。而对物流活动的这种改进和完善是不断循环的，每一次改进就消除一批浪费，同时又可能带来新的浪费而需要再次改进。这种改进使物流逐渐趋向于无中断、无绕流和无等候的总成本持续降低的精益物流。

4.整体优化原则

首先，把价值流上所有的企业和部门集成起来，摒弃传统的各自追求利润极大化而相互对立的观点，以最终顾客的需求为共同目标，共同探讨最优物流路径，消除一切不产生价值的行为。其次，货品在流动中的各个环节，包括交货、运输、中转、分拣、配送等都按计划、按时完成，以保证物流系统前后合理衔接，整体优化方案得以实现。再次，精益物流实现的关键是物品能够顺畅流动，货物停留的节点少，流通所经路径短，仓储时间合理，以达到整体物流的最优化配置。总之，要将物流系统作为一个统一体，综合考虑各个功能要素对系统的不同影响，规划总体方案和整体系统。依据最短路、最小树和最大流的原则，用多目标整体优化的方法实现系统的最优化方案。

精益的目的是消除浪费，减少在制品库存，并缩短流程和制造前置期，最终增加供应链的速度和流动性。精益物流还有一个至关重要的元素，就是“总成本”。精益物流的实践者绝对不会把心思放在单独的成本因素上，比如运输费用或者仓储费用，而是把心思放在总成本上。由于对于多数行业来说，库存持有成本一般占总物流成本的15%～40%，因此，基于总成本来做决策对物流有更重要的意义。

然而，许多公司并未充分理解总成本的概念，总是基于传统的可见成本驱动因素，比如运输、仓储和单件采购成本来做效果不彰的决策。

13.1.3 精益物流的四要素

1.顾客化

“顾客化”是精益物流的直接目标。

顾客需求是价值流的动力，这里的顾客既包括企业外部客户，也包括下一个工序、相关部门、相关人员等企业内部客户。为了实现“顾客化”的目标，需要在产品生产、设计和物流活动中与顾客进行密切的交流。因此，在实现精益物流的过程中，良好的客户关系管理有决定性的作用。

2.准时化

“准时化”是精益物流的基本特征。

对于精益物流而言，并不是速度越快越好，过快的速度往往会导致对环境变化的错误判断，或者因为高速度而导致成本增加。如快速的运输要求会转化为大量库存，或者导致运费增加，或者因为局部运行的速度过快导致供应链运行不稳定，从而产生“木桶效应”。因此，在准时化的判断上，速度应该是能够满足顾客需要的合适的速度，既不过快，也不过慢。

3.合作与双赢

“合作与双赢”是精益物流的组织机制。

与传统竞争年代中供求双方之间的利益对立关系相比，精益物流更强调企业之间的合作关系。特别是物流作为职能分工被独立出来后，物流的专业化职能更具有了“寄生性”，即物流职能是依托于生产、销售、顾客服务而存在的，没有在这些职能之间形成供给-需求链，物流就没有存在的基础。因此，企业内部的物流部门只有与生产部门、销售部门、顾客服务部门之间密切协作，才能实现精益物流，也才能获得双赢的机会。

4.供应链一体化的集成

“供应链一体化”的思想是精益物流实现的基础。

供应链一体化的集成包括三个方面：首先是企业内部供应链的集成，这是供应链一体化的基础。它解决的是企业管理的效率问题，如在优化资源和能力的基础上，如何以最低的成本和最快的速度生产最好的产品，提高企业的柔性化等。其次是企业外部供应链的集成，这是供应链一体化的关键。它力图通过企业战略伙伴关系管理，增加与供应商和顾客的联系，增进相互之间的一致性，实现信息共享。最后是实现集成化的动态联盟，企业通过Internet技术集成在一起以满足顾客的需求，一旦顾客消失它便随之解体。

在精益物流的四个要素中，供应链一体化是基础，它构建了精益物流的实现网络和运行轨迹；准时化是基本特征和衡量的有形尺度；顾客化是精益物流的目标；合作与双赢是运行的机制和准则。这些要素的共同作用保证了精益物流运行的方向、规划和实现。

13.2　精益物流的目标、特征及实施条件

13.2.1　精益物流的目标

精益物流的目标可概括为：企业在提供满意的顾客服务的同时，把浪费降到最低限度。根据顾客需求，提供顾客满意的物流服务，同时追求把提供物流服务过程中的浪费和延迟降至最低，不断提高物流服务过程的增值效益。企业物流活动中的浪费现象有很多，常见的有：无需求造成的积压和多余的库存、实际不需要的流通加工程序、不必要的物料移动、因供应链上游不能按时交货或提供服务而等候、提供顾客不需要的服务等，努力消除这些浪费现象是精益物流最重要的内容。

要实现精益物流必须从以下几方面入手：

1. 正确认识价值流

价值流是企业产生价值的所有活动过程，这些活动主要体现在三个关键的流向上：一是从概念设想、产品设计、工艺设计到投产的产品流；二是从顾客订单、制订详细进度计划到送货的全过程信息流；三是从原材料制成最终产品到送至用户手中的物流。因此，认识价值流必须超越企业这个世界上公认的划分单位的标准，去查看创造和生产一个特定产品所必需的全部活动，弄清每一个步骤和环节，并对它们进行描述和分析。

2. 保证价值流的顺畅

消除精益物流中的障碍与浪费的关键是确立共同的目标，明确价值流向，摒弃传统的各自追求利润极大化而相互对立的观点，共同探讨最优物流路径，消除一切不产生价值的行为。

3. 以顾客需求作为价值流动力

围绕顾客需求这一物流基点，针对不同需求波动类型的产品，精准反应，加快整个环节的响应速度，提升客户服务水平和效率。

4. 不断改进和完善物流循环系统

通过动态管理，发现物流过程中成本、效率、顾客满意度方面的短板，持续改进，全体人员共同参与，上下一心，各司其职、各尽其责，达到全面物流管理的境界。

13.2.2　精益物流的特征

物流涉及信息、运输、存储、装卸、配送、包装等，物流的任务是以尽可能低的成本，对原材料、在制品和成品的库存进行地理上的定位，经过物流过程，使原材料流入到

制造设施中去，再通过市场营销的渠道把产品送到客户手中。

精益物流具有以下特征：

1.客户至上，密切与客户的联系

物流企业属于服务性的行业，没有有形的产品，它的产品就是“服务”。因而，客户是物流企业的生命线，没有客户就什么都无从谈起，再好的物流流通手段、物流装备技术、管理方法等都运转不起来。物流企业的服务形式就是直接面向客户，这种服务的最高境界在于保持与客户的密切联系，让客户感受到你的服务是一流的，价格是公道、合理的。

2.以“人”为本，树立团队协作精神

现代物流具有九个本质特征，即物流目标的系统化、物流要素的集成化、物流组织的网络化、物流接口的无缝化、物流信息的电子化、物流运作的规范化、物流经营的市场化、物流管理的现代化、物流服务的系统化。从中可以看出，九个本质特征虽然都依靠技术进步的手段求得发展，但更重要的是以人为本地推行团队协作的工作方式。一个团队要负责整个项目的物流系统设计、开发、规划等复杂细致的工作，就必须及时根据实际情况做出调整和规划。团队是企业集中各方面人才的组织形式。企业一方面实行激励机制，为员工创造良好的工作条件和晋升途径；另一方面给员工一定的工作压力和自主权，以激励员工不断学习新知识、勇于创新和实现自我价值，从而形成既合作又竞争的企业文化。

3.以“精、简”为手段，尽力消除浪费

精益物流就是去除物流流通中的一切多余的环节，实行精简。在物流过程中，采用先进的交通工具、通信手段（GPS）和信息技术（EDI、电子商务、条形码等）实现价值增值。同时在组织结构上，纵向减少层次，横向打破部门壁垒，将多层次分工的管理模式转化为平行、扁平的网状管理结构。

4.以“零误差”为目标，准时满足客户的需要

精益生产所追求的目标是尽可能零缺陷、无废品。同样，精益物流是为客户进行准确、准时配送，满足客户的需要。虽然每个人或企业都不能达到100%正确、毫无误差，但是，这要作为一种目标永无止境地去追求，使企业树立优质服务、客户至上的理念，真正实行、实现精益物流。

13.2.3 精益物流的实施条件

1.以供应链管理为基础

精益物流的实施必须以供应链管理的思想为基础，才能使准时、高效、低成本的优势得以充分发挥。具体而言，主要包括以下几点：

（1）放弃非核心业务。在全球经济一体化的趋势下，自给自足的“纵向一体化”生产方式已丧失了竞争力，取而代之的是跨行业、跨地域的“横向一体化”协作生产模式，协作企业之间的业务联系由供应链管理来保证。供应链上每个节点企业的业务都应不再追求“纵向一体化”管理模式，而应以突出自己的核心业务来提高企业的核心竞争力。至于非核心业务，则应有所选择地予以放弃。

（2）改进物流供应链模式。从企业竞争战略的角度考虑，物流外包更能够提高企业物流运营效率，更能降低物流运营成本，因而与第三方物流携手合作是企业未来物流模式的主要形式。应根据供应链管理的需要，以最快满足顾客需求为宗旨，不断修正和设计供应链的内外结构及业务流程，优化资源要素，增强整个供应链的竞争力。

（3）与供应商和分销商建立战略伙伴关系。要充分利用外部资源，与供应商和分销商建立合作-竞争的战略伙伴关系，实现优势互补。应选择合适的供应商和分销商，以物流或产品为纽带构建供应链系统。

2.加强信息技术的应用

现代物流与传统物流有着明显的差别，现代物流是一个庞大的、复杂的、高科技装备相结合的系统工程。目前，发达国家已经普遍应用数据库（database）、条形码（bar code）、电子订货系统（EOS）、电子数据交换（EDI）、全球卫星定位系统（GPS）、物资采购管理（MRP）、企业资源规划（ERP）等信息技术，使这些国家在提高物流效率、降低物流成本方面取得了显著成效。

3.增加物流的柔性和敏捷性

加强物流实施的柔性和敏捷性就是要求既要有“以不变应万变”的缓冲能力，又要有“以变应变”的适应能力。增加柔性和敏捷性使制造企业能够获得更好的适应性，从而在激烈的市场竞争中立于不败之地。

4.精益化生产及合理供货

精益物流是客户拉动的物流系统，其与企业的精益化生产紧密结合。精益化生产意味着小批量，其优势在于减少在制品库存，降低原材料库存，易于管理。小批量生产的切换速度快，因而要求供应商能小批量、频繁及时地供货。制造企业作为精益生产的实施者和精益物流的最直接需求者，其生产均衡与否以及其供货政策是否合理在很大程度上影响并制约着整个精益物流系统的运作效果。

5.精益物流思想与团队精神有机结合

任何先进的设施和系统都要人来完成，人的因素往往发挥着决定性的作用，精益物流系统的实施也应体现以人为本的原则。在正确认识产品流、信息流和物流等一系列价值流的基础上，对包括管理层和全体员工在内的企业所有人员进行精益物流思想的灌输，使他们理解并接受精益物流思想。因此，应从整个系统角度齐心协力地消除一切不合理的现象，杜绝浪费，并以满足最终客户需求为中心，形成一种鼓励创新的氛围，在不断完善的基础上实现跨越式的提高，从而充分体现精益物流效益决策的内涵，促进物流体系的不断完善，使企业形成较强的竞争能力。

13.3 精益物流系统的基本框架

精益物流系统的基本框架如下：

1.以客户需求为中心

在精益物流系统中，顾客需求是驱动生产的原动力，是价值流的出发点，系统的生产是通过顾客需求拉动的。

2.准时

在精益物流系统中，电子化的信息流保证了信息流动的迅速和准确无误，还可有效减少冗余信息的传递，减少作业环节，消除操作延迟，这使得物流服务能够准时、准确、快速，具备高质量的特性。

货品在流通中能够顺畅、有节奏地流动是物流系统的目标，而保证货品的顺畅流动最关键的是准时。准时的概念包括物品在流动中的各个环节按计划按时完成，包括交货、运输、中转、分拣、配送等各个环节。物流服务的准时概念是与快速同样重要的方面，也是保证货品在各个环节以最低成本完成流动的必要条件，同时还是满足客户要求的重要方面之一。准时也是保证物流系统整体优化方案得以实现的必要条件。

3.准确

准确包括准确的信息传递、准确的库存、准确的客户需求预测、准确的送货数量等，准确是保证物流精益化的重要条件之一。

4.快速

精益物流系统的快速包括两方面含义：一是物流系统对客户需求的反应速度；二是货品在流通过程中的速度。

物流系统对客户个性需求的反应速度取决于系统的功能和流程。当客户提出需求时，系统应能对客户的需求进行快速识别、分类，并制订出与客户需求相适应的物流方案。客户历史信息的统计、积累会有助于企业制订快速的物流服务方案。

货品在物流链中的快速性包括：货物停留的节点少、流通所经路线短、仓储时间合理，并达到整体物流的快速。速度体现在产品和服务上成为影响成本和价值的重要因素，特别是市场竞争日趋激烈的今天，速度也是竞争的强有力手段。快速的物流系统是实现货品在流通中价值增值的重要保证。

5.降低成本、提高效率

精益物流系统通过合理配置基本资源、以需定产，能够充分地运用优势和实力；通过电子化的信息流，进行快速反应、准时化生产，从而能够消除诸如设施设备空耗、人员冗余、操作延迟等现象，保证物流服务的低成本。

6.系统集成

精益系统是由资源、信息流和能够使企业实现“精益”效益的决策规则组成的系统。精益物流系统则是由提供物流服务的基本资源、电子化信息和使物流系统实现“精益”效益的决策规则所组成的系统。

具有能够提供物流服务的基本资源是建立精益物流系统的基本前提。在此基础上，需要对这些资源进行最佳配置，资源配置的范围包括设施设备共享、信息共享、利益共享等。只有这样，才可以充分地调动优势和实力，合理运用这些资源，消除浪费，经济合理地提供满足客户要求的优质服务。

7.信息化

高质量的物流服务有赖于信息的电子化。物流服务是一个复杂的系统项目，涉及大量繁杂的信息。电子化的信息便于传递，这使得信息流动迅速、准确无误，保证物流服务的准时和高效。电子化信息便于存贮和统计，可以有效减少冗余信息传递，减少作业环节，减少人力浪费。此外，传统的物流运作方式已不适应全球化、知识化的物流业市场竞争，必须实现信息的电子化，不断改进传统业务项目，寻找传统物流产业与新经济的结合点，提供增值物流服务。

使系统实现“精益”效益的决策规则是使领导者和全体员工共同理解并接受精益思想，即树立消除浪费和连续改善的理念，用这种思想方法思考问题、分析问题，制定和执行能够使系统实现“精益”效益的决策。

13.4 精益物流的方法

精益物流的根本目的就是要消除物流活动中的浪费现象，因此，如何有效地识别浪费就成了精益物流的出发点。为此，物流专家做了大量的工作，创建了一些“工具箱”，Daniel T. Jones等曾总结了这方面的成果，认为目前行之有效的方法有七种：过程活动图、供应链反应矩阵、产品漏斗图、质量过滤图、需求放大（扭曲）图、决策点分析图、实体结构图，而其中最常用的方法是过程活动图和实体结构图。

1.过程活动图

过程活动图是一种传统的工业工程方法，它由五个阶段构成：

（1）过程研究。

（2）浪费识别。

（3）过程再思考。

（4）流向设计或运输路线的再优化。

（5）价值流中每项活动存在必要性的进一步确认。

在运用过程活动图进行分析时，主要要把握三个关键点：过程的总体考察；每次过程的详细记录，包括所花时间、所需人员、产品移动距离、所用设备及场地面积；用5W1H法进行分析（活动为什么存在、谁来执行、用什么设备、在哪里、何时和怎样实施）。

2. 实体结构图

实体结构图是从整个供应链的角度来识别价值流，它有助于了解供应链的结构及供应链的运行状况，一般由容量结构图和成本结构图两部分构成。下面以汽车生产为例进行分析：

图13–1显示了供应链所涉及的公司数的配比。在该图中有三层供应商、三层配送商和处于中间环节的装配厂。除此之外，在供应商层还有原材料、其他辅助支持设备（如机器、办公用品）的供应商，这两类供应商群体之所以没有划分层次，是因为它们与装配厂、其他供应商层交织在一起。同样，除了三层配送层之外，还有提供服务的零部件配送商及其他提供各种辅助服务的配送商的组合，图中每一部分所占的面积都是按每类公司数目比例确定的。

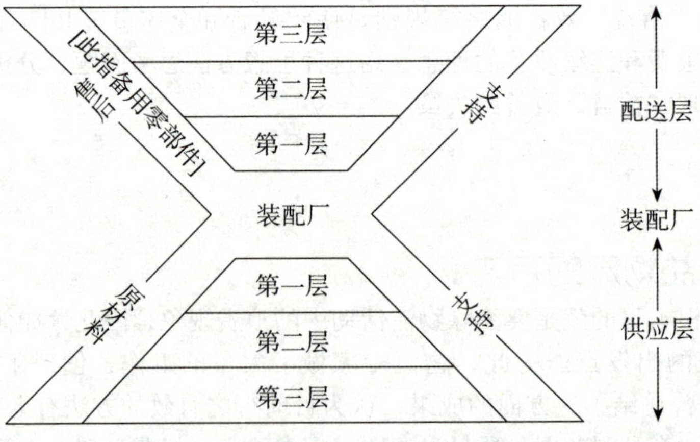

图13–1　供应链中所包含的公司数配比

图13–2用来分析销售给消费者的最终产品的附加价值产生过程，或更严格说是附加成本发生的过程。由图可见，主要的附加成本发生在原材料公司、第一层供应商和装配厂

中，而配送成本并不是主要的。

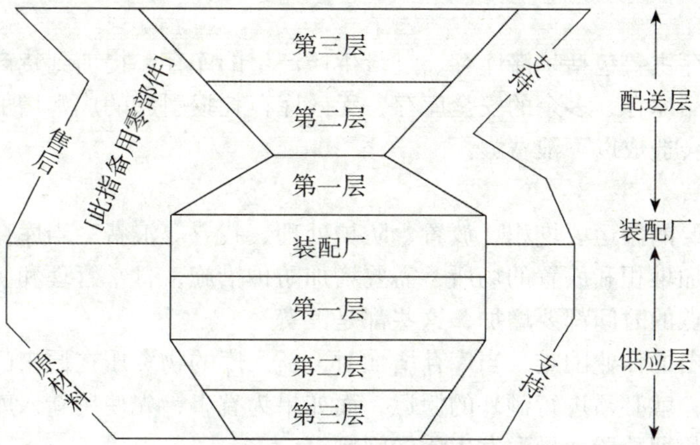

图13-2 附加成本的发生

与过程活动图一样，通过实体结构图可以消除不必要的活动，或简化、合并活动或调整活动顺序，以达到减少浪费的目的。

综上所述，运用供应链管理的整体思维，站在顾客的立场，无限追求物流总成本的降低，是精益物流真正的核心所在。

13.5 物流浪费

13.5.1 物流浪费的类型

任何没有附加价值的作业，在日本都称为Muda，就是浪费的意思。

首先发现浪费现象的人是日本丰田公司的大野耐一。他把浪费概括为七种：

（1）过量生产；

（2）库存；

（3）生产中产生次品；

（4）不必要的动作；

（5）不必要的加工；

（6）不必要的等待；

（7）不必要的搬运。

这七种浪费是企业中普遍存在的现象，而其中涉及物流方面的浪费主要有：库存浪费、运输浪费、仓储设施浪费、包装浪费。

1.库存浪费

不必要的库存主要包括呆滞库存、过量生产产生的库存、提前到货产生的库存、生产线上多余的在制品库存、多余的安全库存、无效库存耗损引起的成本增加，这些都成为浪费的根源。库存会造成以下浪费：

（1）直接浪费

①产生不必要的搬运、堆积、放置、防护处理、找寻等浪费。当库存增加时，搬运量将增加，需要增加堆积和放置的场所，需要增加防护措施，日常管理和领用时需要增加额外时间，甚至盘点的时间都要增加，这些都是浪费。

②使先进先出的作业困难。当库存增加时，新入库的物资压在原来的物品上，先入库的要想优先使用，就必须进行额外的搬运，而如果为省事，先使用新入库的物品，则原来的物品就会因为长期放置而导致发生质量问题等。

③损失利息及管理费用。当库存增加时，用于生产经营活动的资金会大量沉淀在库存上，不仅造成资金总额增大，还会增加利息和库房的管理费用，而这些问题常常隐含在公司的管理费用中，只有专门列出，才能发现其严重性，进而正视、重视并努力解决它。

④物品的价值会降低，变成呆滞品。当库存增加时，库存量会大于使用量，甚至会造成长期的积压，特别是当产品换型时，这种问题可能会更加严重。例如，某公司在国产化和C型机向G型机转换过程中，因为原来库存过多而造成大量物资积压，为盘活这些积压物资，又需要进行额外的投入。此外，由于放置的时间较长，原来低价批量买进的物资，现在六折就能买到新型号，从而造成实际价值降低、成本升高、利润减少。

⑤占用厂房空间，造成场地、仓库建设投资的浪费。当库存增加时，就需要额外增加放置场所，新增加了投资，却不能带来效益。

（2）间接浪费

因库存所造成的无形损失绝不亚于上述的有形损失，库存会隐藏问题，造成下列后果：

①没有管理的紧张感，阻碍改进：库存量一多，因机械故障、不良产品所带来的不利后果不能马上显现出来，因而也就不会产生对策；同样，换模时间的缩短也永远排不到优先解决之列。

②设备能力及人员需求的误判：由于过量库存的存在，设备能力不平衡也看不出来，而且库存越多越不容易看出来，人员是否过剩也就无从了解。保有库存最大的理由是“怕出问题”。机器故障、不良品产生、生产准备时间太长，都会影响整条生产线的生产。为了不使影响扩大，库存便成了必需，众多的问题也就被隐藏了起来，发现问题、解决问题的速度自然也就变慢了。

综上所述，精益生产方式认为，“库存是万恶之源”，这是精益生产与传统生产对浪费最大的不同点，也是精益生产能带给企业很大利益的原动力。精益生产方式中几乎所有的改善行动皆会直接或间接地与消除库存有关。

2.运输浪费

在各个环节和企业间运输，产品都有受损的风险，增加成本和耗时，但是，运输又是物流必要的活动。运输成本是物流成本中最大的单项成本，占物流总成本的一半以上。同时，产品在运输过程中所耗费的时间也是订货提前期的一个主要部分，是订货提前期波动的一个主要原因。

运输浪费，是指对货物有效空间位移不可缺少的最小数量的资源投入以外的任何东西。在运输过程中确实存在许多属于“浪费”的支出。运输浪费主要包括重复的运输路线、非经济的运输规模、运输等待和运输事故引起的成本。运输浪费包括以下几个方面：

（1）伴随实际货物位移的多余的载体运输能力。

（2）货物在空间位移过程中的等待时间。

（3）由于不合理安排造成的实际上的多余运输。

（4）运输交接过程中的货物库存积压。

（5）运输中不产生绩效的多余的业务程序。

（6）运输中多余的运作环节等。

3.仓储设施浪费

仓储是物流的主要核心功能之一，仓储设施必不可少，仓储成本占物流总成本的30%左右，很多企业投巨资建立了现代化的仓储设施，但利用率却不高，造成了仓储设施的浪费，物流成本过高。

仓储设施浪费主要表现在：物流资源闲置，仓库利用率过低。仓库利用率一般用面积利用率和空间利用率来衡量。现在许多企业物资部门的仓库都存在一方面“库房紧张”，另一方面现有的仓库利用率低的问题。例如，某公司对所属的100多个仓库（不包括产成品库）做了一次抽样调查，调查结果显示，专业性仓库实用货位面积平均占仓库使用面积的47.5%，综合性仓库实用货位面积平均占仓库使用面积的32%，而实际堆放物资的面积都大大小于货位面积，有的实际堆放物资的面积仅占仓库使用面积的20%。许多仓库的空间利用率都相当低，库房内的高度一般是5米左右，不少仓库地面上只摆放着半米高的货物，空间利用率仅10%。

4.包装浪费

包装是物流的功能要素之一，包装影响生产、仓储、运输和销售。在物流过程中，包装起到保护商品、方便物流运输、促进销售和方便消费的作用。

包装对物流生产力和效率都会产生影响。所有物流活动，从卡车装载、仓库分拣的效率到运输工具和存储空间的利用率，均受到包装的影响。在所有作业环节中，包装设计、单元化和信息交流特性，都直接影响货物处理的效率。

包装对仓库中产品的堆积高度也有影响，因此会影响到仓库的利用程度和成本。同时，包装也会在运输过程中影响运输工具的利用率，对物流成本的影响是相当大的。包装规格可能影响托盘、货架及不同的物料搬运设备的功能发挥。对于仓库和运输承运人而言，许多公司设计的包装不是太宽就是太高，而劣质的包装则导致较高的搬运费用，如果货物损坏还将导致未来销量的减少。所以，将包装与仓储和运输协同十分重要。

包装浪费主要表现在两个方面：

（1）包装过度。过多的、不必要的包装以及一次性包装的过度使用会导致物流成本上升、环境污染，造成浪费。

（2）包装规格过多。体积和重量最小化对电子商务是一种挑战。由于通过电子商务购买的产品品种和规格过多，使包装规格也过多，降低了物流作业的效率。因此，为了提高采购和作业效率，这些作业往往会选择标准化包装，其结果导致包装尺寸过大，需要一些额外的填充材料，这就增加了运输成本。由于产品具有不同的特性，并且电子商务的产品品种很多，这就需要对一个订单的多个产品进行组合包装，而这种包装方式导致了发货和直接配送成本的增加，引起消费者不满。同时，也会带来包装的回收处理问题。

13.5.2 消除物流浪费的原则

精益物流的核心是在物流活动过程中消除一切无效劳动和浪费，它把目标确定在尽善尽美上，通过不断地降低成本、提高质量、增强物流灵活性、实现无废品和零库存等手段，确保企业在竞争中的优势。同时，精益物流把责任下放到物流组织结构的各个层次，采用小组工作法，充分调动全体职工的积极性和聪明才智，把缺陷和浪费及时消灭在每一个岗位。具体做法如下：

1.消除七大浪费

消除企业中普遍存在的七大浪费现象，即消除前文所列的过量生产、库存、生产中的次品、不必要的动作、不必要的加工、不必要的等待、不必要的搬运。

2.从总成本角度出发，关注流程，提高总体效益

质量管理专家戴明认为："员工只需对15%的问题负责，另外85%归咎于制度流程。"要从总成本角度出发来改进流程，有什么样的流程就产生什么样的绩效。要注意流程改进的目标是提高总体效益，而不是提高局部的、部门的效益，为了实现企业的总体效益最优，就有可能牺牲部门的局部效益。

3.建立不间断的流程以快速应变

建立不间断的流程，将流程中不增值的无效时间尽可能压缩以缩短整个流程的时间，

从而快速应对顾客的需要。

4.降低库存

降低库存的目的是解决资金占用问题和降低成本，而且低库存需要高效的流程、稳定可靠的品质来保证。很多企业在实施精益生产时，以为精益生产就是零库存，不先去改造流程、提高品质，就一味要求下面降低库存，结果可想而知，成本不但没降低，反而急剧上升，于是就得出结论，精益生产不适合我的行业、我的企业。这种误解是需要竭力避免的。

5.实施全过程的零缺陷管理

零缺陷特别强调预防系统控制和过程控制，要求第一次就把事情做正确，使产品符合对顾客的承诺要求。开展零缺陷运动可以提高全员对产品质量和业务质量的责任感，从而保证产品质量和工作质量。质量是制造出来的，而不是检验出来的。检验只是一种事后补救，不但成本高，而且无法保证不出差错。因此，应将品质内建于设计、流程和制造当中，建立一个不会出错的品质保证系统，一次做对。

据统计，在美国，许多公司通常要花费总营业额15%~20%的费用在测试、检验、变更设计、整修、售后保证、售后服务、退货处理及其他与质量有关的成本上，所以，真正浪费的原因是没有在前端抓需求，而是退居后端抓“服务”和“救火”。如果我们第一次就把事情做对，那些浪费在补救工作上的时间、金钱和精力就可以避免。

6.基于顾客需求拉动生产

在需要的时候，仅按所需要的数量生产，生产与销售是同步的，即按照销售的速度进行生产，这样就可以保持物流的平衡，任何过早或过晚的生产都会造成损失。可以利用ERP或MRP信息系统来实现企业外部的物资拉动。

7.标准化与工作创新

标准化对企业很重要，它将企业中最优秀的做法固定下来，使得不同的人来做都可以做到最好，发挥最大成效和效率。而且，标准化也不是僵化、一成不变的，标准需要不断地创新和改进。

8.满足顾客需要

满足顾客需要就是要持续地提高顾客满意度，为了一点眼前的利益而不惜牺牲顾客的满意度是相当短视的行为，这种理念需要以实际行动来实践。

9.精益供应链

与供应商建立长期合作的伙伴关系，与供应商信息共享、风险利益共担，降低整个供应链的库存，是精益供应链管理的目标之一。很多企业的做法与这种精益理念相悖，为了达到降低库存的目标，将库存全部推到了供应商那里，使得供应商的库存增加。其实，只是简单地将库存从一个地方转移到另一个地方是不能解决任何问题的。

13.5.3 消除物流浪费的途径

1. 消除库存浪费

精益生产方式将生产中的一切库存都视为“浪费”，同时认为库存掩盖了生产系统中的缺陷与问题。它一方面强调供应对生产的保证作用，另一方面强调对零库存的要求，从而不断暴露生产中基本环节的矛盾并加以改进，不断降低库存以消灭库存产生的“浪费”。其具体做法是：

（1）平衡生产与需求。

（2）提高生产灵活性，缩短交付周期。

（3）实施精益物流，加快交付频率，缩小批量。

只要公司采纳精益制造模式，就必须实施原材料的拉动系统来支持制造流程。在设计该物流网络时，要考虑运输设计和交付频率以及各种零件的批量。

2. 消除运输浪费

运输浪费常常会被公司忽视。精益运输的目标是将运输物品的时间压缩至最短，并将变化减至最低。制造商必须尽可能地将不必要运输减少至最低限度，浪费经常是运用过多的资产（库存）来满足运输时间和变化的要求。为了减少浪费和降低运输成本，需要采取以下措施：

（1）单元化运输

为了便于物料处理和运输，把多个主箱组合成一个单元的过程称为单元化或集装箱化。单元化运输是将物料放在定型的储运器具内，组成统一规格的单元货物，采用物料搬运机械和交通运输工具进行装卸、搬运、堆垛和运输的一种运输方式。单元化运输分托盘运输和集装箱运输两大类。

单元化包括各种形式的产品组合，如将两个主箱捆在一起，也有可能是使用专门的运输设备。不论哪种类型的单元化作业，其根本目的都是提高物料处理和运输的效率。单元装载与处理单个主箱相比，具有很多优势：

一是在运输途中更换车船时无须将物料从储运器具中取出换装，从而减少装卸时间，将目的地的卸货时间和滞留时间减少到最短。

二是单元装载的货物更有利于物料处理，单元装载所用的时间大约是利用人工装货或卸货时间的1/5。由于单元装载的运入货物的收据都做成了条形码，因此简化了入库货物的核对工作，订单分拣需要的库存产品也能被快速定位。

三是由于使用了单元装载和专门的运输设备，运输途中的货损也减少了。

以上所有因素都减少了物流成本。

（2）选择合适的运输服务商

企业应该按照下列因素的排序来选择自己的运输服务商：①可靠性。它是选择承运商时需要考虑的首要因素。②准时交付。③成本。④产品丢失/损坏情况。

但是，在降低成本的压力下，对运输服务商的可靠性和服务要求常常被排在了成本之后，而这实际上反而会导致成本增加或者影响货物配送。落后的设备、无经验的司机和低效率的分类与配送流程，都可能导致不可靠的服务。所有这些因素都会招致额外成本，从而被加到运输成本之中。这些成本经常表现为增加库存，加快对客户的出货以弥补货物迟到的影响，以及为这些变化所付出的时间和资源，最坏的情况通常是对客户的交货期延误。这种情况可能造成长期的负面影响，它不仅可能导致失去客户的下一笔订单，甚至可能失去该客户的全部订单。于是，最初节省下来的成本可能很快就被几次失败的递送所抵消。虽然可能难以计算使内部流程具有可靠性所带来的成本节省，但这种节省成本策略的失败所带来的影响通常比较容易判断。花点时间计算送货失败成本非常重要，而且应该把它当作可靠性价值的警示。

所以，在选择运输服务商时，要全面评估运输提供商的服务、可靠性、信誉和价格，并选择那些能够密切支持你的业务伙伴，而不是仅能满足运输目标的运输服务提供商。

（3）优化运输网络

物流网络一般由进货、内部传递和出货运输组成，与作业特点和分配设施、供应商和客户相连。优化运输网络意味着确定运送产品的最有效方式，发现目前流程中的浪费环节，帮助厂商设计出最佳的网络。可以利用运输管理软件，根据地点、最低成本和运抵时间来自动选择产品运输的最佳模式，与运输提供商一起确定改善或修改流程的方式。可以寻找机会整合运输、拣货和交接流程，在可能的情况下制定出运输路线指南。

（4）采用运输管理信息系统，提供及时的运输信息

运输成本的降低需要以信息技术为支撑，为了提高效率，有必要提供实时的运输状态信息。有些运输提供商的软件工具将向企业的运输部、采购部和客户服务部发送电子邮件，告知他们指定货运的状态，或者按要求提供全部货运状态，甚至还可以选择让软件提醒可能延误的货运，并获得关于补救措施的建议。

当采用运输信息系统提供的服务时，可以节省大量成本。运输商通常免费提供这些技术服务，他们能够事先追踪重要的货运，并告知客户运输的状态，采购和生产部门据此保证元器件按时到达以满足生产计划，使其内部流程具有可靠性。

（5）建立合作关系

可以通过与运输提供商合作来减少浪费，目标是与运输提供商之间建立一种平稳的、连续的和具有成本效益的商品与信息流。这意味着可以及时通知他们客户需求的变化、新的供应商或批量的变化等情况。利用协调的流程取代分散的信息共享，能够简化和改善运输决策的准确性。与运输提供商之间建立合作性更强的关系，将产生效率更高、浪费更少的流程。

在与运输服务商的合作中，企业需要考虑的因素包括：与运输提供商共享运力和负载

预测；让运输提供商在装货前知道货物数量的变化；减少在装货和交货时司机的周转时间；提高装货与交货时间的灵活性。同样，运输提供商也能够在企业需要急运货物时迅速找到拖车，并在高峰季节提供可靠的服务。应将重点放在消减浪费上面，而不是成本上，这样双方更容易交流，而且运输伙伴致力于消除诱发浪费的一些流程，通过确定和减少这些浪费，企业能够在不影响服务的情况下取得更好的效果。

另外，在中国的汽车运输中，离散的社会运输车辆较多，运输资源不能有效整合和利用，往往会造成车辆配载效率问题、线路优化问题、空驾问题、安全问题，还有恶性竞价问题、行业规范问题、多式联运的衔接与协同问题等。由专业软件公司开发适合中国国情又符合现代物流理念的物流管理信息系统，并指导用户正确使用和进行日常维护，可以解决上述问题，从而提高运输效率，提高服务水平，降低宏观物流成本。

3.消除物流设施浪费

在我国，物流资源闲置浪费严重，仓库利用率达到90%以上的物流企业不到四成。提高仓储设施利用率，消除浪费，可以从企业内外两方面入手：

（1）企业外部

物流资源需要通过网络化进行整合，未来的物流服务将是基于信息技术建立起来的企业间分工与协作共存的网络化服务体系，从而达到资源共享、成本最优等目的。

①网络化发展成必然趋势。需求促进物流服务的网络化。将顾客日益提高的苛刻要求与灵活高效、低成本的服务相连接，将合作的物流服务提供商连接在一起，是物流服务的重要目标。只有发挥物流组织网络的作用，才能真正实现以顾客为中心。

②物流企业间的协同合作。物流企业发展方向主要在于协同，共同为客户提供一体化的物流服务。物流系统内的各个方面将在网络技术的支持下，形成一个资源共享、快速反应、成本最优的综合性的服务体系。

（2）企业内部

企业内部要提高仓储设施的利用率，可以通过以下途径：

①采取高垛的方法，增加储存的高度。具体方法有采用高层货架仓库、集装箱等，都可比一般堆存方法大大增加储存高度。

②缩小库内通道宽度以增加有效储存面积。具体方法有采用窄巷道式通道，配以轨道式装卸车辆，以减少车辆运行宽度要求，采用侧叉车、推拉式叉车，以减少叉车转弯所需的宽度。

③减少库内通道数量以增加有效储存面积。具体方法有采用密集型货架、不依靠通道可进车的可卸式货架、各种贯通式货架、不依靠通道的桥式起重机装卸技术等。

4.消除包装浪费

（1）采用可回收的包装

利用可回收包装是消除包装浪费的主要途径。除了企业自觉利用环保包装外，国家法律必须有明确规定，这里可以借鉴欧盟国家对包装的相关立法经验。例如，德国规定制造商有义务回收销售与运输包装物，并规定了主要产品和运输包装物的回收比例（牛奶17%，饮料72%，纸张、塑料64%，运输包装100%）；对进口包装物实行押金制度。

（2）合理设计包装

设计包装时，要考虑有效利用仓库、运输设备和托盘的空间；要考虑包装的强度，分析包装的高度、处理活动和要实施搬运的设备；要考虑包装的形状。只有合理设计包装，才能提高存储和运输的空间利用率。因此，进行包装设计时要考虑七个要素：①标准化；②定价（成本）；③包装或产品的适应性；④包装的保护性；⑤包装的可搬运性；⑥产品的易包装性；⑦包装的可回收性、可再利用性。

精益制造依赖等量的生产、连续的交付和精简的批量，从而在不保留陈旧库存的情况下适应需求变更。精益制造要求有专用的运输网络，其中运输路线是经过预先规定的，而且装运结构是从工程角度设计的。要想配置高效的装运结构，产品包装必须在尺寸、堆叠性和耐久性方面严格符合标准。只有包装一致，才可以确定批量、设计装运结构，并且在转船和搬运时保护产品。通常，只要包装一致，就可以消除系统中由于拖车利用率低下、库存批量大和产品损坏引起的支出。

（3）合理选择包装材料

合理选择包装材料，可以减少包装成本：轻便包装节省运费；保护性强的包装减少损坏；环保包装节省处理费用、提升公司形象；可回收包装节省资金。当运输工具或集装箱超重时，就不能再装载货物，从而会造成运输空间的闲置，这时，通过改变货物包装，可以降低总重量。例如，利用塑料容器代替玻璃容器，就能增加拖车装运的容器数量；利用回收的塑料瓶做包装填充材料，可以既节约包装成本又降低运输重量。

以戴尔公司为例。2008年戴尔开始减少10%的包装材料，在接下来的四年中因减少使用包装材料节省了约800万美元支出，同时使15万株树木免于被砍伐。该计划是戴尔减少碳排放目标的一部分内容，最终使其减少约2 000万磅（1磅=453.59237克）用于运输台式机和笔记本的包装材料，约占总量的10%。戴尔更多地使用回收废料作为运输用包装材料，把近2 000万把牛奶壶转化为Studio Hybrid台式机的缓冲材料。戴尔的目标是将包装材料的“可持续内容”提高40%，并确保了到目标年份有75%为可回收材料。戴尔可持续业务总监托德·阿伯加斯特（Tod Arbogast）称：“戴尔正邀请所有科技公司加入我们实施全球绿色包装战略的阵容，这一战略将为戴尔业务及客户带来非凡的环境和成本的节约，为其他行业开创一个新的效率模型供其仿效。”同时，戴尔还推出了Greenprint Advisor（绿色印刷顾问）服务，为其他想要加强环保内容的公司提供免费的在线参考。

（4）减少过度包装

2022年7月22日，苏州市邮政管理局执法人员在对某快递公司网点检查时，现场发现某件快件缠绕胶带超过7米，而该快件箱子的尺寸为32cm×38cm×38cm，涉嫌过度包装。2022年7月25日，苏州市邮政管理局对当事人过度包装的违法行为依法予以立案调查，并对当事人授权委托人进行调查询问。经调查，该快递企业网点员工因为不了解相关操作规范，确实存在过度包装的行为。8月6日，苏州市邮政管理局向当事人送达了《行政处罚意见告知书》，当事人在规定期限内未提出异议，当事人过度包装的事实成立。

当事人违反了《邮件快件包装管理办法》第二十五条"寄递企业应当按照环保、节约的原则，根据邮件快件内件物品的性质、尺寸、重量，合理进行包装操作，防止过度包装，不得过多缠绕胶带，尽量减少包装层数、空隙率和填充物"及《邮件快件限制过度包装要求》（YZ/T0178-2021）5.3.2 "胶带在封装缠绕过程中应首尾不相接，不重复缠绕"的规定。依据《邮件快件包装管理办法》第四十四条的规定，"寄递企业违反本办法第二十五条规定，对邮件快件的包装操作明显超出邮件快件内件物品包装需求的，由邮政管理部门责令改正，可以处1 000元以上5 000元以下的罚款"。苏州市邮政管理局责令当事人立即整改，停止过度包装，并对当事人作出罚款人民币2 000元的处罚决定。①

要减少过度包装，企业应从一个新的角度考虑自己产品的包装：

- 我们有能力更好地运送货物以减少撑垫的浪费吗？
- 我们用来包装货物的东西是再生制品或者可以回收再利用吗？
- 我们有能力减少包装物的厚度而不影响产品的完整性吗？
- 我们有能力将货物成批出售以减少包装浪费吗？
- 我们可以重新设计我们的产品包装吗？

案例分析　中国邮政精益物流系统②

中国邮政集团有限公司，简称中国邮政，由原中国邮政集团公司于2019年12月正式改制而来，公司注册资本1 376亿元，按照国家规定，以邮政、快递物流、金融、电子商务等为主业，实行多元化经营。中国邮政集团有限公司在2022年《财富》世界五百强企业排名第81位，首次超越日本邮政，在世界邮政企业排名第1位。

1. 中国邮政精益物流系统的构建

中国邮政精益物流系统属于一种拉动型的物流系统，它与以顾客需求为驱动的供应链相一致，物流活动过程中的价值物流流动要靠下游顾客来拉动；中国邮政精益物流系统是高质量的物流系统，系统中广泛深入的服务网络以及电子化的信息流保证了信息流动的速度与准确性，还可有效减少冗余信息传递，减少作业环节，使得物流服务准时、准确、快速，具备高质量的特性；中国邮政精益物流系统也是低成本的物流系统，它通过合理配置基本资源，依托原有邮政服务网络，充分合理地运用优势和实力，

① 苏州市邮政管理局.以案释法|快件过度包装典型案例[EB/OL].[2022-11-02]. https://www.sohu.com/a/602005847_121106832.

② 根据公开的文献资料整理。

有针对性地进行物流服务，保证物流服务的低成本；中国邮政精益物流系统同时也是不断完善的物流系统，员工理解并接受精益思想的精髓，领导者制定能够使系统实现“精益”效益的决策，并在执行过程中不断改进，达到全面物流管理的目标。

2. 中国邮政精益物流系统的基本框架

（1）准时

准时是物流系统达到内部顺畅、有节奏的关键因素，它包括邮政物流在各个环节中按计划所完成的交货、运输、中转、分拣、配送等作业。

（2）准确

准确包括准确的信息传递、准确的库存、准确的客户需求预测、准确的送货数量等，准确是保证物流精益化的重要条件之一。

（3）快速

这种“快速”不仅表现为对客户需求的反应速度，还表现为产品在流通过程中的速度。邮政物流的速度是邮政物流系统的性能表征，并且是实现货物在流通中增值的重要保证。

（4）客户满意

在此系统中，顾客需求是驱动生产的动力源，是价值流的出发点。物流系统的运作归根结底是通过顾客需求来拉动的。

（5）高质低耗

此系统通过合理配置基本资源，充分运用优势和实力，通过电子化的信息流进行快速反应、准时化作业，保证系统总体上的高质低耗。

（6）系统集成

精益物流系统是由提供物流服务的基本资源、电子化信息和使物流系统实现“精益”效益的决策所组成的系统。这样才可以合理运用资源、消除浪费，提供满足客户要求的优质服务。

（7）信息联网

高质量的物流服务有赖于信息的电子化。物流服务是一项复杂的系统项目，涉及大量的信息，而精益物流的实现很大程度上取决于电子化、网络化的程度。

3. 中国邮政精益物流系统的实施措施

（1）树立精益品牌形象

中国邮政良好的信誉品牌是发展邮政精益物流的制胜法宝，在中国邮政精益物流系统中，必须继承以前的优良传统，运用精益思想打造邮政物流的精益品牌。

（2）加强客户关系管理

邮政物流系统中的直接客户是邮政物流的创利源泉。对于邮政物流的间接客户，则采取市场化的营销策略，让他们了解邮政物流的品牌，以品牌策略使他们成为邮政未来的客户。

（3）采用连锁经营方式

将各地邮政强势企业联合起来，实施连锁经营，共同开拓跨地区的物流市场。通过以强带弱的方式推动各地邮政企业精益物流业务的整合，最终实现此项业务在全国的均衡发展。在发展内联的同时，还应当不失时机地搞好外联，特别是与国际知名企业的合作，这样不但可以引进资金、技术，还可以学习先进经验，不断消化、吸收和创新，实现邮政精益物流业务的跨越式发展。

（4）建立应急呼叫中心

以信息技术作为支撑建立应急呼叫中心，一方面，在正确的时间将货品送达目的地；另一方面，从物流系统考虑，高效完成系统中的物流，以减少资产负担并提高相关的周转速度。

（5）强化物流网络服务

物流网络由自营网络和邮政实物网络及社会物流资源三部分组成。首先，根据物流业务发展的需要，逐步发展建设邮政物流、配送中心；其次，着眼于对现有邮政干线网络的调整和改造，充分利用邮政现有资源，积极使用邮政自主邮路、干线汽车邮路；再次，立足于现有邮政投递网的改造，建设物流配送网络；最后，加快投递网改造，努力使传统投递网向现代综合配送网络转变。

讨论：

（1）中国邮政精益物流的主要内容是什么？

（2）从中国邮政的精益化物流可以得到什么启示？

本章小结

本章主要介绍了精益思想、精益制造（生产）和精益物流的概念。

精益思想的核心就是以越来越少的投入、较少的人力、较少的设备、较短的时间和较小的场地创造出尽可能多的价值；同时也越来越接近用户，提供他们确实想要的东西。

精益物流起源于精益制造的概念。其核心是追求消灭包括库存在内的一切浪费，并围绕此目标发展出一系列具体方法。

精益物流就是要消除物流浪费。本章详细论述了物流浪费的种类（库存浪费、运输浪费、设施浪费和包装浪费），消除物流浪费的原则，以及消除物流浪费的措施。

关键概念

精益思想　精益制造　精益物流　物流浪费　库存浪费　运输浪费　设施浪费　包装浪费　过程活动图　实体结构图

思考题

1. 精益思想的核心和原则是什么？
2. 简述精益制造的含义。
3. 精益物流的内涵是什么？
4. 精益物流的目的是什么？
5. 精益物流的方法是什么？
6. 物流浪费有哪些？如何消除？

主要参考文献

[1] 哈里森A，范赫克R.物流管理［M］. 李婷，李克芳，译.5版.北京：机械工业出版社，2019.

[2] JACOBS F R，CHASE R B. Operations and supply chain management［M］. New York：Mc-Graw Hill，2012.

[3] SIMCHI-LEVI D，KAMINSKY P，SIMCHI-LEVI E. Designing and managing the supply chain: concepts，strategies and case studies［M］. 3rd ed. New York：Mc-Graw Hill，2012.

[4] 墨菲，克内耶尔. 物流学［M］. 陈荣秋，等译.北京：中国人民大学出版社，2015.

[5] 鲍尔索克斯T J，克劳斯 D J，库珀 M B. 供应链物流管理［M］. 梁峰，译. 5版. 北京：机械工业出版社，2021.

[6] 马士华，林勇. 供应链管理［M］. 6版.北京：机械工业出版社，2020.

[7] 李严锋，刘玲，刘森，等. 云南现代物流产业发展研究［M］. 北京：经济科学出版社，2019.

[8] 李严锋，刘胜春. 第三方物流［M］. 5版.大连：东北财经大学出版社，2022.

[9] 李严锋，张丽娟，等. 现代物流管理［M］. 5版.大连：东北财经大学出版社，2020.

[10] 冉文学，宋志兰，李严锋，等. 物流质量管理［M］. 北京：科学出版社，2008.

[11] 冉文学，宋志兰. 物联网技术［M］. 北京：高等教育出版社，2014.

[12] 赵忠玲，冯夕文. 物流成本管理［M］. 北京：经济科学出版社，2007.

[13] 易华，李伊松，物流成本管理［M］. 3版.北京：机械工业出版社，2014.

[14] 汝宜红，田源. 物流学［M］. 3版.北京：高等教育出版社，2019.

[15] 冉文学，等. 物流管理信息系统［M］. 2版.北京：科学出版社，2016.

[16] 李严锋. 物流管理［M］. 北京：高等教育出版社，2018.

[17] 夏露，李严锋. 物流金融［M］. 北京：科学出版社，2008.

[18] 辛奇-利维 D，凯明斯基 P，辛奇-利维 E. 供应链设计与管理［M］. 季建华，等译. 上海：上海远东出版社，2000.

[19] BALLON R H. 企业物流管理——供应链的规划、组织和控制 [M]. 王晓东，胡瑞娟，等译. 北京：机械工业出版社，2002.

[20] 赵广华. 赢在供应链——第四方物流 [M]. 北京：经济管理出版社，2006.

[21] 刘元洪. 基于供应链的第五方物流及其运作 [J]. 中国市场，2007（2）.

[22] 何明珂. 物流系统论 [M]. 北京：高等教育出版社，2004.

[23] 宋华. 供应链金融 [M]. 3版.北京：中国人民大学出版社，2021.

[24] 李严锋，等. 物流运作管理 [M]. 北京：机械工业出版社，2008.

[25] 李严锋，解琨. 物流管理概论 [M]. 2版.北京：科学出版社，2017.

[26] 吴清一. 物流系统工程 [M]. 2版. 北京：中国物资出版社，2004.

[27] 王亚军，林治则. 物流成本管理 [M]. 北京：科学出版社，2009.

[28] 孙定兰. 物流成本管理 [M]. 武汉：华中科技大学出版社，2009.

[29] 李严锋，解琨. 精益物流 [M]. 北京：中国财富出版社，2012.

[30] 冉文学，宋志兰. 物流工程 [M]. 武汉：华中科技大学出版社，2016.

[31] 李严锋，刘胜春. 电子商务物流管理 [M]. 3版. 北京：高等教育出版社，2023.